Pragmática del español

Pragmática del español: contexto, uso y variación introduces the central topics in pragmatics and discourse from a sociolinguistic perspective.

Pragmatic variation is addressed within each topic, with examples from different varieties of Spanish spoken in Latin America, Spain and the United States.

Key topics include:

- speech acts in context and deictic expressions
- implicit meaning and inferential communication
- intercultural competence in study abroad contexts
- pragmatics and computer-mediated discourse
- politeness and impoliteness in the Spanish-speaking world
- the pragmatics of Spanish among US heritage speakers
- the teaching and learning of pragmatics.

A companion website provides additional exercises and a corpus of Spanish data for student research projects. A sample syllabus and suggestions for further reading help instructors tailor the material to a one-semester course or as a supplement to introduction to Hispanic linguistics courses.

This is an ideal resource for advanced undergraduate and postgraduate students, at level B2–C2 of the Common European Framework for Languages, and Intermediate High–Advanced High on the ACTFL proficiency scales.

J. César Félix-Brasdefer is Full Professor of Spanish and Linguistics at Indiana University, Bloomington, USA.

Routledge Introductions to Spanish Language and Linguistics
Series Editor: Carol Klee, University of Minnesota, USA

These accessible and user-friendly textbooks introduce advanced undergraduate and postgraduate students of Spanish to the key areas within Spanish language and linguistics.

Introducción a la lingüística hispánica actual: teoría y práctica
Javier Muñoz-Basols, Nina Moreno, Inma Taboada, Manel Lacorte

Lingüística hispánica actual: guía didáctica y materiales de apoyo
Javier Muñoz-Basols and Manel Lacorte

Manual de fonética y fonología españolas
J. Halvor Clegg and Willis C. Fails

Pragmática del español: contexto, uso y variación
J. César Félix-Brasdefer

For more information about this series, please visit: www.routledge.com/Routledge-Introductions-to-Spanish-Language-and-Linguistics/book-series/RISLL

Pragmática del español

contexto, uso y variación

J. César Félix-Brasdefer

Series Editor: Carol Klee
Spanish List Advisor: Javier Muñoz-Basols

Routledge
Taylor & Francis Group

LONDON AND NEW YORK

First published 2019
by Routledge
2 Park Square, Milton Park, Abingdon, Oxon OX14 4RN

and by Routledge
711 Third Avenue, New York, NY 10017

Routledge is an imprint of the Taylor & Francis Group, an informa business

British Library Cataloguing-in-Publication Data
A catalogue record for this book is available from the British Library

Library of Congress Cataloging-in-Publication Data
Names: Félix-Brasdefer, J. César.
Title: Pragmática del español: contexto, uso y variacion / J. César Félix-Brasdefer.
Description: New York : Routledge, 2018. | Series: Introductions to Spanish language and linguistics
Identifiers: LCCN 2018025088 | ISBN 9781138215795 (hardback : alk. paper) | ISBN 9781138215801 (pbk. : alk. paper) | ISBN 9781315443201 (ebook)
Subjects: LCSH: Spanish language—Discourse analysis. | Spanish language—Variation. | Spanish language—Spoken Spanish. | Pragmatics.
Classification: LCC PC4434 .F44 2018 | DDC 460.1/41—dc23
LC record available at https://lccn.loc.gov/2018025088

ISBN: 978-1-138-21579-5 (hbk)
ISBN: 978-1-138-21580-1 (pbk)
ISBN: 978-1-315-44320-1 (ebk)

Typeset in Goudy and Helvetica
by Apex CoVantage, LLC

Visit the companion website: www.routledge.com/9781138215801

Dedicatoria

Dedico este libro a la memoria de mi hermano Gerardo con quien compartí los mejores años de mi infancia. Un hombre de gran talento, bondad y creatividad inigualable, cualidades que heredó de mi padre. Siempre te recordaré con esa energía contagiosa, humildad y carisma que transmitías a los demás.
Te quiero, hermano.

Índice

Lista de cuadros

Lista de figuras

Agradecimientos

El producto de este libro es resultado del apoyo de muchas personas y constantes revisiones que mejoraron la calidad, claridad y análisis de los ejemplos en cada capítulo. Primero, quisiera expresar mi agradecimiento a la editorial Routledge por el profesionalismo durante el proceso de preparación del manuscrito: Samantha Vale Noya, quien facilitó el proceso de preparación de la propuesta, Camille Burns por la disponibilidad de continuar el proceso de edición y, finalmente, a Laura Sandford, Rosie McEwan y a Autumn Spalding por completar el proceso editorial. Gracias también a los evaluadores externos cuyos comentarios y sugerencias ayudaron en la organización de los capítulos y la claridad de exposición de conceptos teóricos y las preguntas de comprensión al final de cada capítulo. También extiendo mi agradecimiento a las siguientes editoriales que otorgaron permiso de publicar la siguiente información: la editorial Georgetown University, versión revisada y aumentada del capítulo 3 (actos de habla en contexto), cuya versión original se publicó en 2012 en *Fundamentos y modelos del estudio pragmático y sociopragmático del español*; la editorial Routledge, figura 6.6 publicada en J. C. Félix-Brasdefer & S. McKinnon (2016). Perceptions of impolite behavior in study abroad contexts and the teaching of impoliteness in L2 Spanish. *Journal of Spanish Language Teaching*, 3(2), 99–113 (figura 1); la editorial de Gruyter, figura 9.3 tomada de J. C. Félix-Brasdefer (2007). Pragmatic development in the Spanish as an FL classroom: A cross-sectional study of learner requests. *Intercultural Pragmatics* 4(2), 253–286 (figura 1) la editorial MIT Press por permitirme publicar la figura 5.1, cuya versión original se tomó de Jakobson, R. (1960). Linguistics and poetics. En T. A. Sebeok [CF1] (Ed.), Style in language (pp. 350–377). Cambridge, MA: MIT Press (Functions of language, p. 357); la editorial Eternos Malabares que me permitió publicar dos poemas del poeta mexicano Jair Cortés, 'El Punto' y 'Poema de amor.' Por último, agradezco a la editorial Cambridge por otorgar permiso de usar tres figuras: la figura 5.1 tomada, con permiso de MIT Press, de D. Schiffrin (2006) Discourse. En Ralph; Fasold y Jeff Connor-Linton (eds.) *An Introduction to Language and Linguistics.* pp. 169–203 (figura 1); la figura 6.2 publicada P. Brown y S. Levinson (1987). *Politeness: Some universals in language use* (p. 60); y la figura 10.2 publicada en J. C. Félix-Brasdefer (2015). *The Language of Service Encounters: A Pragmatic-Discursive Approach* (figura 3, p. 128).

Versiones preliminares de los capítulos se leyeron en mis clases de pragmática y análisis del discurso en la Universidad de Indiana (2017–2018). Los comentarios y sugerencias de mis estudiantes mejoraron la presentación de varias secciones, y algunos conceptos teóricos se aclararon. Doy las gracias a los estudiantes de mi curso graduado de Pragmática Hispánica (otoño del 2017) por sus comentarios que aclararon la exposición de algunas secciones y los ejercicios. En particular, agradezco a los siguientes estudiantes cuyas sugerencias y comentarios me ayudaron a revisar diferentes secciones de los capítulos: Santiago Arróniz, Nick

Blaker, Mackenzie Coulter-Kern, Megan DeCleene, Jingyi Guo, Juan Manuel Martínez y Odalys Miranda. En particular, doy las gracias a los siguientes estudiantes graduados que participaron en la edición, contenido y presentación de la información en todos los capítulos: Megan DiBartolomeo y Matthew Pollock. Mi sincero agradecimiento a Matt Pollock por su ayuda en la preparación de la página web que acompaña al libro. Sus comentarios editoriales y de contenido mejoraron la exposición de los conceptos teóricos y pedagógicos. También expreso mi agradecimiento a Adrià Pardo-Llibrer, estudiante doctoral visitante de la *Universitat de Valencia*, Spain (otoño 2017), por leer la mayoría de los capítulos. También doy las gracias a la ilustradora, Mackenzie Knight, quien diseñó las ilustraciones de los capítulos. Su talento y atención al detalle en las ilustraciones mejoró la presentación de los conceptos y ejemplos en cada capítulo. Tampoco habría sido posible la realización del libro sin los cometarios de mis estudiantes de pregrado, quienes leyeron una versión preliminar del libro en mi curso de pragmática y sociolingüística (primavera 2018).

Extiendo mi agradecimiento a mi familia por ser parte de la conceptualización y desarrollo de este libro, Terri Greenslade y Gabriel Félix. Los comentarios de Terri mejoraron la exposición de varios capítulos y mi hijo Gabriel ayudó en el diseño de una figura del capítulo 9. Gabriel también ayudó en la preparación del índice. Gracias por su paciencia y por escucharme hablar de cada capítulo todos los días.

Por último, quisiera extender mi más sincero agradecimiento a la Universidad de Indiana por el apoyo recibido para iniciar, desarrollar y completar este libro. Gracias a mi departamento, Español y Portugués, que me apoyó en varias etapas durante la conceptualización y desarrollo del libro. La beca que recibí me permitió escribir los primeros capítulos durante mi sabático en Sevilla, España, como parte del intercambio de profesores con la Universidad de Sevilla (primavera 2017). También doy las gracias a la oficina del *Vice Provost for Research* (Indiana University) por otorgarme ayuda financiera para completar la recolección de los datos y el sitió web que acompaña este libro (*Emergency Grant-in-Aid of Research and Creative Activity* (otoño 2017 y primavera 2018).

Introducción para el instructor

Pragmática del español: contexto, uso y variación es un curso introductorio sobre la pragmática, un campo de la lingüística que estudia el uso del lenguaje en contexto durante la negociación de acción comunicativa como saludar, despedirse, disculparse, extender una invitación, dar una opinión o expresar acuerdo o desacuerdo. La idea de escribir este libro surgió de la experiencia del autor enseñando cursos de lingüística general, pragmática, análisis del discurso y sociolingüística en *Indiana University*. Por lo tanto, este libro está dirigido a estudiantes universitarios anglosajones y hablantes nativos de español que deseen introducirse al estudio de la pragmática con atención al uso del lenguaje y la variación pragmática en el mundo hispanohablante. Los conceptos que se presentan en cada capítulo están informados por la teoría, y aquí los presentamos desde una perspectiva pedagógica y práctica para facilitar la comprensión de los temas. Dado el enfoque pedagógico y práctico con bastantes ejemplos y ejercicios, este libro está orientado a estudiantes de pregrado, pero también a estudiantes de posgrado que deseen mejorar su conocimiento de lingüística a través del estudio de la pragmática y el análisis del discurso. Debido al carácter introductorio del texto, no se requiere un conocimiento previo de lingüística ni de conceptos teóricos de pragmática.

Pragmática del español: contexto, uso y variación presenta los temas fundamentales de la pragmática con atención a la importancia del contexto, uso y variación. Los conceptos se analizan a partir de los procesos inferenciales y socioculturales que regulan la comunicación humana. Primero, no se puede estudiar la pragmática sin aludir a la noción de **contexto y contextos**: nos referimos al contexto en que ocurren las expresiones lingüísticas (contexto lingüístico o cotexto), el entorno físico donde ocurre una acción comunicativa (contexto situacional), el conocimiento de fondo, creencias y opiniones que comparten los interlocutores (contexto cognitivo) y la información sociocultural y las expectativas culturales que comparten los interlocutores (contexto sociocultural). Segundo, el significado de las palabras depende de su **uso** en situaciones comunicativas. Usamos las palabras para transmitir información (función referencial o transaccional), para expresar emotividad (función emotiva, *¡Qué pena que llegué tarde!*), para establecer contacto entre los interlocutores y mantener el diálogo (función fática, '*Hola, ¡qué bonito tiempo hace!, ¿verdad?*'), para establecer y fomentar las relaciones interpersonales (función social, '*Buenos días, ¿cómo estás?*') y para crear situaciones de diversión, entretenimiento, placer o humor; es una manera de jugar con el lenguaje (función lúdica, p.ej., las adivinanzas o los trabalenguas '*Tres tristes tigres tragaban trigo en un trigal en tres tristes trastos*'). Por último, no podemos usar el lenguaje de manera homogénea y monolítica como si todos los hablantes pertenecieran a la misma comunidad de habla. La **variación** es inherente al uso del lenguaje. La variación del lenguaje está condicionada por factores lingüísticos y sociales como la edad, el sexo, el nivel socioeconómico y la región, entre otros. Dada la globalización y la diseminación del español a través de la comunicación oral, escrita y en las redes sociales, los temas en este libro se abordan con ejemplos en distintas variedades del español: Latinoamérica, España y el español hablado en los Estados Unidos. Los conceptos analizados en este libro también se pueden aplicar para analizar el aprendizaje del componente pragmático en aprendices de español como segunda (tercera, cuarta) lengua.

Organización del libro

Pragmática del español: contexto, uso y variación contiene 10 capítulos que se desarrollan en torno a temas pragmáticos y su aplicación al uso y la variación. Además, se incluye un glosario bilingüe al final del libro con los conceptos centrales de cada capítulo y un sitio web (*https://pragmatics.indiana.edu/textbook*) con ejercicios en línea que complementan la información de los capítulos. Los capítulos se organizan en cuatro secciones. Los primeros cuatro forman parte de la sección titulada, *Conceptos fundamentales de pragmática*; los capítulos 5–6 describen conceptos de *Análisis del discurso y (des)cortesía*; los capítulos 7–8 son parte de la sección, *Uso y variación en el mundo hispanohablante* y la última sección titulada, *Aprendizaje, enseñanza y métodos de pragmática*, configura los dos últimos capítulos. En el capítulo 10 se describen los pasos a seguir para escribir un proyecto de investigación. Cabe destacar que al final de los primeros seis capítulos se concluye con una sección de variación pragmática. Como el propósito principal del libro es pedagógico, cada capítulo incluye numerosos ejemplos y actividades de práctica para reforzar los conceptos centrales de pragmática. Los ejemplos se toman de interacciones naturales cara a cara, datos de corpus, datos escritos de novelas literarias, datos de las redes sociales (chat, correo-e, Facebook) y algunos ejemplos de datos experimentales. Las figuras en cada capítulo facilitan la comprensión de conceptos abstractos. Como se menciona más adelante, el estudiante puede encontrar ejemplos adicionales en la página web con numerosas actividades para cada capítulo.

Capítulo 1 – Conceptos fundamentales: contexto, uso y variación

Este capítulo abre la primera sección titulada, *Conceptos fundamentales de pragmática*. Introduce al estudiante a los conceptos centrales de la pragmática que lo familiarizan con los capítulos siguientes. Después de definir el alcance de la pragmática, se explica la distinción entre gramática y pragmática, oración y enunciado, los participantes, el contexto de la situación y tipos de contextos como el lingüístico, cognitivo, situacional y sociocultural. Luego se explica la diferencia entre los factores contextuales (poder, distancia y grado de imposición), registros y variación, marcos de referencia (*frames*) y los indicios de contextualización. El capítulo cierra con dos tipos de conocimiento pragmático, el pragmalingüístico y el sociopragmático.

Capítulo 2 – *Yo, tú, vos, este, aquí, allá, ahora, ayer, entonces*: Las expresiones deícticas

Después de familiarizar al estudiante con el concepto de contexto, este capítulo analiza uno de los temas más pragmáticos, la deíxis, que se relaciona con la estructura de una lengua y el contexto. Se explica la distinción entre referencia y deíxis, las características del centro deíctico y la distinción entre usos deícticos y no deícticos. La mayor parte del capítulo se desarrolla a partir de cinco categorías deícticas: personal, espacial, temporal, social y discursiva. El capítulo concluye con una sección sobre variación deíctica en variedades del español.

Capítulo 3 – Actos de habla en contexto

Este capítulo continúa con la importancia del contexto durante la realización y comprensión de actos de habla. La idea central es que en la vida diaria nos comunicamos mediante acciones comunicativas como saludar, disculparse o expresar acuerdo y desacuerdo. Después de definir el acto de habla con ejemplos escritos y visuales (figuras), se presentan algunos conceptos centrales como los indicadores de la fuerza ilocutiva, las condiciones de adecuación, tricotomía del acto de habla y la clasificación de los actos de habla con numerosos ejemplos. Al final, se explica la distinción entre actos de habla directos e indirectos. Se concluye con una sección de variación regional de actos de habla en un contexto costarricense.

Capítulo 4 – La comunicación inferencial: de lo dicho a lo implicado

Después de introducir al estudiante a la noción de contexto y los actos de habla indirectos (capítulos 2 y 3), este capítulo se centra en dos tipos de significado, *lo que decimos* y *lo que queremos decir*. Presenta los conceptos centrales de dos teorías clásicas que ayudan a explicar la comunicación inferencial, el modelo de la implicatura conversacional (significado implícito o 'lo implicado') y la teoría de la relevancia (significado explícito o 'lo dicho'). Se explica la distinción entre la implicatura convencional y la conversacional con numerosos ejemplos. Además, las figuras y los ejercicios de práctica facilitan la comprensión de estos modelos cognitivos.

Capítulo 5 – Análisis del discurso: Uso del lenguaje en acción

Este capítulo abre la sección titulada *Análisis del discurso y (des)cortesía*. Con base en los capítulos anteriores, el capítulo 5 introduce al estudiante a los conceptos pragmáticos que se analizan en el nivel del discurso como los actos de habla en secuencia. Se explican las funciones del lenguaje y las características del análisis del discurso. El objetivo es que el estudiante desarrolle la habilidad de analizar actos de habla en secuencia en textos orales y escritos. Se presentan las herramientas fundamentales del análisis de conversación para analizar textos orales. También se describen las convenciones de transcripción para transcribir datos orales. Este capítulo cierra con un análisis del discurso mediado por computadoras, un discurso híbrido que combina características del discurso oral y el escrito en contextos virtuales. El capítulo ofrece ejemplos de interacciones naturales como conversaciones e interacciones de compraventa. Se concluye con una sección sobre variación discursiva en regiones hispanohablantes.

Capítulo 6 – Cortesía y descortesía en el mundo hispanohablante

Con base en los conceptos discursivos presentados en el capítulo anterior, este capítulo introduce al estudiante a la realización de la cortesía y descortesía en el mundo hispanohablante, sobre todo, en conversaciones que reflejan la manifestación de la producción y percepción de la (des)cortesía. Después de describir las características de algunos modelos clásicos de cortesía, se presentan otros modelos que analizan la (des)cortesía en el nivel del discurso. El capítulo concluye con una sección de variación de percepción de descortesía entre estudiantes de español en el extranjero.

Capítulo 7 – Variación pragmática de actos de habla

Este capítulo abre la tercera sección titulada *Uso y variación en el mundo hispanohablante*. Con base en los conceptos presentados en los capítulos 3 (actos de habla), 4 (implicatura) y 6 (cortesía y descortesía), el capítulo analiza la variación pragmática de los actos de habla en el mundo hispanohablante. Se presenta la distinción de varios tipos de variación pragmática. Se analiza variación pragmática regional de cuatro actos de habla: peticiones, rechazos, disculpas y cumplidos. Como los estudiantes ya están familiarizados con la noción de contexto, deíxis, actos de habla y discurso, la información en este capítulo se desarrolla en el nivel de variación regional. Se compara y contrasta la realización de los recursos pragmalingüísticos y sociopragmáticos en regiones de Latinoamérica y España.

Capítulo 8 – *Tú, vos, usted, vosotros*: Las formas de tratamiento en el mundo hispanohablante

Con base en la información presentada en el capítulo 2 (deíxis) y 7 (variación pragmática), este capítulo se centra en la deíxis social: las funciones pragmáticas de las formas de tratamiento en el mundo hispanohablante. Después de explicar la distinción entre tuteo, voseo y el uso deferencial de *usted*, se describen las funciones sociales de *vos* y *usted* en Hispanoamérica. Se presenta la variación de cinco sistemas pronominales en el mundo hispanohablante, seguido de las funciones sociales de los vocativos (*señor, doctor, Barbarita, Juanjo*). De particular importancia es la sección sobre la variación pragmática de las formas de tratamiento y la variación del voseo en Centroamérica. El capítulo muestra mapas para ejemplificar la variación pragmática en regiones de México, el Caribe, Centro y Suramérica, incluyendo las regiones voseantes en Hispanoamérica. Este capítulo concluye la sección tres del libro.

Capítulo 9 – Contextos de aprendizaje y enseñanza de la pragmática

Este capítulo inicia la última sección del libro, *Aprendizaje, enseñanza y métodos de pragmática*. Con base en los conceptos de los capítulos anteriores, el capítulo se enfoca en el aprendizaje y la enseñanza de la pragmática por aprendices de español como segunda (tercera, cuarta) lengua. Se definen conceptos básicos de la competencia pragmática y la transferencia pragmática. Se describen tres contextos de aprendizaje: el formal (aula de clase), el extranjero y el inmigrante. A diferencia de los aprendices en un contexto formal y extranjero, se destaca el proceso de aprendizaje de los hablantes de herencia. La segunda parte del capítulo contiene un modelo pedagógico para la enseñanza de la pragmática. Los ejemplos, las figuras y la práctica comunicativa en línea (*companion website*) facilitan la comprensión de los conceptos. Se enfatiza el tema de la variación pragmática en aprendices de segunda la lengua.

Capítulo 10 – Métodos de recolección de datos y el proyecto de investigación

El último capítulo describe los métodos comúnmente usados durante la recolección de datos en pragmática y los pasos para escribir un proyecto de investigación. Los métodos incluyen los datos naturales (interacciones cara a cara, datos de corpus y anotaciones escritas), la entrevista sociolingüística, la conversación extraída (*elicited conversation*), datos de producción oral (dramatizaciones o 'juegos de rol' *role plays*), los cuestionarios de producción escrita, los datos de percepción y los reportes verbales. También se describen consideraciones éticas en la recolección de datos. El objetivo de este capítulo es familiarizar al estudiante con los métodos pragmáticos y los procedimientos de recoger y analizar datos. Este capítulo es fundamental para los capítulos 2–9 que presentan proyectos de investigación al final de cada capítulo. La última sección describe los pasos para escribir un proyecto de investigación. Al final de los capítulos 2–9 se ofrecen sugerencias de *Proyectos de investigación*. El instructor debería leer los proyectos al final de cada capítulo y comentar sobre algunas maneras de recoger y analizar datos, usando la información del capítulo 10 y los pasos a seguir para escribir un proyecto de investigación.

Estructura de los capítulos

Cada uno de los 10 capítulos fue estructurado pensando en el estudiante para ofrecer una presentación didáctica y práctica. Desde el principio de cada capítulo, se estimula la reflexión de los temas con bastantes ejemplos orales, escritos y visuales. Las figuras facilitan la comprensión de los conceptos abstractos y complementan los ejercicios. La estructura de cada capítulo se presenta en el siguiente cuadro:

Estructura de los capítulos	Metas
1. Tabla de contenidos	Presenta de manera esquemática los temas centrales que se van a tratar en el capítulo. El objetivo es familiarizar al estudiante con la estructura del capítulo desde el principio a fin de hacer conexiones con los temas de otros capítulos. Un vistazo a la tabla de contenidos ofrece la ventaja de estimular el interés de la lectura con conceptos generales del capítulo.
2. Introducción	Introduce al estudiante al tema del capítulo estableciendo la relevancia y el contexto del tema. La meta es situar al estudiante en el tema de estudio y asociarlo con su experiencia diaria. En un párrafo breve, se conecta al estudiante con el tema del capítulo con el fin de despertar su interés. La idea es establecer coherencia del capítulo en relación con capítulos previos y posteriores.
3. Reflexión	Cada capítulo abre con preguntas generales para estimular el pensamiento crítico sobre temas pragmáticos. Estas preguntas se pueden discutir en clase con el instructor o en grupos de estudiantes. Es una manera de introducir al estudiante al tema de cada capítulo a partir de sus experiencias personales.
4. Objetivos	Se presenta el objetivo general y los objetivos específicos del capítulo a modo de lista. La idea es familiarizar al estudiante con la presentación de los objetivos ordenadamente.
5. Para pensar más	El objetivo de esta actividad es estimular el pensamiento crítico con preguntas que se pueden discutir entre el instructor y los estudiantes o en grupos. Después de cada sección principal, se presenta una situación, seguido de una pregunta para discutir más el tema. Estas actividades resultan prácticas a fin de facilitar la comprensión del tema de cada sección y preparar al estudiante a los contenidos del capítulo.

Estructura de los capítulos	Metas
6. Ejercicios	Ejercicios para practicar los contenidos de cada sección y repasar los conceptos centrales del capítulo. Los ejercicios son de formato variado: asociaciones, completar espacios en blanco y ejercicios de comprensión auditiva que se pueden escuchar en la Red (ejercicios en línea) (*Companion Website*). Los ejercicios que contienen audios se indican con este símbolo 🎧 Las respuestas de los ejercicios se incluyen en la Red con el fin de que el instructor decida cómo y cuándo usarlas. Los ejercicios se pueden completar en clase o asignar de tarea.
7. Resumen	Cada capítulo concluye con un resumen a fin de sintetizar los temas y conceptos centrales.
8. Lista de conceptos y términos clave	Después de la sección de Resumen, se presenta una lista de conceptos y términos clave presentados en el capítulo. Es una lista de conceptos con su traducción en inglés a fin de dirigir la atención del estudiante a los contenidos importantes del capítulo. El estudiante puede leer las definiciones de los conceptos en el Glosario (ver Recursos adicionales).
9. Preguntas de comprensión	Además de los ejercicios, al final de cada capítulo se presentan preguntas de discusión sobre los contenidos de cada sección. Son preguntas que ayudan a repasar los conceptos estudiados en cada capítulo y estimnular la reflexión: definiciones, preguntas de comparación y contraste, ejemplos de conceptos clave y preguntas de ensayo a fin de comparar y contrastar los conceptos del capítulo. Las preguntas se pueden asignar de tarea o repasar en clase. Estas preguntas también se pueden emplear a modo de evaluación en los exámenes.
10. Proyectos de investigación	Con el fin de despertar el interés en los temas de cada capítulo se presentan ideas para realizar proyectos de investigación. El objetivo es ayudar al estudiante a profundizar su conocimiento en un tema de investigación de su interés. Se describe el objetivo del proyecto, el contexto, cómo recoger los datos y cómo analizarlos. El capítulo 10, *Métodos de recolección de datos y el proyecto de investigación*, ofrece una descripción de los métodos comúnmente usados en pragmática. Para cada proyecto, se le pide al estudiante que escriba el objetivo, una o dos preguntas de investigación, la manera de recoger y analizar los datos y la estructura de presentación del análisis. Al final, se le pide al estudiante que interprete los resultados y dé una conclusión. Cada proyecto se puede escribir de 2–5 páginas, pero el instructor debe decidir la longitud del proyecto de acuerdo al nivel de los estudiantes. Los resultados del proyecto se pueden presentar en clase, en una sesión de póster de investigación o en un foro público.
11. Lecturas recomendadas	Al final del capítulo se presenta una lista de lecturas seleccionadas (bibliografía anotada) para profundizar en los temas del capítulo. Se ofrece una descripción breve de cada referencia. Esta sección es de particular atención para los estudiantes de pregrado y, sobre todo, para los graduados que deseen desarrollar un proyecto. El instructor debe hacer mención del capítulo 10 desde el principio del curso a fin de orientar a los estudiantes a los métodos de recolección de datos para su proyecto de investigación.
12. Bibliografía	Al final de cada capítulo se presenta una bibliografía especializada. El objetivo es proveer al estudiante de información bibliográfica con el fin de llevar a cabo una investigación, según la información presentada en la sección de 'Proyectos de investigación.' El estudiante y el instructor pueden consultar la Red (*Companion Website*) para ver una bibliografía más desarrollada de los temas de cada capítulo.

Recursos adicionales

Pragmática del español: contexto, uso y variación cuenta con dos recursos adicionales que complementan los contenidos de los 10 capítulos: un glosario bilingüe y una página web (https://pragmatics.indiana.edu/textbook/).

El **Glosario bilingüe**, la última sección del libro, incluye definiciones de los conceptos centrales de cada capítulo. Cada concepto viene acompañado de su traducción en inglés. Además de la definición, se incluyen ejemplos y el autor que propuso el concepto. Después de completar cada capítulo, se presenta una lista de conceptos y términos clave. El instructor debe motivar al estudiante a familiarizarse con las definiciones para repasar los conceptos. El instructor puede usar los conceptos al final de cada capítulo a manera de evaluación. Los estudiantes pueden leer las definiciones de los conceptos en el glosario. El glosario también se puede consultar en el sitio de la Red.

El sitio web (***Companion Website***) incluye un banco de información para cada capítulo (https://pragmatics.indiana.edu/textbook). Cada capítulo se complementa de ejercicios, preguntas de discusión, ejemplos orales y escritos, audios, lecturas adicionales y enlaces de temas pragmáticos. También se incluyen sugerencias pedagógicas para ayudar al instructor en la preparación de su clase. Por último, se incluye un **corpus** de datos en español que el estudiante puede consultar para realizar sus proyectos de investigación.

Cómo usar este libro

Pragmática del español: contexto, uso y variación fue conceptualizado para enseñarse en un curso de un semestre de 15 o 16 semanas. El libro se puede emplear con estudiantes de pregrado en una clase de lingüística, pragmática o sociolingüística desde una perspectiva del uso del lenguaje. También se puede usar en un curso de español de nivel avanzado para estudiantes de español como segunda lengua. Además de mejorar su conocimiento sobre la estructura lingüística del español, los estudiantes aprenden a usar el lenguaje de acuerdo a las expectativas socioculturales de la lengua meta. El libro también se puede usar en cursos universitarios en regiones hispanohablantes con estudiantes (hablantes nativos del español) en programas de lingüística general en niveles de pregrado y posgrado. Este libro es ideal para un curso de Introducción a la Pragmática del Español.

La organización de los capítulos fue pensada para enseñarse en el siguiente orden. El capítulo 1 presenta los conceptos fundamentales de pragmática, seguido de los temas teóricos (capítulos 2–4) y conceptos que se analizan en el nivel del discurso como los actos de habla en secuencia y la (des)cortesía (capítulo 5 y 6). En los capítulos 7 y 8 se presentan los conceptos descritos en los capítulos anteriores y se aplican a la variación pragmática. El capítulo 9 tiene doble objetivo: ayuda a los aprendices de segundas lenguas a reflexionar en su competencia pragmática y sirve para formar futuros docentes de español. El capítulo 10 ofrece información que guía al estudiante a conceptualizar y desarrollar proyectos de investigación.

En la página web (https://pragmatics.indiana.edu/textbook) se incluyen materiales didácticos y pedagógicos a fin de organizar el programa del curso según los intereses de cada instructor. Esta información está dirigida al instructor para facilitar la organización de su curso y la selección de lecturas complementarias para cada capítulo.

Conceptos fundamentales de pragmática

Capítulo 1

Conceptos fundamentales:
contexto, uso y variación

Introducción

En este capítulo se presentan los conceptos fundamentales que el estudiante necesita para iniciarse en el estudio fascinante de la pragmática, un campo de la lingüística que estudia el **uso** del lenguaje a partir del **significado del hablante** y su relación con el **contexto**. La pragmática es un campo interdisciplinario que tiene sus orígenes en la filosofía del lenguaje, la sociología, la psicología social, el análisis del discurso, la psicolingüística y la lingüística. En lingüística se analizan diferentes tipos de significado. El significado proposicional se empezó a estudiar en la sintaxis (estructura de las oraciones gramaticales) y la semántica (significado literal de las palabras y oraciones) a partir de los años 1960s con las aportaciones de la lingüística generativa introducida por el lingüista norteamericano Noam Chomsky y sus colegas. La lingüística generativa se centra en el significado proposicional que expresan las palabras y las oraciones bien formadas. Su objeto de estudio es la **competencia lingüística** que tiene el hablante de su gramática interna (o gramática mental). Por el contrario, el objeto de estudio de la **pragmática** es el *uso* (**actuación**) del lenguaje en contexto con emisores e interlocutores que producen e interpretan significado contextual. El significado pragmático nos ayuda a entender un significado más allá de las palabras mismas, es decir, lo que implicamos o sugerimos con las palabras. La pragmática estudia el **significado implícito** producido por un emisor e interpretado por un interlocutor. Este tipo de significado adicional se manifiesta en temas como la ironía, el sarcasmo, la comunicación indirecta y el comportamiento cortés o descortés. En el capítulo 4 se analiza la distinción entre lo que decimos (*what we say*) y lo que queremos decir (*what we mean*). La pragmática se enfoca en lo queremos decir y cómo interpretamos ese significado extra en la comunicación diaria. Además, dada la **variación** lingüística que existe en español en regiones de España, Latinoamérica y los Estados Unidos, es importante considerar factores lingüísticos y sociales que condicionan el uso del lenguaje como la región, la edad y el género de los participantes. Consultar la página web para ver ejercicios y práctica del capítulo 1: https://pragmatics.indiana.edu/textbook/cap1.html

Reflexión

- Piensa en la distinción entre *lo que decimos* con las palabras y *lo que queremos decir*. Da ejemplos.
- La pragmática se ocupa del significado implícito, un significado extra producido por el emisor e inferido por el interlocutor. ¿Qué temas de pragmática te parecen interesantes?

Objetivos

Este capítulo introduce al estudiante al estudio de la pragmática y lo familiariza con conceptos que se analizan en los capítulos siguientes. Los temas que estudiaremos son:

- perspectivas del lenguaje: estructuralismo y funcionalismo
- la gramática y su relación con la pragmática
- semántica y pragmática
- el alcance de la pragmática
- oración y enunciado
- participantes
- el contexto de la situación
- contexto y cotexto
- conocimiento pragmático
- variación pragmática.

1.1 Perspectivas del lenguaje

Los lingüistas analizan el lenguaje desde distintas perspectivas y con diversos propósitos de análisis. Algunos toman una perspectiva cognitiva a partir de un sistema de reglas gramaticales independiente de su uso (lingüística cognitiva, lingüística formal), otros se enfocan en la relación entre el lenguaje y la sociedad (sociología, antropología), a otros les interesa estudiar la variación lingüística y social (sociolingüística) y otros se enfocan en la relación entre el lenguaje y el contexto (pragmática) o el uso del lenguaje en intercambios comunicativos en el discurso oral o escrito (análisis del discurso). ¿Se puede entender el lenguaje desde una perspectiva puramente cognitiva o social? ¿O ambas? ¿Se puede estudiar el lenguaje a partir de una perspectiva del uso del lenguaje con participantes en interacción social? ¿Dónde cabe la variación del lenguaje? (variación lingüística, social y regional).

Este debate ha llevado a categorizar la manera en que los lingüistas analizan el lenguaje a partir de un enfoque estructuralista (formal) y uno funcionalista.[1]

El **estructuralismo** (lingüística formal) adopta una visión formal para analizar el lenguaje desde una óptica cognitiva o estructuralista:

- se analizan distintos niveles en contextos aislados (semántica, fonología, morfología y sintaxis);
- se centra en la estructura interna del lenguaje (una gramática mental, como la teoría lingüística generativa de Chomsky y sus colegas);
- considera que la estructura de una lengua es independiente de su uso;
- analiza frases y oraciones gramaticales con base en las intuiciones de los hablantes nativos;

- se enfoca en la gramática interna del hablante (contexto cognitivo);
- estudia la lengua como una comunidad homogénea con hablantes con una estructura uniforme.

En cambio, el **funcionalismo** adopta una perspectiva interactiva con énfasis en el **uso** del lenguaje:

- se enfoca en la producción y comprensión de acciones comunicativas en el nivel del discurso;
- son los participantes los que usan el lenguaje con el fin de alcanzar un propósito mutuo en la comunicación;
- analiza el uso del lenguaje en situaciones comunicativas concretas;
- adopta una perspectiva empírica para recoger datos en contextos naturales o experimentales;
- considera las características contextuales (p. ej., la situación, el grado de imposición y la distancia social y el poder entre los participantes);
- se ocupa de la manera en que usamos el lenguaje para reforzar las relaciones interpersonales en contextos orales (una conversación), escritos (una novela, una noticia periodística) y en las redes sociales (correo electrónico, Facebook, chat, Instagram).

En este libro se adopta una perspectiva funcionalista (**enfoque funcional**) para analizar el **uso del lenguaje** en contexto más allá de la oración: los actos de habla en secuencia (p.ej., un cumplido y la respuesta o una invitación a una fiesta y la aceptación) y la variación y uso del lenguaje a partir de las contribuciones de los participantes en un intercambio comunicativo. Esta perspectiva funcionalista considera aspectos tanto cognitivos como socioculturales que regulan la comunicación humana.

1.2 Gramática y pragmática

La concepción de **gramática** adoptada en este libro se basa en varias áreas de la lingüística. La **fonética** estudia la producción y percepción de los sonidos y la **fonología** se ocupa de la organización de los sonidos para fines comunicativos (la unidad mínima es el fonema). La **morfología** analiza la formación y la estructura interna de las palabras (la unidad mínima de significado es el morfema). La **sintaxis** se ocupa de la manera en que se relacionan las frases o sintagmas para formar oraciones (la unidad mínima es el sintagma). Por ejemplo, analiza las relaciones de significado en el orden de palabras para crear significados distintos (*Juan lee el Quijote, El Quijote es leído por Juan, Se lee el Quijote en la clase de literatura*). La **semántica** analiza el significado proposicional de las palabras, las frases o las oraciones. Específicamente, analiza las relaciones de veracidad que deben cumplirse para que una oración sea verdadera o falsa con atención al significado que las palabras asignan a los objetos del mundo. Por ejemplo, la oración '*Juan estudia pragmática en la Universidad de Indiana en la primavera del 2018*' es verdadera siempre y cuando exista un estudiante que se llame 'Juan' (referente) y que estudie pragmática en esta universidad durante este tiempo. La semántica estudia el significado inherente en las palabras u oraciones independiente del uso del lenguaje.

Estas ramas de la lingüística se ocupan del **significado convencional** que emplea la gramática para asignar referentes a objetos del mundo con atención a la forma y al significado proposicional. Es un significado convencional porque se respetan las reglas gramaticales para formar sonidos, palabras y oraciones de acuerdo a las convenciones establecidas por los hablantes de una lengua independiente de su uso. Por el contrario, la **pragmática** se centra en el *uso* del lenguaje en contexto en situaciones comunicativas concretas con hablantes e interlocutores que crean significado en interacción social.

En este libro, la pragmática se considera una subdisciplina de la lingüística que analiza el uso del lenguaje en contexto a partir del significado producido por el hablante (o emisor) e interpretado por un oyente (o interlocutor) en situaciones comunicativas como una fiesta de cumpleaños, una entrevista de trabajo o un intercambio de correo electrónico (correo-e) o chat. Analiza el **significado no convencional**, o sea, un significado comunicado por el hablante e inferido por el oyente (ver capítulo 4).

Dos disciplinas que analizan la variación y el uso del lenguaje son la sociolingüística y el análisis del discurso. La **sociolingüística** es una disciplina de la lingüística que estudia la variación lingüística condicionada por factores lingüísticos (internos) y extralingüísticos como la edad, el género, la región, el nivel socioeconómico, la etnicidad y el estatus del hablante (ver capítulo 7 y 8).[2] El **análisis del discurso** analiza el uso del lenguaje más allá de la oración, es decir, considera el significado que construyen los participantes de una interacción en el nivel del discurso. El analista del discurso examina la estructura de varios tipos de discurso como la conversación coloquial, el discurso institucional (p. ej., discurso entre doctor-paciente o entre estudiante-profesor), el discurso escrito (p. ej., género periodístico) o el discurso mediado por computadoras (p. ej., correo-e, chat, Facebook, Reddit, chat). El analista observa la estructura del discurso oral o escrito: la estructura secuencial de un saludo, la realización de un cumplido y la respuesta al cumplido, una petición de servicio y la respuesta, una invitación y la respuesta, el discurso político, el discurso de las redes sociales y los recursos conversacionales que emplean los participantes para iniciar, desarrollar y cerrar una conversación (ver capítulo 5).

Puesto que la **semántica** y la **pragmática** analizan significado, el cuadro 1.1 muestra algunas diferencias entre el significado semántico y el pragmático. Estos conceptos se explican en las siguientes secciones.

Cuadro 1.1 Semántica y pragmática

Semántica	Pragmática
• significado proposicional	• significado contextual
• oración	• enunciado
• significado literal o denotativo	• significado implícito o connotativo
• significado de la palabra u oración	• significado del enunciado
• significado de las condiciones de verdad	• significado del hablante
• independiente del contexto	• dependiente del contexto
• lo que decimos	• lo que queremos decir
• hablantes y oyentes	• emisores e interlocutores

PARA PENSAR MÁS

La pragmática y la sociolingüística son dos ramas de la lingüística. ¿Cuál es el objeto de estudio de cada disciplina? ¿Qué temas estudia cada disciplina? Da ejemplos.

En los capítulos siguientes se analiza la pragmática desde una perspectiva sociolingüística (variación) y discursiva (prácticas discursivas en interacción) a fin de analizar el lenguaje en el contexto de la interacción social y la relación que guarda el significado con el contexto.

1.3 ¿Qué es la pragmática?

La noción de pragmática se atribuye al filósofo americano Charles W. Morris que desarrolló una teoría sobre el estudio de los signos, la **semiótica,** que incluye la pragmática, la sintaxis y la semántica. Según el autor, la pragmática se ocupa de la relación entre los signos (p. ej., un objeto, una palabra, una idea) y la persona que los interpreta en situaciones comunicativas concretas.

Dado su alcance interdisciplinario, la pragmática se ha definido desde diferentes perspectivas, incluyendo la cognitiva, filosófica, funcional, sociocultural, discursiva e intercultural. En la actualidad, la pragmática se conceptualiza a partir de dos escuelas de pensamiento, la perspectiva cognitivo-filosófica (también conocida como la pragmática anglo-sajona) y la perspectiva interactivo-sociocultural (Huang, 2014).

El **enfoque cognitivo-filosófico** se define como "el estudio sistemático del significado en virtud, o dependiente, del uso del lenguaje" (2014, pág. 341). Esta es la perspectiva cognitiva que sitúa a la pragmática como un componente de la gramática mental similar al componente fonético/fonológico, morfológico, sintáctico y semántico. Se centra en aspectos teóricos y en el significado pragmático de las expresiones lingüísticas. Por ejemplo, analiza el significado pragmático de los numerales que generan implicaturas o significados extras (p. ej., 'Tengo _tres_ hermanos' implica que tengo exactamente tres), el orden de palabras (sujeto, verbo, objeto) y los verbos epistémicos (_creer, pensar, parecer_) (ver capítulo 4). En (1) se describe el significado de los marcadores en negrita:

(1) a. _Juan es chilango_ **y** _hospitalario._
     b. _Juan es chilango,_ **pero** _es hospitalario._

Un _chilango_ es un mexicano que pertenece o reside en el Distrito Federal en México. El significado del marcador 'y' en (1a) expresa adición, es decir, que además de ser chilango, Juan es hospitalario. En este ejemplo, la conjunción 'y' establece una relación aditiva. Sin embargo, la presencia del marcador 'pero' en (1b) crea un significado contrastivo o adversativo entre las dos proposiciones ([Juan es chilango] y [es hospitalario]). Es decir, a pesar de ser chilango, Juan tiene la cualidad de ser hospitalario. Es un ejemplo de una implicatura convencional que se infiere a partir del significado convencional de los marcadores 'y' y 'pero'.

En contraste, el **enfoque interactivo-sociocultural** adopta una perspectiva funcional que comprende las diferentes áreas de la lingüística. A diferencia de la primera perspectiva que se centra en lo cognitivo a partir de las interpretaciones que hace el hablante de lo comunicado, el enfoque funcionalista considera el contexto sociocultural y discursivo para analizar la negociación de significado en situaciones comunicativas específicas.

En este libro adoptamos la perspectiva funcional, interactivo-sociocultural, para analizar acción comunicativa a partir de factores interactivos y socioculturales. Considera los siguientes componentes: el conocimiento de fondo compartido por los participantes (contexto cognitivo), el contexto discursivo donde ocurre el intercambio comunicativo (p. ej., cara a cara, una conversación telefónica, un correo electrónico) y el contexto sociocultural para analizar los factores contextuales que condicionan el uso del lenguaje. También incluye la variación pragmática y discursiva condicionada por factores sociales como la edad, el género o el estatus social, entre otros.

1.3.1 Definiciones de pragmática

La pragmática se ha definido a partir de distintas perspectivas. Veamos algunas definiciones:

> El uso del lenguaje en la comunicación humana regulada por las condiciones de la sociedad
>
> (Mey, 2001)

> Un proceso inferencial con base en los conocimientos compartidos entre los participantes. Para participar en el uso de la comunicación ordinaria, los participantes deben hacer cálculos o inferencias al nivel de la producción y la interpretación
>
> (Levinson, 1983)

> El estudio del significado contextual y la manera en que comunicamos más de lo que queremos decir
>
> (Yule, 1996)

> El estudio del lenguaje a partir de las opciones que eligen los usuarios, las restricciones que encuentran al usar el lenguaje en la comunicación y el efecto que causa lo que dicen los usuarios en los interlocutores durante la comunicación
>
> (Crystal, 1997)

> El significado en interacción entre un hablante y un oyente, y el significado potencial que puede expresar el enunciado
>
> (Thomas, 1995)

Estas definiciones toman en cuenta los siguientes elementos: el contexto cognitivo o social, el contexto de la situación, los participantes y el significado del lenguaje en interacción.

Las definiciones de pragmática propuestas en la actualidad se pueden clasificar a partir de tres perspectivas: el significado del hablante, la interpretación de enunciados y la negociación del significado en interacción social:[3]

- El **significado del hablante** destaca la intención comunicativa y alude al significado pragmático producido por el hablante.
- La **interpretación de enunciados** se enfoca en el oyente durante el proceso de interpretación de significado y la comunicación inferencial (Sperber & Wilson, 1995; Wilson, 2017). Esta perspectiva considera los estímulos verbales y lingüísticos que forman parte del contexto cognitivo. Para interpretar un mensaje producido por el hablante, el oyente tiene que interpretar los estímulos que forman parte del medio ambiente. Por ejemplo, en una situación comunicativa el interlocutor empieza a construir significado a partir de las siguientes señales que recibe del contexto situacional: un tono de voz amistoso o

irónico, la mirada para expresar acuerdo o desacuerdo, una señal de tos para expresar al interlocutor cambio de tema de conversación o desacuerdo, o bien, un guiño que se puede interpretar como señal de advertencia o invitación amorosa. En el capítulo 4 estudiaremos la comunicación inferencial.

● En este libro se adopta la postura que considera el **significado en interacción social**.[4] La pragmática se define como el uso del lenguaje en contexto a partir de las contribuciones del emisor (o hablante) y la interpretación que el interlocutor (o destinatario) hace de los enunciados con el fin de negociar significado en interacción. Toma en cuenta tanto el contexto social como el cognitivo: el social incluye las expectativas culturales de los participantes y el cognitivo considera las presuposiciones, el conocimiento de fondo y el conocimiento compartido entre los participantes. Esta perspectiva se enfoca en la **pragmática discursiva**[5] que analiza el significado del hablante y la interpretación que hace el interlocutor de los enunciados en intercambios comunicativos orales o escritos.

Como resultado de la globalización en un mundo multicultural, la pragmática se ha desarrollado en tres terrenos: la pragmática transcultural, la pragmática intercultural y la pragmática del interlenguaje. La **pragmática transcultural** ('cross-cultural pragmatics') se ocupa de contrastar aspectos lingüísticos, acción comunicativa (p. ej., cómo hacer una petición de servicio, cómo quejarse, cómo disculparse, los saludos) y aspectos socioculturales realizados por hablantes de distintas lenguas y fondos culturales. Se comparan datos independientes de hablantes de dos o más culturas. Por ejemplo, se compara la manera en que los mexicanos y los americanos rechazan invitaciones y la percepción de (des)cortesía en cada cultura, o la manera en que los uruguayos y los británicos expresan peticiones o disculpas (en el capítulo 7 se analiza la variación transcultural entre hablantes de español y otras lenguas).[6] La **pragmática intercultural** alude al uso de la comunicación entre hablantes que no comparten la misma lengua. Se distinguen dos tipos de comunicación intercultural: el primero describe la comunicación entre un hablante nativo y uno no nativo: se habla la lengua nativa de uno de los interlocutores y la lengua extranjera del otro (p. ej., un americano de los EE.UU. habla español con un argentino). El segundo describe la comunicación de lengua franca: ninguno de los interlocutores comparte la lengua nativa del otro ni es hablante nativo de la lengua que se habla (un mexicano y un francés se comunican en inglés).[7] Por último, la **pragmática del interlenguaje** alude a la manera en que los aprendices de segundas (terceras, cuartas) lenguas desarrollan su habilidad pragmática en el aula de clase o en el extranjero con respecto a la manera de producir y comprender significado pragmático (p. ej., saludar y despedirse cortésmente, solicitar una carta de referencia, responder a situaciones descorteses, disculpare o hacer y responder a un cumplido) (en el capítulo 9 estudiaremos el aprendizaje y la enseñanza de la pragmática).[8]

En general, la pragmática es un campo de investigación amplio que permite analizar diferentes aspectos del significado implícito y los procesos inferenciales que regulan la comunicación. El conocimiento de la pragmática nos ayuda a negociar nuestras intenciones entre hablantes de la misma cultura o en interacción con hablantes de otras culturas a fin de mantener las relaciones interpersonales. Algunos de los temas de interés para la pragmática se pueden observar en la figura 1.1:

Figura 1.1 El alcance de la pragmática

Ejercicio 1 Definiciones de pragmática.
Visita la página web de este libro para analizar las maneras en que se define la pragmática. ¿Qué tienen en común estas definiciones? ¿Cuál definición te llama más la atención? Justifica tu respuesta.

 Enlace: https://pragmatics.indiana.edu/textbook/cap1.html (1.3.1)
 Al final, comenta qué tipo de pragmática te gustaría estudiar, la transcultural, la intercultural o la pragmática del interlenguaje.

1.4 Oración y enunciado

Según la nueva gramática de la lengua española,[9] una **oración** es una "unidad mínima de predicación" con sentido completo y establece una relación de un sujeto con un predicado. La noción de sujeto se entiende en términos sintácticos: el sujeto en español puede ser explícito (p. ej., *Nosotros estudiamos pragmática*), implícito (p. ej., *[Nosotros] estudiamos pragmática*) o de manera impersonal con un sujeto nulo (ø) (p. ej., *ø nieva mucho; ø hace calor*). Las oraciones tienen **un significado convencional** de las reglas gramaticales para formar oraciones simples y compuestas. En cambio, un **enunciado** es una noción pragmática que depende de las condiciones contextuales y discursivas para su realización y producción. Se entiende como la unidad mínima de comunicación que necesita de un **contexto** para interpretarse y puede realizarse mediante una palabra, una frase, una oración, una intervención en la conversación (p. ej., *claro, de acuerdo, ajá, sí,*) o un turno en una conversación (A: *¡Te ves guapísima!*, B: *¡Tú también! Gracias*). Desde una perspectiva pragmática y discursiva, un **enunciado** se define como "una unidad de producción lingüística (hablada o escrita) que está inherentemente contextualizada" (Schiffrin, 1994, pág. 41). Los enunciados son parte del significado del hablante interpretado por un interlocutor en una situación comunicativa concreta. Por lo tanto, mientras que una oración se define en términos gramaticales o sintácticos independiente de un contexto de uso, un enunciado depende de las circunstancias donde ocurre un intercambio verbal con un hablante (o emisor) y un interlocutor en situaciones comunicativas específicas.

Ejercicio 2 Con base en la distinción entre oración y enunciado (sección 1.4), indica si las oraciones son verdaderas (V) o falsas (F):

1. Una oración y un enunciado expresan significado convencional con significado proposicional. ___
2. Los enunciados son unidades lingüísticas cuyo significado está inherentemente contextualizado. ___
3. El significado de una oración depende de <u>sus condiciones de veracidad</u> y su significado proposicional. ___ *???*
4. Ejemplos de enunciados pueden incluir: un saludo (¡*hola*!) o una expresión afiliativa en la conversación ('*claro que sí*'), la expresión inglesa para expresar sorpresa 'oh' o un turno en una conversación. ___
5. En términos generales, se puede asociar el significado de una oración con la semántica y la sintaxis y un enunciado con la pragmática. ___

1.5 Participantes

En estudios de lingüística general y pragmática se emplean los siguientes términos para referirse a los participantes en una situación comunicativa:[10]

hablante y oyente
hablante e interlocutor
emisor y receptor
audiencia

El término 'hablante' se emplea en la gramática generativa de Chomsky (1965)[11] para referirse a un hablante racional que tiene **competencia lingüística** sobre el conocimiento gramatical de los sonidos (fonética), la formación de las palabras (morfología), la estructura interna para formar oraciones (sintaxis) y significado proposicional (semántica) independiente de su uso. Alude al conocimiento implícito (gramática mental) que tiene el hablante nativo sobre las reglas gramaticales de su lengua. En cambio, el término 'emisor'[12] tiene un matiz pragmático que hace referencia a una persona que emite enunciados (uso del lenguaje) en situaciones comunicativas específicas. Un 'oyente' es la persona que tiene la capacidad de comprender un código lingüístico. El término 'receptor' es la persona que recibe la información, aunque no necesariamente es el individuo al que el emisor dirige su mensaje. El término 'destinatario' es la persona (o personas) a la(s) que el emisor dirige intencionalmente su enunciado.[13] El término 'interlocutor' tiene un matiz interactivo/conversacional y se refiere a la persona con quien el hablante interactúa en un intercambio comunicativo. Por último, 'audiencia' alude a las personas que están presentes en la situación comunicativa, que pueden ser oyentes, receptores o simplemente estar presentes en la situación sin participar. En general, los términos 'hablante-oyente' son comunes en la teoría lingüística para referirse a personas que tienen la capacidad lingüística de producir y comprender un código lingüístico. La dicotomía 'emisor-destinatario' refiere a nociones pragmáticas que aluden a la persona (o personas) que usan el lenguaje (emisor) y la persona (o personas) a la que el emisor dirige su mensaje.

Siguiendo la tradición de la sociología del lenguaje de Goffman (1971, 1981) y las acotaciones de Escandell (2013), en este libro se emplea '**emisor**' para aludir a la persona que produce un enunciado en un intercambio comunicativo (una conversación cara a cara, una conversación telefónica) y el destinatario o interlocutor como la persona seleccionada por el hablante para comunicarse. El término 'emisor' se usa en contextos escritos (una carta o un diario) o en el contexto mediado por computadoras (p. ej., un correo electrónico iniciado por un estudiante [emisor] a su profesor [interlocutor o destinatario]). A diferencia de la dicotomía 'hablante-oyente' que se utiliza para referirse a la **competencia** lingüística, los términos 'emisor', 'destinatario' o 'interlocutor' se emplean para describir la **actuación** (*performance*) en situaciones comunicativas concretas (pragmática y discurso).

1.6 Factores contextuales

Existen factores contextuales que condicionan el uso del lenguaje: la situación (p. ej., una conversación entre amigos, una consulta médica o una entrevista de trabajo), la relación de poder y distancia social entre los participantes, el grado de imposición, el género, la edad o el nivel socioeconómico. El poder y la distancia social dependen de la situación, la relación entre los participantes y los supuestos compartidos. El grado de imposición también varía según la relación de poder y distancia social entre los participantes. Según estudios previos sobre las relaciones interpersonales, estos términos se entienden de la siguiente manera:[14]

- **El poder social** alude a una relación asimétrica que existe entre al menos dos interlocutores, uno que ejerce poder y el otro no. La variable poder (+P) indica que el hablante tiene un rango superior, un título y una posición social más alta que la del subordinado y está en control de la situación (p. ej., un jefe, un doctor, un profesor). Por el contrario, la ausencia de poder (−P) indica que el hablante no ejerce autoridad y no muestra control de la situación (ver ejemplos y más información a continuación).
- **La distancia social** hace referencia al grado de familiaridad que existe entre los participantes (p. ej., una relación cercana, muy cercana, distante o muy distante). Una relación distante (+D) indica que el hablante y el interlocutor no se conocen bien o que la relación expresa formalidad. Por el contrario, entre dos amigos existe un grado de familiaridad cercana (−D). Una relación de +D se puede observar entre dos desconocidos en la parada del autobús o entre dos jefes que tienen el mismo nivel de poder, pero con trato deferente (ver ejemplos y más información a continuación).
- **El grado de imposición** (*degree of imposition*) tiene que ver con los derechos y obligaciones que ejercen los participantes en una conversación. Por ejemplo, en ciertas

culturas, como la anglosajona, se considera una imposición que un estudiante pida una carta de referencia a un profesor al día siguiente; o sea, imponer sobre los derechos del interlocutor. El profesor tiene el derecho y la obligación de escribir la carta con un tiempo de anticipación razonado. La percepción del rango de imposición puede variar culturalmente.

Una relación de poder y distancia (+/-P, +/-D) se puede observar entre un jefe y un empleado, un doctor y su paciente o un profesor y su estudiante. En estas relaciones la primera persona ejerce un poder institucional y la segunda ejerce el papel de subordinado. La persona subordinada puede marcar la diferencia de poder con la forma pronominal deferente *usted* y los vocativos para expresar distancia y respeto *señor, doctor, profesor*. Por el contrario, la persona subordinada recibe un trato informal con el pronombre *tú* y vocativos coloquiales como nombres (Juan, Manuel, Javi, Paco). Es importante notar que estas variables no son constantes y el grado de familiaridad puede cambiar según la situación, el género y la edad de los participantes, entre otros. Con mayor grado de interacción y familiaridad con el interlocutor, la relación de poder se mantiene, pero la distancia social o el grado de familiaridad puede cambiar. La distancia debe entenderse en términos de un continuo con respecto al grado de familiaridad, intimidad y la frecuencia del contacto social entre los participantes. Esto se puede apreciar en la figura 1.1:[15]

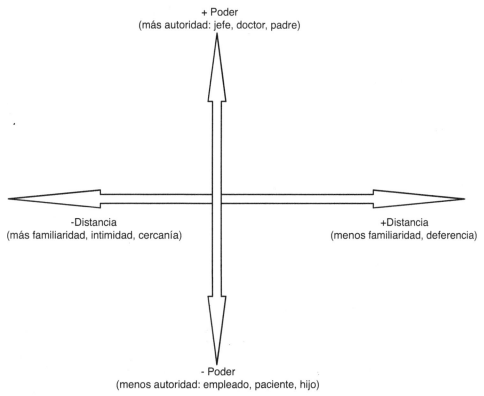

Figura 1.2 Grado de familiaridad y poder

Otras manifestaciones del poder y la distancia social: variación del contexto de la situación

Los factores contextuales de poder y distancia social pueden variar culturalmente, según el contexto de la situación. Por ejemplo, en el contexto de los encuentros de servicio, la relación entre el vendedor y el comprador es asimétrica (+P, +D): el vendedor tiene el conocimiento del producto. Si la interacción entre el vendedor y el comprador es frecuente, el grado de distancia social puede disminuir, pero el grado de poder sigue constante. Véase la interacción del ejemplo 2 en que tanto el comprador como el vendedor emplean la forma deferente 'usted' y los vocativos en diminutivo (Comprador: *Hola Pablito, buenos días*, Vendedor: *Buenos días, Gabrielita*). En otras regiones del mundo hispanohablante como España, se observa una preferencia a un estilo de comunicación directa y mayor grado de familiaridad, lo cual indica una relación de +P, −D.[16]

En una relación de padre–hijo (+P, −D), el padre tiene la autoridad y la obligación de pedirle al hijo que complete la tarea o de prohibirle ver la televisión si no termina los deberes del colegio. En cambio, el hijo no ejerce la misma autoridad de prohibirle a su padre que no vea la televisión. En una relación familiar entre amigos o familiares (−P, −D), el poder se ejerce por la persona que domina la conversación: controla el cambio de temas y termina la conversación. Por último, en una relación de taxista y pasajero (+P, +D), el primero tiene el derecho de preguntar el precio estipulado por la tarifa fija, mientras que el pasajero tiene el derecho y la obligación de aceptarlo. En esta relación, el taxista ejerce la autoridad de poder sobre el pasajero y muestra una relación deferente de menos distancia o menos familiaridad.

PARA PENSAR MÁS

Describe la relación de poder y distancia social que existe entre tú y las siguientes personas:

- Tu profesor
- Tu doctor
- Tu jefe
- Un vendedor del supermercado
- Un pastor, sacerdote u otro líder religioso
- Un compañero de clase
- Tu mejor amigo

1.7 Contexto y contextos

La noción de **contexto** proviene del latín *contextus* que significa conexión, coherencia o una acción de poner un todo en conjunto. El diccionario de la Real Academia Española lo define de la siguiente manera: el "entorno lingüístico del que depende el sentido de una palabra, frase o fragmento determinados," "el entorno físico o de situación, político, histórico, cultural o de cualquier otra índole en el que se considera un hecho" o "la unión de cosas que se enlazan y entretejen." El contexto es un concepto fundamental en la pragmática que ha sido debatido e interpretado desde distintas perspectivas en la lingüística, la psicología, la sociología, la antropología lingüística, el discurso, y el discurso mediado por computadoras, entre otros (ver Fetzer [2012] para una noción de contexto más desarrollada).[17] El contexto se define como:

> el conjunto de creencias, asunciones, presuposiciones, opiniones o conocimientos compartidos por el emisor y el interlocutor en situaciones comunicativas concretas.

Los contextos son delimitados, dinámicos y construidos por los participantes en situaciones comunicativas específicas: una charla con un amigo, una conversación con una persona que espera el autobús, una clase de lingüística, una entrevista de trabajo o una conversación telefónica o por Skype.

Aunque se han propuesto diferentes tipos de contextos, en este libro se distinguen cuatro: el situacional, el sociocultural, el cognitivo y el lingüístico:

El contexto situacional hace referencia a lo que los hablantes saben y pueden ver a su alrededor donde ocurre la interacción; es decir, la información accesible a los participantes de una interacción en el entorno físico.

El contexto sociocultural toma en cuenta el conocimiento de fondo de lo que saben los hablantes de ellos mismos, la información que procede de las regulaciones sociales y culturales y la información que comparten del mundo dentro de su entorno cultural.

El contexto cognitivo alude a las inferencias y otras formas de razonamiento. Incluye un conjunto de representaciones mentales de nuestras experiencias pasadas y las asunciones que sacamos del contexto. Es una noción psicológica que describe la influencia de los factores del entorno sobre la percepción de un estímulo como una señal no verbal (gesto, la mirada), un enunciado, la luz de un carro o un rasgo prosódico (p. ej., entonación ascendente [↑] o descendente [↓], o un enunciado en voz baja o fuerte).

El contexto lingüístico, también llamado **cotexto,** se refiere a la información lingüística que precede o sigue a un enunciado. Por ejemplo, Pedro: *¿Quién llegó tarde a la clase?* Sonia: *Luis.* Lo que dijo Pedro en el discurso anterior juega un papel importante para entender la construcción elíptica usada por Sonia (Luis [llegó tarde a clase]).

1.8 Contexto de la situación

1.8.1 Componentes de la situación comunicativa

Desde una perspectiva antropológica y sociolingüística, Hymes (1962) desarrolló un modelo para explicar los componentes del contexto de la situación. Propuso el acrónimo inglés SPEAKING para referirse a los elementos que forman parte de una situación comunicativa: El ambiente (*Setting*) se refiere al tiempo y lugar donde ocurre el encuentro comunicativo o las circunstancias físicas. Los participantes (*Participants*) incluyen tanto el hablante como el interlocutor (o emisor y destinatario) y la audiencia. Los fines (*Ends*) son los propósitos u objetivos de la acción comunicativa. La secuencia de los actos (*Act sequences*) se refiere a la forma y organización de las acciones durante un intercambio comunicativo. Las acciones que comprenden el evento comunicativo pueden incluir un saludo, una pregunta de información y la respuesta. La clave (*Key*) se refiere al tono o la manera en que se produce e interpreta lo comunicado (p. ej., expresar un enunciado con un tono gracioso o irónico). El instrumento (*Instrument*) alude a los medios que se emplean para completar el evento comunicativo. Se incluye el método de comunicación (oral, escrito, corporal), el idioma (español, inglés, alemán), la variedad de una lengua (español de Madrid o de Buenos Aires) o el registro formal o informal (p. ej., una entrevista de trabajo o una conversación con amigos). Las normas (**Norms**) aluden a las regularidades o reglas sociales que condicionan un evento, como la interrupción o el silencio en una conversación o la insistencia a una invitación como una expectativa sociocultural. Por último, el género (**Genre**) se refiere al tipo de evento o discurso para comunicar algo, como el género discursivo de los encuentros de servicio, el género periodístico o el género político. Por ejemplo, el hablante tiene la competencia comunicativa de realizar una transacción de compraventa en una tienda o una agencia de autos o para quejarse ante un juez. Este modelo toma en cuenta el contexto físico y la variación sociolingüística a partir de las características de los participantes y la variedad del habla (p. ej., español de España, México, Guatemala o Argentina).

- Setting
- Participants
- Ends
- Act sequences
- Key
- Instrument
- Norms
- Genre

En el ejemplo (2) se explican las características del contexto durante la negociación de compraventa en una tienda mexicana (↑ indica entonación ascendente; ↓ entonación descendente)

(2) Negociación de servicio en una tienda mexicana (Guanajuato, México [vendedor hombre; cliente mujer])

1	Cliente:	*Hola Pablito, buenos días.*
2	Vendedor:	*Buenos días, Gabrielita.*
3	Cliente:	*Me da un cuarto de jamón*↑
4	Vendedor:	*Sí amiguita, cómo no*↓
5	Cliente:	*Por favor.*
6	Vendedor:	*¿Algo más, amiga?*↑
		((entrega el producto))
7	Cliente:	*Nada más, ¿cuánto es, Pablito?*
8	Vendedor:	*Treinta y tres cincuenta*
9	Cliente:	*Gracias*
10	Vendedor:	*Gracias a usted*↓

En (2) el contexto situacional se refiere al lugar físico donde ocurre la transacción: la tienda donde se vende el producto, la presencia del vendedor y el cliente y lo dicho en el momento de la enunciación. El contexto sociocultural alude a la información de fondo compartida por los participantes: incluye las asunciones compartidas (contexto cognitivo) sobre lo que se espera en este tipo de transacción, las asunciones que tienen los participantes sobre los derechos y obligaciones del vendedor y el comprador: la información compartida por los participantes según los comportamientos esperados por los miembros de un grupo. El comprador y el vendedor pertenecen a la misma **comunidad de habla,** ya que comparten valores y creencias. El contexto sociocultural incluye el conocimiento cultural compartido y las

expectativas de los participantes para iniciar y completar la transacción: están familiarizados con la relación de poder y distancia social entre ellos, saben que el saludo representa
una expectativa sociocultural en este contexto (líneas 1 y 2), seleccionan un estilo formal
o respetuoso como es el caso del uso de diminutivos y los vocativos (*Pablito* y *Gabrielita*,
amiga; líneas 1, 2, 4, 6, 7) y emplean la forma de respeto *usted* para abrir, negociar y cerrar la
conversación (ver líneas 3 y 10). Por último, el contexto lingüístico o cotexto alude al material lingüístico que precede o sigue a los enunciados. Por ejemplo, los vocativos 'amiguita'
y 'amiga' (líneas 4 y 6) hacen referencia a 'Gabrielita' (línea 2), el pronombre deferencial
'usted' (línea 10) hace referencia a la clienta en la línea previa.

A diferencia de la interacción cara a cara en el ejemplo (2), el contexto puede variar en
contextos escritos o virtuales. En una interacción virtual (un mensaje de correo electrónico,
una conversación en chat o Facebook), la situación hace referencia a un contexto virtual en
el que participan los interlocutores de acuerdo a las asunciones y conocimientos compartidos
por los interlocutores que participan en ese medio de comunicación. Completar el ejercicio 3.

**Ejercicio 3 Lee el siguiente mensaje electrónico escrito por un estudiante
estadounidense (aprendiz de español) a su profesor.**

Buenos días Prof. Sánchez,
Este verano he empezado a desarrollar mi solicitud para la escuela de medicina. Me
gustaría mucho tener una carta de recomendación escrita por usted, dado que me
ha enseñado tanto en las tres clases de la lingüística que he asistido. Si quería escri-
birla, le mandaré el enlace de Interfolio la semana que viene para entregarla, pero no
la necesito hasta el 10 de agosto.
Déjeme saber si usted quiere más información sobre mí u otra cosa para la carta. Voy
a estar fuera de los Estados Unidos por algunas semanas, así que es posible que no
responderé inmediatamente. Me voy de viaje a España con algunos amigos.
Espero que le pase bien el verano.
Gracias por su consideración,
Nombre y apellido de la estudiante.

Después de leer el mensaje electrónico, describe el contexto de la situación según los
componentes propuestos por Hymes (1962) (ver sección 1.8.1). ¿Qué tipo de registro se
emplea? ¿formal o informal?

a. Ambiente
b. Participantes
c. Fines
d. Actos de Secuencia
e. Clave
f. Instrumento
g. Normas
h. Género

1.8.2 Registros y variación

El contexto de la situación también se relaciona con el concepto de registro y variación
de registro. El **registro** se refiere al grado de variación que existe en una lengua y en las
variedades de cada lengua. Cada situación varía según las demandas comunicativas de la

situación (una entrevista de trabajo o una fiesta entre amigos), las características contextuales (la distancia y poder social entre los participantes), el grado de imposición (pedirle a un profesor que escriba una carta de referencia en un día), el tópico apropiado en la conversación (hablar de política o religión) y el grado de familiaridad entre los participantes. **La variación de registro** también incluye las características del lenguaje como el uso especializado de vocabulario en una situación (discurso médico o político, o el vocabulario en lingüística), la estructura gramatical apropiada para cada situación (oraciones con menor o mayor grado de complejidad sintáctica), la entonación apropiada para una situación o el uso de expresiones coloquiales que determinan el habla estudiantil, masculina o femenina. La variación de registro alude a las características lingüísticas y culturales que determinan una situación concreta. Por ejemplo, en una entrevista de trabajo o en una consulta médica se mantiene un tono formal donde predomina la transmisión de la información. En cambio, en una fiesta de fin de año entre compañeros de trabajo, se espera un tono informal, expresivo y solidario.

Ejercicio 4 Variación de registros.
Describe los tipos de registro que se usan en las siguientes situaciones. Explica de qué manera el contexto de la situación determina la selección de las palabras que usamos. ¿Se usa un tono formal o informal? ¿Qué tipo de vocabulario se utiliza en cada situación? ¿Se usa un vocabulario especializado? ¿Cuál es la relación que existe entre los participantes? Presta atención a las relaciones de poder y distancia social. Luego, explica si en estas situaciones predomina la función transaccional, la relacional o ambas. Da ejemplos.

1. Una consulta médica (doctor-paciente)
2. Una fiesta de cumpleaños (amigos)
3. Una clase de química (profesor-estudiante)
4. Una entrevista de trabajo (estudiante-gerente de una compañía)
5. Una reunión con mi profesor de español en su despacho (profesor-estudiante)
6. En un restaurante veo a mi profesor de español y lo saludo (profesor-estudiante)
7. Conversando con mi pareja en un café (novios)
8. Situación de compraventa de un auto (comprador/vendedor)

1.9 Marcos de referencia e indicios de contextualización

La noción de contexto también se analiza desde una perspectiva cognitiva y sociocultural a partir de marcos de referencia e indicios de contextualización. Los enunciados se interpretan dentro de un discurso a partir de las experiencias pasadas, conocimiento de fondo, presuposiciones y datos socioculturales compartidos. Desde una perspectiva psicológica, Bateson (1972) introdujo el concepto de *frame* o **marco de referencia** como una función metacomunicativa que toma en cuenta el conocimiento compartido de los participantes a fin de delimitar una acción comunicativa (p. ej., un enunciado que, en circunstancias comunicativas concretas, se interpreta como una broma, un insulto, una queja o sarcasmo). Según Bateson, dada su función delimitadora que determina las características contextuales de la situación, "los marcos de referencia psicológicos son exclusivos, es decir, al incluir determinados mensajes (o acciones significativas) dentro de un *frame*, otros mensajes se excluyen" (1972, pág. 77). Los marcos de referencia representan un conjunto de expectativas socioculturales y conocimientos compartidos por los participantes en situaciones concretas. Alude a lo que saben los participantes de la situación y el significado inferido por el interlocutor mediante un comentario sarcástico o una broma con un tono irónico. Veamos los siguientes ejemplos:

(3) Una madre a su hijo adolescente de 16 años
     *No quiero que vuelvas a traer a tus **a-mi-gui-tos** a casa porque hacen mucho ruido.*
(4) Una madre a su hijo a su hijo de 6 años
     *Si no recoges los juguetes después de jugar, no vamos a invitar a tus **amiguitos** a casa de nuevo.*

En el ejemplo (3), la palabra *amiguito*, enunciada pausadamente y con pronunciación acentuada, se interpreta irónicamente por el hijo. En este contexto, la palabra 'amiguitos' no significa amigos menores o chiquitos; más bien, se interpreta en un marco de referencia irónico por el hijo para no invitar más a sus amigos a casa. En cambio, en el ejemplo (4), la palabra 'amiguito', dirigida al niño, se interpreta según su significado semántico de niño pequeño de la misma edad del niño. En este marco de referencia, el significado de 'amiguito' se interpreta dentro de los límites contextuales del intercambio comunicativo (*niño* frente a *adolescente*), según las expectativas y conocimientos compartidos que ayudan a interpretar el significado pragmático de *amiguito* (marco referencial irónico) y otro con su significado semántico de *pequeño*.

En el campo de la *sociolingüística interactional* (**interactional sociolinguistics**, Gumperz, 2015), la noción de contexto se interpreta a partir un conocimiento compartido e interpretación de enunciados a partir de **indicios de contextualización** (*contextualization cues*). Según Gumperz (1982, 2015), los indicios de contextualización hacen referencia a señales verbales y no verbales que el hablante produce con propósitos comunicativos específicos a fin de que el interlocutor los interprete como tal. Estas señales son pistas que el emisor produce para que se interpreten por el interlocutor. Según Gumperz, los indicios de contextualización son signos metapragmáticos que "representan las maneras en que los hablantes señalan y proveen información a los interlocutores y a la audiencia de cómo se usa el lenguaje en cualquier momento durante el intercambio comunicativo" (2015, pág. 316).[18] Algunos ejemplos de indicios de contextualización incluyen el cambio de códigos, el uso de formas de tratamiento (p. ej., *tú* o *usted* en situaciones formales o informales) o los elementos prosódicos como las pausas, el acento de intensidad o la entonación ascendente [↑] o descendente [↓]). Por ejemplo, en el ejemplo (2), la secuencia de la petición de servicio y respuesta se realiza mediante la entonación ascendente al final de la petición (↑), que se interpreta como una señal de aserción mitigada mediante el modificador interno de entonación ascendente (línea 3); la respuesta a esta petición termina con entonación descendente (↓), lo cual se interpreta como final de turno de conversación (línea 4). En el ejemplo (3), la entonación pausada y marcada de *amiguito* funciona como un indicio de contextualización que se interpreta por el adolescente con tono irónico, mientras que en el ejemplo (4), la falta de la pronunciación marcada y pausada (indicios de contextualización) se interpreta con el significado literal de 'chiquito.'

Ejercicio 5 Indicios de contextualización y marcos de referencia (*frames*).
Con base en la noción contexto (secciones 1.6, 1.7 y 1.8), observa una conversación con tus amigos o tu familia, en tu clase de español, una entrevista de trabajo o durante una reunión con tu profesor. Presta atención a los siguientes aspectos contextuales de la situación:

a. Observa los indicios de contextualización (verbales y no verbales) que te permiten seguir el flujo de la conversación. Da ejemplos.
b. Comenta sobre los marcos de referencia o *frames* durante la interacción: ¿observaste algún cambio de tono irónico, serio a uno solidario o amigable?
c. Explica las diferencias de poder y distancia social que observaste en la situación.

1.10 Conocimiento pragmático y variación

En el campo de la pragmática sociocultural se distinguen dos componentes de conocimiento pragmático: el pragmalingüístico y el sociopragmático.[19] Según Leech (1983) y Thomas (1983), el **conocimiento pragmalingüístico** se refiere los recursos lingüísticos empleados para realizar acción comunicativa (significado pragmático) como las estrategias directas e indirectas convencionales para realizar actos de habla y los recursos para suavizar o intensificar los actos. En (5) se presentan las expresiones para realizar una disculpa y en (6) las estrategias directas e indirectas convencionales para solicitar una carta de referencia:

(5) Recursos pragmalingüísticos para realizar una disculpa

    a. *Lo siento mucho.*
    b. *Me da mucha pena, en verdad, lo siento.*
    c. *Discúlpame, no volverá a pasar.*
    d. *Perdóname por favor, fue mi culpa.*
    e. *Perdona/e.*

(6) Recursos pragmalingüísticos para solicitar una carta de referencia

    a. *Profesor,* **quería preguntarle** *si podría/podía escribirme una carta de referencia.*
    b. *¿***Sería** *tan amable de escribirme una carta de referencia?*
    c. *¿***Me puede(s)** *escribir una carta de referencia?*
    d. *¿***Podría(s)** *escribirme una carta de referencia?*
    e. *(Usted)* **Escríbame** *una carta de referencia, por favor.*
    f. **No sé si podría** *escribirme una carta.*
    g. *¿***Tendrá** *tiempo de escribirme una carta?*

En cambio, el **conocimiento sociopragmático** alude a las percepciones sociales de los participantes sobre lo que consideran comportamiento apropiado o no apropiado en situaciones concretas. Existe variación entre culturas y dentro de una misma cultura sobre la percepción de poder y distancia social y el grado de imposición. Por ejemplo, para solicitar una carta de referencia a un profesor, el estudiante tiene que seleccionar los recursos pragmalingüísticos que son apropiados en un contexto institucional de acuerdo al grado de poder, la distancia social y el grado de imposición que existe entre los participantes.

El conocimiento pragmalingüístico y el sociopragmático varían según factores sociales como la región (Madrid, Buenos Aires, la Ciudad de México, San José Costa Rica, Lima, Perú), la edad y el sexo de los participantes, la situación y la relación de poder y distancia social. En el capítulo 7 se analiza variación pragmática regional sobre la realización de actos de habla en España e Hispanoamérica (variación de peticiones, rechazos, disculpas y cumplidos). En el capítulo 8 se presenta un análisis sobre la variación de las formas pronominales en Hispanoamérica (*tú, vos, usted, vosotros*) y los factores sociales que condicionan el uso del voseo en regiones voseantes. Por último, en el capítulo 9 se analiza variación pragmalingüística y sociopragmática en la realización de actos de habla entre aprendices de español como segunda lengua.

Ejercicio 6 Conocimiento pragmático.

¿Qué expresiones lingüísticas usarías para los siguientes actos de habla en cada situación?

 En el siguiente enlace puedes consultar ejemplos de actos de habla: https://pragmatics.indiana.edu/textbook/cap1.html (sección 1.10)

Acto de habla	Con tu profesor/a	Con un amigo/a
Hacer una sugerencia		
Hacer un cumplido		
Extender una invitación a tu graduación		
Ofrecer una disculpa por llegar tarde		
Rechazar el consejo de tomar una clase extra (profesor) y rechazar una sugerencia de salir a un bar en vez de asistir a clase (amigo/a)		

1.11 Resumen

Este capítulo presentó los conceptos fundamentales del estudio de la pragmática. A diferencia de la semántica que estudia el significado proposicional de las palabras y las oraciones, la pragmática se ocupa del significado del hablante, de la interpretación que hace el interlocutor de los enunciados y del uso del lenguaje en contexto. Luego, se explicó la perspectiva de la pragmática discursiva para analizar el significado de los enunciados producidos por el hablante e interpretados por el interlocutor en situaciones comunicativas concretas. Se explicaron los conceptos esenciales para entender la pragmática: la distinción entre semántica y pragmática, oración y enunciado, competencia lingüística y actuación, contexto y contextos, los indicios de contextualización, los marcos de referencia (*frames*) y el componente pragmático (pragmalingüístico y sociopragmático). Al final, se destacó la importancia de considerar los factores sociales que condicionan el uso comunicativo del lenguaje.

LISTA DE CONCEPTOS Y TÉRMINOS CLAVE

actuación (*performance*)
competencia lingüística (*linguistic competence*)
conocimiento pragmático (*pragmatic knowledge*)
   pragmalingüístico (*pragmalinguistic*)
   sociopragmático (*sociopragmatic*)
contexto (*context*)
   cognitivo (*cognitive*)
   lingüístico (*linguistic*)
   situacional (*situational*)
   sociocultural (*sociocultural*)
cotexto (*co-text*)
enunciado (*utterance*)
factores sociales (*social factors*)
   distancia (*distance*)
   poder (*power*)
   grado de imposición (*degree of imposition*)
gramática (*grammar*)
indicio de contextualización (*contextualization cue*)
marco de referencia (*frame*)
oración (*sentence*)
participantes (*participants*)
   audiencia (*audience*)
   emisor (*utterer*)
   hablante (*speaker*)
   interlocutor (*interlocutor*)
registro (*register*)
significado (*meaning*)
   implícito (*implicit*)
   proposicional (*propositional*)
   convencional (*conventional*)
   no convencional (*non-conventional*)

PREGUNTAS DE COMPRENSIÓN

1. Explica la diferencia entre oración y enunciado.

2. Define la pragmática y la semántica, y da ejemplos. ¿Qué tipo de significado analiza cada disciplina?

3. Explica la diferencia entre las dos perspectivas de la pragmática: la perspectiva cognitivo-filosófica y la interactivo-sociocultural.

4. Explica la diferencia entre contexto y cotexto. Da ejemplos.

5. Describe los componentes de la situación comunicativa.

6. Cuáles son los factores contextuales que condicionan el uso comunicativo del lenguaje?

7. Explica los dos componentes del conocimiento pragmático y da ejemplos.

8. Explica en qué consiste el registro y la variación de registros.

9. ¿Qué temas de pragmática te gustaría investigar?

NOTAS

1. Véase Schiffrin (1994, Cap. 1 & 2006) para una descripción más detallada sobre la historia de los dos enfoques, el formal y el funcionalista.
2. Véase Blas-Arroyo (2005) y Tagliamonte (2012) para una descripción detallada de la sociolingüística desde una perspectiva variacionista que estudia la variación condicionada por factores lingüísticos y extra-lingüísticos. Blas-Arroyo (2005) y Díaz-Campos (2011) ofrecen un análisis comprensivo sobre la variación lingüística en el mundo hispanohablante.
3. Véase las siguientes obras que problematizan el alcance de la pragmática desde distintas perspectivas: Levinson (1983, Cap. 1), Reyes (2011, Cap. 2), Thomas (1983, Cap. 1) y Escandell (2013, Cap. 1) y Yule (1996, Cap. 1).
4. Seguimos la perspectiva de Thomas (1983) que analiza el significado en interacción social a partir de la producción de significado pragmático del hablante y la interpretación que hace el oyente durante la negociación de significado.
5. Véase Kasper (2006) que desarrolla el concepto de la pragmática discursiva y Félix-Brasdefer (2015) que adopta este modelo para analizar interacción social en encuentros de servicio.
6. Véanse los siguientes estudios transculturales que contrastan aspectos pragmáticos en dos o más lenguas: las disculpas y las peticiones (Blum-Kulka, House, & Kasper, 1989) y los rechazos y las peticiones de servicio entre mexicanos y americanos Félix-Brasdefer (2008, 2015).
7. Kecskes (2013).
8. Véase Kecskes (2013) y Blum-Kulka et al. (1989) sobre el aprendizaje de la pragmática por aprendices de segundas lenguas.
9. Nueva Gramática de la Lengua Española (2010, pág. 17).
10. Véase la discusión que hace Escandell (2013) sobre la distinción 'emisor' y 'receptor' y Reyes (2011) sobre el término 'hablante.' Véase también las contribuciones de Goffman (1967, 1981) y Schiffrin (1994).
11. En su libro, *Aspects of the Theory of Syntax*, Chomsky emplea los conceptos 'hablante' y 'oyente' para describir la competencia gramatical (*competence*) de un hablante racional que posee el conocimiento de las reglas gramaticales de su lengua materna. Se refiere a un hablante con la capacidad de comprender y formar sonidos, palabras y oraciones a partir de un significado literal, independiente de su uso o actuación (*performance*).

12. Este concepto se toma de la teoría de la información (ver Escandell [2013] para su aplicación a la pragmática).
13. Escandell (2013).
14. Las nociones de poder y distancia social y grado de imposición se discuten en Brown y Levinson (1987), Leech (1983) y Scollon and Scollon (2001).
15. Gracias a mi estudiante graduado Matthew Pollock por sugerir este formato para la figura.
16. Véase el Capítulo 2 de Félix-Brasdefer (2015) para una revisión sobre los encuentros de servicio en España y en distintas regiones de Latinoamérica.
17. Fetzer (2012) ofrece una explicación sobre la concepción del término contexto en varios campos. Explica la manera en que se conceptualiza el contexto lingüístico, social, situacional, sociocultural y cognitivo. La autora toma la perspectiva de un contexto dinámico, social e interactivo. El contexto se construye a partir de las contribuciones negociadas por el emisor y el destinatario en situaciones comunicativas. Sbisá (2002) también considera el contexto como una actividad delimitada en una situación comunicativa determinada. Por último, Félix-Brasdefer (2015, pp. 11–13) problematiza el término contexto desde una perspectiva pragmático-discursiva en el género discursivo de los encuentros de servicio.
18. "contextualization cues represent speakers' ways of signaling and providing information to interlocutors and audiences about how language is being used at anyone point in the ongoing Exchange" (Gumperz, 2015, pág. 316).
19. Leech (1983) propuso la distinción entre conocimiento pragmalingüístico y sociopragmático (ver capítulo 9, sección 9.1).

LECTURAS RECOMENDADAS

Birner, B. J. (2013). *Introduction to pragmatics*. Malden, MA: Wiley-Blackwell.

El capítulo 1 define conceptos fundamentales de la pragmática desde una perspectiva semántica y en relación con temas teóricos de la pragmática (implicatura, presuposición, referencia, deíxis y la estructura de la información).

Escandell M. V. (2013). *Introducción a la pragmática*. Barcelona: Ariel.

Los primeros dos capítulos definen el alcance de la pragmática desde una perspectiva cognitivo-discursiva. Ofrece definiciones de conceptos fundamentales como hablante-oyente y emisor-destinatario.

Levinson, S. (1983). *Pragmatics*. Cambridge: Cambridge University Press.

El capítulo 1 ofrece una discusión comprensiva sobre el alcance de la pragmática desde distintas perspectivas: lengua y sociedad, lingüística, discurso y cognición. Compara y contrasta diferentes definiciones de pragmática con atención al significado semántico y pragmático.

Reyes, G. (2011). *El abecé de la pragmática* (11ª edición). Madrid: Arco/Libros.

Los capítulos 1 y 2 describen conceptos generales sobre la noción de contexto y su relación con el significado del hablante. La autora compara y contrasta definiciones clásicas de la pragmática. La pragmática se entiende con relación al significado implícito y el significado del hablante.

Thomas, J. (1983). *Meaning in interaction*. Essex. England: Longman.

El capítulo 1 define la pragmática a partir de tres niveles de significado: el significado del hablante, la interpretación de los enunciados con atención al oyente y la perspectiva interactiva. Da ejemplos tomados de la literatura para problematizar el significado semántico y el pragmático.

BIBLIOGRAFÍA

Bateson, G. (1972). *Steps to an ecology of mind.* New York, NY: Ballantine Books.

Birner, B. J. (2013). *Introduction to pragmatics.* Malden, MA: Wiley-Blackwell.

Blas-Arroyo, J. L. (2005). *Sociolingüística del español.* Madrid: Cátedra.

Blum-Kulka, S., House, J., & Kasper, G. (1989). *Cross-cultural pragmatics: Requests and apologies.* Norwood, NJ: Ablex.

Brown, P., & Levinson, S. (1987). *Politeness: Some universals in language usage.* Cambridge: Cambridge University Press.

Chomsky, N. (1965). *Aspects of the theory of syntax.* Cambridge, MA: MIT Press.

Crystal, D. (Ed.). (1997). *The Cambridge encyclopedia of language* (2a ed.). New York, NY: Cambridge University Press.

Díaz-Campos, M. (Ed.). (2011). *Handbook of hispanic sociolinguistics.* Malden, MA: Wiley-Blackwell.

Escandell M. V. (2013). *Introducción a la pragmática.* Barcelona: Ariel.

Félix-Brasdefer, J. C. (2008). *Politeness in Mexico and the United States: A contrastive study of the realization and perception of refusals.* Amsterdam and Philadelphia: John Benjamins Publishing Company.

Félix-Brasdefer, J. C. (2015). *The language of service encounters: A pragmatic-discursive approach.* Cambridge: Cambridge University Press.

Fetzer, A. (2012). Contexts in interaction: Relating pragmatic wastebaskets. En R. Finkbeiner, J. Meibauer, & P. B. Schumacher (Eds.), *What is a context? Linguistic approaches and challenges* (pp. 105–127). Amsterdam and Philadelphia, PA: John Benjamins Publishing Company.

Goffman, E. (1967). *Interaction ritual: Essays on face-to-face behavior.* New York, NY: Pantheon.

Goffman, E. (1971). *Relations in public: Micro studies of the public order.* New York, NY: Basic Books.

Goffman, E. (1981). *Forms of talk.* Philadelphia, PA: University of Pennsylvania Press.

Gumperz, J. (1982). *Discourse strategies.* Cambridge: Cambridge University Press.

Gumperz, J. (2015). Interactional sociolinguistics: A personal perspective. En D. Tannen, H. E. Hamilton, & D. Schiffrin (Eds.), *The handbook of discourse analysis* (2nd ed., pp. 309–323). Malden, MA: Blackwell.

Huang, Y. (2014). *Pragmatics.* Oxford: Oxford University Press.

Hymes, D. (1962). The ethnography of speaking. En T. Gladwin & W. C. Sturtevant (Eds.), *Anthropology and human behavior* (pp. 13–53). Washington, DC: Anthropological Society of Washington.

Kasper, G. (2006). Speech acts in interaction. En K. Bardovi-Harlig, C. Félix-Brasdefer, & A. Omar (Eds.), *Pragmatics and language learning* (Vol. 11, pp. 281–314). Honolulu, HI: National Foreign Language Resource Center, University of Hawai'i at Mānoa.

Kecskes, I. (2013). *Intercultural pragmatics.* Oxford: Oxford University Press.

Leech, G. (1983). *Principles of pragmatics.* New York, NY: Longman.

Levinson, S. (1983). *Pragmatics.* Cambridge: Cambridge University Press.

Mey, J. (2001). *Pragmatics: An introduction* (2ª ed.). Oxford: Blackwell.

Morris, C. W. (1938). *Fundamentos de la teoría de los signos (Traducción de Rafael Grasa, 1985).* Barcelona: Paidós.

Real Academia Española y Asociación de Academias de la Lengua Española. (2010). *Nueva gramática de la lengua española. Manual.* Madrid: Espasa Calpe.

Reyes, G. (2011). *El abecé de la pragmática* (11ª edición). Madrid: Arco/Libros.

Sbisá, M. (2002). Speech acts in context. *Language and Communication, 22,* 421–436.

Schiffrin, D. (1994). *Approaches to discourse.* Oxford: Blackwell.

Scollon, R., & Scollon, S. (2001). *Intercultural communication* (2ª ed.). Malden, MA: Blackwell.

Sperber, D., & Wilson, D. (1995). *Relevance: Communication and cognition* (2ª ed.). Oxford: Blackwell.

Sperber, D., & Wilson, D. (2012). *Meaning and relevance.* Cambridge: Cambridge University Press.

Tagliamonte, S. (2012). *Variationist sociolinguistics: Change, observation, interpretation.* Oxford: Oxford University Press.

Thomas, J. (1983). *Meaning in interaction.* Essex, England: Longman.

Thomas, J. (1995). *Meaning in interaction: An introduction to pragmatics.* London and New York, NY: Longman.

Wilson, D. (2017). Relevance theory. En Y. Huang (Ed.), *The Oxford handbook of pragmatics* (pp. 79–100). Oxford: Oxford University Press.

Yule, G. (1996). *Pragmatics.* Oxford: Oxford University Press.

Capítulo 2

Yo, tú, vos, este, aquí, allá, ahora, ayer, entonces: las expresiones deícticas

Introducción

Este capítulo analiza uno de los temas más pragmáticos, la deíxis, que estudia la relación entre la estructura de la lengua y el contexto de uso. La deíxis es un fenómeno lingüístico que consiste en la manera en que las lenguas codifican las características del contexto donde se produce el enunciado como el hablante, el lugar, el tiempo, el discurso y las características del estatus social entre los participantes (*usted, señor, jefe*). El término proviene del griego 'deîxis' que significa señalar ('pointing'): usamos las palabras para señalar a las personas (*yo, tú, vos, vosotros*), para referirnos a un lugar (*aquí, ahí, este, ese, aquel*), a un tiempo presente o pasado (*estudio/estudiaba, hoy, ayer, mañana*) o para indicar el punto en el discurso donde se encuentra el hablante. Asimismo, podemos emplear las palabras para codificar características del estatus social entre los participantes a fin de expresar respeto, distancia, poder (*usted, señor, doctor, jefe, profesor*) o solidaridad (*tú, vosotros, Paco, tío, compadre, ¡hola boludo!, flaquito*). En este capítulo analizamos el significado de las **expresiones deícticas** ('indexicals'), cuya referencia representa una función del contexto del enunciado: pronombres personales (*yo, tú/vos, él/ella, vosotros/as, usted/ustedes, nosotros/as*), adjetivos demostrativos (*este, ese, aquel*) y expresiones adverbiales (*aquí, allá*), además de los tiempos verbales. Ilustremos la deíxis con el siguiente ejemplo:

> *Yo* necesito salir *ahora* para entregar *esto allá antes del viernes*.

No podemos interpretar el significado del enunciado sin conocer sus índices referenciales: necesitamos saber a quién se refiere 'yo', el tiempo en que se emitió el enunciado y el momento en que se recibe por el interlocutor, debemos saber los referentes de 'allá' y de 'esto' y el día en que se emitió el enunciado para saber cuándo llegará el hablante. Sin estos índices referenciales no se puede interpretar el significado del enunciado. Consultar la página web para ver ejercicios y actividades adicionales del capítulo 2: https://pragmatics.indiana.edu/textbook/cap2.html

Reflexión

Piensa en expresiones deícticas que usa la gente en conversaciones coloquiales, conversaciones con tu profesor, Facebook, Instagram, correo-e, o en el discurso político.

- ¿Qué expresiones emplean tus amigos y familiares para dirigirse a ti?
- ¿Qué formas usas al dirigirte a tu profesor? ¿y a tu jefe? (*tú, vos, usted*)

- Explica la referencia temporal de *este viernes* y *el próximo viernes*.
- Explica cómo influye el contexto (entorno físico o virtual) para interpretar las expresiones deícticas: una conversación entre amigos, una entrevista de trabajo o una consulta médica.

Objetivos

Este capítulo analiza la relación entre la estructura de una lengua y el contexto de uso. Los temas que estudiaremos son:

- referencia y deíxis
- centro deíctico
- usos deícticos y no deícticos
- deícticos gestuales y simbólicos
- categorías deícticas
- variación deíctica en español

2.1 Referencia y deíxis

El concepto 'referencia' se interpreta desde una perspectiva semántica para expresar la relación entre hablantes, expresiones lingüísticas y el objeto (o serie de objetos) a las que aluden las expresiones lingüísticas. La referencia es una relación que existe entre una expresión lingüística y un objeto (o una serie de objetos delimitados en el mundo externo) al que se refiere la expresión lingüística independiente del contexto de uso. En el ejemplo (1) se usan tres **expresiones referenciales**, *Gabriel*, *libro* y *escritorio*, lo cual le permite al oyente seleccionar una persona específica, un libro específico y un objeto específico (el escritorio). Lo que se selecciona en el mundo externo se denomina **referente.** En (1), 'Gabriel' (la persona) es el **referente** de la expresión lingüística *Gabriel*:[1]

(1)   *Gabriel puso el libro en su escritorio.*

Mientras que la referencia asocia las palabras con el mundo de los objetos a partir de los referentes que selecciona el hablante en el mundo externo (semántica), la **deíxis** se centra en la relación entre la lengua y el contexto. La deíxis es un fenómeno lingüístico que consiste en la manera en que las lenguas codifican o **gramaticalizan** características del contexto donde se produce el enunciado (hablante, lugar, tiempo, discurso, características visibles o auditivas del entorno). La deíxis se estudia en el terreno de la pragmática porque relaciona las expresiones lingüísticas con las características del contexto de uso donde se produce el enunciado: ¿quién lo produjo?, ¿cuándo se emitió y cuándo se recibió el mensaje?, ¿dónde se produjo? y ¿cuál es la relación social del hablante en relación al oyente? Por lo tanto, la deíxis es un tema fundamentalmente pragmático con un objetivo doble: se ocupa de las maneras (1) en que las lenguas codifican características del contexto del enunciado y (2) en el hecho de que la interpretación de los enunciados depende del análisis del contexto del enunciado.[2]

Como veremos en las siguientes secciones, las cinco categorías deícticas (persona, tiempo, lugar, discurso y social, sección 2.4), se organizan desde una perspectiva egocéntrica, con el hablante situado en medio del centro deíctico, que se describe en la sección 2.2.

La **gramaticalización** es un fenómeno lingüístico que consiste en la pérdida del significado original y la creación de nuevos significados. Las palabras adquieren nuevos significados con el tiempo. Por ejemplo, se dice que el diminutivo 'amiguito', que originalmente expresa significado de pequeño (p. ej., *El amiguito de mi hijo de 5 años*), ha adquirido otros significados como el de expresar sarcasmo o desprecio. Cuando una madre le dice a su hijo de 18 años: *Después de la fiesta pasada, no quiero que invites a tus **amiguitos** a la casa otra vez*. La palabra 'amiguitos' connota un significado negativo, es decir, el significado del diminutivo se ha gramaticalizado para expresar significados nuevos, distintos a su significado original, como *desprecio* (ver Travis, 2004). En este capítulo, vamos a estudiar cómo las expresiones deícticas (p. ej., los pronombres *tú* y *usted*, los verbos y los marcadores discursivos 'entonces,' 'o sea,' 'venga') se han gramaticalizado para expresar significados distintos al de su significado base.

2.2 Centro deíctico

Para interpretar un enunciado tenemos que identificar las características del contexto donde se produce. Usamos las palabras para señalar al hablante (*yo*) y a otras personas (*tú, él, vosotros*), para aludir al tiempo (*ahora, hoy, mañana*) y al lugar donde se produce el enunciado (*este, ese, aquel, aquí*), para referirnos a una porción del discurso anterior o posterior (*por lo tanto, finalmente, sin embargo, no creo esa mentira*) o para marcar el estatus social y afectivo que existe entre los participantes (*tú, vos* o *usted, Pedrito, gordito*). Estos tipos de deíxis (persona, tiempo, lugar discurso, social) se organizan de manera egocéntrica. El contexto del enunciado se interpreta a partir de las coordenadas, esto es, índices o puntos de referencia que componen el **centro deíctico**[3] que se ilustra en la figura 2.1:[4]

Figura 2.1 Características del centro deíctico

El **hablante** (o emisor) es la persona central que produce el enunciado en una situación comunicativa (p. ej., una fiesta, un supermercado o en contextos virtuales como el correo-e, Facebook o Instagram).

El **tiempo** es el momento en que el hablante produce el enunciado.

El **lugar** se refiere a la ubicación del hablante al momento de emitir el enunciado.

El **discurso** alude al punto (universo del discurso) donde se encuentra el hablante al momento de emitir el enunciado.

El índice **social** indica el estatus social que tiene el hablante con el interlocutor (jefe-empleado, doctor-paciente, profesor-estudiante).

Es importante notar que el papel que desempeña el hablante puede desplazarse durante la dinámica de la interacción. El cambio del centro deíctico del hablante depende de la relación que el hablante mantiene con el interlocutor, el grado de familiaridad y el tema de la conversación. En consecuencia, las coordenadas del centro deíctico se pueden desplazar dependiendo de los turnos que toman los participantes en la interacción: la producción de un enunciado por el hablante en un tiempo específico y la recepción de ese enunciado por el interlocutor al momento de recibirse. Si la dinámica es cara a cara, estas coordenadas se ajustan según la dinámica de la conversación en momentos simultáneos. Sin embargo, las coordenadas del centro deíctico en un correo electrónico son diferentes dada su naturaleza virtual y asincrónica. La producción del enunciado (un mensaje electrónico) depende del momento de recepción en que el interlocutor reciba el mensaje, lo cual puede ser segundos, minutos, o días después; o bien, el interlocutor recibe el mensaje inmediatamente, pero decide responder una hora más tarde.

Ilustremos las coordenadas del centro deíctico con el ejemplo de la figura 2.2. John tiene una cita con su profesor de español y va a su oficina durante sus horas de consulta (1:00–4:00 p.m.). El profesor lo espera durante ese tiempo. John llega a las 2:00 p.m., la puerta está cerrada y ve la siguiente nota:

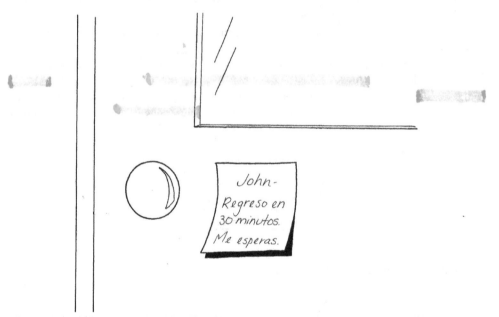

Figura 2.2 Inferencia de los índices deícticos

Para interpretar este mensaje, debemos identificar los puntos de referencia: el estudiante infiere que la expresión lingüística 'John' se refiere a él. El estudiante sabe, mediante el sujeto implícito (yo), que la primera persona del singular 'yo' señala al profesor, quien escribió la nota. El profesor usa el verbo 'regreso' para referirse a un futuro inmediato, pero no se sabe la hora en que se escribió el mensaje. El centro del espacio se refiere a la ubicación donde se encuentra el estudiante al recibir el mensaje, afuera del despacho del profesor. Aunque las horas de consulta son de 1:00–4:00 p.m., el estudiante no sabe la hora que regresará su profesor porque no sabe la hora cuando se escribió la nota. Además, el profesor usa la forma 'tú' para referirse al estudiante, lo que indica una relación asimétrica entre profesor-estudiante en este contexto institucional.

Ejercicio 1 Explica los índices deícticos del siguiente enunciado.
¿Qué información del centro deíctico se necesita para interpretar el mensaje que tu amigo Juan te dejó en la contestadora?
Situación: Después de estar una semana fuera de tu casa, llegas y escuchas el siguiente mensaje de tu amigo Juan en la contestadora. Hoy es jueves.

Juan: Salgo para Quito este jueves por la mañana.

¿Cuándo dejó Juan el mensaje en la contestadora? ¿Cuál es la referencia temporal del verbo 'salgo'? ¿Cuál es el significado del deíctico 'este' en 'este jueves'? ¿Dónde se encuentra el hablante al momento de dejar el mensaje? ¿Coincide el momento de la producción del enunciado con el de recepción? ¿Qué otros aspectos del centro deíctico se necesitan saber para entender el significado del enunciado?

2.3 Usos deícticos y no deícticos

Las expresiones lingüísticas pueden tener un **uso deíctico y no deíctico,** dependiendo de las características contextuales durante la producción y recepción del enunciado. Algunos de los usos no deícticos son casos de referencia anafórica o catafórica; o bien, usos impersonales. Veamos los ejemplos en (2), usos deícticos (2a) y usos no deícticos (2b–2d).

(2)   a.   *¿Qué te parece si tú (no tú) le pides información a ese policía?* deíxis
      b.   *Pedro_i dice que (él_i) se irá de vacaciones a Costa Rica durante el verano.* no deíctico.
      c.   *Dado que ella_i llegó tarde a clase, María_i no podrá tomar el examen.* no deíctico, anáfora / catafórica
      d.   *Tú no sabes lo difícil que es encontrar un piso en Sevilla durante Semana Santa.* no deíctico   deíxis

El ejemplo (2a) muestra un uso deíctico: el primer *tú* señala a una persona distinta al que se refiere el segundo *tú*, o sea, el hablante debe señalar gestualmente a cada persona con la mano. Las expresiones lingüísticas en (2b y c) no son deícticos, sino ejemplos de referencia anafórica y catafórica. En (2b) la expresión *Pedro* se refiere al pronombre *él*. Este es un ejemplo de **referencia anafórica:** *Pedro* funciona como el **antecedente** y *él* como el pronombre anafórico; es decir, *Pedro_i* y *él_i* son co-referenciales porque la referencia del pronombre se recupera en el discurso previo con su antecedente. En (2c) se muestra un caso de **referencia catafórica**: la referencia de *ella* se recupera en el discurso siguiente con el referente *María*; por lo tanto, el pronombre *ella_i* y *María_i* son co-referenciales, pues hacen referencia al mismo referente, *María*. Por último, mientras que el pronombre *tú* tiene un uso deíctico en (2a), en (2d) *tú* no señala a nadie físicamente y, por lo tanto, no tiene uso deíctico, pues *tú* hace referencia a un uso genérico sin señalar al interlocutor (uso impersonal). En la siguiente sección se describen dos tipos de deícticos, el uso gestual y el uso simbólico.

anafórica   catafórica

name → pronombre   pronombre → name

PARA PENSAR MÁS

Una madre le dice a su hijo:

¡Tú eres el niño más guapo del universo, Gabriel!

Explica la referencia del pronombre '*tú*', ¿uso deíctico o no deíctico?

2.3.1 Deíxis gestual y simbólica

Con base en estudios clásicos sobre deíxis,[5] se distinguen dos tipos de usos deícticos, el gestual y el simbólico. El **uso gestual** de las expresiones deícticas se interpreta con referencia a los aspectos auditivos, visuales y tangibles. Se hace referencia a un movimiento que llama la atención sobre un aspecto físico, perceptible o algo que se puede tocar, como se observa en los ejemplos en (3). La figura 2.3 muestra otro caso de deíxis gestual.

(3)   a.   *Él no es el profesor de español; es él.*
      b.   *Este libro es mío; ese es tuyo.*
      c.   *No puedo aguantar ese ruido tan fuerte de tu música. Baja el volumen.*

Figura 2.3 Ejemplo de deíxis gestual

Los ejemplos en (3) son casos de deíxis gestual. En (3a) el hablante hace referencia física a dos personas distintas señalando con la mano para distinguirlas. En (3b) el uso deíctico de los pronombres demostrativos se hace con relación a la distancia del objeto y el hablante. La referencia de *este* se realiza a partir de una distancia próxima al hablante, tocando el objeto; *ese* se interpreta a partir del grado de proximidad (cerca o distante), o sea, una distancia distante al hablante y quizá más cerca al oyente. En ambos casos, el hablante hace referencia con las manos para señalar a cada libro. Y en (3c) la referencia del ruido se hace a partir del adjetivo demostrativo *ese* que identifica el objeto (un ruido específico), es decir, una referencia perceptible, el ruido.

En cambio, el uso simbólico de las expresiones deícticas hace referencia al conocimiento de los parámetros espacio-temporales. En los ejemplos en (4), el hablante no necesita hacer un señalamiento físico para referirse a los referentes *esta* (4a), *este* (4b) o *yo*. Si el oyente sabe la ubicación del hablante (4a, b) y la referencia de 'yo' (4c), no habrá problema de comprensión.

(4) a. <u>*Esta mañana*</u> *fui a correr por la playa.*
    b. <u>*Este*</u> *país es famoso por las tapas que sirven en los bares y restaurantes.*
    c. <u>*Yo*</u> *tengo tiempo para entrenar para un maratón durante el verano.*

Es importante notar que en otras lenguas existen expresiones deícticas que tienen exclusivamente un uso gestual, como las expresiones que se usan para señalar algo físicamente en francés (*voici/voilà*) o en latín (*ecce*). Estas formas no se pueden usar en su función simbólica.

En la figura 2.4 se ilustran los usos deícticos y no deícticos de las expresiones lingüísticas:[6]

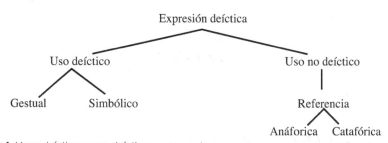

Figura 2.4 Usos deícticos y no deícticos

2.4 Categorías deícticas

En esta sección se describen cinco categorías deícticas: personal, espacial, temporal, discursiva y social. Para entender la referencia en cada categoría es importante familiarizarse con los índices deícticos descritos en la sección 2.2, tomando al hablante como el punto de anclaje del centro deíctico.

2.4.1 Deíxis personal

La deíxis personal alude a la identificación de los participantes y el papel que juega cada uno de ellos en una situación comunicativa. Se manifiesta mediante la codificación de las formas pronominales y vocativos: expresiones que se usan para dirigirse al interlocutor (p. ej., *señora, doctor, profesor, Juan, tío, compadre*). En esta sección se describen las formas pronominales y, en la sección 2.4.5 (deíxis social), se describen las características sociales que usa el hablante en su enunciado (p. ej., *tú/vos* vs. *usted, ustedes/vosotros, Juanito, flaquito*). En el capítulo 8 se explican las funciones sociales y la variación de las formas pronominales y los vocativos en distintas regiones del mundo hispanohablante.

La categoría de persona en español se analiza a partir de una dimensión tripartita (1ª, 2ª, 3ª) con número (singular y plural) y género (masculino y femenino).[7] El sistema pronominal del español se muestra en el cuadro 2.1. Consultar el siguiente enlace: https://pragmatics.indiana.edu/textbook/cap2.html

Cuadro 2.1 Sistema pronominal del español

Persona	Singular	Plural
1	Yo	Nosotros/nosotras
2	Tú, vos, usted	Ustedes, vosotros/vosotras
3	Él, ella	Ellos, ellas

La **primera persona** singular (yo) es la codificación de la primera persona del singular con referencia a sí mismo (+ hablante).

Ejercicio 2 En los siguientes ejemplos se distingue entre usos deícticos gestuales (los ejemplos en a), usos deícticos simbólicos (los ejemplos en b) y usos no deícticos (los ejemplos en c). Explica cada uno.

(1) a. *Tú puedes pasar a la entrevista; tú espera.*
  b. ¿Cómo te llamas (*tú*)?   *uso no deíctico*
  c. En la actualidad, *tú* no puedes confiar de las noticias sobre política.

(2) a. Entrenador: *No batees ahora; ahora sí.*
  b. No saldremos al cine *ahora*, sino más tarde.
  c. *Ahora*, eso no es lo que dije, entendiste mal.
  para cambiar el tema "actualis"

(3) a. *Esta revista* es mía.
  b. Yo estudio en *esta universidad*.
  c. *Esta chica* que conocí la semana pasada no me cayó bien.
  por near us, información nueva para ti

La **segunda persona** hace referencia a la codificación del oyente en singular (*tú, vos*) o plural (*ustedes, vosotros*). La forma **vosotros** se refiere a la segunda persona del plural para aludir a dos o más interlocutores de manera informal. Su uso se restringe al centro-norte de España, incluyendo varias regiones del sur (Andalucía) (ver capítulo 8). La forma **vos** (segunda persona de singular) es común en el habla de

Argentina, Uruguay, Paraguay, Costa Rica y otras regiones de centro y Suramérica. Generalmente, los pronombres *vosotros* (*jugáis*, *coméis*, *escribís*) y *vos* (*jugás*, *comés*, *vivís*) se acompañan de conjugación verbal correspondiente a estos pronombres (ver capítulo 8 para una descripción del voseo y variación regional de las formas pronominales en el mundo hispanohablante).

La **tercera persona** es la codificación de referencia a personas que no aluden ni al hablante ni al oyente; es decir, con la exclusión del hablante y el interlocutor (-hablante, – interlocutor). La referencia de la tercera personal singular **él, ella** o plural **ellos, ellas** alude a personas que no son ni el hablante ni el oyente.

Los ejemplos en (5) ilustran las formas personales para referirse al hablante, al oyente, o bien, a una tercera persona que se encuentra en el discurso donde se localiza el hablante al momento de la emisión del enunciado:

(5) a. **Yo** *estudio pragmática en la Universidad de Indiana.*
    b. **Tú** *eres mi mejor amigo*
    c. *Y* **vos**, *¿cómo te* **llamás** *?*
    d. *Profesor, quería preguntar***le** (**a usted**) *si podría pasar por su despacho mañana.*
    e. *¿***Quieren** /**queréis** *venir* (**ustedes** /**vosotros**) *con nosotros al cine?*
    f. **Él** *es el estudiante que viene de Ecuador.*
    g. **Ellos** *son los dos profesores nuevos de lingüística hispánica.*
    h. Luis toca el timbre de su amigo por el portero automático y Marta contesta:
        Marta: *¿Quién es?*
        Juan: *Yo.*
               ((sonido que indica que la puerta está abierta))
        Marta: *Está abierto, pasa.*

La deíxis de persona se codifica mediante la primera persona singular (*yo*) con inclusión del hablante (5a); la segunda persona, con inclusión del oyente (*tú, vos, usted, ustedes, vosotros*) (5b, c, d, e) y referencia a una persona que no señala ni al hablante ni al interlocutor; es decir, señala a una persona que se encuentra en un punto del discurso (5f, g). En (5h), para que Marta abra la puerta, no es suficiente que el interlocutor use el pronombre de primera persona singular (*yo*). Marta necesita recuperar otras características del contexto de la situación como reconocer la voz del interlocutor. La referencia de la voz representa un elemento deíctico que Marta necesita reconocer y hacer la referencia con su amigo, antes de abrir la puerta. Si fuera la voz de otra persona que no reconoce Marta, ella no la abriría.

La codificación de la referencia de la primera persona del plural (nosotros/nosotras) es más compleja que las otras formas porque puede incluir tanto al hablante como al interlocutor. En muchas lenguas (p. ej., fiyiano gujarati, malayo) la presencia de inclusión o exclusión del interlocutor se codifica o lexicaliza mediante morfemas de inclusión o exclusión.[8] En español y en inglés, sin embargo, la distinción del **nosotros-inclusivo** y el **nosotros-exclusivo** no está codificada en las formas del pronombre, por lo que depende del contexto de la situación. Es decir, el pronombre *nosotros* codifica número plural (dos o más participantes), pero no codifica inclusión o exclusión de los participantes presentes en el evento comunicativo. Para interpretar si *nosotros* incluye o excluye al interlocutor, tenemos que considerar características del contexto de la situación y el conocimiento compartido por los participantes.

En el ejemplo (6) la primera persona del plural hace referencia a un nosotros-inclusivo (hablante, + interlocutor) y en (7) a un nosotros-exclusivo (hablante, – interlocutor).

(6) Juan habla con su compañero de clase, Pedro (*nosotros-inclusivo*: hablante y oyente)

Juan: *Oye, Pedro, después de la clase de español, (nosotros) nos vamos a tomar un café, ¿vale?*

(7) Dos hijos (Luis y María) les dicen a sus padres que irán al cine.
(*nosotros-exclusivo*: excluye al interlocutor)

Luis: *El viernes por la tarde, nosotros (Luis y María) vamos al cine, y ustedes pueden salir a comer.*

Y en el ejemplo (8) el padre usa la forma 'nosotros' con su hijo para referirse a él.

(8) *Hijo, después de que termines de ver tu programa favorito, **nos** vamos a acostar. Mañana hay que levantarse temprano para ir al colegio.*

En los ejemplos (6–8), la interpretación de *nosotros* depende del conocimiento compartido entre los interlocutores y los índices deícticos de espacio, tiempo y discurso. En los ejemplos (6 y 7) hay suficiente contexto que permite hacer referencia para incluir o excluir al interlocutor. En cambio, en (8), aunque el hablante habla directamente al interlocutor, este no se incluye para irse a dormir. En este ejemplo, la forma *nosotros* (*nos vamos*) se emplea como una manera de suavizar la imposición del mandato (*te vas a acostar*).

2.4.2 Deíxis espacial

La deíxis espacial tiene que ver con la identificación del lugar en un espacio en relación con los índices deícticos (ver sección 2.2). La referencia espacial alude al lugar donde se encuentra el hablante durante el momento de emisión (*coding time*) y recepción del enunciado, o bien, una referencia según otras coordenadas independientes de la ubicación del hablante. En (9) se hace referencia a un lugar que no es relativo a la posición del hablante:

referencia convencional

(9) a. Las pirámides del Sol y la Luna construidas por los Aztecas se encuentran a 50 kilómetros (31 millas) al noreste de la Ciudad de México.
b. Sevilla queda a 532 kilómetros (327 millas) al sur de Madrid.
c. Costa Rica se ubica en Centroamérica entre Nicaragua y Panamá.

En estos ejemplos la ubicación de las Pirámides del Sol y la Luna, Sevilla y Costa Rica se hace con base a las coordenadas espaciales de los referentes en el mundo (Pirámides, Sevilla, Costa Rica), y según el conocimiento que tiene el hablante de la localización de estos referentes.

Hay otro tipo de deíxis espacial que depende del lugar donde se encuentra el hablante en el momento de producción del enunciado. Como se mencionó en la sección 2.2, uno de los componentes del centro deíctico es el momento (tiempo) en que se produce el enunciado a partir del lugar donde se encuentra el hablante. En español la deíxis espacial se codifica en los **adverbios y pronombres demostrativos**. La referencia de lugar puede ser de manera gestual o simbólica (ver sección 2.3.1). Si es gestual, el hablante tiene que hacer referencia a un movimiento físico (10a); si es simbólica, la referencia depende del conocimiento compartido con el hablante, y no es necesario hacer una referencia física al objeto (10b):

(10) a. *Mueve el libro <u>aquí</u>.*
     b. *Yo trabajo en <u>este</u> edificio.*

La interpretación de los adverbios de lugar (*aquí, allí/allá*) se interpreta a partir del grado de distancia relativo a la ubicación del hablante durante el momento de producción del enunciado. La deíxis de los adverbios de lugar se observa en el ejemplo en (11):

(11) *Cuelga el cuadro de Goya <u>aquí/acá</u> y el de Frida Kahlo <u>allí/allá</u>.*

El adverbio *aquí/acá* codifica la deíxis espacial que hace referencia a un lugar cercano al hablante durante el momento de producción del enunciado (distancia cerca del hablante). Los adverbios *allá/allí* codifican grados de proximidad (cerca/lejos) del lugar donde se encuentra el hablante durante el tiempo de emisión del enunciado (distancia lejos del hablante).

PARA PENSAR MÁS

En el diccionario de la Real Academia Española (www.rae.es) y en otras fuentes de la Internet busca las diferencias de significado de las expresiones deícticas: *aquí* y *acá* y *allí* y *allá*. Comparte tus repuestas con la clase.

 Consulta el siguiente enlace para más información: https://pragmatics.indiana. edu/textbook/cap2.html (sección 2.4.2)

La deíxis de los **adjetivos y pronombres demostrativos** se interpreta a partir de la referencia relativa al lugar donde se encuentra el hablante y al tiempo en que se emite el enunciado. También, se puede indicar un lugar cerca del hablante y lejos del oyente, cerca del oyente y lejos del hablante; o bien, el referente puede estar relativamente lejos del hablante y del oyente. El cuadro 2.2 muestra la clasificación de los pronombres demostrativos en español:

Cuadro 2.2 Deíxis de los demostrativos en español

Referencia espacial en relación a la ubicación del hablante y oyente	Expresión deíctica de lugar
Un lugar cerca del hablante y lejos del oyente	*este/esta, estos/estas, esto*
Un lugar lejos del hablante o cerca o lejos del oyente	*ese/esa, esos/esas, eso*
Un lugar relativamente lejos del hablante y del oyente	*aquel/aquella, aquellos/aquellas, aquello*

Veamos los ejemplos representados en la figura 2.5:

Figura 2.5 Ejemplo de deíxis espacial

2.4.2.1 Verbos de movimiento

Además de los adverbios de lugar y los demostrativos, la deíxis espacial se codifica en los **verbos de movimiento** como *ir* y *venir* o *llevar* y *traer*. La deíxis de estos verbos es diferente en inglés y en español. *Venir* y *traer* indican movimiento hacia el hablante o hacia un lugar relacionado con él o ella. Por el contrario, *ir* y *llevar* expresan movimiento hacia un espacio donde no está el hablante. Veamos los ejemplos en (12) con los verbos *ir* ('go') y *venir* ('come') en español e inglés (# indica enunciado inadecuado):

movimiento del hablante

(12) a. (Yo) <u>voy</u> a tu casa mañana por la tarde.
  b. I'll <u>go</u> to your house tomorrow afternoon. *movement towards the speaker*
  c. <u>Ven</u> a mi casa el viernes por la tarde para divertirnos.
  d. <u>Come</u> to my house in the afternoon to have fun.
  e. # Yo vengo a tu casa mañana por la tarde. *no la mueve*
  f. I'll come to your house tomorrow afternoon.

En los ejemplos (12a, b), el verbo 'ir' en español e inglés indica movimiento lejos del hablante durante el tiempo de emisión del enunciado. Al usar el verbo 'ir' el hablante se mueve de su lugar de origen hacia el lugar del oyente. En cambio, el verbo 'venir' en los ejemplos (12c, d) sugiere un movimiento hacia la ubicación del hablante (centro deíctico). Por el contrario, existe una diferencia en el significado del verbo 'come' y *venir*: mientras que en español 'venir' solo indica movimiento hacia el hablante (12c), 'come' en inglés suele implicar dos tipos de referencia espacial: un movimiento hacia el hablante (12d) (similar al español, ejemplo 12c) y un movimiento que se aleja del hablante hacia el centro deíctico del oyente (12f). Esta referencia deíctica que tiene 'come' en inglés no es posible en español (12e). Es por esto que en estos casos se emplea el verbo 'venir'.

La deíxis de los verbos de movimiento *'llevar'* ('bring') y *'traer'* ('take') muestra un comportamiento similar a los verbos 'ir' y 'venir' en español y en inglés. El verbo 'llevar' en español indica movimiento lejos del hablante, mientras que 'traer' expresa movimiento hacia un lugar donde está el hablante durante el momento en que se produjo el enunciado. Al igual que el verbo 'come', la deíxis de 'bring' en inglés indica movimiento lejos o hacia un lugar donde se encuentra el hablante durante el momento de emisión del enunciado. Esto se muestra en los ejemplos en (13):

(13) a. *Si vas a la fiesta que organiza el profesor de lingüística, lleva guacamole.*
   b. *If you go/come to the party that the linguistics professor is organizing, bring guacamole (# take guacamole).*
   c. *Si vienes a mi casa, trae jamón ibérico.*
   d. *If you come to my house, bring jamón ibérico.*

Según los ejemplos en (12 y 13), los verbos 'venir' y 'traer' indican movimiento hacia el lugar del hablante durante el momento de emisión del enunciado. En cambio, los verbos *'ir'* y *'llevar'* señalan movimiento hacia un lugar donde no se encuentra el hablante.

PARA PENSAR MÁS

Los índices temporales y espaciales de los verbos de movimiento son diferentes en español y en inglés. Analiza los siguientes ejemplos y explica por qué una traducción literal no es posible:

I'll come to your party
¿Por qué no se puede decir en español, #*Yo vengo a tu fiesta?*

Yo llevo las hamburguesas a la fiesta   *traer → from mue to nere, unidireccional*
Explica por qué no es posible decir en español *yo traigo*. . . . ¿Cuál es la traducción equivalente al inglés? ¿Por qué son posibles dos opciones en inglés? (*I'll take/bring?*)

Ejercicio 3 Con base en la información de la deíxis espacial, explica los índices deícticos de los verbos de movimiento 'ir' y 'venir', 'traer' y 'llevar' en los siguientes ejemplos. ¿Existe transferencia del inglés al español? Explica por qué estos enunciados son inadecuados (# indica un enunciado inadecuado).

1. # Yo vengo a tu fiesta el viernes.   *venir codifica el movimiento desde allá a aquí*
2. # Yo traigo tapas a la fiesta.   *traer codifica desde allá a aquí*
3. # Profesor, ¿puedo venir a su oficina el viernes?
4. # ¿Puedo traer a mi hermano a la fiesta?
5.   ¿Quién viene a mi fiesta? #¡Yo vengo!

→ puedo ir   traer
Ir codifica el movimiento del hablante hacia allá misma

2.4.3 Deíxis temporal

La deíxis temporal hace referencia a puntos temporales (*hoy, mañana, ya, ahora, después*) en relación al momento en que se produce el enunciado y al tiempo en que se recibe. Se realiza mediante la codificación de expresiones temporales y su relación con los índices deícticos, a partir de la ubicación del hablante (ver centro deíctico, figura 2.1).

Para entender la deíxis de tiempo tenemos que analizar la manera en que conceptualizamos y medimos el tiempo. Las referencias temporales se entienden a partir de la manera en que medimos un tiempo absoluto (con base en las unidades de medida establecidas en el calendario) y un tiempo no absoluto. El **tiempo absoluto** se mide a partir de periodos fijos con un principio y un fin, por ejemplo, *un mes, una semana, un año, hoy, ayer*. Según estudios previos sobre la deíxis temporal,[9] el tiempo también se puede conceptualizar a partir de un **tiempo no absoluto** en relación a un punto fijo de interés para el hablante, pero que es diferente de la unidad temporal que se mide a partir de la unidad fija en el calendario. Por ejemplo, en español usamos la palabra *quincena*[10] para referirse a una unidad de tiempo que equivale a 15 días (aproximadamente dos semanas). Hay dos quincenas en un mes y el hablante hace referencia a una quincena como una unidad de medición de 15 días a partir de un periodo fijo de interés. Los ejemplos (14 y 15) muestran ejemplos de deíxis temporal que se mide mediante un tiempo absoluto y no absoluto, respectivamente:

(14) Tiempo absoluto (se mide en referencia a unidades del calendario)

   a. *Fuimos de vacaciones a Ecuador por <u>un mes/dos meses/una semana</u>.*
   b. *<u>El año pasado</u> estudiamos español en México.* (del 1 de enero al 31 de diciembre)

(15) Tiempo no absoluto

   El doctor le recetó un tratamiento riguroso a mi padre por <u>una quincena</u>, no treinta días.

Otra distinción importante para entender la deíxis temporal es **el momento en que se produce el enunciado** (tiempo de emisión) por parte del hablante y **el momento en que se recibe** (tiempo de recepción) por parte del oyente. Como veremos más adelante, estos dos puntos referenciales no siempre coinciden. Esta distinción se explica en (16) con el adverbio *ahora* que puede recibir distinta interpretación:[11]

(16) a. *Cierra la puerta <u>ahora</u>.*
   b. *Juan está estudiando el doctorado <u>ahora</u>.*

Ahora en el ejemplo en (16a) funciona como un deíctico gestual cuya producción del enunciado (expresada con voz fuerte) coincide con el momento de recepción y acción con un inicio y un fin, y con un significado equivalente a 'en este momento'. En cambio, en (16b), *ahora* indica un tiempo indefinido que puede durar varios años.

El ejemplo de la figura 2.2, que se reproduce aquí como (17), ilustra un caso en que el momento de emisión del enunciado por el hablante no coincide con el tiempo de recepción. En este ejemplo el estudiante tiene una cita con su profesor de español y va a su despacho durante sus horas de consulta (1:00–4:00 p.m.). Su profesor lo espera durante ese tiempo.

El estudiante llega a las 2:00 p.m., la puerta de la oficina del profesor está cerrada y el estudiante lee la siguiente la nota:

(17) Profesor: *John, regreso en 30 minutos. Me esperas.*

El centro del discurso se refiere al lugar donde está el estudiante al recibir el mensaje, afuera del despacho del profesor. Teniendo en cuenta que las horas de consulta son de 1:00–4:00 p.m., el estudiante no sabe la hora que regresará su profesor porque no sabe el tiempo en que se escribió la nota (tiempo de emisión). Es decir, el momento en que se produjo la nota no coincide con el momento en que se recibe, pues no tiene la referencia temporal en que se escribió el mensaje o con respecto a cuándo terminan los 30 minutos.

La deíxis temporal también se codifica mediante los adjetivos '*próximo/a*', '*pasado/a*' y los demostrativos '*este*' y '*esa*' cuando modifican unidades de tiempo específicos, como en los ejemplos en (18):

(18) a. *El* <u>*próximo*</u> *año tengo planes de estudiar en la República Dominicana.*
　　 b. *La semana* <u>*pasada*</u> *tuvimos el examen de lingüística.*
　　 c. <u>*Este*</u> *año me gradúo de la universidad con la licenciatura en Lingüística Aplicada.*
　　 d. *¡*<u>*Ese*</u> *fin de semana lo pasamos bomba en Cancún!*
　　 e. <u>*Este*</u> *sábado salimos para Paraguay.*

Las expresiones temporales en los primeros cuatro ejemplos (18a–d) hacen referencia a tiempos pasados, presentes y futuros. En el ejemplo (18e) el deíctico '*este*' se interpreta con referencia al sábado próximo, cuyo momento de producción debe ser al menos dos días antes del día que ocurre el evento (jueves). Si fuera viernes, el hablante tendría que usar otra expresión más precisa como '*mañana*' en vez de '*este sábado*'.

Además de estos usos, la deíxis temporal también se codifica mediante adverbios temporales. En español, el tiempo pasado, presente y futuro se codifica mediante los siguientes adverbios en el cuadro 2.3.

Cuadro 2.3 Codificación de expresiones deícticas de días en español y en inglés[12]

Lengua	0–2	0–1	0	0+1
Español	*anteayer*	*ayer*	*hoy*	*mañana*
Inglés		*yesterday*	*today*	*tomorrow*

Como se muestra en el cuadro 2.3, en español existen cuatro expresiones deícticas que codifican los puntos temporales: el presente (*hoy*), un día después del presente (*mañana*) y dos hacia atrás (*ayer, anteayer*). En cambio, en inglés solo hay tres expresiones deícticas que codifican el tiempo presente (*today*), pasado (*yesterday*) y futuro (*tomorrow*). Para referirse a dos días después del presente, en español y en inglés se debe usar otras expresiones para captar esa noción temporal (*pasado mañana/the day after tomorrow*). En inglés se puede hacer referencia temporal a dos días atrás, *the day before yesterday*. A diferencia del español y el inglés, otras lenguas tienen sistemas deícticos complejos con expresiones deícticas que codifican tres o más días atrás o después del presente. Por ejemplo, el griego usa expresiones deícticas que codifican tres días después del presente y tres días atrás del presente.[13]

PARA PENSAR MÁS

Busca expresiones deícticas que codifican la referencia temporal en otras lenguas que no sean inglés ni español. O bien, puedes buscar en la Internet aspectos generales del sistema deíctico de una lengua que te interese estudiar.

Por último, la deíxis temporal también se codifica en los **tiempos verbales.** Con base en estudios sobre la semántica temporal, la noción de tiempo se puede conceptualizar a partir de un **tiempo metalingüístico** y **un tiempo lingüístico:**[14]

Tiempo metalingüístico:

la noción abstracta (o tiempo semántico) para referirse a un tiempo presente, pasado o futuro, independiente de su morfología verbal. Por ejemplo, en lenguas como el chino, los verbos en presente, pasado y futuro no se marcan con morfemas verbales. Para marcar la noción de tiempo pasado o futuro se usan adverbios temporales (*hoy, mañana, ayer*). En (19) vemos que la forma morfológica del verbo es la misma en presente, pasado y futuro (*estudiar* = 'xuexi').

(19) Tiempo metalingüístico en chino
    Wo jintian xuexi   Wo zuotian xuexi   Wo mingtian xuexi
    'Yo hoy   estudiar 'Yo ayer   estudiar' 'Yo mañana   estudiar

Tiempo lingüístico:

la realización lingüística que tienen los verbos para marcar morfológicamente el tiempo presente, pasado o futuro (*estudia/estudió/estudiaba/estudiará/estudiaría*).

Veamos esta distinción en los ejemplos en (20) y (21):

(20) *Los leones son carnívoros.*

(21) a. *Los estudiantes estudian para el examen de sintaxis* (hoy).
    b. *Los estudiantes estudiaron para el examen de sintaxis* (ayer).
    c. *Los estudiantes estudiaban para el examen de sintaxis* (la semana pasada).
    d. *Los estudiantes estudiarán para el examen de sintaxis* (el próximo mes).

El ejemplo (20) es un tiempo metalingüístico que expresa una relación atemporal. El verbo 'ser', verbo copulativo, se usa para describir un atributo del león (no una noción temporal), por lo tanto, no marca tiempo presente, solo describe el atributo del león (*carnívoro*). En cambio, los ejemplos en (21) muestran la realización del tiempo lingüístico con la morfología verbal, como se ve en los morfemas flexivos verbales en negrita. Los **tiempos verbales** (presente, pasado, futuro) se pueden combinar con el aspecto verbal y el modo del verbo (indicativo o subjuntivo). El **aspecto** indica la manera en que se realiza la acción, de manera continua sin indicar un principio ni un fin preciso, como en (21c) con el uso del imperfecto que indica un tiempo pasado, pero realizado desde una perspectiva inconclusa (*estudiaban*). El **modo** hace referencia al grado en que el hablante presenta la información en un mundo real (presente o pasado del indicativo) o irreal (subjuntivo '*ojalá que no llueva*').

2.4.3.1 Desplazamientos temporales

Al comunicarnos hacemos **desplazamientos temporales** (presente, pasado) para asignar usos específicos a nuestros enunciados. Estos desplazamientos de tiempo se muestran en los ejemplos en (22):

(22) Una persona va a una tienda a comprar jamón.

　　 a. *Quiero saber si tiene jamón Ibérico.*
　　 b. *Quería saber (ahora) si tiene jamón Ibérico.*

En (22a) el verbo de la cláusula principal hace referencia a un tiempo presente marcado con la flexión verbal del presente en indicativo (*quiero*). En cambio, en (22b) el verbo de la cláusula principal se realiza en pasado imperfecto (*quería*), pero su uso expresa un desplazamiento temporal con referencia al presente (*ahora*). En este ejemplo, el uso del imperfecto tiene un valor pragmático para expresar cortesía o distancia. Los ejemplos en (23) muestran que la realización lingüística del verbo (futuro) no coincide con su valor temporal:

(23) a. *¿Qué hora será?* (ahora)
　　 b. *¿Quién habrá llegado tarde a la fiesta?* (anoche)

En (23a) se usa la forma del verbo en futuro ('*será*', tiempo lingüístico) para referirse a un tiempo presente (*¿dónde están las llaves ahora?*). En (23b) se usa el futuro perfecto para hacer referencia temporal a un evento que ocurrió en el pasado. Estos ejemplos muestran que el tiempo lingüístico (morfología verbal) no siempre coincide con el uso de su valor temporal.

　　Para entender la deíxis temporal es necesario tomar en cuenta los papeles de los participantes (hablante y oyente) y el objeto al que se refiere en un espacio determinado. La referencia e interpretación de la deíxis temporal depende también de la situación del contexto, como una entrevista de trabajo, donde el momento de producción del enunciado y el tiempo de recepción ocurren simultáneamente. En cambio, en situaciones comunicativas virtuales como en el discurso de las redes sociales, la identificación de puntos temporales depende del momento de producción y recepción del enunciado. Es decir, dada la modalidad asincrónica del correo electrónico, la producción y recepción de los mensajes no siempre coinciden, lo cual puede causar confusión por falta de información temporal adicional. (En el capítulo 5 [cuadro 5.2] estudiaremos las diferencias entre el discurso oral y el escrito).

　　Ilustremos un caso de deíxis temporal que causó confusión por la falta de los índices deícticos. También se observan desplazamientos temporales. En los ejemplos (24–26), hubo una confusión con el asistente del autor (asistente español) mientras acordábamos la hora y el lugar para encontrarnos en el campus universitario de una ciudad española. La negociación de la referencia temporal y espacial se llevó a cabo mediante correos electrónicos. En comunicaciones anteriores, habíamos acordado encontrarnos el jueves, y los correos se enviaron el lunes y martes de la misma semana. El mensaje en el ejemplo (24) se envió el martes a las 11:00 p.m. y el asistente asumió que la hora para encontrarnos sería el miércoles sobre las 12:45 p.m., pero el autor tenía fija la fecha del jueves. Obsérvese un caso de desplazamiento con la forma pasada imperfectiva 'me preguntaba' para referirse a un tiempo presente a fin de expresar distancia y cortesía. El autor leyó el mensaje el miércoles por la mañana:

(24)   Correo electrónico #1 enviado el martes a las 11:00 p.m. por el asistente para fijar cita en un edificio del campus de la universidad (mensaje enviado la noche del martes).

   Hola: ¿Me preguntaba si pudiésemos quedar un poco antes (sobre las 12:45 p.m.) y si pudiésemos quedar en el edificio frente a la facultad de filología?

(25)   Respuesta del autor (miércoles por la mañana)

   Claro que sí, puedo llegar sobre las 12:45 p.m. frente a la facultad de Lenguas y Literatura. Mismo lugar donde nos encontramos la vez pasada. Quedamos mañana jueves, ¿verdad? Por favor, confirma. Saludos.

(26)   Respuesta del asistente en reacción a mi mensaje (miércoles por la mañana)
   Creo que ha habido un malentendido porque recibiste el email que te había (erróneamente) mandado ayer por la mañana. Es decir, lo de las 12:45 era de ayer. Perdón por el malentendido. En cuanto a vernos mañana jueves, me parece perfecto. ¿Qué disponibilidad tendrías por la mañana? ¿Podríamos vernos antes de las 10:30? Un saludo.

La confusión sobre el tiempo y la fecha surgió por la falta de información sobre las coordenadas del centro deíctico, en particular, las referencias temporales. El asistente asumió que si yo había recibido el mensaje el miércoles por la mañana, la hora de encontrarnos sería ese mismo día (24). El punto de referencia temporal fijado por el autor fue el jueves (25), en vez del miércoles que coincide con el día que el autor leyó el mensaje. El estudiante asumió que, si el autor había recibido el correo el miércoles, el tiempo de encontrarnos sería el mismo día. En el ejemplo (26) el estudiante aclara el malentendido a raíz de la confusión del día que habíamos acordado, el jueves en vez del miércoles. Una vez aclarada la referencia temporal (jueves sobre las 12:45 p.m.) y la espacial (el lugar acordado), se aclaró la confusión.

2.4.4 Deíxis discursiva

La deíxis discursiva se ocupa del uso de las expresiones lingüísticas que hacen referencia a una parte anterior o posterior del discurso, tomando como el centro deíctico el lugar donde se encuentra el hablante o escritor. En la sección 2.3 describimos dos tipos de referencia que recuperan su referente hacia atrás o hacia adelante dentro del mismo enunciado, la referencia anafórica (referencia anterior) y la catafórica (referencia posterior). En los ejemplos mencionados en (2) el pronombre anafórico (referencia previa) es co-referencial con su antecedente (frase nominal) (2b, <u>Pedro</u>_i *dice que (él_i) se irá de* *vacaciones a Costa Rica durante el verano*) y el pronombre catafórico recupera su referente en el discurso siguiente (2c, *Dado que ella$_i$ llegó tarde a clase, María$_i$ no podrá tomar el examen*).

En la deíxis discursiva se hace referencia a porciones del discurso que se pueden recuperar dentro del enunciado o en el discurso de la situación. Veamos algunos ejemplos en (27):

(27) a. <u>Esto</u> *es lo que le vas a decir a María cuando la veas.*
　　 b. *Y* <u>eso</u> *fue lo que pasó en mi entrevista.*
　　 c. <u>*En esta sección*</u> *explicamos la deíxis discursiva;* <u>*en la anterior*</u>*, describimos la deíxis temporal; y en la última, concluimos con la deíxis social.* <u>*En el capítulo siguiente*</u>*, continuamos con el tema de los actos de habla.*

En el ejemplo (27a) se emplea el demostrativo 'esto' para hacer referencia a un discurso futuro; el demostrativo 'eso' en (27b) se refiere a la información que ocurrió durante la entrevista. Las expresiones en (27c) muestran coherencia discursiva y organizan las partes de este capítulo: 'esta sección' para referirse a la información que se describe en esta sección del capítulo; 'la anterior' se usa para referirse al discurso previo a esta sección; 'la última' señala al discurso que sigue a esta sección; y 'en el capítulo siguiente' concluye la serie de las secciones descritas. La referencia discursiva se puede recuperar directamente del enunciado en un texto escrito por medio de referencia anafórica o catafórica; o bien, por referencia a una porción de discurso que el hablante recupera por referencia al contexto de la situación. En el capítulo 5 (sección 5.5 Discurso) se explica el tema de los marcadores discursivos.

2.4.5 Deíxis social

La deíxis social se ocupa de la codificación del estatus social entre los participantes (emisor, el interlocutor o una tercera persona) al usar las formas de tratamiento. Se manifiesta mediante expresiones deícticas que marcan una relación social entre los participantes: los pronombres personales (*tú, vos, usted, vosotros/as*), los vocativos (*Paco, Sonia, Profesor, flaco, gordito*) y otros morfemas que se añaden al verbo para expresar grados relativos de estatus social (p. ej., – *it* [diminutivo] – *ill* [despectivo] [*compadrito, maestrillo*]).[15] Al usar estas expresiones, el hablante comunica distintos grados de distancia social, respeto, cortesía o descortesía y solidaridad. En español, como en otras lenguas, la selección de las expresiones deícticas depende de factores contextuales: la situación (una conversación entre amigos, una entrevista, una reunión entre profesor-estudiante), la relación entre los participantes (poder y distancia social), el conocimiento compartido entre los interlocutores y las expectativas socioculturales entre los participantes. Además, el uso de estas expresiones está sujeto a variación dentro de una situación y a factores sociales, como la región, la edad, el género y el nivel socio-económico entre los participantes. Analicemos la deíxis social en el ejemplo (28), un mensaje electrónico de una estudiante colombiana a su profesor de español:

(28) Mensaje electrónico de una estudiante colombiana a su profesor.

>   1 *Estimado <u>Profesor</u>,*
>   2 *Muchas gracias por <u>su</u> pronta respuesta . . .*
>   3 *el viernes tengo un espacio entre la 1:30 y las 2:30 p.m.*
>   4 *<u>¿sería</u> posible pasar por <u>su</u> oficina a esa hora, ese día?*
>   5 *Atentamente, Helena.*

En el mensaje en (28) la estudiante emplea el vocativo formal para dirigirse a su profesor (*Estimado <u>Profesor</u>*, línea 1) y la forma deferencial y de respeto '*usted*' (líneas 2 y 4, '*<u>su</u> pronta respuesta*', '*su oficina*'). Además, emplea la forma condicional '*sería*' para expresar deferencia (línea 4) y las expresiones deícticas temporales '*esa hora*', '*ese día*' (línea 4). En el capítulo 8 se desarrolla el tema de la variación regional de la selección y uso de las formas de tratamientos en distintas regiones del mundo hispanohablante.

PARA PENSAR MÁS

Piensa en las formas de tratamiento que usarías en las siguientes situaciones. Explica cuál forma elegirías: *tú, vos, usted, vosotros/vosotras*:

> un profesor
> un jefe
> tu familia anfitriona en un país hispano
> tu jefe
> tu compañero de clase

Luego reflexiona en lo siguiente: si una persona que acabas de conocer (un profesor, tu familia anfitriona en Buenos Aires un conocido mayor que tú) te tutea (usa la forma 'tú'), ¿qué forma deberías usar, *tú* o *usted*? ¿Cuándo sería apropiado cambiar del tuteo (confianza/solidaridad) a la forma de respeto 'usted'? (formalidad/respeto) (Pista: lee el capítulo 8).

Ejercicio 4 En el siguiente texto de Octavio Paz (*El Laberinto de la Soledad*), identifica ejemplos de las cinco categorías deícticas: persona, tiempo, lugar, discurso y social. Nombre de la página: Antología del Ensayo. Enlace: https://www.ensayistas. org/antologia/XXA/paz/paz2.htm

Deíxis personal
Deíxis temporal
Deíxis espacial
Deíxis discursiva
Deíxis social

2.5 Variación deíctica

La variación deíctica se puede observar directamente en la manera en que se producen e interpretan los significados de las expresiones deícticas como la noción temporal del tiempo perfecto, la deíxis discursiva y la deíxis personal y social.

Variación temporal de pasado reciente: Existe variación temporal entre los hablantes del español peninsular y latinoamericano con respecto al uso del pasado perfecto. Veamos el ejemplo (29):

(29) Variación temporal del presente perfecto

    a. Español peninsular
    Ha llamado Juan.
    Hemos llegado tarde.
    b. Español latinoamericano (ejemplos del español de México)
    Llamó Juan.
    Llegamos tarde.

En regiones de España predomina el pretérito perfecto para indicar un tiempo pasado reciente (29a), mientras que en regiones de Latinoamérica se prefiere usar un pasado perfecto para expresar el mismo valor temporal (29b). ¿Cuánto tiempo debe pasar para que se considere una acción pasada reciente? ¿minutos, horas, días?

Variación de marcadores discursivos: La variación de la deíxis discursiva se puede observar en los marcadores discursivos como '*venga*' y '*hombre*' frecuentemente usados en España, ausentes en Latinoamérica. Por ejemplo, el marcador '*venga*' varía según el género y la edad del hablante y del interlocutor.[16] Según Stenström (2010), los factores sociales que condicionan el uso de '*venga*' son el sexo del hablante y la clase social. Con datos del español de Madrid, '*venga*' predomina entre los jóvenes (14–16 años) y entre los adultos jóvenes (25–50 años). Con respecto al factor sexo, '*venga*' predomina más entre los hombres jóvenes que en las mujeres. Además, las mujeres de la clase social alta lo usan más que las mujeres de la clase social media o baja. En el capítulo 5 se describen las funciones discursivas de '*o sea*', '*bueno*', '*entonces*', '*ahora*', '*pues*', etc.

Variación de formas pronominales: La variación de la deíxis personal y social se aprecia en los significados que adoptan las formas pronominales en distintas regiones de España e Hispanoamérica. La forma '*usted*' puede expresar deferencia, respeto y formalidad (p. ej., España, México), pero también se emplea para expresar intimidad entre familiares o amigos (p. ej., regiones de Centroamérica y algunas regiones de Colombia). Además, la forma '*vos*', que se emplea para expresar solidaridad o informalidad en regiones como Argentina y Uruguay, también puede expresar otros significados como marcador de familiaridad, distancia o desprecio. Además se observa variación regional de los vocativos para dirigirse a un interlocutor de manera informal como '*boludo/a*' (Argentina), '*güey*' (México), '*Mae*' (Costa Rica) o '*tío/a* (España). En el capítulo 8 se describen las funciones sociales de las formas de tratamiento y variación de vocativos en España y en regiones de Latinoamérica. La selección de las formas de tratamiento se ve condicionada por factores sociales como la región, la edad y el sexo de los interlocutores, el nivel socioeconómico, además de la variación situacional (una conversación entre amigos frente a una entrevista de trabajo) y discursiva (p. ej., saludos, despedidas, pedidos o expresión de desacuerdos al inicio, en medio o al final de la interacción).

Ejercicio 5 Completa el cuadro con las características esenciales de cada categoría deíctica y da ejemplos.

Categoría deíctica	Características	Ejemplos
Deíxis personal		
Deíxis temporal		
Deíxis espacial		
Deíxis discursiva		
Deíxis social		

2.6 Resumen

En esta sección se describieron los conceptos de la deíxis y las expresiones deícticas en español. La deíxis es fundamental para entender cómo interpretamos los enunciados en relación con el contexto de uso donde se produce e interpreta el enunciado. Las expresiones referenciales como el pronombre 'tú' o los adjetivos demostrativos 'este' y 'esa' pueden tener usos deícticos y no deícticos. Entre los usos no deícticos, se explicó la diferencia entre la referencia anafórica y la catafórica. Entre los usos deícticos, se distinguió entre la deíxis gestual y la simbólica. Luego, se describieron cinco categorías deícticas (personal, espacial, temporal, discursiva y social). Por último, se describieron aspectos generales sobre la variación de la deíxis condicionada por factores lingüísticos y sociales.

LISTA DE TÉRMINOS Y CONCEPTOS CLAVE

antecedente (*antecedent*)
aspecto (*aspect*)
categorías deícticas (*deictic categories*)
  personal (*personal*)
  espacial (*place*)
  temporal (*time*)
  discursiva (*discourse*)
  social (*social*)
centro deíctico (*deictic center*)
contexto (*context*)

deíxis (*deixis*)
    gestual (*gestural*)
    simbólica (*symbolic*)
desplazamiento temporal (*temporal shift*)
marcador discursivo (*discourse marker*)
modo (*mood*)
referente (*referent*)
referencia (*reference*)
    anafóra (*anaphora*)
    catafóra (*cataphora*)
tiempo (*tense*)
    metalingüístico (*metalinguistic*)
    lingüístico (*linguistic*)
tiempo de emisión (*coding time*)
tiempo de recepción (*receiving time*)
verbos de movimiento (*motion verbs*)
vocativo (*vocative*)

PREGUNTAS DE COMPRENSIÓN

1. ¿Qué es la deíxis? Explica si se puede estudiar a partir de la semántica, la pragmática o ambas. Justifica tu respuesta.

2. Explica los usos deícticos y los no deícticos de las expresiones referenciales. Da ejemplos en español e inglés.

3. Explica la diferencia entre la deíxis gestual y la simbólica. Da ejemplos.

4. ¿Cuáles son las cinco categorías deícticas? Explica cada una y da ejemplos.

5. Explica la diferencia entre el tiempo absoluto y el no absoluto (o relativo) y da ejemplos.

6. Explica el sistema deíctico temporal y espacial del español.

PROYECTOS DE INVESTIGACIÓN

1. Describe el sistema deíctico de una lengua que no sea el español ni el inglés. Consulta con hablantes nativos de esa lengua para preguntar sobre sus intuiciones en relación a los usos deícticos. Escribe un reporte (2–3 páginas) y explica los ejemplos. Por ejemplo, puedes preguntar:

- si existe una forma que esté codificada en la lengua para expresar 'nosotros-inclusivo' y 'nosotros-exclusivo';
- cuántos géneros tiene la lengua (masculino, femenino, neutro), cómo se marca el género, ¿en los pronombres? ¿en las formas verbales?;
- cuántas formas tiene la lengua para expresar deíxis de proximidad – distancia (*este, ese, aquel; aquí, ahí, allá*);

- si la lengua tiene formas para marcar el tiempo (tiempo lingüístico) y cuáles son. Si esa lengua se caracteriza por tiempo metalingüístico, ¿qué otros recursos lingüísticos se emplean para marcar el tiempo?;
- cuántas formas existen para expresar la deíxis temporal: expresiones temporales antes de *hoy* y expresiones posteriores (*anteayer, ayer, hoy, mañana,* etc.);
- cuál es la deíxis de los verbos de movimiento ('ir', 'venir', 'llevar' 'traer');
- cuáles son los recursos lingüísticos para codificar la deíxis social: relación de distancia y poder entre los hablantes, grado de familiaridad entre amigos, conocidos y familiares, grados de jerarquía, etc.;
- ¿Algo más?

2. Escribe un análisis sobre los usos deícticos de las siguientes expresiones en dos variedades del español (2–3 páginas):
aquí y *acá* y *allí* y *allá.*

Consulta con al menos dos hablantes nativos de cada variedad. Pregunta qué diferencias observan en el uso de las expresiones y pide ejemplos. ¿Se observan diferencias de proximidad? (más, menos cerca al hablante/oyente), ¿significan lo mismo? En tu reporte, explica si las diferencias de uso de estas expresiones deícticas dependen de la región o de factores lingüísticos y/o sociales.
Puedes consultar los siguientes artículos:

Maldonado, R. (2015). Niveles de subjetividad en la deíxis. El caso de *aquí* y *acá. Anuario de Letras. Lingüística y Filología, 1,* 283–326.

Sedano, M. (1994). Evaluation of two hypotheses about the alternation between *aquí* and *acá* in a corpus of present-day Spanish. *Language Variation and Change, 6,* 223–237.

Sedano, M. (2000). Variación entre *aquí* vs. *acá* y *allí* vs. *allá*: la situación en el español hablado de Caracas. *Iberoamericana: Lateinamerika, Spanien, Portugal, 24,* 21–38.

NOTAS

1. Información adaptada de Huang (2014, Cap. 6).
2. En este capítulo hacemos referencia a las aportaciones de Levinson (1983) y Huang (2014).
3. Véase Levinson (1983, Cap. 2) para más información sobre las coordenadas del centro deíctico.
4. Adaptado de Levinson (1983).
5. Véase Huang (2014, Cap. 2), Fillmore (1997), Levinson (1983, Cap. 3).
6. Figura adaptada de Huang (2014).
7. Ver Huang (2014, Cap. 5) y Levinson (1983, Cap. 2) para información general sobre la codificación de la deíxis de persona en inglés y otras lenguas.
8. Véase Levinson (1983, Cap. 2) y Huang (2014, Cap. 5) para ejemplos de lenguas que codifican la referencia a la inclusión o exclusión del interlocutor. Por ejemplo, Fiji (ubicada en el archipiélago en el océano Pacífico sur) usa la forma *keimami* con una referencia exclusiva de la primera persona del plural y *keda* con una referencia inclusiva. En Gujarati (hablada en regiones de India) se usa *aapNe* con referencia inclusiva de la segunda persona plural y *ame* con un significado exclusivo de la segunda persona plural.
9. Véase Levinson (1983, Cap. 2), Huang (2014, Cap. 5) y Fillmore (1997) con respecto a las coordenadas temporales en periodos según el calendario (un mes, una semana) y periodos en que no sigue las unidades del calendario ('fortnight,' un periodo de dos semanas que el hablante hace referencia a partir de un tiempo en el espacio).

10. Según previos estudios (Levinson [1983, Cap. 2] y Huang [2014, Cap. 5]), en inglés británico se usa 'fortnight' como una unidad de tiempo que equivale a 14 días. El equivalente en español es una *quincena* o quince días.
11. Levinson (1983, Cap. 2) elabora en esta distinción con ejemplos del inglés.
12. Información tomada de Huang (2014, pág. 185).
13. Véase Huang (2014, pág. 185).
14. Véase Huang (2014, Cap. 5), Levinson (1983, Cap. 2) y Lyons (1977)
15. Véase Huang (2014, Cap. 5) y Levinson (Cap. 2) para ejemplos de lenguas que usan morfemas y otras partículas que marcan el estatus social, como el respeto, distancia, poder y solidaridad. Para la distinción de los significados semánticos de los pronombres de segunda persona singular en distintas lenguas (poder y solidaridad), ver el estudio clásico de Brown y Gilman (1960).
16. Véase Stenström (2010) para un análisis del marcador 'venga' condicionado por factores sociales como el género y la edad de los participantes.

LECTURAS RECOMENDADAS

Huang, Y. (2014). Deixis. En *Pragmatics*, Cap. 5. Oxford: Oxford University Press.

Este capítulo presenta los conceptos generales de deíxis desde una perspectiva tipológica. Explica las cinco categorías deícticas con ejemplos de distintas lenguas. En particular, los ejemplos de la deíxis personal y la espacial ayudan a contrastar las diferencias de los sistemas deícticos de diferentes lenguas.

Levinson, S. (1983). Deixis. En *Pragmatics*, Cap. 2. Cambridge: Cambridge University Press.

Un capítulo clásico que describe los conceptos fundamentales de la deíxis desde diferentes perspectivas filosóficas, semánticas y pragmáticas. Explica la distinción entre el concepto de la referencia y la deíxis (expresiones referenciales y expresiones deícticas). Describe las cinco categorías deícticas con ejemplos predominantemente del inglés. Explica la diferencia entre la deíxis gestual y la simbólica. Lectura clásica para cualquier estudiante que le interese el estudio de la deíxis en general.

Sidnell, J., & Enfield, N. J. (2017). Deixis and the interactional foundations of reference. In Y. Huang (Ed.), *The Oxford Handbook of Pragmatics* (pp. 217–239). Oxford: Oxford University Press.

El capítulo ofrece una descripción reciente sobre deíxis desde una perspectiva discursiva. Describe los conceptos básicos y las categorías deícticas con ejemplos de distintas lenguas.

BIBLIOGRAFÍA

Brown, R., & Gilman, A. (1960). The pronouns of power and solidarity. In T. A. Sebeok (Ed.), *Style and language* (pp. 253–276). Cambridge, MA: MIT Press.

Fillmore, C. J. (1997). *Lectures on deixis*. Stanford, CA: CSLI Publications.

Huang, Y. (2014). *Pragmatics*. Oxford: Oxford University Press.

Levinson, S. (1983). *Pragmatics*. Cambridge: Cambridge University Press.

Lyons, J. (1977). Deixis, space and time. *Semantics*, 2, 636–724.

Maldonado, R. (2015). Niveles de subjetividad en la deíxis. El caso de *aquí* y *acá. Anuario de Letras. Lingüística y Filología*, 1, 283–326.

Sedano, M. (1994). Evaluation of two hypotheses about the alternation between *aquí* and *acá* in a corpus of present-day Spanish. *Language Variation and Change, 6,* 223–237.

Sedano, M. (2000). Variación entre *aquí* vs. *acá* y *allí* vs. *allá*: la situación en el español hablado de Caracas. *Iberoamericana: Lateinamerika, Spanien, Portugal, 24,* 21–38.

Stenström, A. B. (2010). Spanish *venga* and its English equivalents: A contrastive study of teenage talk. *Linguistics & the Human Sciences, 6,* 57–75.

Travis, C. (2004). The ethnographics of the diminutive in conversational Colombian Spanish. *Intercultural Pragmatics, 2,* 249–274.

Actos de habla en contexto

Introducción

Este capítulo analiza la estructura y la función de los actos de habla en contexto y la manera en que comunicamos nuestras intenciones con el fin de ser reconocidas por el oyente. Al comunicarnos, usamos palabras para realizar acciones comunicativas o actos de habla como invitar a un amigo a una fiesta de cumpleaños, hacer y recibir un cumplido en Facebook, disculparse por llegar tarde, despedir a un empleado, escribir un correo electrónico al profesor o quejarse con el gerente del mal servicio del camarero en un restaurante. Estas prácticas sociales se llevan a cabo en un lugar concreto, con las personas adecuadas que tienen la autoridad de realizar tal acción, con las palabras apropiadas y con los procedimientos convencionales de cada cultura. El contexto cognitivo (la información compartida por los interlocutores) y las circunstancias donde ocurre la acción juegan un papel importante en la producción e interpretación de acción comunicativa. También se analiza la forma y función de los actos de habla directos (*Préstame tu carro*) y los indirectos (*¿Crees que podrías prestarme tu carro?*). Al final, se presenta un análisis de los actos de habla en interacción en un contexto costarricense. La variación de los actos de habla en regiones del mundo hispanohablante se analiza en el capítulo 7. Consultar la página web para ver ejercicios y actividades adicionales del capítulo 3:

https://pragmatics.indiana.edu/textbook/cap3.html

Reflexión

- Imagínate que vas a pedir una carta de recomendación a tu profesor para estudiar en un programa graduado o para estudiar en el extranjero. Llegas a su despacho (u oficina) y le haces la petición en español. ¿Dirías lo mismo en inglés y en español?
- ¿Cuál es la diferencia entre una promesa y una petición? ¿y entre una petición y una sugerencia?
- Da ejemplos de peticiones directas e indirectas. Luego explica en qué contextos se prefiere la comunicación directa y la indirecta.

Objetivos

Este capítulo analiza la estructura y función de los actos de habla. Los temas que estudiaremos son:

- definición de los actos de habla
- enunciados constatativos y realizativos
- indicadores de fuerza ilocutiva
- tricotomía del acto de habla
- condiciones de adecuación
- clasificación de los actos de habla
- actos de habla indirectos
- variación de los actos de habla en interacción
- limitaciones de la teoría de los actos de habla

3.1 ¿Qué son los actos de habla?

El tema de los actos de habla fue inicialmente estudiado por filósofos del lenguaje y posteriormente por lingüistas que se enfocan en el **significado proposicional** de las oraciones (semántica). En la actualidad, la teoría de los actos de habla constituye un componente imprescindible de la lingüística general y de la pragmática a partir de las posibles intenciones del hablante y las inferencias que el oyente extrae de lo comunicado. Las primeras ideas de cómo conceptualizamos el lenguaje en la vida diaria fueron propuestas formalmente en 1955 por el filósofo británico John Austin en una serie de conferencias dictadas en la universidad de Harvard (*The William James Lectures*), publicadas póstumamente en su obra *How to Do Things with Words* (1962). Más tarde, estas ideas fueron desarrolladas por el filósofo norteamericano, John Searle, en su obra *Actos de habla* (1969) y estudios posteriores. Las ideas de Austin fueron nutridas por filósofos del lenguaje que analizaron el significado proposicional de las oraciones y el proceso inferencial de la comunicación. Algunos conceptos generales de la implicatura conversacional (capítulo 4) y la cortesía lingüística (capítulo 6) también han influido nuestro entendimiento de los actos de habla.

El término 'acto de habla' (p. ej., pedir un préstamo, rechazar una invitación o quejarse) generalmente se emplea para referirse a acciones comunicativas producidas por un hablante e inferidas por un oyente en situaciones específicas como en una comida familiar, en una fiesta de cumpleaños o durante una discusión en una clase de lingüística. Los actos de habla se analizan en torno a dos tipos de significado: un **significado convencional** que expresamos literalmente con las palabras al formar enunciados (significado proposicional o referencial); o bien, por acuerdo institucional entre los hablantes de una comunidad, como el acto ritual de los saludos (p. ej., A: '*Hola, ¿cómo estás?*, B: *Bien, gracias*'). El segundo es un **significado no convencional** comunicado por el hablante e inferido por el oyente en situaciones concretas, como el caso de las implicaturas conversacionales (insinuaciones o indirectas) que estudiaremos en el capítulo 4. Es importante señalar que la forma y función de los actos de habla varían regionalmente y puede estar condicionado por factores sociales como el sexo, la edad o el nivel socioeconómico (ver capítulo 7 para una descripción de variación pragmática y sociolingüística en el mundo hispanohablante). En la figura 3.1 se muestran ejemplos de actos de habla:

Figura 3.1 Ejemplos de actos de habla

PARA PENSAR MÁS

Identifica tres actos de habla (acciones comunicativas) que ocurren en cada uno de los siguientes contextos:

- Una entrevista de trabajo
- Facebook o Instagram
- Tu clase de español o lingüística
- Tu iglesia
- Un debate político

 Visita la página de los actos de habla, capítulo 3 (secció, 3.1)
https://pragmatics.indiana.edu/textbook/cap3.html

3.2 Enunciados constatativos y realizativos

La idea fundamental de los actos de habla presentada por Austin[1] se centra en el hecho de que usamos el lenguaje en la comunicación no solo para describir o reportar las cosas del mundo, sino también para realizar acciones comunicativas y transformar la realidad. Para esto, Austin distinguió entre los enunciados constatativos (del verbo 'constatar', comprobar hechos o establecer su veracidad) y los realizativos (o performativos).[2] Los **enunciados constatativos** se usan para crear aserciones o afirmaciones y se describen en términos de sus valores de verdad o falsedad. En cambio, los **enunciados realizativos** se emplean para hacer cosas o realizar acciones con las palabras. Veamos los siguientes ejemplos:

(1) *Llueve a cántaros.*
(2) *Gabriel hace su tarea de álgebra en clase.*
(3) *Los declaro marido y mujer.* (Enunciado por un sacerdote en una iglesia)
(4) Presidente Obama: (Martes, 20 de enero, 2009)

> "*I Barack Hussein Obama do solemnly swear that I will execute the office of the President to the United States faithfully.*" ("*Yo Barack Hussein Obama juro solemnemente que ejecutaré el cargo de Presidente de los Estados Unidos fielmente.*"
> (Juramento enunciado con la mano derecha levantada).

Los ejemplos (1 y 2) describen o reportan información del mundo, es decir, eventos sobre el tiempo (1) y sobre la actividad del estudiante en clase (2). Según su significado proposicional (o literal), los enunciados constatativos se pueden calificar como verdaderos o falsos. En cambio, al emitir los enunciados (3 y 4) bajo las circunstancias y con las personas adecuadas, el hablante no describe ni reporta ningún evento; más bien, realiza una acción que transforma la vida del oyente o del hablante. O sea, al emitir el enunciado en (3) se cambia la vida de las personas (de solteros a casados) y al momento de ejecutar el enunciado en (4) se transforma la vida del hablante con el poder que le otorga la constitución de los Estados Unidos (en el caso de Barack Obama, su vida cambió de ser senador a Presidente de los Estados Unidos).

A diferencia de los ejemplos constatativos (1 y 2), que pueden ser verdaderos o falsos, los enunciados realizativos son afortunados o desafortunados (*felicitous or infelicitous*) (en vez de gramaticales o agramaticales). Por ejemplo, el caso del juramento en (4) es un enunciado afortunado porque se realizó con las siguientes condiciones: se emitió bajo las circunstancias apropiadas; es decir, el haber ganado las elecciones y en el lugar donde tenía que juramentar, con las personas apropiadas (el juramento fue administrado por el jefe de la Suprema Corte de Justicia, John Roberts), con la intención sincera del hablante de realizar la acción (el juramento) y con las palabras correctas y completas que describen el enunciado realizativo. En cambio, si yo dijera el enunciado en (3) con dos de mis estudiantes en mi clase de lingüística en la Universidad de Indiana, sería desafortunado o inadecuado, puesto que no satisface las condiciones que debe cumplir este verbo realizativo: el ser profesor universitario no me otorga la autoridad de casar a dos de mis estudiantes en el aula de clase. Estos ejemplos muestran que la ejecución de verbos realizativos (como en los ejemplos 3 y 4) depende de un procedimiento convencional que regula el uso del lenguaje: la institución religiosa del ejemplo en (3) y la inauguración oficial del Presidente de los Estados Unidos en (4). Por lo tanto, para que el verbo realizativo 'declarar' sea exitoso, la condición es que el hablante tenga la autoridad de ejecutar esta actividad, como un sacerdote o un juez. Y para que el realizativo 'jurar' sea adecuado, la condición es que el hablante (Presidente Obama) tenga la aprobación oficial de ser nominado Presidente de los Estados Unidos y el deseo de aceptar tomar el cargo. Austin las llama **condiciones de adecuación** (*felicity conditions*). El término 'felicidad' (*felicity*) significa que algo se lleve a buen término, o sea, que sea adecuado o apropiado de acuerdo a las circunstancias. Son las condiciones que definen los actos de habla cuando las palabras se emplean adecuadamente para realizar acciones como 'declarar' o 'jurar'. Por lo tanto, para que los verbos realizativos se lleven a cabo, se deben satisfacer las siguientes condiciones de adecuación en (5):

(5) Condiciones de adecuación de los verbos realizativos (Austin, 1962)
- Debe existir un procedimiento convencional con un efecto convencional.
- Las personas y las circunstancias deben ser las adecuadas para la situación.
- El procedimiento se debe ejecutar correcta y completamente.
- Las personas deben tener los pensamientos, intenciones y sentimientos adecuados de acuerdo al procedimiento.

Aunque los ejemplos (1) y (2) reportan o describen eventos del mundo, también se consideran actos de habla por el hecho de expresar afirmaciones (actos asertivos, sección 3.6.1). Por lo tanto, la distinción inicialmente propuesta por Austin (constatativo-realizativo) se abandona a favor de la fuerza ilocutiva (o intención comunicada por el hablante) que poseen los enunciados bajo las circunstancias apropiadas.

Ejercicio 1 Enunciados constatativos y realizativos.
Indica si los siguientes enunciados son constatativos o realizativos y justifica tu respuesta.

1. *Discúlpeme por haber llegado tarde a la clase* (un estudiante universitario a su profesor).
2. *Mario le pidió disculpas a su profesor por haber llegado tarde a clase.*
3. *La Secretaria del Estado de los Estados Unidos fue Hillary Clinton.*
4. *Favor de abrocharse el cinturón de seguridad* (dicho por una azafata en el avión).
5. *La clase de lingüística ha terminado* (dicho por el profesor de la clase).
6. *La pragmática estudia el uso del lenguaje en contexto.*
7. *La compañía ha decidido liquidarlo* (dicho por un gerente a su empleado).

3.3 Indicadores de la fuerza ilocutiva

La **fuerza ilocutiva** de un enunciado se refiere a la fuerza comunicativa que expresa intencionalmente un hablante bajo las circunstancias apropiadas y con las personas apropiadas. Por ejemplo, un enunciado puede cumplir la función de una afirmación o utilizarse como pregunta. Los indicadores de fuerza ilocutiva (*Illocutionary Force Indicating Devices*) se expresan de distintas maneras:

- Verbos realizativos: *agradecer, pedir, declarar, invitar, declarar, jurar*, etc.
- Orden de palabras (p. ej., *Juan dijo la verdad* frente a *La verdad la dijo Juan*).
- Acento de intensidad para indicar un tono contrastivo (p. ej., *Prefiero que lo hagas TÚ, no ELLA*).
- Entonación ascendente ($\uparrow$) o descendente ($\downarrow$) o mediante una señal no verbal para llevar a cabo una acción (p. ej., la mirada o un movimiento con a mano).

   Ejemplo: *Dices que María llegó tarde al examen*$\uparrow$

- En el discurso de las redes sociales los emojis y otras convenciones ortográficas pueden reforzar la intención comunicativa del hablante. Por ejemplo, el uso de letra mayúscula o la repetición silábica puede reforzar el tono en que se expresa el enunciado:

   Ejemplo: *a. Perdona que haya llegado tarde a la fiesta . . .* ☺
   b. Te amo amiga, te amooooo ☺
   c. Te quiero MUCHOOO ♥ ☺

Según la teoría de los actos de habla, estos indicadores de fuerza ilocutiva son emitidos intencionalmente por el hablante y reconocidos por el oyente.

Los enunciados realizativos (también llamados por Austin **realizativos explícitos**) generalmente se emiten con verbos que nombran explícitamente la acción que realizan (p. ej., prometer, agradecer, bautizar). Veamos los siguientes ejemplos en (6):

(6) a. *Le pido que me cambie este billete de $500 pesos.*
    b. *Cámbieme este billete de $500 pesos.*
    c. *¿Me puede cambiar este billete de $500 pesos?*
    d. *Por favor*↑ (mostrando un billete de a $500 pesos en la mano)

En los ejemplos en (6) el significado proposicional es el mismo en todos los enunciados: el hablante hace referencia a cambiar un billete de $500 pesos. Sin embargo, la fuerza ilocutiva del enunciado es distinta en cada ejemplo. En (6a) el verbo realizativo 'pedir', o realizativo explícito, nombra explícitamente la intención del pedido del hablante. El verbo imperativo en (6b, *'cámbieme'*), a veces llamado **realizativo implícito**, puede interpretarse de distintas maneras: una orden (p. ej., *le ordeno que . . .*), una súplica (p. ej., *le ruego que. . . .*) o una petición directa. En estos casos, el contexto determina la fuerza comunicativa expresada. La pregunta interrogativa en el ejemplo (6c) (con un orden de palabras común de un enunciado interrogativo absoluto), no se responde con una respuesta afirmativa o negativa (p. ej., *'sí, puedo'*), sino con una acción de realizar el cambio. Por su parte, en (6d) un hombre mexicano que entró a una tienda emite la forma 'por favor' acompañada de una entonación ascendente (↑) y con el billete en la mano para expresar una petición; es decir, la acción de pedirle al dueño de la tienda que le cambie el billete. La identificación de la fuerza ilocutiva depende de la intención del hablante y de la interpretación que haga el oyente del enunciado en una situación comunicativa. Es importante notar que es el oyente quien determina la fuerza ilocutiva de lo comunicado en el enunciado.

Ejercicio 2 Indicadores de la fuerza ilocutiva.
Escribe enunciados que incluyan los siguientes tipos de indicadores de fuerza ilocutiva. Puedes tomar ejemplos de conversaciones cara a cara con amigos o familiares, conversaciones telefónicas, de anuncios publicitarios o de las redes sociales (Facebook, Instagram, chat, correo-e).

Indicadores de fuerza ilocutiva	Ejemplos
Verbos realizativos en primera persona del singular.	
Tono de la voz (entonación alta o baja, tono suave o fuerte).	
Señal no verbal.	
Construcción pasiva o impersonal.	
Ejemplos de Facebook, Instagram o chat.	

3.4 Tricotomía del acto de habla

Inspirado en las ideas preliminares presentadas en Austin (1962), Searle (1969) desarrolló la teoría de los actos de habla. Según Searle, al hablar una lengua realizamos acciones de acuerdo a ciertas reglas y convenciones preestablecidas en el mundo. Estas acciones comunicativas incluyen una variedad de actos de habla que producimos y negociamos en la comunicación, tales como afirmar, informar, concluir algo, hacer preguntas, prometer, disculparse, quejarse o despedir a alguien. Siguiendo las ideas de Austin, la realización de un acto de habla comprende tres actos:

- locutivo
- ilocutivo
- perlocutivo

Veamos los siguientes ejemplos tomados de la vida real:

(7) Correo electrónico de un aprendiz de español a su profesor.
   Estudiante: *¿Puede usted escribir una recomendación para mí?*
   Profesor: *Con gusto, ¿para cuándo la necesitas?*

(8) Ejemplo que ocurrió en la cocina de un matrimonio.
   Esposa: 1 *No puedo abrir el termo para poner tu café.* petición, no es una afirmación indirecta
   Esposo: 2 *Dámelo. Yo lo abro.*
   Esposa: 3 *Gracias, cariño.*

(9) Conversación en el despacho de un profesor con su estudiante de español.
   Profesor: *A estas alturas del semestre necesitas sacar 95% en el examen final para poder pasar el curso con un 70%.*
   Gracias: *Gracias* (estudiante salió del despacho)

El acto locutivo consiste en la emisión literal de los sonidos y las palabras que componen la oración para expresar la referencia del significado proposicional, como en el caso de la pregunta interrogativa indirecta en (7), la aserción negada en (8, línea 1) o la afirmación en (9). Por el contrario, **el acto ilocutivo** se refiere a la fuerza comunicativa que expresa el enunciado bajo las circunstancias adecuadas. La pregunta del ejemplo (7) se enuncia como una petición indirecta convencional (fuerza ilocutiva) en la que una de mis estudiantes de español me pidió que le escribiera una carta de referencia (la acción de solicitar dicha carta). Es decir, al emitir el enunciado se realiza una acción (la solicitud de la carta), la cual se interpreta así por el interlocutor (línea 2). En el ejemplo (8, línea 1), la fuerza locutiva es la de una aserción negada, mientras que la fuerza ilocutiva es una petición indirecta no-convencional; es decir, una insinuación de la esposa que le pide a su esposo indirectamente que le abra el termo para poner el café. Debe notarse que, bajo las circunstancias apropiadas, este enunciado (8, línea 1) no se produce como una afirmación de transmitir información por parte de la esposa, sino como un pedido para abrir el termo del café. Asimismo, en el ejemplo (9) la intención del profesor es informar o aconsejar (fuerza ilocutiva) al estudiante sobre la calificación mínima que necesita sacar para terminar el curso con una nota aprobatoria de 70% para pasar el curso. Por último, **el acto perlocutivo** hace referencia al efecto que la fuerza comunicativa del enunciado crea en las emociones o sentimientos del interlocutor (*what we bring about or achieve by saying something*).[3] Considerando los ejemplos anteriores, el efecto perlocutivo de la petición de mi estudiante en (7) causó que yo aceptara escribir la carta. En el ejemplo (8), el acto perlocutivo se refleja en la respuesta colaborativa del interlocutor (*uptake*) al ofrecerse a abrir el termo (línea 2). En el ejemplo (9) el efecto perlocutivo probablemente se interpretó por el estudiante como una advertencia por parte del profesor, lo cual produjo que el estudiante dejara la clase antes de la fecha oficial y evitara una nota reprobatoria al final del curso.

Debe notarse que el concepto de acto de habla comúnmente se interpreta a partir de la dimensión del acto ilocutivo. El acto ilocutivo es un acto convencional[4] e intencional por parte del hablante, mientras que el perlocutivo es no-convencional y depende de las circunstancias y la situación donde ocurre la acción comunicativa. Así, mientras que las preguntas pueden servir convencionalmente para realizar peticiones, pues se entienden y se utilizan normalmente con esa función, los efectos perlocutivos suelen variar. En el ejemplo (9), el estudiante dejó la clase, pero también hubiese podido quedarse y estudiar más si hubiese querido, pues no hay ninguna respuesta que deba seguirse. Es importante señalar que mientras que el acto ilocutivo es un elemento central para la ejecución de un acto de habla, el perlocutivo no representa siempre un elemento obligatorio para la realización del acto. Tal es el caso de las promesas en que el hablante realiza una acción futura (la de prometer) y no crea necesariamente efectos perlocutivos en el interlocutor.

En la siguiente sección se describen las reglas que regulan la realización de los actos de habla, las condiciones de adecuación, seguido de la clasificación general de los actos de habla.

3.5 Condiciones de adecuación del acto ilocutivo

La idea central de las condiciones del acto ilocutivo es que existen reglas convencionales que regulan el uso del lenguaje, de la misma manera que hay reglas convencionales que constituyen el comportamiento de ciertos juegos o eventos sociales (p. ej., el ajedrez, un matrimonio, un bautizo).[5] Según las reglas del ajedrez, el peón solo se puede mover uno o dos espacios hacia adelante la primera vez y uno la siguiente, la torre se mueve horizontal y verticalmente y el alfil solo puede avanzar diagonalmente. En el caso del béisbol, un bateador que, durante su turno, recibe cuatro lanzamientos fuera de la zona de *strike* (cuatro bolas) puede avanzar a la primera base. Un bateador que tira y falla tres veces representa uno de los tres *outs* que se requieren para retirar al equipo contrario. En la figura 3.2 se representa el juego de béisbol. ¿Cuáles son otras reglas de este juego?

Figura 3.2 El juego de béisbol

Estas son algunas de las reglas constitutivas que se utilizan oficialmente en el ajedrez o en el béisbol, las cuales no se pueden modificar porque representan el uso convencional de ambos juegos. De forma análoga, las acciones que realizamos en la comunicación se componen de **reglas constitutivas**, en palabras de Searle: hablar una lengua es "participar en un comportamiento que está regido por reglas" (Searle, 1969, pág. 16). A diferencia de las reglas constitutivas, las **reglas regulativas** regulan el comportamiento del hablante al realizar la acción, pero no son parte de las reglas del juego: no saludar al jugador oponente al inicio del partido se puede percibir como maleducado, pero no forma parte de las reglas que constituyen la estructura de un partido de ajedrez o de béisbol.

Las condiciones de Searle definen el acto ilocutivo y aplican a todos los actos de habla. Las condiciones de adecuación del acto ilocutivo incluyen cuatro categorías presentadas en los ejemplos en (10):

(10) Condiciones de adecuación

    a. *Condición de contenido proposicional* se refiere al significado literal del enunciado y a su función referencial.

    b. *Condiciones preparatorias* aluden a los requisitos necesarios previos a la ejecución del acto de habla.

    c. *Condición de sinceridad* se satisface si el acto de habla se realiza sinceramente por parte del hablante.

    d. *Condición esencial* es la que precisa la realización del acto de habla mediante las expresiones utilizadas que determinan la intención del hablante. Con las palabras empleadas el enunciado cuenta como tal, por ejemplo, una petición, una disculpa. Es decir, esta condición hace que una disculpa sea una disculpa y no otro acto de habla.

Ilustremos cómo funcionan las condiciones de adecuación con dos actos de habla, una petición (11) y una promesa (12):

(11) Petición en correo electrónico de una estudiante graduada de Colombia a su profesor.

    1 *Profesor López: Qué pena pedirle este favor tan a última hora,*
    2 *pero es que hasta hace poco supe que la fecha límite para solicitar*
    3 *la beca de la oficina del Decano es este jueves.*
    4→ *¿sería posible que usted me escribiera una carta de recomendación?*

(12) Promesa de un estudiante mexicano universitario a su amigo.
    Te prometo que llego a tu fiesta de cumpleaños; tarde, pero llego.

En la petición del ejemplo (11) una de mis estudiantes me pide una carta de recomendación y en la promesa del ejemplo (12) un amigo le promete a su amigo que irá a su fiesta de cumpleaños. En el cuadro 3.1 se describen las condiciones de adecuación para los dos actos de habla:

Cuadro 3.1 Condiciones de adecuación de dos actos de habla: la petición y la promesa

Condición de adecuación	Petición	Promesa
Condición de contenido proposicional	Se hace referencia a un evento futuro por parte del hablante.	Se hace referencia a un evento futuro por parte del hablante.
Condición preparatoria	– El hablante (estudiante) cree que el oyente (profesor) puede realizar el acto (escribir la carta). – El oyente puede realizar el acto.	– El acto de la promesa no va a llevarse a cabo por sí mismo. – El acto beneficia al oyente.
Condición de sinceridad	El hablante quiere/desea que el oyente lleve a cabo el acto.	El hablante tiene la intención sincera de llevar a cabo el acto.
Condición esencial	La expresión emitida cuenta como un intento (la petición) para hacer que el oyente realice el acto.	El acto de emitir una promesa crea la obligación por parte del hablante de realizarla.

Para los dos actos de habla, la petición y la promesa, se cumplen las cuatro condiciones de adecuación. Las condiciones para el acto de habla de la promesa incluyen la siguiente información. El acto proposicional hace referencia a un acto futuro por parte del hablante, ya que no podemos hacer una promesa o una petición con referencia al pasado. Las condiciones preparatorias especifican que el acto de prometer no se va a llevar a cabo por sí mismo; además, la promesa beneficia al oyente, mientras que la petición beneficia al hablante. La condición de sinceridad indica que el hablante tiene la intención sincera de llevar a cabo el acto. Por último, la condición esencial especifica que el acto de emitir una promesa o una petición crea la obligación por parte del hablante de realizarla.

Sin embargo, hay otros actos de habla que pueden satisfacer solo dos condiciones. Veamos el ejemplo (13), representado en la figura 3.3.

Figura 3.3 Ejemplo de un saludo

(13)   Un saludo entre dos estudiantes mexicanos

Daniela: 1 *Hola Víctor, ¿cómo te va?*
Víctor: 2 *¿Qué tal, Daniela? Muy bien, y tú, ¿cómo estás?*
Daniela: 3 *¡Genial!*

En este ejemplo se aprecia un saludo por parte de Daniela (línea 1) y la respuesta de Víctor (línea 2). El acto de habla del saludo satisface dos condiciones de adecuación: las preparatorias (p. ej., que Daniela se encuentre con Víctor para saludarlo) y la esencial (la expresión del saludo cuenta como el reconocimiento de Víctor por parte de Daniela). Este acto no satisface la condición del contenido proposicional (no existe una función referencial o significado proposicional) ni la condición de sinceridad, pues los saludos generalmente representan un acto ritual o convencional para iniciar la comunicación.[6]

Ejercicio 3 Describe las condiciones de adecuación para el acto de habla del rechazo a una sugerencia: un estudiante mexicano rechaza la sugerencia de su profesor de tomar una clase extra.

Estudiante: *Lo que pasa es que la clase de pedagogía es a la misma hora de sociología, y pues no creo dejar pedagogía por sintaxis, entonces, pues no, no sé, no podría.*

Condición de adecuación	Rechazo a una sugerencia
Condición de contenido proposicional	
Condiciones preparatorias	
Condición de sinceridad	
Condición esencial	

3.6 Clasificación de los actos de habla

La clasificación de los actos de habla incluye cinco categorías: asertivos, directivos, compromisorios, expresivos y declarativos.[7] Esta clasificación se organiza a partir de tres criterios:

a. **El punto ilocutivo** indica el tipo de acto de habla expresado. O sea, si se trata de una petición, una orden o una sugerencia.
b. **La dirección de ajuste** (*direction of fit*) o la relación entre las palabras y el mundo. Es decir, si es el hablante quien se ajusta al mundo, como describir algo que ya existe (p.ej., *afirmar algo*) (palabras al mundo [palabras → mundo]). O bien, si es el mundo el que se ajusta a los deseos del hablante, o sea, existe un deseo y luego se expresa con palabras (p. ej., *Dar una orden a alguien*) (mundo a las palabras [mundo → palabras]).
c. **El estado psicológico** o actitud del hablante para expresar sus emociones o sentimientos.

PARA PENSAR MÁS

Visita la página de los actos de habla y lee la información. ¿Cuáles de estos actos de habla te resultan complejos en una segunda lengua?

Página de actos de habla (sección 3.6):
https://pragmatics.indiana.edu/textbook/cap3.html

3.6.1 Asertivos

El hablante afirma o niega algo. Cree (en cierto grado) que un hecho o comentario se refiere a la realidad. Es decir, al usar actos asertivos (como negar, afirmar, admitir o concluir) el hablante se compromete con la veracidad o falsedad del contenido proposicional de las palabras usadas en un enunciado. Veamos los siguientes ejemplos:

(14) *Barack Obama es el primer presidente afroamericano de los Estados Unidos.*

(15) *El mar es salado.*

(16) *Aristóteles no escribió libros de biología.*

En estos actos asertivos, afirmativos (14 y 15) o negativos (16), el hablante expresa un enunciado para representar o describir algún aspecto del mundo (algo ya existente) con las palabras. Los enunciados expresan la creencia del hablante. Por lo tanto, el hablante representa el mundo como él/ella creé que es, haciendo que las palabras se ajusten al mundo de la creencia (palabras → mundo); es decir, dice lo que ocurre en el mundo.

3.6.2 Directivos

Los actos directivos son aquellos que utiliza el hablante para hacer que el oyente haga algo como las peticiones, los mandatos, las preguntas o las sugerencias. Al emitir un acto directivo, el hablante expresa su deseo de que el oyente realice algo. El ejemplo (17) proviene de una de mis estudiantes (estadounidense aprendiz de español):

(17)   *1 Tengo una clase durante sus horas de oficina.*
   → *2 ¿Hay otra opción para reunirnos, quizás en el martes o el jueves?*

En el ejemplo (17, línea 2) se realiza una petición (punto ilocutivo) creado en el mundo que se refleja con las palabras a través de la pregunta interrogativa. Además, la estudiante tiene la intención de que el oyente (profesor) realice algo para ella (reunirse con la estudiante). El estado psicológico es el deseo. Con respecto a la dirección de ajuste, el hablante tiene la intención de solicitar una acción futura del oyente, lo cual hace que el mundo se ajuste a las palabras (mundo → palabras). Aquí, la dirección de ajuste es la contraria de los actos asertivos: en los actos directivos el mundo se ajusta a lo que dice (o a los deseos) del hablante.

3.6.3 Compromisorios

Al enunciar un acto compromisorio (o comisivo 'commmisive act') el hablante se compromete a realizar una acción futura. Es decir, estos actos obligan al hablante a hacer algo (p. ej., prometer, advertir, jurar). En (18) el hablante expresa su intención de rechazar una invitación:

(18) *Me encantaría ir porque quiero pasar tiempo contigo y los amigos,*
     <u>pero no creo que vaya a poder ir a la reunión de tu despedida de soltero</u>. Discúlpame.

En este ejemplo el hablante realiza un acto compromisorio al expresar su respuesta negativa de no poder asistir a la invitación de una despedida de soltero (punto ilocutivo: rechazar una invitación). El estado psicológico es la intención del hablante de realizar una acción futura. La dirección de ajuste es la misma de los directivos, el mundo se ajusta a lo que diga el hablante: el hablante crea una acción futura en el mundo (el no comprometerse) y la realiza con sus palabras (mundo → palabras).

3.6.4 Expresivos

Los actos expresivos (como el acto de agradecer, felicitar o disculparse) expresan un estado psicológico sobre un evento presupuesto (p. ej., sentimiento, emoción, gustos y disgustos), como en los ejemplos en (19 y 20):

(19) *¡Qué pena que haya llegado tarde! Discúlpame por favor.*
(20) *¡Enhorabuena por su nuevo ascenso como gerente de la compañía!*

El estado psicológico del hablante es expresar sus emociones o actitudes. El punto ilocutivo es el acto de disculparse o felicitar a alguien. La dirección de ajuste no existe, ya que ni el mundo se ajusta a lo que dice el hablante ni el hablante se ajusta al mundo. Por lo tanto, la dirección de ajuste entre las palabras y el mundo no es relevante en este tipo de acto de habla.[8]

3.6.5 Declarativos

Los actos declarativos expresan una declaración que cambia el mundo del hablante o del oyente mediante la enunciación de las palabras bajo las circunstancias adecuadas. La relación entre la enunciación y la acción es simultánea. En esta categoría se incluyen los verbos realizativos con el punto ilocutivo de prometer, bautizar, declarar o despedir (p. ej., *Yo prometo*, *Te bautizo*, *Los declaro marido y mujer*, *Queda despedido*). Son acciones que se realizan al momento en que el hablante emite su enunciación, como en los siguientes ejemplos:

(21) *Yo, Barack Hussein Obama, <u>juro</u> solemnemente <u>que ejecutaré</u>*
     el cargo de Presidente de los Estados Unidos fielmente . . .
(22) Jefe a su empleado: *¡Queda despedido!*
(23) Sacerdote: *Los declaro marido y mujer. Puede besar a la novia.*

Un aspecto esencial de las actos declarativos es que, en el momento de emitir el verbo realizativo, el hablante realiza una acción que puede cambiar el mundo del hablante mismo o del oyente.[9] El estado psicológico es la creencia o la certeza (para el hablante y oyente) de que la acción se va a realizar. En los ejemplos de arriba se transforma de senador a presidente (21), de tener trabajo a estar desempleado (22) y de ser novios a estar casados (23). Con respecto a la dirección de ajuste, parece que la emisión de las palabras crea el mundo (palabras → mundo). También hay que considerar que los enunciados declarativos se realizan convencionalmente bajo las circunstancias apropiadas, con las personas apropiadas, usando las palabras correctas y completas, además de tener la intención sincera por parte del hablante de llevar a cabo la acción. En este caso, la acción se crea en el mundo y se refleja con las palabras (mundo → apalabras). Por lo tanto, la dirección de ajuste es doble: el hablante describe cómo va a ser el mundo y el mundo se ajusta a lo que dice el hablante (palabras ↔ mundo).

El cuadro 3.2 muestra la clasificación de los cinco tipos de actos de habla: acto de habla, punto ilocutivo, ejemplos, estado psicológico y la relación entre las palabras y el mundo (*direction of fit*) (Searle, 1976):

Cuadro 3.2 Clasificación de los actos de habla (Searle, 1976)

Acto de habla	Punto ilocutivo (propósito)	Ejemplos	Estado psicológico	Dirección de ajuste (*direction of fit*)
Asertivos	Describen o informan cómo son las cosas	Afirmar, concluir, notificar, negar, confesar, informar	Creencia de algo	Palabras → mundo
Directivos	Intentos de hacer que otra persona haga algo	Pedir algo, ordenar, ofrecer, invitar, sugerir, suplicar	Desear algo	Mundo → palabras
Compromisorio	Comprometen u obligan al hablante a realizar una acción futura	Prometer, rechazar, amenazar, jurar	Intención de realizar alguna acción	Mundo → palabras
Expresivos	Expresión de sentimientos, emociones, actitudes	Disculparse, dar la enhorabuena, dar el pésame, agradecer, dar la bienvenida, halagar	Sentir algo	No es relevante (pero ver nota 8)
Declarativos	Cambian el mundo con las palabras	Nombrar, bautizar, declarar	Causar algo	Mundo ↔ palabras

Además de las condiciones que satisfacen los actos de habla y su naturaleza convencional, es importante tomar en cuenta el contexto en que se realizan las acciones: las circunstancias adecuadas, las personas apropiadas y el grado de claridad o indirección que usamos en la comunicación diaria. Tal es el caso de los actos de habla indirectos que se presentan a continuación.

PARA PENSAR MÁS

Visita la página de los actos de habla para familiarizarte con las taxonomías de las estrategias para realizar acciones comunicativas en español e inglés.
Actos de habla: https://pragmatics.indiana.edu/textbook/cap3.html (sección 3.6)

Ejercicio 4 Clasificación de los actos de habla.

Con base en la sección 3.6 (cuadro 3.2), indica con 'x' a qué categoría pertenece cada uno de estos actos de habla.

	Asertivo	Directivo	Compromisorio	Expresivo	Declarativo
Consejo					
Disculpa					
Queja					

	Asertivo	Directivo	Compromisorio	Expresivo	Declarativo
Invitación					
Cumplido					
Promesa					
Rechazo					
Expresión de gratitud					
Acto de declarar matrimonio: "*Los declaro . . .*"					
Favor de abrocharse los cinturones					

¿Crees que sea posible que un acto de habla pertenezca a dos o más categorías? Justifica tu respuesta.

3.7 Actos de habla indirectos

A diferencia de los actos de habla directos que expresan la intención del hablante sin ambigüedad (p. ej., *Abre la puerta, te ordeno que salgas de la casa*; *Necesito que me prestes los apuntes*), la comunicación indirecta puede ser costosa. Se ha observado que en los actos de habla indirectos "el hablante comunica al oyente más de lo que en realidad dice dependiendo de la información, tanto lingüística como no lingüística, compartida entre los participantes junto con los poderes de raciocinio e inferencia por parte del oyente" (Searle, 1975, pp. 60–61).[10] Las ideas de Searle sobre los actos de habla indirectos se vieron nutridas por el filósofo británico Grice,[11] cuyas ideas describen los principios inferenciales que regulan la conversación, en particular, la noción de implicatura conversacional que estudiaremos en el capítulo 4. La implicatura conversacional es un tipo de acto de habla indirecto que hace referencia a un significado adicional comunicado por el hablante e inferido por el oyente, como en el siguiente ejemplo (24) que ocurre entre dos compañeros universitarios:

(24) Dos estudiantes universitarios: Juan le pide los apuntes de la clase a Luis.

Juan:　　　1 *¡Qué tal, Luis! Me siento, no sé, un poco desesperado*
　　　　　　2 *porque necesito los apuntes de la clase de lingüística.*
　　　　　　3 *Se los pedí a Juan y dice que no los tiene completos,*
　　　　　　4 *y me urgen para estudiar porque no asistí a clase la semana pasada.*
　　　　　　5 *La verdad, no sé qué hacer . . .*
Luis:　　　　6 *y ¿qué quieres? ¿que yo te preste mis apuntes?*

En este ejemplo (24), Juan realiza una petición indirecta no convencional, es decir, hace una insinuación de pedirle a Luis los apuntes de la clase (líneas 1–5). El enunciado de Juan expresa una afirmación, pero además comunica una petición (fuerza ilocutiva) que se reconoce como tal (pedir los apuntes de clase) por el interlocutor (línea 6). Por lo tanto, en (24) el acto de habla indirecto se realiza mediante una implicatura conversacional, es decir, un significado adicional comunicado por Juan y reconocido por Luis como una petición (p. ej., la acción de pedir los apuntes prestados).

Una distinción fundamental entre un acto de habla directo y otro indirecto tiene que ver con la relación entre la estructura del enunciado (el significado proposicional/literal) y su función comunicativa (intención del hablante).[12] Veamos los siguientes ejemplos en (25) y la fuerza ilocutiva que expresan:

(25) a. *No abras el termo del café.*   [Imperativa]
      b. *¿Puedes abrir el termo del café?*   [Interrogativa]
      c. Esposa: 1 *No puedo abrir el termo del café.* [Declarativa]
         Esposo: 2 *Dámelo, yo lo abro.*
         Esposa: 3 *Gracias,* cariño.

Cuando se da una relación directa entre la estructura de la oración (declarativa, imperativa, interrogativa) y la función comunicativa, se obtiene un acto de habla directo, como en el ejemplo (25a) con la forma imperativa. En cambio, cuando existe una relación indirecta entre la estructura y la función se expresa un acto de habla indirecto. Según Blum-Kulka (1987), se distinguen dos tipos de peticiones indirectas: las convencionales[13] y no convencionales. En el caso de las **peticiones convencionales,** los enunciados interrogativos del tipo (25b) generalmente se expresan por convención, es decir, con el fin de obtener una acción (*abrir el termo del café*) por parte del oyente y no una respuesta afirmativa o negativa. Estas peticiones son convencionales en el sentido de que nadie las interpreta como una pregunta de información, sino de forma habitual como una acción, es decir, como un pedido. En contraste, las peticiones **no convencionales** dependen de la situación específica y según la intención del hablante y el reconocimiento del enunciado como tal por parte del oyente, como en (25c). El ejemplo es un enunciado asertivo (línea 1), pero funciona como un acto de habla indirecto que depende de la situación donde se emite el acto; es decir, se comunica con el fin de pedir indirectamente al oyente que abra el termo del café (una insinuación), como se ve en la respuesta del interlocutor, que lo interpreta como una petición (ejemplo 24, línea 6) y en la confirmación de la esposa (ejemplo 25c líneas 2, 3).

La distinción entre los actos de **habla directos** e **indirectos** ha sido debatida y elaborada por otros autores.[14] Esta distinción se da a partir de dos procesos: uno lingüístico basado en el significado proposicional del enunciado y otro pragmático según la interpretación del acto de habla. Un acto de habla se calcula con base en el coste o grado de inferencia que le lleva al interlocutor a interpretar un acto como directo o indirecto. Es decir, cuanto mayor sea el cálculo inferencial del enunciado, mayor será el grado de indirección percibida por parte del oyente. Los enunciados se pueden clasificar de acuerdo a una escala de (in)dirección a partir de un continuo de enunciados directos hasta los indirectos, bien convencionales o no convencionales.[15] Veamos el caso de las peticiones. En la figura 3.4 se presenta el continuo de un enunciado directo a uno indirecto:

Según esta escala, se consideran actos de habla directos los enunciados imperativos, los enunciados con un verbo realizativo, los enunciados declarativos (*querer, necesitar, gustar*) y las formas elípticas (*la puerta, por favor*). En cambio, los actos de habla indirectos se realizan con expresiones convencionales o rituales que se interpretan como una petición de acción o de información y no como una pregunta interrogativa (*¿Puedes . . .? ¿No te importaría . . .? ¿Por qué no . . .?*). Los actos de habla no convencionales no especifican el acto, haciendo

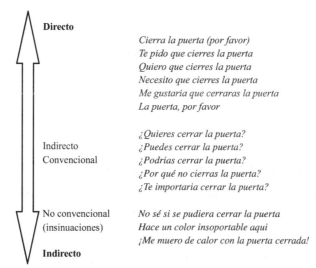

Figura 3.4 Continuo sobre el grado de peticiones directas e indirectas

mención única del objeto (*¿Hay sal en la mesa?*); o bien, constituyen enunciados que quedan desprovistos de toda indicación del acto expresado (*¡Hace un calor insoportable aquí!*). En general, para determinar si un enunciado se considera como acto de habla directo o indirecto es importante considerar cuatro factores:

1. El significado proposicional o literal de las palabras y oraciones (significado semántico);
2. El contexto cognitivo y situacional (lugar donde ocurre el evento);
3. La función pragmática (o fuerza ilocutiva) del enunciado (p. ej., *Pedir el carro prestado, rechazar una invitación o aceptar un cumplido*);
4. La reacción e interpretación que hace el oyente del enunciado (*uptake*).

Por último, hay que tomar en cuenta que los actos de habla directos e indirectos se realizan con distintos grados de cortesía. Por ejemplo: *Préstame tu carro, ¿Me puedes/podrías prestar tu carro?, Serías tan amable de prestarme tu carro?* Es importante señalar que la interpretación cortés de los actos de habla indirectos depende de la situación, la relación entre los participantes y el tipo de acto de habla comunicado. Es decir, la cortesía no es inherente a las palabras, sino que se manifiesta en lo comunicado por el hablante y en la interpretación por parte del oyente. En el capítulo 6 estudiaremos los actos de habla corteses y descorteses.

Ejercicio 5 Actos de habla indirectos.

Lee el siguiente mensaje electrónico de una estudiante mexicana a su profesor.

Estudiante:

1 *Profesor: Otra vez, discúlpeme por la tardanza. Le envío mi trabajo en dos*
2 *documentos. Uno con la bibliografía y otro con la propuesta,*
3 *Ojalá que me pudiera dejar saber si lo recibió y si lo aceptó.*
4 *Que tenga unas bonitas vacaciones. (Nombre del estudiante)*

Después de analizar el ejemplo, contesta lo siguiente:

i.   subraya el acto de habla indirecto y menciona qué tipo de acto de habla es (petición, rechazo, etc.).
ii. identifica las expresiones lingüísticas utilizadas para realizar el acto de habla indirecto.
iii explica de qué manera se manifiesta la cortesía en los actos de habla indirectos.

3.8 Variación y actos de habla en interacción

El capítulo 7 analiza la variación pragmática de actos de habla en regiones de España y Latinoamérica. Algunos estudios muestran que las peticiones en regiones de España (p. ej., Madrid y Barcelona) se producen y perciben como más directas que las peticiones en algunas regiones de México, Ecuador, Costa Rica y otras regiones hispanas. Otro estudio comparó la estructura del rechazo a invitaciones y peticiones en México (Ciudad de México) y la República Dominicana (Santiago), concluyendo que los dominicanos tienden a ser más directos en sus rechazos que los mexicanos, quienes muestran mayor grado de deferencia e indirección (Félix-Brasdefer, 2009).[16]

El ejemplo (26) muestra una interacción entre dos estudiantes de San José, Costa Rica: Luis le pide los apuntes de clase a Javier.

Vocabulario

Mae = un vocativo para dirigirse a un individuo,
          hombre [un *mae*] o mujer [una *mae*];
Diay = un marcador discursivo que se emplea para
          expresar pena, mitigando lo que sigue;
brete = apuros, dificultades.
Apuntillos = diminutivo de apuntes.

(26) Dos estudiantes costarricenses: Luis pide los apuntes y Javier responde.

Escucha el siguiente diálogo en la página de los actos de habla, variación pragmática (Costa Rica):

🎧 Audio: https://pragmatics.indiana.edu/textbook/cap3.html (audios del libro)

1 Luis: *Mae ¿todo bien?*
2 Javier: *¡Pura vida!, ¿Qué me dice? Tanto tiempo ¿verdad?*
3 Luis: *Diay, sí mae, ahí solo problemas para arriba y para abajo como siempre.*
4 Javier: *Mucho brete, mucho brete.*
5 Luis: *Sí, mucho brete, Mae,*
6 → *una pregunta, vos tenés* por casualidad *los apuntillos que me pasés*
7 *un toque para sacarle copia↑*
8 Javier: *Sí, Mae, pero ¿usted cree que me entienda, (entienda,) esa letrilla tan horrible?*
9 Luis: *Sí, no te preocupés, Mae,*
10 *pero me los pasas ¿sí?*

*el uso de voz para
la audición*

11   Javier: *Diay, vaya sáquele copia y me los lleva ahí a la biblioteca*
12   Luis: *Diay, voy a sacarle copia ahí y te los paso*
13   Javier: *Pero trate de hacerlo hoy porque necesito estudiar para ese examen.*
14   Luis: *Sí, voy a hacerlo de una vez, ya se los traigo.*
15   Javier: OK, *de acuerdo.*
16   Luis: *adiós.*

La interacción en (26) abre con un saludo informal entre jóvenes costarricenses, usando el vocativo *mae* para dirigirse al interlocutor (líneas 1–5). Nótese el tono informal y coloquial en la secuencia del saludo para reforzar los lazos de solidaridad entre los interlocutores. A diferencia del uso de respeto y deferencia del pronombre '*usted*', en el contexto costarricense (y en otras regiones hispanohablantes (ver capítulo 8) '*usted*' también se emplea para expresar intimidad o confianza entre amigos y familiares íntimos, como en la línea 2 (*¿Qué me dice [usted], mae?*). La petición se presenta en el quinto turno (línea 6) con diferentes expresiones para suavizar la imposición (*vos tenés por casualidad los apuntillos que me pasés un toque para sacarle copia ↑*). La petición se realiza con el pronombre '*vos*' y la forma verbal voseante '*tenés*' con entonación ascendente al final (↑) (interrogativa indirecta). Las expresiones que suavizan la petición incluyen el diminutivo (*apuntillos*) y el uso de las expresiones adverbiales como '*por casualidad*' y '*un toque*'. Luego, a manera de disuadir al interlocutor, Javier hace una pregunta y Luis responde (líneas 8 y 9). Luis hace otra petición a manera de insistencia usando el voseo (*me los pasás, ¿sí?*, línea 10) y la respuesta de Javier con otra petición directa usando la forma de intimidad '*usted*' (*vaya, sáquele copia*, línea 11). La interacción termina con la aceptación de que Javier le prestará los apuntes (líneas 11–14), seguido del cierre de la interacción (líneas 15 y 16).

En general, se pueden observar diferencias regionales en la realización de la petición: el voseo y las formas indirectas en Costa Rica y el tuteo y las peticiones directas en España. En el capítulo 7 se describe la variación pragmática de los actos de habla en regiones de España y Latinoamérica.

Ejercicio 6   En el siguiente diálogo, vas a escuchar un cumplido y la respuesta entre dos estudiantes mexicanos. Enlace: capítulo 3 (variación y actos de habla)

🎧 Cumplido entre dos estudiantes mexicanos
https://pragmatics.indiana.edu/textbook/cap3.html (audios)

Gabriel inicia el cumplido y Jorge responde:

1   Gabriel: Jorge, ¿qué milagro?
2   Jorge: ¡Quiúbole! ¿cómo estás?
3   Gabriel: ¡Qué carrazo! es nuevo, ¿verdad?
4   Jorge: Sí, es nuevo, fíjate.
5   Gabriel: sssssss
6   Jorge: Está padre ¿no?
7   Gabriel: Padrísimo, no no no no no, es una joyita.
8   Jorge: Sí, ¿no?
9   Gabriel: Te ha costado mucho conseguirlo, pero te lo

10 mereces, eres un buen estudiante.
11 Jorge: Sí, verdad, bueno pues ya ves,
12 por lo mismo mi jefe se puso bueno, digo bestia.
13 Gabriel: ((risas))
14 Jorge: Y me lo, me lo compró, ¿cómo ves? está padre, ¿no?
15 Gabriel: No, está padrísimo.
16 Jorge: A ver cuándo vamos a dar una vuelta, ¿no?
17 Gabriel: El día que gustes.
18 Jorge: Órale, gracias.

Después de leer el diálogo, contesta lo siguiente:

1. Identifica el cumplido y la respuesta al cumplido.
2. ¿Cuántos cumplidos le hace Gabriel a Jorge?
3. Fíjate en la manera en que Jorge solicita cumplidos (*Fishing for compliments*) (líneas 4, 6, 8)
4. Analiza la secuencia del cumplido y la respuesta. ¿Es similar al inglés o en otra lengua que hables? (líneas 3–15)

3.9 Limitaciones de la teoría de los actos de habla

A pesar de las aportaciones de la teoría de los actos de habla, se observan algunas limitaciones:

- La clasificación de los actos de habla presentada en el cuadro 3.2 debe estudiarse con cautela y no categorizar cada uno de los actos de habla en una sola categoría. Dependiendo del contexto, un acto de habla puede pertenecer a dos o más categorías. Por ejemplo, una promesa o una sugerencia puede emitirse intencionalmente con tal fuerza ilocutiva por el hablante, pero el oyente puede interpretarla de otra manera: una sugerencia, por su parte, puede interpretarse como una orden y una promesa como una amenaza. ¿Puedes dar dos ejemplos?
- El contexto de los actos de habla no es siempre cognitivo, como sostiene la teoría de los actos de habla (Searle, 1969, 2010), sino que también existen factores socioculturales que influyen la producción e interpretación de los enunciados.
- En la teoría de los actos de habla el énfasis está en el hablante que emite un enunciado con una fuerza ilocutiva intencional. Sin embargo, dado que los actos de habla ocurren en interacción, el oyente juega un papel importante en el reconocimiento de la fuerza ilocutiva durante la negociación de actos de habla en secuencia (ver ejemplo 26).
- Además de la fuerza ilocutiva que expresan los actos de habla (Searle, 1969), hay que tomar en cuenta el efecto **perlocutivo**[17] que tiene el enunciado en las emociones y los sentimientos del oyente. Para esto, hay que analizar los actos de habla en su contexto discursivo, tomando en cuenta las contribuciones tanto del hablante como las del oyente. Es decir, es necesario analizar los actos de habla en secuencia y en situaciones comunicativas específicas, como la interacción en el ejemplo (26).
- A diferencia de la teoría de los actos de habla que no toma en cuenta diferencias culturales, la investigación demuestra que existe variación cultural en la realización y producción de los actos de habla entre lenguas y entre variedades de una misma lengua. Por ejemplo,

existe variación regional en la realización de las peticiones, las disculpas y las invitaciones en regiones en España y en distintas variedades de español en Latinoamérica. También se observan diferencias de en la realización de los actos de habla con respecto a la cortesía o descortesía. En el capítulo 6 estudiaremos la realización de actos de habla corteses y descorteses y en el capítulo 7 la variación de actos de habla en regiones de España y Latinoamérica.

La teoría de los actos de habla ha influido nuestro conocimiento en el nivel discursivo tomando en cuenta las contribuciones del hablante y el oyente. Los conceptos de fuerza ilocutiva, convencionalidad y la reacción por parte del interlocutor (*uptake*) se emplean para analizar la estructura discursiva de los actos de habla en distintas lenguas y variedades del español. De estos, los conceptos de la fuerza ilocutiva y la indirección convencional se emplean frecuentemente para analizar la estructura secuencial de las peticiones, las disculpas, los rechazos y las quejas, entre otros actos de habla.

Ejercicio 7 Práctica de actos de habla.

Lee las siguientes situaciones y graba tus respuestas en cada uno de los siguientes actos de habla. Puedes grabar tus respuestas en una grabadora digital o en la plataforma en línea de tu universidad (Canvas, Blackboard u otro) Luego, transcribe tus respuestas y compáralas con dos o tres compañeros de tu clase.

1. Tienes una reunión con tu profesor de lingüística en su oficina a las 4:00 p.m. para repasar el examen final. Tu profesor sale de la oficina a las 5:00 p.m. Desafortunadamente, no tienes teléfono móvil para llamarlo y decirle que llegarás después de las 4.30 p.m. Llegas a las 4.45. Discúlpate con su profesor.
2. Es la última clase del semestre y tu profesor te acaba de regresar el trabajo final que representa 35% de la nota final. Pasaste un mes buscando información y escribiendo el trabajo, y quedaste contento con el producto final. Sientes que la nota no es justa y vas a la oficina de tu profesor para quejarte.
3. Tú y tu mejor amigo tomaron clases en la universidad por dos años y no se han visto recientemente. Al salir de tu clase, ves que tu amigo acaba de llegar en un carro del año, un Grand Marquis. Al verlo, te diriges hacia él para felicitarlo.
4. La semana pasada no asististe a la clase de sociolingüística y necesitas los apuntes para estudiar para el examen de la próxima semana. Pídele los apuntes prestados a tu compañero de clase.
5. Tu mejor amigo va a cumplir 21 años y te invita a su fiesta de cumpleaños en su casa el próximo viernes a las 8:00 p.m. Sabes que será una buena oportunidad para ver a todos tus amigos de nuevo y pasar este día especial con tu amigo. Desafortunadamente, no puedes ir.

3.10 Resumen

En este capítulo se mostró que en la comunicación diaria realizamos acciones comunicativas con las palabras con el fin de expresar nuestras creencias del mundo (aserciones), influir en el comportamiento del oyente (directivos), comprometernos con lo que decimos (compromisorios), expresar nuestras emociones o sentimientos (expresivos) y causar algún cambio en la realidad del oyente (declaraciones). También se explicó que la realización de los enunciados depende de la fuerza comunicativa (o ilocutiva) que expresa un enunciado en situaciones específicas. La fuerza ilocutiva de un enunciado se manifiesta mediante una serie de indicadores ilocutivos (lingüísticos y no lingüísticos), tales como los verbos realizativos (*Te pido que me ayudes, Discúlpame*), expresiones para realizar un acto de habla (*Ayúdame*; *Qué pena que haya llegado tarde*) y los indicadores no verbales como la mirada o la entonación ascendente (↑) o descendente (↓). Por último, se analizó la variación de los actos de habla en interacción y se presentaron algunas limitaciones de la teoría de los actos de habla.

LISTA DE CONCEPTOS Y TÉRMINOS CLAVE

acto de habla (*speech act*)
  directo (*direct*)
  indirecto (*indirect*)
  asertivo (*representative*)
  directivo (*directive*)
  compromisorio (*commissive*)
  expresivo (*expressive*)
  declarativo (*declarative*)
acto ilocutivo (*illocutionary act*)
acto perlocutivo (*perlocutionary act*)
condiciones de adecuación (*felicity conditions*)
  proposicional (*propositional*)
  preparatoria (*preparatory*)
  sinceridad (*sincerity*)
  esencial (*essential*)
contexto (*context*)
dirección de ajuste (*direction of fit*)
enunciado (*utterance*)
  constatativo (*constatative*)
  realizativo (*performative*)
fuerza ilocutiva (*ilocutionary force*)
indicadores de fuerza ilocutiva (*illocutionary force indicating devices*)
significado (*meaning*)
  convencional (*conventional*)
  no convencional (*non conventional*)
  proposicional (*propositional*)
reacción o respuesta del interlocutor (*uptake*)

PREGUNTAS DE COMPRENSIÓN

1. ¿Qué es un acto de habla? Da ejemplos que hayas escuchado en situaciones formales e informales.

2. Explica la distinción entre los enunciados constatativos y los realizativos. Da ejemplos. Luego, explica por qué se abandona esta distinción a favor de la taxonomía de los actos de habla propuesta por Searle.

3. Da ejemplos de los indicadores de fuerza ilocutiva (*illocutionary force indicating devices*).

4. Da ejemplos de verbos realizativos explícitos e implícitos.

5. Explica las condiciones de adecuación que propone Searle para todos los actos de habla (sección 3.5).

6. Describe la clasificación de los actos de habla y da ejemplos. Explica cada categoría con respecto al punto ilocutivo, el estado psicológico y la dirección de ajuste (o la relación entre el mundo y las palabras).

7. Explica la diferencia entre los actos de habla directos y los indirectos. Da ejemplos de actos de habla indirectos convencionales y no convencionales.

PROYECTOS DE INVESTIGACIÓN

1. Cumplido: Forma y función comunicativa

Visita la página de los actos de habla para familiarizarte con la estructura de los cumplidos y las respuestas a los cumplidos: https://pragmatics.indiana.edu/speechacts/compliments.html

Recoge datos de cumplidos en español en una de las siguientes redes sociales: Facebook, Instagram, Twitter o Youtube. Analiza las formas y estructuras que se emplean para hacer cumplidos. ¿Cuáles son las formas y estructuras más comunes? ¿Cuáles son los adjetivos más frecuentes? ¿Son similares o diferentes a los cumplidos en inglés? Como el tipo de cumplido depende del sexo del interlocutor y la cualidad de lo que se alaba, considera esa información en tu análisis.

- Característica alabada: apariencia física, habilidad, posesión o logro.
- Características de la(s) persona(s) que hacen y reciben el cumplido (sexo y edad aproximada).

Completa la información siguiendo el ejemplo del cuadro:

1. Recoge datos de 20 cumplidos en español y 20 en inglés o en otra lengua que hables.
2. Analiza los datos con respecto a las diferentes formas de cumplidos que usan los hombres y las mujeres. Escribe un reporte de una a dos páginas con esta información y compártela con tu clase. Sigue los ejemplos.

Cumplido	Apariencia física	Habilidad	Posesión	Logro	Sexo Mujer (M) Hombre (H) M → M H → H M → H → M
¡Qué bonitos ojos tienes!	X				H → M
I love your laptop. It's very cool.			X		H → H

2. Identificacion de actos de habla directos e indirectos.

 En la página web puedes encontrar interacciones sobre conversaciones, encuentros de servicio y otros diálogos (ver Corpus, https://pragmatics.indiana.edu/textbook). Selecciona dos conversaciones o diez ejemplos de interacciones de compraventa (encuentros de servicio). Si seleccionas audios, transcribe la interacción. Luego, identifica de qué manera se realizan los actos de habla: peticiones y respuesta, peticiones y rechazo, oferta y respuesta o invitación y respuesta. Después de identificar los actos de habla directos o indirectos, escribe un párrafo sobre las diferencias y similitudes de estos actos de habla (2–3 páginas).

- Describe los datos y la situación (participantes, la relación de poder y distancia social, tema de conversación).
- ¿Qué actos de habla predominan, los directos o indirectos?
- ¿Cuáles son las expresiones lingüísticas para realizar actos de habla directos e indirectos?
- ¿Qué factores condicionan la preferencia de los actos de habla directos o indirectos?

NOTAS

1. Austin (1962).
2. La palabra 'realizativo' o 'performativo' se toma del inglés *performative* (Austin, 1962).
3. Austin (1962, pág. 109).
4. Son convencionales los enunciados que se utilizan para expresar funciones comunicativas normalmente entendidas así por los hablantes y no requieren de un contexto específico para entender la fuerza ilocutiva expresada en el enunciado. Es decir, son convenciones establecidas y aceptadas por los miembros de una comunidad. Por ejemplo, la pregunta para realizar un pedido, *¿puedes pasar la sal?*, es un enunciado convencional porque se interpreta como una acción de 'pasar la sal' y no mediante su significado proposicional; es decir, no se responde con una respuesta afirmativa o negativa: 'sí o 'no.'
5. Searle (1969).
6. Véase Searle (1969, pp. 66–67) para la aplicación de las condiciones de adecuación de otros actos de habla.
7. Searle (1969, 1976).
8. Para los actos expresivos se podría argumentar, como lo hace Yule (1996, pp. 55–56), que al producir un acto expresivo, el hablante hace saber al oyente lo que él/ella (hablante) siente, por lo tanto, las palabras se ajustan al mundo (o sentimientos) del hablante (palabras → mundo).
9. Para llevar a cabo una acción comunicativa el verbo realizativo explícito no siempre tiene que emitirse en el enunciado. Al usar el realizativo explícito se puede cambiar la realidad del hablante o del oyente bajo las circunstancias apropiadas, como es el caso de 'sentenciar a alguien a 20 años de prisión,' 'hacer un juramento' ("Yo Barack Hussein Obama *juro* solemnemente . . ."), 'bautizar a alguien' o 'despedir a un empleado.' Los verbos de este tipo nombran la acción y al mismo tiempo la ejecutan. En cambio, otros verbos realizativos simplemente expresan la acción sin causar un cambio directo en la vida de la persona, tal es el caso de verbos como 'agradecer', 'ordenar' o 'dar la enhorabuena'. En general, mientras que no se puede bautizar a alguien sin utilizar el verbo 'bautizar', sí se puede hacer una promesa sin utilizar el verbo explícito 'prometer' (p. ej., *Llego a tu fiesta de cumpleaños en la noche*).
10. "The speaker communicates to the hearer more than he actually says by way of relying on their mutually shared information, both linguistic and nonlinguistic, together with the powers of rationality and inference on the part of the hearer" (Searle, 1975, pp. 60–61).
11. Grice (1975 [1967]).
12. Véase Yule (1996). Esta distinción se basa en la 'hipótesis de la fuerza literal', es decir, la idea que "la fuerza ilocutiva (de un enunciado) está construida en la forma de la oración" (Levinson, 1983, pág. 263, mi traducción). En este capítulo se emplea esta hipótesis con cautela para distinguir

entre actos de habla directos e indirectos. Pero véase Levinson (1983, pp. 264–276) y Huang (2014) que muestran limitaciones de esta hipótesis en casos en que la fuerza literal de un acto de habla puede expresar otra fuerza ilocutiva según la intención del hablante. En el ejemplo '*te prometo que si no haces la tarea no ves la tele*', el verbo realizativo es 'prometer', pero la fuerza ilocutiva del verbo en este ejemplo es la de una amenaza o advertencia (véase también Huang [2014]).

13. Basado en las ideas preliminares de Searle (1975) sobre el uso convencional de los actos de habla indirectos.
14. Haverkate (1994).
15. Véase Blum-Kulka, House, y Kasper (1989), Haverkate (1994).
16. Véase García and Placencia (2011), Félix-Brasdefer (2009), Márquez Reiter and Placencia (2005).
17. Austin (1962).

PARA LEER MÁS

Austin, J. L. (1962). *How to do things with words*. Cambridge, MA: Harvard University Press.

Estudio clásico que introduce el tema de los actos de habla desde una perspectiva de la filosofía del lenguaje. Define el acto de habla y sus tres fases (locutivo, ilocutivo, perlocutivo), distingue entre los enunciados constatativos y los realizativos, propone una clasificación preliminar de los actos de habla y describe las condiciones de adecuación para los actos de habla realizativos.

Márquez Reiter, R., & Placencia, M. E. (2005). *Spanish pragmatics*. Basingstoke: Palgrave Macmillan

El capítulo 2 ofrece una descripción comprensiva de la teoría de los actos de habla, extensiones y revisiones. Incluye una descripción comprensiva de la investigación de los actos de habla en variedades del español. Además de describir las características centrales de la teoría de los actos de habla, se presentan taxonomías revisadas para analizar los actos de habla en español.

Searle, J. R. (1969). *Speech acts*. London: Cambridge University Press.

Estudio pionero y clásico que presenta las ideas fundamentales de la teoría de los actos de habla. Define y describe la estructura y función de los actos de habla desde una perspectiva cognitiva. Se ofrece un tratamiento sobre los actos de habla indirectos.

Searle, J. R. (1976). A classification of illocutionary acts. *Language in Society, 5*, 1–23.

Presenta la clasificación de los actos de habla que se usa tradicionalmente en los estudios empíricos de pragmática. Define cada categoría tomando en cuenta el punto ilocutivo, el estado psicológico del hablante y la dirección de ajuste (*direction of fit*) entre las palabras y el mundo.

BIBLIOGRAFÍA

Austin, J. L. (1962). *How to do things with words*. Cambridge, MA: Harvard University Press.

Blum-Kulka, S. (1987). Indirectness and politeness in requests: Same or different? *Journal of Pragmatics, 11*, 131–146.

Blum-Kulka, S., House, J., y Kasper, G. (Eds.). (1989). *Cross-cultural pragmatics: Requests and apologies*. Norwood, NJ: Ablex.

Félix-Brasdefer, J. C. (2008). *Politeness in Mexico and the United States: A contrastive study of the realization and perception of refusals*. Amsterdam: John Benjamins Publishing Company.

Félix-Brasdefer, J. C. (2009). Pragmatic variation across Spanish(es): Requesting in Mexican, Costa Rican, and Dominican Spanish. *Intercultural Pragmatics*, 6, 473–515.

García, C. (1992). Refusing an invitation: A case study of Peruvian style. *Hispanic Linguistics*, 5, 207–243.

García, C., & Placencia, M. E. (2011). *Estudios de variación pragmática en español*. Buenos Aires: Editorial Dunken.

Grice, H. P. (1975). Logic and conversation. In P. Cole y J. Morgan (Eds.), *Syntax and Semantics 3: Speech acts* (pp. 41–58). New York, NY: Academic Press.

Haverkate, H. (1994). La cortesía verbal: Estudio pragmalingüístico. *Didáctica*, 7, 177–182.

Huang, Y. (2014). *Pragmatics*. Oxford: Oxford University Press.

Levinson, S. (1983). *Pragmatics*. Cambridge: Cambridge University Press.

Márquez Reiter, R., & Placencia, M. E. (2005). *Spanish pragmatics*. New York, NY: Palgrave Macmillan.

Searle, J. R. (1969). *Speech acts*. London: Cambridge University Press.

Searle, J. R. (1975). Indirect speech acts. In P. Cole y J. Morgan (Eds.), *Syntax and semantics 3: Speech acts* (pp. 59–82). New York, NY: Academic Press.

Searle, J. R. (1976). A classification of illocutionary acts. *Language in Society*, 5, 1–23.

Searle, J. R. (2010). *Making the social world: the structure of human civilization*. Oxford: Oxford University Press.

Yule, G. (1996). *Pragmatics*. Oxford: Oxford University Press.

Capítulo 4

La comunicación inferencial: de lo dicho a lo implicado

Introducción

Este capítulo analiza los procesos inferenciales que regulan las normas conversacionales para lograr una comunicación eficaz. Partimos del supuesto de que el hablante produce un enunciado intencional reconocido por el oyente. Se distinguen dos tipos de significado: lo que decimos y lo que queremos decir son dos cosas distintas. *Lo que decimos* con las palabras se relaciona con el significado literal de la oración y depende de las condiciones de verdad de una proposición (el significado semántico). En cambio, *lo que queremos decir* se refiere a lo que sugerimos con las palabras para comunicar un significado implícito que no es parte del significado de la oración, sino del significado del hablante. En particular, se describen los principios que regulan el proceso de la comunicación inferencial durante la producción e interpretación de enunciados. Se presentan dos modelos que explican la comunicación inferencial con referencia a procesos cognitivos a fin de inferir el significado explícito e implícito. Empezamos con el modelo que explica la comunicación a partir de esfuerzos comunicativos y las normas conversacionales, el modelo de la implicatura conversacional de Grice. Luego, se describe el modelo que explica la comunicación inferencial a partir de un principio cognitivo que guía la comunicación humana, la teoría de la relevancia de Sperber y Wilson. Por último, se comparan y contrastan las ideas centrales de ambos modelos. Consultar la página web para ver ejercicios y actividades adicionales del capítulo 4: https://pragmatics.indiana.edu/textbook/cap4.html

Reflexión

- Explica la diferencia entre lo que decimos (*what we say*) y lo que queremos decir (*what we mean*). Da ejemplos de conversaciones con tus amigos.
- Explica lo que entiendes por 'inferencia.'
- Lee el siguiente ejemplo (dos compañeros de trabajo) y explica qué quiere comunicar Juan a Maria con su respuesta.

Juan: *Se descompuso mi carro y necesito salir al aeropuerto en una hora.*
María: *Yo tengo que trabajar, pero creo que Luis está libre.*
Juan: *La semana pasada le dieron una multa por exceso de velocidad, otra vez.*

Objetivos

Este capítulo analiza los principios inferenciales que regulan las normas de la comunicación. Los temas que estudiaremos son:

- el principio de cooperación y sus máximas
- la distinción entre el significado explícito y el implícito
- implicatura conversacional y convencional
- propiedades de las implicaturas
- limitaciones y extensiones de implicatura
- conceptos centrales de la teoría de la relevancia
- principios de relevancia: cognición y comunicación
- distinción entre una implicatura y una explicatura
- limitaciones de la teoría de la relevancia
- significado conceptual y procedimental
- ironía y humor

4.1 El principio de cooperación y sus máximas

Al comunicarnos, decimos más de lo que queremos decir. Lo que decimos y lo que queremos decir no siempre coinciden. La comunicación está gobernada por principios y normas de conversación que deben seguir los participantes durante la producción e interpretación de enunciados. El hablante y el oyente comparten un conocimiento de fondo, asunciones y **expectativas** que les permiten comunicarse eficazmente. Por ejemplo, al participar en un intercambio comunicativo (saludar a una persona en la estación de autobús, una entrevista de trabajo o una reunión con un profesor), seguimos ciertas expectativas que dirigen la interacción: saludamos apropiadamente, respondemos a las preguntas en la entrevista de trabajo o expresamos acuerdo o desacuerdo con el profesor. Durante el curso de la interacción, sabemos cuándo es apropiado interrumpir, corregir, respetar nuestro turno o permanecer en silencio. Además de saber el significado de las palabras que produce el hablante (**lo dicho,** significado de la oración), es importante extraer inferencias de lo que sugiere o implica el hablante con sus palabras (**lo implicado,** significado del hablante). *Lo que decimos* y *lo que queremos decir* son dos tipos de significado que necesitamos para comunicarnos: el primero se refiere al significado literal de las palabras u oraciones; el segundo al significado del hablante (*speaker meaning*) que alude a un significado intencional producido por el hablante y reconocido por el oyente. En esta sección presentamos las ideas centrales del filósofo británico Paul Grice (1975, 1989) que desarrolló una teoría de la conversación a partir de un principio (principio de cooperación) y una serie de máximas que regulan las normas de la comunicación.

Para ilustrar cómo funciona la comunicación inferencial, Grice (1975) da el siguiente ejemplo. Imaginemos que A y B están hablando de un amigo mutuo, C, que ahora trabaja en el banco. A le pregunta a B cómo le va a C en su trabajo y B responde: *Oh, muy bien, creo. Le caen bien sus colegas y todavía no lo han metido a la cárcel.* Pensemos en la distinción entre lo dicho y lo implicado. Lo que B dice de C con sus palabras es que todavía no lo meten a la cárcel. Usa una respuesta positiva 'muy bien', con cierta duda ('creo'), usa el adverbio 'todavía' y el sustantivo 'cárcel'. Ahora, lo que B realmente quiere decir de C es otra cosa (implica otros significados). La respuesta de B puede sugerir que C, dado que trabaja en un banco, es el tipo de persona a quien le tienta el dinero y que quizá no se lleva bien con sus colegas o que trabaja en un ambiente no muy agradable. Es evidente que lo que B dijo de C (lo dicho) es muy distinto de lo que sugieren o implican sus palabras (significado del hablante). Ese significado extra (implícito) que no se expresa en el enunciado, sino que se interpreta por el oyente, es una **implicatura** (término acuñado por Grice): un significado adicional comunicado por el hablante e inferido por el oyente.

Grice propuso que la comunicación está gobernada por un principio cognitivo que guía nuestra interacción con los demás durante intercambios comunicativos. Es un acuerdo implícito que existe entre los interlocutores para seguir las reglas apropiadas de la comunicación. Así, esperamos que los demás se comporten apropiadamente según las expectativas y supuestos mediante esfuerzos cooperativos. Es una manera de saber que si comunico algo a mi interlocutor, él/ella será cooperativo/a. Grice lo llama **el principio de cooperación**. Este principio se complementa por nueve **máximas** que se clasifican en cuatro categorías: cantidad, cualidad, relación y manera (siguiendo las ideas del filósofo alemán Kant). El principio de cooperación y sus máximas se muestran en el cuadro 4.1.

Estas máximas representan las expectativas que tenemos en una conversación: nuestro interlocutor va a ser cooperativo en cada momento de la interacción. Damos por sentado

Cuadro 4.1 El principio de cooperación y las máximas (Grice, 1975)

Principio de Cooperación: Sea cooperativo

Haga que su contribución a la conversación sea, en cada momento, la requerida por el propósito acordado o la dirección del intercambio comunicativo en el que está usted involucrado.[1]

Máximas

Cantidad: Sea lo suficientemente informativo.

i. que su contribución sea todo lo informativa que requiera el propósito del intercambio verbal.
ii. que su contribución no sea más informativa de lo requerido.

Cualidad: Diga la verdad.

i. no diga algo que crea falso.
ii. no diga algo de lo que no tenga pruebas suficientes (o adecuadas).

Relación: Sea pertinente o relevante.

Se espera que las intervenciones de los participantes se relacionen con lo que se está hablando. Es decir, que sus contribuciones vengan al caso.

Manera: Sea claro.

Se relaciona con la manera en que se dicen las cosas (expresarse con claridad).

i. evite la oscuridad de expresión.
ii. evite la ambigüedad.
iii. sea breve (evite ser prolijo o hablar con exceso).
iv. sea ordenado.

que la gente nos dará la cantidad de información necesaria, que lo que nos dice es verdadero, le prestamos atención porque la información que da es pertinente o viene al caso, así como clara y ordenada. Ya que nuestro interlocutor es cooperativo, estas son las normas de interacción que esperamos seguir en un intercambio comunicativo. La categoría de **cantidad** asume que las personas darán la cantidad de información requerida al intercambio comunicativo y comprende dos submáximas. La categoría **cualidad** tiene una máxima mayor (*supermaxim*) que consiste en decir la verdad (intente que su contribución sea verdadera) y se compone de dos submáximas. La categoría **relación** comprende la máxima 'sea pertinente o relevante.' La palabra anglosajona 'relevante' (*relevant*) se traduce mejor en español como 'pertinente': es decir, las intervenciones del hablante son apropiadas si vienen al caso en la conversación.[2] Por último, la categoría **manera** tiene que ver con el modo en que decimos las cosas en la conversación y comprende una máxima mayor: 'sea claro' con cuatro submáximas.

PARA PENSAR MÁS

Con un compañero de clase, comenta si seguimos el principio de cooperación y las máximas cuando nos comunicamos en una primera y segunda lengua. ¿Cuál máxima se infringe más al comunicarse en tu lengua materna? ¿Y en la segunda? Da ejemplos.

4.1.1 ¿Qué hacer con las máximas?

Según Grice, hay tres posibilidades de cumplir (*observe*) o infringir (*flout*) las máximas: cumplirlas, infringirlas o abandonarlas. Cualquiera que sea el caso, si seguimos o no estas máximas, se generan implicaturas: significados adicionales o implícitos que el interlocutor infiere de lo dicho. Las tres posibilidades se presentan en (1):

(1)   Tres posibilidades de usar las máximas de conversación

   a. *Cumplimiento de las máximas*. Veamos cómo funcionan las máximas con la **suposición** de que nuestro interlocutor es cooperativo (como ser racional) y con la **expectativa** de que va a seguir las máximas durante un intercambio comunicativo. Por ejemplo, si mi esposa está cocinando y me pide que le dé tres limones, ella espera recibir tres, en vez de dos o cuatro (**cantidad**, 'que mi contribución no sea ni más ni menos de lo requerida'). Si me pide que le pase un cuchillo para cortar la carne, no le voy a dar un tenedor; si me pide vinagre, no le voy a dar aceite, pues estaría mintiendo con mis acciones al decir "*aquí está lo que me pediste*") (**cualidad**, 'que mi contribución sea legítima' y que no la engañe con algo distinto). Si está preparando la ensalada, no espera que le pase harina o un libro de lingüística, pues no viene al caso con la preparación de la ensalada (**relación**, contribución apropiada). Por último, si le estoy ayudando a preparar un pastel, espera que siga sus instrucciones al pie de la letra, con claridad y con contribuciones breves y ordenadas (**manera**, hacer contribuciones claras).
   b. *Violación de las máximas*. No siempre cumplimos las máximas en un intercambio comunicativo ni tenemos que hacerlo. Veamos el escenario opuesto cuando nuestro interlocutor no quiere seguir las máximas intencionalmente y decide infringirlas en vez de ser cooperativo. Por ejemplo, si les pido a mis estudiantes

que escriban el proyecto final con un mínimo de 20 y un máximo de 25 páginas, y me entregan 10 o 40 páginas, violan intencionalmente la máxima de **cantidad**. Si les pido que usen un formato específico para escribir su proyecto final (p. ej., *American Psychological Association* [APA]), pero usan el *Chicago Style*, se viola la máxima de **cualidad**. Si les pido que escriban su proyecto final sobre un tema de pragmática teórica o sociocultural, pero deciden escribirlo sobre un tema de sintaxis, se viola la máxima de **relación** (ser pertinente), pues el tema no viene al caso. Por último, si les pido que sigan una estructura específica en el proyecto final y lo entregan desorganizado, infringen la máxima de **manera**. Por lo tanto, si infringen todas o algunas de estas máximas, yo extraigo la implicatura de que no quisieron seguir las instrucciones del curso, que no tienen interés en la clase; o bien, que no quieren aprender las convenciones académicas esperadas para escribir un trabajo de investigación.

c. *Optar por no hacer nada* ('*opt out*'). En español, como en otras lenguas, hay una serie de expresiones que se usan para decidir no ajustarse a las máximas o abandonarlas en algún momento de la conversación. Estas expresiones se emplean para comunicar imprecisión o ambigüedad (*hedges*) con el fin de modular la intención comunicativa de lo implicado. Analicemos los ejemplos en (2):

(2)   Violación de las máximas para expresar ambigüedad o duda (*hedges*)

    a.   Cualidad
       No estoy seguro de lo que voy a decir, pero. . . .
       Probablemente esté equivocado, pero. . . .
       Que yo sepa, creo que Juan y Sonia son novios.

    b.   Cantidad
       No te voy a aburrir con detalles, pero . . .
       No puedo comentar.
       No sé si deba contarte esto, pero . . .

    c.   Relación
       No creo que esto venga al caso, pero. . . .
       Por cierto, ¿cuándo quieres estudiar para el examen de pragmática? (cambiando de tema)
       No quisiera cambiar el tema de conversación, pero. . . .

    d.   Manera
       No sé si esto tiene sentido, pero . . .
       No estoy seguro si esto ha quedado claro, pero . . .
       No sé si lo que te voy a decir te va a confundir más, pero . . .

Ejercicio 1 Lee los siguientes ejemplos y menciona cuál máxima conversacional intenta abandonar (*opt out*) el hablante en cada una de las categorías: cantidad, cualidad, relevancia o manera.

1. Dicen que va a llover esta tarde. *manera*
2. No estoy seguro si ya lo sabes, pero hay rumores de que te van a despedir mañana.

cualidad

relación (handwritten)

3. Sé que esto no viene al caso, pero ¿cuándo piensas tener hijos?
4. Lo que voy a decir te va a confundir, pero . . . *manera* (handwritten)
5. No quiero cambiar el tema de conversación, pero ¿a qué hora te marchas? *relación* (handwritten)
6. No puedo decir más. *cantidad* (handwritten)
7. Dizque Raquel y José se están divorciando. *calidad* (handwritten)
8. No sé si esto tiene sentido, pero . . . *manera* (handwritten)
9. Bien, vamos al grano porque no tenemos mucho tiempo. *cantidad manera* (handwritten)
10. Me parece que no tengo suficiente información del accidente, pero dicen Juan está en el hospital. *calidad o cantidad* (handwritten)

4.1.2 Tipos de significado

En la figura 4.1 se muestran dos tipos de significado que se expresan en un enunciado: lo que se dice (significado proposicional) y lo se que comunica (significado implicado). Lo que se dice se relaciona con el significado proposicional o literal de las oraciones, es decir, lo que se entiende a partir de los valores de verdad o falsedad de la oración. En cambio, lo que se implica alude a un significado implícito.

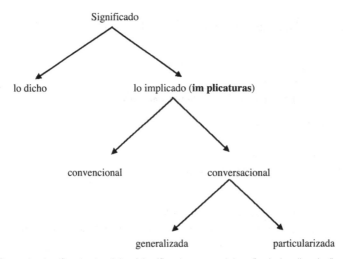

Figura 4.1 Tipos de significado: lo dicho (significado proposicional) y lo implicado (implicaturas)

Las siguientes secciones describen los tipos de significado implícito que se comunican mediante dos clases de implicaturas que propone Grice en su modelo de lo dicho y lo implicado,[3] las **convencionales** y las **conversacionales** (no convencionales). Mientras que las primeras se derivan directamente del significado de las palabras (p. ej., *pero, hasta, por cierto, incluso*), el significado de las segundas, las conversacionales, depende de factores contextuales o situacionales, es decir, se tienen que considerar principios que regulan el proceso de la conversación como el principio de cooperación y las máximas (ver cuadro 4.1). Como se muestra en la figura 4.1, dentro de las implicaturas conversacionales, se distinguen dos tipos: las generalizadas y las particularizadas. El significado de las generalizadas no depende de un contexto en que se emite el enunciado, mientras que el significado de las particularizadas sí depende de ese contexto de emisión.

Empezamos con el significado de las implicaturas convencionales. Se distingue entre el significado de una presuposición (implicación lógica) y una implicatura (implicación pragmática) (4.2). En la sección 4.3 se describen y dan ejemplos de tipos de implicaturas conversacionales, las generalizadas y las particularizadas. Al final de cada tipo de implicatura, se describen sus propiedades a partir de tres características que explicamos en las siguientes secciones: si son calculables, si son cancelables y si son separables.[4] Estas características nos van a ayudar a distinguir entre una implicatura convencional y una conversacional.

Visita el siguiente enlace para practicar implicaturas conversacioanales: https://pragma. webtest.iu.edu/textbook/cap4.html (sección 4.1.1)

4.2 Implicaturas convencionales y presuposiciones

A diferencia de las implicaturas conversacionales, cuyo significado debe calcularse a partir de lo implicado intencionalmente por el hablante y del contexto de emisión, **las implicaturas convencionales** no dependen de un contexto conversacional ni siguen el principio de cooperación o sus máximas. Las implicaturas convencionales se generan porque su significado está adherido a la expresión lingüística, y no depende de los valores de verdad, como es el caso de las presuposiciones (explicamos esto a continuación).

En (3) se muestran ejemplos de implicaturas convencionales mediante la conjunción 'y' y el adverbio 'hasta' (se usa el símbolo +>> para indicar 'implica convencionalmente'):

(3) a. *Juan es chilango* **y** *hospitalario.*
     b. *Juan es chilango,* **pero** *es hospitalario*
        y +>> adición
        pero +>> contraste
     c. **Hasta** *el profesor llegó tarde a clase.*
        Hasta +>> expectativa contraria

Un *chilango* es un mexicano que pertenece o reside en la Ciudad de México (Distrito Federal). El significado de la conjunción 'y' en (3a) expresa adición; es decir, que además de ser *chilango*, *Juan es hospitalario*. En este ejemplo, la conjunción 'y' establece una relación aditiva y los atributos de *Juan* (chilango y hospitalario) se pueden invertir sin alterar el significado proposicional. Sin embargo, la presencia de la conjunción adversativa '*pero*' en (3b) crea un significado de oposición que contrasta entre las dos proposiciones ([*Juan es chilango*] y [*es hospitalario*]). Es decir, a pesar de ser chilango, Juan tiene la cualidad de ser hospitalario. Por último, '*hasta*' en (3c) destaca información inesperada, lo cual genera una implicatura de duda o algo en contra de lo esperado. La implicatura convencional en los ejemplos en (3) se extrae a partir del significado convencional expresado en las palabras en negrita, *pero* y *hasta*.

Hay que distinguir entre una implicatura convencional y una **presuposición**. A diferencia del significado convencional que se deriva directamente del significado en la expresión lingüística (p. ej., *pero*, *hasta*), las presuposiciones son un tipo de implicación lógica cuyo significado depende de la expresión lingüística y del valor de verdad de la oración (significado semántico). Una presuposición se puede definir como la información (o proposición) cuyo valor de verdad se deriva directamente del significado de una palabra, una frase o una oración. En (4), las expresiones en negrita generan una presuposición; la presuposición se mantiene si negamos la proposición (el símbolo >> se usa para expresar 'presupone'):

(4) a. *Pedro **dejó de** gritarme/Pedro **no** me grita **más**.*
   >> antes me gritaba.

 b *Catalina **regresó**/no **regresó** a Colombia.*
   >> Catalina estuvo en Colombia antes.

 c. *Sonia **lamenta**/no **lamenta** que le ha mentido a su profesor.*
   >> Sonia le ha mentido a su profesor.

En estos ejemplos, las expresiones en negrita generan una presuposición: 'dejar de', 'regresar' y 'lamentar'. Si se niega la proposición en cada una de estos ejemplos, la presuposición subsiste (ver propiedades de las presuposiciones en la sección 4.2.1). En cambio, en las implicaturas convencionales, si sustituimos una expresión por otra, se genera otra implicatura, como en el ejemplo (3), *Juan es chilango **y** hospitalario* frente a *Juan es chilango, **pero** es hospitalario*.

PARA PENSAR MÁS

¿Cuál es la presuposición en los siguientes ejemplos? Presta atención a la palabra en negrita. Luego, explica por qué si se niega (o cancela) la oración, la presuposición es la misma.

- *Juan **sabe**/ no **sabe** que la capital de Paraguay es Asunción.*
  Presuposición: _____

- *Miriam **se volvió** a casar/nunca **se volvió** a casar.*
  Presuposición: _____

Ejercicio 2 Explica cuáles son las implicaturas convencionales que se derivan de las palabras en cursiva.

1. Juan *todavía* no ha terminado. *que va a terminar*
2. Mi padre *ya* llegó.
3. *Incluso* el profesor llegó tarde el día del examen.
4. Pedro entró corriendo en el piso mojado *y* se resbaló.
5. Luis *logró* terminar la tesis de maestría.
6. Profesor, ¿tendría *usted* tiempo de escribirme una carta de recomendación?

4.2.1 Propiedades de las implicaturas convencionales

Las implicaturas convencionales no siguen el principio de cooperación ni sus máximas. A fin de distinguir las implicaturas conversacionales de las convencionales, Grice propone tres características de las implicaturas:

- si son calculables
- sin son cancelables
- si son separables.

Son **cancelables** si la implicatura se puede eliminar (o cancelar) sin que haya contradicción. Son **separables** si la implicatura desaparece al expresarse el enunciado de diferente manera. Por último, son **calculables** si la implicatura se genera como resultado de tres factores: lo que el hablante dice (contenido semántico), la información del contexto y el acuerdo mutuo de obedecer el principio de cooperación.

Vamos a explicar estas propiedades con el ejemplo (5) que usa las expresiones 'y' (adición) y 'pero' (oposición). Como la implicatura generada depende del significado en la expresión lingüística, no se puede cancelar la implicación. Si se hiciera, habría contradicción, como en (5ca y 5db) (usamos # para expresar que el enunciado es inadecuado).

(5) a. *# Juan es chilango **y** hospitalario, <u>pero no lo es</u>.*
    b. *# Juan es chilango, **pero** es hospitalario, <u>pero no lo es</u>.*
    c. *Juan es chilango **y** hospitalario.*
    d. *Juan es chilango, **pero** es hospitalario.*
       y +>> adición
       pero +>> contraste

Como la implicatura convencional está **adherida** al significado de la expresión lingüística, el hablante no necesita datos del contexto ni un conocimiento de fondo para calcular la implicatura. Es separable porque la implicatura se deriva directamente del significado de la palabra y, si usamos otra expresión, se genera otra implicatura: en (5c y 5d), y significa 'adición' y *pero* 'oposición.' Es precisamente la propiedad de 'separabilidad' lo que distingue a las implicaturas convencionales de las conversacionales: la implicatura convencional depende del significado de la expresión lingüística, pues si se cambiara por otra, se generaría una implicatura distinta. En cambio, la implicatura conversacional es 'no separable' porque no se puede separar la implicatura del contenido expresado, como veremos en la sección 4.3. Por lo tanto, Como las **implicaturas convencionales** dependen directamente del significado de la expresión lingüística, sus propiedades son:

- no cancelable
- no calculable
- separable

Ahora, hay que distinguir las implicaturas convencionales de las **presuposiciones**. Ambas son no cancelables y no calculables, pero se distinguen por su separabilidad. Aunque tanto las implicaturas convencionales como las presuposiciones dependen del significado de la expresión lingüística, solo las presuposiciones dependen del valor de verdad y se pueden expresar de otra manera sin cambiar la presuposición. Por ejemplo, en (6) podemos negar la proposición de tres maneras distintas y la presuposición es la misma, '*Pedro antes me gritaba*', es decir, no se puede separar la presuposición del significado de la palabra.

(6) a. *Pedro **dejó de** gritarme* ('Pedro antes me gritaba')
    b. *Pedro **ya no** me grita* ('Pedro antes me gritaba')
    c. *Pedro **no** me grita **más*** ('Pedro antes me gritaba')

Por lo tanto, las **presuposiciones**, como un tipo de implicación lógica, tienen las siguientes propiedades:

- no cancelable
- no calculable
- no separable

4.3 Implicaturas conversacionales

Según Grice, para generar una implicatura conversacional, el oyente debe considerar tres factores:

a. Debe saber el significado convencional de las palabras y la referencia del enunciado.
b. Debe seguir el principio de cooperación y sus máximas.
c. Debe saber datos del contexto donde se produce el enunciado.

En los siguientes ejemplos se emplea el símbolo **+>** para indicar 'implica conversaciona-lmente.' En (7) (ver figura 4.2) se presentan ejemplos en que se siguen las máximas:[5]

(7) Obedeciendo las máximas

    a. Cualidad (Contexto: A detiene su auto porque está a punto de quedarse sin gaso-lina; B es un desconocido que da la información [ejemplo tomado de Grice])

        A: *Me he quedado sin gasolina.*
        B: *Hay una gasolinera cerca de aquí.*
        +> Existe un lugar donde pueda cargar gasolina y está abierto ahora.

Figura 4.2 Ejemplo de implicatura conversacional

    b. Cantidad
        Profesor a sus estudiantes:
            Escribieron un muy buen examen.
            +> La calidad del examen no es excelente y es más que bueno.

Tengo cinco hermanas.
+> tengo solo/exactamente cinco hermanas.

c. Relación
  A: *¿Qué hora es?*
  B: *Todavía no llega el cartero.*
     +> Es al menos cualquier hora antes de la hora que llega normalmente el cartero (ambos A y B saben la hora que llega el cartero)

d. Manera
  El estudiante tocó la puerta y entró.
  +> Primero tocó y después entró.

  Puse el libro en la orilla de la mesa y se cayó.
  +> y como consecuencia se cayó.

En (7a) parecería que B infringe la máxima de relación ('sea pertinente'), a menos que crea que la gasolinera está abierta y vende gasolina. Por lo tanto, B cumple la máxima de relación ya que B implica que existe un establecimiento cerca de los hablantes, está abierta ahora y vended gasolina. En (7b) se usan expresiones escalares (p. ej., excelente, muy bueno, bueno [ver ejemplo 11]) que cumplen la máxima de cantidad: en el primero, el profesor usa la expresión 'muy bueno' para generar la implicatura de que el examen no es excelente, pero es más que bueno; en el segundo, el numeral 'cinco' crea la implicatura de información precisa para implicar 'exactamente' o 'solo cinco'. En (7c) se cumple la máxima de relación, generándose una implicatura con base en el conocimiento mutuo que ambos tienen de la hora de llegada del cartero: B infiere que la hora es cualquier hora anterior a la llegada del cartero. Por último, en (7d) la conjunción 'y' genera dos implicaturas para expresar orden: en el primero 'y' significa 'y después'; en el segundo, 'como consecuencia'.

A diferencia de los ejemplos de (7) que cumplen las máximas y siguen apropiadamente el principio de cooperación con los interlocutores, en (8) se infringen las máximas y se generan implicaturas. El hablante podría no seguir el principio de cooperación si no deseara cooperar. Sin embargo, aunque infringe una o más máximas, el hablante sigue el principio de cooperación con el fin de generar implicaturas. Como veremos en los ejemplos en (8), el hablante puede infringir solo una máxima o infringir una para respetar otra de mayor rango, ya que las máximas mayores tienen prioridad sobre otras de menor rango.

(8) a. Violación de la máxima de cualidad
   El profesor pregunta a los estudiantes sobre las capitales de países hispanos:

   Estudiante: *La capital de España es Lisboa, ¿verdad?*
   Profesor: *Y la capital de Colombia es Venezuela.*
                 +> no es la respuesta correcta
  b. Violación de la máxima de cantidad (carta de recomendación)

   Contexto: un profesor escribe una carta de recomendación para un estudiante que quiere solicitar a un programa graduado de filosofía.[6]
   Estimado colega: El señor 'X' es una persona amable, respetuosa y con una asistencia impecable.
                 +> El estudiante "X" no es candidato para un programa de filosofía.

c. Violación de la máxima de relación

Pedro: *¡Mario es un bueno para nada!*
          (después de un momento de silencio, Sonia cambia el tema de conversación.)
Sonia: *¿Por qué no empezamos a comer? La comida está deliciosa.*
          +> *No deberíamos hablar a espaldas de otras personas.*

d. Violación de la máxima de manera

Juan: *¿Podemos terminar la tarea el viernes después de la fiesta?*
Marta: <u>*¿Es el Papa católico?*</u>
          ¿Es la tierra redonda?
          +> Sí, podemos hacerlo después de la fiesta.

Aunque se infringen las máximas, el hablante sigue siendo cooperativo para implicar un significado adicional. Los ejemplos en (8) infringen la máxima de cualidad (diga la verdad). En (8a) el profesor responde con una respuesta irónica para implicar que la respuesta del estudiante es incorrecta (ver más ejemplos de ironía en la sección 4.10). En (8b) el profesor infringe la primera máxima de cantidad, pues no es lo suficientemente informativo. Sin embargo, el profesor es cooperativo al escribir la carta. Sabe que existe un acuerdo institucional en el que se espera información suficiente sobre las cualidades académicas del estudiante, pero intencionalmente no menciona nada de su perfil, en particular, su potencial en filosofía. Con la falta de información precisa, el profesor implica que el estudiante no sirve para un grado en filosofía. En (8c) se incumple la máxima de relación con un cambio de tema en la conversación. Sonia es cooperativa, pero decide no responder al comentario previo de Pedro porque cree que no es apropiado hablar a espaldas de otras personas. Por último, en (8d) se infringe la máxima de 'manera' al responder ambiguamente; sin embargo, por el conocimiento compartido de que el "Papa es católico" y la "tierra es redonda," lo comunicado es una respuesta afirmativa.[7]

También hay casos en que una máxima entra en conflicto con otra. El ejemplo (9) le ocurrió al autor cuando estaba en un centro de copiado para encuadernar cinco libros en una ciudad en España:

(9) El autor entra a un centro de copiado para encuadernar cinco libros.

César: *¿Cuánto tiempo cree que le lleve encuadernar cada uno?*
Trabajadora: *El tiempo que se lleve.*
César: ((no pregunté más y entregué el material para encuadernarlo))

En (9) se viola la máxima de cantidad porque la trabajadora no responde con la información solicitada. Entonces, hay que concluir si es cooperativa o no. En este caso, la máxima mayor de la cualidad (lo que se dijo es verdadero) toma precedencia sobre la de cantidad. El hecho de que no me da la información que pedí no quiere decir que no sea cooperativa. Lo es. En su respuesta se explota la máxima de 'cualidad' para implicar que la trabajadora sabe lo que hace (dice la verdad), pero no quiere comprometerse a una hora específica (cantidad). El autor no respondió y llegó a la conclusión de que la trabajadora quería hacer el trabajo a su voluntad.

CHECK IN RECEIPT
2270 Indiana University Bookstore - Bloomi
12/14/2023 02:42:52 PM
22700000002330051772NS

ITEM   QTY   FEE

PRAGMATICA DEL ESPANOL
9781138215801
CHECKED IN
                                   1   0.00

                                  QTY   TOTAL
TOTAL: 1   0.00

Patron Name: ASHLY LOPEZ
Patron ID: 14244909

Associate: 1408474
Transaction Date: 12/14/2023

CUSTOMER COPY

...en una oficina entre un estudiante y un
...ofesor para hablar de su calificación de
...En algunas instituciones de los Estados
...stre para que el estudiante deje la clase.

...ecesitas sacar 95% en el examen final para

... palabras en el enunciado y *lo que quiso*
...on distintos?
...turas) que comunica este mensaje?

...onversacionales: las generalizadas y las particu-
...ia o ausencia de las características del contexto
...encia. Los dos tipos de implicaturas se explican

La implicatura generalizada no depende del contexto donde se emite el enunciado, pero se puede calcular a partir de lo que se dice con las palabras del enunciado. Veamos los ejemplos en (10):

(10) Ejemplos de implicatura generalizada
   a.
      A: *¿Pudiste terminar la tarea de pragmática y sociolingüística?*
      B: Terminé la de pragmática.
         +> no terminé sociolingüística.
   b.
      A: Este viernes voy a cenar con *una mujer*.
         +> cualquier mujer, menos mi esposa, mi madre o mi hermana.

En (10) el interlocutor no necesita de un conocimiento contextual determinado para calcular el significado implicado. En (10a), si el hablante responde con una de las dos opciones, el interlocutor va a inferir lo mencionado (pragmática, no sociolingüística). Como la implicatura conversacional generalizada depende del significado expresado en las formas lingüísticas, en (10b) el artículo indefinido (*un*, *una*), se interpreta independientemente del contexto como cualquier otra mujer menos su esposa, su madre o su hermana. Si el hablante hubiera querido ser más informativo, habría usado el adjetivo posesivo 'mi' (*mi mujer o mi esposa*).

Las implicaturas conversacionales generalizadas se manifiestan más claramente según la máxima de cantidad: i. que su contribución sea todo lo informativa que requiera el propósito de la conversación; ii. que su contribución no sea más informativa de lo requerido. Se expresan mediante las **implicaturas escalares**. En este tipo de implicaturas la inferencia se genera a partir de la selección de un elemento que pertenece a una escala de valores. Siguiendo las anotaciones de Grice (1975) y revisiones de Horn (2004),[8] veamos algunos ejemplos en (11) de estas escalas:

(11) Implicaturas escalares

    a. Evaluación
       <excelente, bastante bueno, bueno>

    b. Frecuencia
       <siempre, con frecuencia, a veces>

    c. Cantidad
       <todos, la mayoría, muchos, algunos>

    d. Temperatura
       <hirviendo, caliente, tibio>

La idea central de las implicaturas escalares es la siguiente: cuando el hablante selecciona una de las expresiones contenida en cada escala, selecciona la más informativa y verdadera para comunicar su intención. Veamos los ejemplos en (12):

(12) a. *La mayoría de mis estudiantes sacó una nota bastante buena.*
     b. *El café está tibio.*

En (12a), al seleccionar 'la mayoría' se genera la implicatura '*no todos*' y '*no algunos*'; la expresión '*bastante buena*' genera la implicatura de que la nota '*no es excelente*', pero es '*más que buena*'.

En (12b), la palabra '*tibio*' implica que el café no está '*hirviendo*', '*caliente*' ni tampoco '*frío*'.

En resumen, las implicaturas conversacionales generalizadas no dependen del contexto de emisión. Se calculan a partir del significado de las formas lingüísticas que expresan un valor de cantidad (p. ej., *todos, algunos, la mayoría*).

Ejercicio 4 Según las escalas de valores, identifica las implicaturas conversacionales escalares en los siguientes ejemplos:

Evaluación
    <excelente, bastante bueno, bueno>
Frecuencia
    <siempre, con frecuencia, a veces>
Cantidad
    <todos, la mayoría, muchos, algunos>
Temperatura
    <hirviendo, caliente, tibio, frío>

1. Tu presentación fue excelente.
2. Mis amigos llegan tarde a las fiestas con frecuencia.
3. El bebé no puede tomar la leche porque está caliente.

4. A todos mis estudiantes les encanta la pragmática, pero algunos se interesan por la semántica.   *cant*
5. Escribiste un buen examen. *ev*
6. El chocolate que tomamos anoche estaba tibio. *temp*

4.3.2 Implicaturas particularizadas

Las **implicaturas particularizadas** dependen de las características contextuales de la situación. Es decir, para calcular el significado adicional de estas implicaturas es necesario considerar las circunstancias del contexto específico (asunciones y expectativas) y el conocimiento compartido por los participantes. Por ejemplo, en (8b) de la carta de recomendación, las personas que leen la carta generan la implicatura de que el estudiante no tiene potencial para la filosofía (significado implicado). Esta información adicional no se puede inferir por el significado convencional de las palabras en el enunciado. Es un significado extra que se infiere a partir de las expectativas de lo que se espera escribir en una carta de recomendación en una institución universitaria. Si el profesor quisiera ser informativo,

Figura 4.3 Ejemplo de implicatura particularizada

mencionaría explícitamente la información académica del estudiante. Veamos otro ejemplo de una implicatura particularizada en (13), representada en la figura 4.3:

(13) Implicatura particularizada

Luis y Marta son esposos. Luis llega a casa tarde del trabajo y se dirige a su habitación.

Luis: *Estoy exhausto, me voy a dormir.*
Marta: *El niño del piso de arriba ya empezó a tocar el tambor.*
Luis: *Madre mía, justo lo que necesitaba.*
          +> con el ruido del tambor, Luis no podrá dormir.

Dado el conocimiento compartido por interlocutores (Luis y Marta saben que a esa hora por la noche el niño del piso de arriba toca su tambor), Luis extrae la implicatura (significado implicado en el enunciado de Marta) de que no va a poder descansar a causa del ruido del tambor. Este significado adicional no se deduce por el significado de las palabras del enunciado de Marta; es una inferencia que se genera según el principio de cooperación (somos cooperativos en la comunicación) y las máximas de relación y cualidad.

En general, en vez de decir que existen dos tipos de implicaturas conversacionales, se puede concluir que hay una sola, la conversacional que distingue entre un contexto general y uno específico. Aunque en el modelo griceano se distinguen dos tipos de implicaturas, la convencional y la conversacional, esta última es la que predomina; es decir, las implicaturas que requieren extraer inferencias del contexto (las particularizadas).

PARA PENSAR MÁS

Piensa en implicaturas conversacionales particularizadas que te hayan ocurrido con amigos o con profesores. Explica por qué lo que dijiste fue diferente de lo que querías decir.

4.3.3 Propiedades de las implicaturas conversacionales

Como se mencionó anteriormente, las implicaturas conversacionales se generan si se sigue el principio de cooperación y sus máximas; o bien, si en algún momento de la conversación, el hablante abandona el principio de cooperación, lo cual genera también una implicatura. Según Grice (1975), las implicaturas conversacionales (generalizadas y particularizadas) tienen las siguientes propiedades:[9]

- cancelables
- calculables
- no separables

4.3.3.1 Cancelabilidad

El hablante puede cancelar la implicatura (anular lo implicado) si al final de lo que implicó añade explícitamente una cláusula para indicar que lo que dijo no es cierto. Asimismo, puede añadir un enunciado al final (indirecta o implícitamente) que implique (por contexto compartido entre los participantes) que lo que dijo no es cierto. Por ejemplo, en el ejemplo de la carta de recomendación en (8b, *"El señor 'X" es una persona amable, respetuosa y con una asistencia impecable*"), al final de lo que el profesor dijo, se puede cancelar la implicatura añadiendo lo siguiente: "*Además, tiene buenas intuiciones para la filosofía.*" En el ejemplo (9b), el hombre que dice "*Este viernes voy a cenar con una mujer*', se puede anular si añadimos 'mi esposa' al final del enunciado, como en (14):

(14) *Este viernes voy a cenar con una mujer, <u>mi esposa</u>.*

Notemos también que las implicaturas conversacionales generalizadas (especialmente las escalares), se pueden suspender si añadimos información al final. En el ejemplo (15a) (sin información lingüística adicional), la implicatura conversacional (+>) es 'exactamente tres'. Sin embargo, si se añade información extra al final del enunciado, la implicatura del numeral *tres* cambia a 'por lo menos' (15b y c); es decir, se puede suspender o cancelar con expresiones como '*de hecho*' o '*y puede que*', como en (15):

(15) a. *Compré <u>tres</u> libros.*
          + > exactamente/sólo tres
      b. *Compré <u>tres</u> libros de lingüística, <u>de hecho</u> compré siete.*
      c. *Compré <u>cinco</u> libros de lingüística, <u>y puede</u> que más.*
          +> por lo menos tres

4.3.3.2 Calculabilidad

Las implicaturas conversacionales se pueden calcular o inferir si el oyente toma en cuenta tres factores:

a. La información que dice el hablante en el enunciado.
b. La información contextual o el conocimiento de fondo compartido.
c. Un acuerdo mutuo entre los interlocutores de respetar el principio de cooperación.

En el caso de la carta de recomendación (8b), las personas que la leen infieren (o calculan) que el estudiante recomendado no tiene potencial para estudiar filosofía. El interlocutor saca esta inferencia por el acuerdo institucional existente entre las universidades: recomendar a alguien supone hablar de las cualidades específicas del estudiante. Si no se da esa información, se concluye lo contrario. En el ejemplo (16), el interlocutor saca la inferencia de que no terminó la tarea de sociolingüística:

(16) A: *¿Pudiste terminar la tarea de pragmática y sociolingüística?*
      B: Terminé pragmática.
          +> no terminé sociolingüística.

El cálculo de esta inferencia se lleva a partir de la información que dijo B (excluyendo una opción) y de acuerdo al conocimiento mutuo compartido entre los interlocutores. En este ejemplo, los interlocutores siguen el principio de cooperación.

4.3.3.3 No separabilidad

Las implicaturas conversacionales (sobre todo las particularizadas) dependen del contenido expresado y no de la manera en que se expresa lo dicho.[10] Es decir, si el enunciado se expresa con otras palabras, la implicatura sigue siendo la misma. Volvamos al ejemplo (8b) de la carta de recomendación, repetido en (17a). Podemos cambiar la manera en que formuló el enunciado de la siguiente manera (17b).

(17) a. Estimado colega: *El señor "X" es simpático, bien educado*
            y nunca falta a clase.
            +> el estudiante "X" no es buen candidato para un programa de filosofía.
       b. Estimado colega: *El señor "X" es una persona amable, respetuosa*
            y con una asistencia impecable.
            +> El estudiante "X" no es candidato para un programa de filosofía.

Aunque se exprese este enunciado con palabras diferentes (17b), la implicatura no desaparece, pues está adherida al contenido semántico del enunciado (lo implicado) y no a las expresiones lingüísticas. La propiedad de 'no separabilidad' es la que distingue a las implicaturas conversacionales de las convencionales, ya que la implicatura convencional está adherida a la expresión lingüística, no a lo implicado en el enunciado.

En el cuadro 4.2 se resumen las características de las implicaturas convencionales y conversacionales (adaptado de Grice).[11]

Cuadro 4.2 Propiedades de las presuposiciones (implicación lógica) y las implicaturas convencionales y conversacionales (implicaciones pragmáticas)

		Tipo	Propiedad	Ejemplo
Implicación lógica (significado proposicional de la oración)		Presuposición (significado proposicional con valor veritativo)	No cancelable No calculable No separable	*Pedro dejo de gritarme*
Implicaciones	pragmáticas	Implicatura convencional → Convencional	No cancelable No calculable Separable	*Hasta el profesor llegó tarde a clase. Es pobre y honrado Es pobre pero honrado*
		conversacional → Conversacional generalizada (no convencional)	Cancelable Calculable No separable	*Este viernes salgo a cenar con una mujer*
		Implicatura → Conversacional particularizada (no convencional)	Cancelable Calculable No separable	A: *¿Vas a salir a cenar con Luis?* B: *Yo no salgo con personas infieles y deshonestas*

4.4 Limitaciones y extensiones de implicatura

El modelo de Grice representa uno de los modelos más influyentes en pragmática: explica el proceso inferencial en la comunicación a partir de esfuerzos cooperativos y normas conversacionales. Para comunicarnos debemos partir de la expectativa de que somos cooperativos por acuerdo mutuo. Además, mientras que las implicaturas convencionales dependen del significado que se deriva de las palabras, (p. ej., *todavía, incluso, y, pero, hasta*), las conversacionales dependen de factores contextuales y situacionales.

A pesar de estas contribuciones, también se han observado algunas limitaciones. Grice distinguió entre lo que decimos (lo dicho) y lo que queremos decir (lo implicado). Sin embargo, el filósofo británico no desarrolló su teoría para explicar cómo derivamos inferencias que se generan a partir de lo dicho. Para él, las inferencias pragmáticas se explican en lo implicado (significado pragmático), no en lo dicho (significado semántico), lo que Grice llama implicatura conversacional (significado del hablante). Tampoco explica cómo llegamos del significado convencional de las oraciones (semántica) a lo dicho (lo comunicado explícitamente).

Asimismo, algunas de las máximas se solapan de manera redundante. Por ejemplo, que el hablante 'no debe dar más información de la requerida' (evitar la verbosidad) y que 'no dé menos información de la requerida' son dos submáximas de la máxima de cantidad, mientras que la máxima de relación afirma que el hablante debe ser relevante al hablar. Ser relevante al hablar sugiere que debemos dar la información necesaria al comunicarnos, haciendo la máxima de cantidad superflua. La máxima de manera pide que el hablante hable con brevedad, lo cual se solapa con la segunda submáxima (no dar menos información de la requerida).[12] Además del principio de cooperación, se han postulado otros que guían la comunicación interpersonal, como el Principio de la Cortesía y sus máximas de modestia, aprobación y generosidad (Leech, 1983, 2014).

Diferentes investigadores (los neogriceanos) han tratado de reducir el modelo de Grice, manteniendo el principio de cooperación, pero simplificando y reorganizando las máximas. Por ejemplo, Horn (2004) mantiene las máximas de Grice, pero las reduce a dos principios, el de **cantidad** orientado hacia el interlocutor (**Principio-C**) y el de **relación** (**Principio-R**) orientado al hablante. El principio de cantidad afirma que el hablante debe aportar la información requerida como en las implicaturas escalares: _Algunos_ *estudiantes llegaron tarde* o *la leche esta _tibia_*. En estos ejemplos, *'algunos'* implica conversacionalmente que *'no todos'* y *'tibia'* implica que *'la leche no está caliente o fría,'* respectivamente. La máxima de relación afirma que el hablante debe hacer su contribución necesaria según el contexto de la situación; es decir, la contribución debe ser pertinente. Si digo, *'Juan trajo una botella para celebrar la despedida de soltero de Luis'*, implica que Juan trajo una 'botella de alcohol' (no una botella de agua o leche). Según Horn, los dos principios interactúan entre sí: se debe dar la información suficiente y la requerida según las circunstancias de la situación.

Con el fin de mejorar la propuesta de Horn, Levinson (2000) reduce el modelo de Grice a tres principios a partir de las máximas griceanas: el **principio de cantidad (Principio-C)**, el **principio de informatividad (Principio-I)** y el **principio de manera (Principio-M)**. El principio de **cantidad** (no dar menos información que la querida) es similar a las implicaturas escalares de Horn (*Juan llega tarde a clase _a veces_*, implica que 'no siempre'). El principio de **informatividad** sostiene que el hablante no debe dar más información de la requerida, y el hablante debe enriquecer la información que recibe para sacar la implicatura apropiada. Por ejemplo, 'Juan y María compraron un Audi' implica conversacionalmente que lo compraron 'juntos', no cada uno. Por último, el principio de **manera** afirma que el hablante no debe usar expresiones marcadas (expresiones lingüísticas infrecuentes o complejas). Por ejemplo, si la esposa le dice al marido, 'el horno está caliente para hornear el pastel' implica conversacionalmente que está lo suficientemente caliente a determinada temperatura para empezar a hornear el pastel. En el ejemplo, "*Pedro detuvo el carro*," implica que lo detuvo de una manera normal.

Ambos investigadores neogriceanos, Horn y Levinson, se centran en la **implicatura conversacional generalizada**: un significado inferencial que depende del significado implícito comunicado en las expresiones del enunciado e inferido por el oyente (p. ej., las implicaturas escalares; *Tengo* <u>trece</u> *hermanos* [exactamente]; *Entré en* <u>una casa</u> [no es la mía]).[13] Con el fin de simplificar más el modelo de Grice, los investigadores posgriceanos de la teoría de la relevancia (Sperber & Wilson, 1986, 1995) reducen las máximas de Grice a un principio de cognición humana: el principio de la relevancia (ver sección 4.5).

Pese a todo, la implicatura conversacional representa una contribución fundamental en la teoría pragmática que explica la comunicación inferencial. Con estos desarrollos, la noción de contexto se conceptualiza de manera cognitiva, pero no se atiende tanto a la influencia que tiene la cultura en la interpretación de implicaturas.

4.5 La teoría de la relevancia

En esta sección se describen los conceptos centrales de la teoría de la relevancia (teoría de la pertinencia) que propone una manera alternativa (a la de Grice) de explicar la comunicación humana con énfasis en el proceso inferencial del significado explícito. Al igual que el modelo de Grice (secciones 4.1–4.3), la teoría de la relevancia se basa en la premisa de que el hablante comunica un significado intencional con el fin de ser reconocido por el interlocutor. Sin embargo, la teoría de la relevancia supera el modelo de Grice en elegancia y simplicidad, y reemplaza las máximas por un solo principio cognitivo, la **relevancia**. El hablante trata de ser tan relevante como sea posible dadas las circunstancias y demandas de la situación comunicativa. El concepto de relevancia se entiende a partir de dos principios que guían la comunicación eficaz:

1. El principio cognitivo de la relevancia.
2. El principio comunicativo de la relevancia.

La información que se presenta aquí se basa en las aportaciones de Dan Sperber y Deirdre Wilson (1986, 1995) y Wilson (2017) en sus obras clásicas sobre el significado y la **interpretación de los enunciados**.[14] Las ideas fundamentales de esta teoría se comparan con los conceptos del modelo de Grice (sección 4.8).

Según Sperber y Wilson, existen dos maneras en que se puede llevar a cabo el proceso de la comunicación, el **modelo de la codificación y descodificación** y el **modelo de la comunicación ostensivo-inferencial.** Estos modelos hacen referencia a la producción intencional de un mensaje por el hablante (codificación, ostensión) y a la descodificación o interpretación por parte del interlocutor (descodificación, inferencia). La palabra *ostensión* (del latín *ostendĕre*) alude a algo que muestra o manifiesta algo. Según **el modelo de la codificación,** la comunicación se lleva a cabo mediante la codificación y descodificación de mensajes; es decir, el hablante codifica su mensaje en una señal, la cual se descodifica a su vez por el interlocutor. Este modelo no puede explicar la comunicación inferencial, en particular, la interpretación de los enunciados. En cambio, en **el modelo inferencial** el hablante muestra evidencia o señales de su intención para transmitir un mensaje, el cual se infiere por el interlocutor con base en la evidencia presentada. Como veremos más adelante, la evidencia que se presenta en el entorno de la situación se lleva a cabo mediante estímulos o entradas (*inputs*) que el interlocutor percibe e infiere durante un encuentro comunicativo. Tanto el modelo de la implicatura conversacional de Grice como el de la teoría de la relevancia siguen el modelo inferencial de la comunicación.

PARA PENSAR MÁS

Con base en lo aprendido en este capítulo, reflexiona en algunas similitudes y diferencias entre el principio de cooperación y el de relevancia. En tu opinión, ¿cuál crees que explica mejor la comunicación inferencial? ¿Por qué?

4.6 Dos principios de relevancia

En esta sección se explican los dos principios que guían la comunicación eficaz: El principio cognitivo de la relevancia. (4.6.1) y el principio comunicativo de la relevancia (4.6.2).

4.6.1 Relevancia y cognición

El término 'relevancia' hace referencia a algo sobresaliente o destacado. En español se prefiere usar el término **pertinente** (del latín *pertinĕre*) porque alude a algo que *viene a propósito* o *al caso*. A diferencia del principio de cooperación propuesto por Grice (ver cuadro 4.1) que representa un acuerdo implícito o expectativas para comunicarnos mientras obedecemos o no las máximas de conversación, el **modelo de la relevancia** parte de la idea fundamental de que el hablante se comunica porque quiere ganar algo del mundo; es decir, se comunica bajo el supuesto de que lo que dice el interlocutor es relevante o pertinente para el oyente. La noción de **contexto** se entiende desde una perspectiva cognitiva con base en la información y supuestos disponibles en el entorno cognitivo. Según el diccionario de la Real Academia Española (R.A.E.), un **supuesto** (derivado del verbo latino *supponĕre*) se refiere a algo que se considera como verdadero a partir de los indicios o información de fondo que se obtiene durante el intercambio comunicativo. Estos supuestos incluyen representaciones del mundo que se consideran como reales para el hablante y el interlocutor, como las creencias, las opiniones personales, los deseos o los pensamientos. También se consideran las premisas que se sacan de la situación. Una **premisa** es una señal o un indicio por donde se infiere algo o se viene en conocimiento de ello (R.A.E.). El modelo de la relevancia se centra en la **interpretación de los enunciados** con base en las inferencias que sacamos a partir de la evidencia presentada en el entorno cognitivo. Una **inferencia** es un proceso deductivo que sacamos a partir de los supuestos y la información de fondo compartidos. Es un proceso mediante el cual deducimos algo, o algo que sacamos como conclusión de otro supuesto.

La noción de relevancia es un aspecto cognitivo de la comunicación humana. Si ponemos atención a lo que dice el interlocutor es porque creemos que vale la pena escucharlo y procesarlo. Los enunciados crean expectativas de relevancia no porque el hablante quiera seguir o no el principio de cooperación (cuadro 4.1); más bien, porque la búsqueda de la relevancia es parte de la cognición humana. Según los autores de este modelo, el término relevancia no se entiende de manera absoluta, sino que es un concepto relativo que se puede medir como algo más o menos relevante dadas las circunstancias de la situación comunicativa. Esto se conceptualiza a partir de dos factores:

Relevancia:

1. efectos contextuales
2. esfuerzo de procesamiento

Según estos factores, cuantos más efectos contextuales produzca un enunciado con el menor esfuerzo de procesamiento posible, más relevante será. Un **efecto contextual** es una inferencia que se saca a partir de la evidencia presentada en el contexto de la situación (ver figura 4.4). Esta manera de procesar la información es parte de la cognición humana, que, según Sperber & Wilson, es precisamente lo que afirma el principio cognitivo de la relevancia (18):

(18) Principio cognitivo de la relevancia
      La cognición humana está orientada hacia la maximización de la relevancia.

Para interpretar un enunciado (lingüístico o no verbal), el hablante tiene que procesar los **estímulos o entradas** que recibe de su entorno comunicativo con el fin de generar efectos contextuales para empezar a procesar significado. Las entradas que puede recibir o percibir el interlocutor incluyen un enunciado lingüístico (p. ej., ¿Quieres tomar un café?) o estímulos no verbales, pero intencionales por el hablante como una mirada, un sonido, el olor de algo o un pensamiento. Según Sperber y Wilson, un **estímulo** es relevante para el interlocutor cuando se asocia con el fondo informativo disponible con el fin de generar conclusiones que son pertinentes para el interlocutor. Por ejemplo, responder a una pregunta, verificar algo, corregir una sospecha o solucionar una duda. El estímulo será relevante para el interlocutor cuando se procesan y generan efectos contextuales a partir de supuestos. Un **efecto contextual** es un tipo de inferencia o implicación pragmática que se deduce cuando la información existente interactúa con la información anterior o nueva. Veamos tres casos en que la información que recibimos interactúa con la información existente, lo cual puede generar posibles efectos contextuales (19):

(19) Tres maneras de activar efectos contextuales

      a. La información es conocida y no altera los supuestos anteriores. Por ejemplo, *La tierra es redonda*; *Yo sé que tú sabes que el maestro llegó tarde a clase*. En este caso, los estímulos ya conocidos no crean efectos contextuales que sean pertinentes para el interlocutor.
      b. La información es nueva y contradice los supuestos existentes. Por ejemplo, si después de explicar a mis estudiantes que el modelo de Grice es una manera efectiva de describir la comunicación humana, les digo que el principio de cooperación y sus máximas conversacionales no son suficientes para explicar las inferencias que sacamos del significado implícito. En este caso, la información nueva crea un efecto contextual de contradicción y posible confusión.

c. La información nueva interactúa con la información existente en la memoria con el fin de reforzar o desambiguar la información. Por ejemplo, imagina que tu amigo te contó los problemas que tuvo con su novia. Luego, la novia te cuenta los problemas que tuvo con tu amigo con información distinta. La información existente crea efectos contextuales al recibir información adicional, y, por ende, tú sacas otros efectos contextuales.

El interlocutor procesa la información que cree relevante para sí mismo/a y genera efectos contextuales a partir de los estímulos que recibe en su entorno comunicativo.

Analicemos el siguiente ejemplo para entender el proceso inferencial de la comunicación. El jefe llega a su oficina, mira a su alrededor, mueve la cabeza con señal de insatisfacción y dice lo siguiente con tono fuerte (figura 4.4). ¿Cuáles son los efectos contextuales que se pueden extraer de la situación en la figura 4.4?

Figura 4.4 Estímulos y efectos contextuales

Para procesar la información en la figura 4.4, la secretaria debe interpretar los estímulos recibidos en su entorno: lo dicho por el jefe (*¡Esta oficina es un desastre!*), los estímulos visuales (el desorden en la oficina) y la información no verbal como el movimiento de cabeza del jefe en señal de insatisfacción, la mirada del jefe y el tono fuerte. La **premisa** implicada de este enunciado es que la oficina está desorganizada y el jefe no está contento. Como la secretaria es la única persona en la oficina donde está el jefe, ella da por sentado que se dirige a ella. Con base en esos supuestos y la información compartida con el jefe (ella sabe que al jefe le gusta tener una oficina ordenada), ella saca la conclusión (implicación pragmática) de que su jefe le está pidiendo (indirectamente) que limpie y organice la oficina. La secretaria llega a esta conclusión por inferencia y con base en los estímulos recibidos del entorno y en los supuestos compartidos con su jefe.

PARA PENSAR MÁS

Reflexiona en la manera en que procesamos la información en las siguientes situaciones:

- Una discusión con tu mejor amigo por invitar a tu pareja a salir a tus espaldas.
- Una visita al despacho de tu profesor para aclarar dudas sobre la teoría de la relevancia.
- Una entrevista de trabajo y el pago del puesto.

¿Cómo interpretamos lo que es relevante? ¿Por qué ponemos atención a lo que dice mi amigo, el profesor o el jefe? Da ejemplos de estímulos (lingüísticos y no verbales) que condicionan lo que interpretas. ¿Qué efectos contextuales puedes sacar durante el transcurso de esa interacción?

4.6.2 Relevancia y comunicación

Ahora continuamos con el segundo principio, el principio comunicativo de la relevancia. Para que la comunicación sea eficaz, el interlocutor dirige la atención a lo que dice el hablante porque cree que lo que dice es relevante para sí mismo/a. Por lo tanto, el enunciado producido por el hablante representa la **presunción** o un prerrequisito de que es relevante, y eso es exactamente lo que estipula el segundo principio (20):[15]

(20) Principio comunicativo de la relevancia
      Todo enunciado (o estímulo ostensivo) transmite la presunción de su propia relevancia óptima.

En el modelo de la relevancia, la comunicación debe ser *ostensivo-inferencial*. Ostensiva por parte del hablante al decir algo intencional dirigido a un interlocutor. Es decir, al comunicar algo el hablante pone de manifiesto de que lo que comunica con su enunciado crea un estímulo intencional, el cual debe ser reconocido por el interlocutor. Volvamos al ejemplo en la figura 4.4, el enunciado '*Esta oficina es un desastre*' satisface el prerrequisito de que es un estímulo relevante, ostensivo (óptimamente relevante para la secretaria). La respuesta a este enunciado representa el resultado de un proceso inferencial y la secretaria infiere que el jefe le está pidiendo que haga algo. Según la teoría de la relevancia, este enunciado es óptimamente (no máximamente) relevante a partir de dos condiciones. El enunciado:

1. Es lo suficientemente relevante para que valga la pena el esfuerzo de procesamiento por parte del interlocutor.
2. Es el más relevante y compatible con las habilidades y preferencias del hablante.

Con base en esta evidencia, el interlocutor determina el grado de relevancia del enunciado y ofrece una respuesta porque cree que lo que dice el hablante es pertinente dadas las circunstancias. En la figura 4.4, la secretaria infiere, con base en los estímulos que recibió del jefe, que el jefe comunica algo más con sus palabras, una sugerencia o petición para limpiar la oficina. El efecto contextual se realiza con el menor esfuerzo de procesamiento y de acuerdo a los estímulos recibidos y procesados por el interlocutor.

PARA PENSAR MÁS

En el siguiente intercambio comunicativo, explica cuáles son las premisas implicadas y cuáles son las conclusiones que saca el interlocutor.

Marta: *¿Has salido con Pedro a cenar últimamente?*
Sonia: *Yo no pierdo mi tiempo con personas infieles y deshonestas.*

4.7 Explicaturas: inferencias pragmáticas de lo explícito

El modelo de la implicatura conversacional de Grice y la teoría de la relevancia analizan la comunicación inferencial a partir de distintos niveles de significado. Según Levinson (2000) y otros autores sobre la pragmática cognitiva,[16] en la figura 4.5 se distinguen tres niveles de significado:

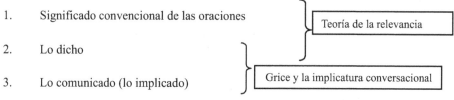

1. Significado convencional de las oraciones

2. Lo dicho

3. Lo comunicado (lo implicado)

Teoría de la relevancia

Grice y la implicatura conversacional

Figura 4.5 Niveles de significado de la comunicación (adaptado de Levinson, 2000)

Grice se enfoca en el proceso del significado que va de lo dicho a lo comunicado. Según Grice, 'lo dicho' (*what is said*) incluye el significado convencional de la oración con sus valores de verdad, junto con los procesos de desambiguación y resolución de referencia, pero dentro de la semántica. 'Lo comunicado' (*what is implicated*), en cambio, hace referencia al significado del hablante que se recupera por medio de implicaturas conversacionales con ayuda del principio de cooperación y las máximas. Grice no explica claramente cómo se llega al significado de lo dicho (del nivel 1 al 2). Por el contrario, el modelo de la relevancia se centra en el proceso inferencial del significado explícito; es decir, un proceso inferencial que va del nivel 1 (significado convencional de las oraciones) al nivel 2 (lo dicho). A diferencia de las implicaturas que se derivan del nivel 2 al 3, en el modelo de la relevancia 'lo dicho' (significado explícito) es una explicatura. Una **explicatura** es el significado comunicado explícitamente o la asunción explícita comunicada por el enunciado.[17] Mientras que las implicaturas se derivan por inferencia, las explicaturas se derivan a partir de la descodificación y la inferencia. Las explicaturas se derivan a partir de cuatro procesos inferenciales:

1. la desambiguación léxica
2. la asignación de referencia
3. la saturación
4. el enriquecimiento pragmático

En la **desambiguación léxica** (*lexical disambiguation*) el hablante selecciona el significado más apropiado (de varios posibles) que expresa el ítem lingüístico. La explicatura completa el significado que expresa explícitamente lo dicho en el enunciado. En (21) se pueden observar los posibles significados que expresa 'banco'. Para interpretar el significado apropiado de esta palabra el hablante tiene que escoger entre dos significados que expresan la misma palabra. En este ejemplo, la explicatura de banco es 'institución financiera' que se deriva por inferencia:

(21) *Juan fue al banco para hacer su depósito mensual.*
  a. banco = institución financiera
  b. banco = lugar médico donde se almacenan órganos, tejidos o líquidos fisiológicos.
  c. banco = asiento (con respaldo o sin él) en que puede sentarse dos o más personas.
  d. banco = conjunto de peces que van juntos en gran número.

Explicatura: Juan fue a la institución financiera para hacer su depósito mensual.

La **asignación de referencia** (*reference assignment*) no se determina por el significado de la palabra, sino por un valor contextual adecuado que se asigna a la expresión referencial para inferir lo comunicado explícitamente. Veamos los ejemplos en (22):

(22) Luis toca el timbre en el apartamento de su amigo por el portero eléctrico y Marta contesta:
  Marta: *¿Quién es?*
  Juan: *Yo.*
      ((sonido que indica que la puerta está abierta))
  Marta: *Está abierto, pasa.*

En (22),[18] para que Marta abra la puerta, no es suficiente que el interlocutor use el pronombre de primera persona singular (yo). Marta necesita recuperar (inferir) otras características del contexto de la situación mediante la asignación de referencia: debe reconocer la voz del interlocutor. Como se mencionó en el capítulo 2, la referencia de la voz representa un elemento deíctico que Marta necesita reconocer y asociarlo con su amigo, antes de abrir la puerta. Si fuera la voz de otra persona que no reconoce Marta, ella no abriría la puerta. En este ejemplo, la explicatura se deduce mediante la descodificación del pronombre 'yo' y la referencia a la voz del amigo que Marta reconoce. Por lo tanto, la explicatura es 'Soy yo, Juan'.

La **saturación** (*saturation*)[19] es un proceso pragmático mediante el cual un espacio o posición, derivado de la forma lingüística descodificada, debe completarse o llenarse contextualmente. En los ejemplos en (23) se indica la información que debe completarse entre corchetes cuadrados [ ]:

(23) a. *Juan trabaja mucho* [¿Para qué?]
  b. *No tengo nada que ponerme* [¿Para qué propósito?]
  c. *El concepto de explicatura propuesto por los autores de la teoría de la relevancia (Sperber & Wilson) es diferente.* [¿En comparación con quién?]

En los ejemplos en (23), la información derivada entre paréntesis debe ser completada explícitamente, como en (24):

(24) a. *Juan trabaja mucho* [para poder mantener a su familia y darles una buena educación a sus hijos].

    b. *No tengo nada que ponerme* [que sea apropiado para la entrevista de trabajo que tengo hoy].

    c. *El concepto de explicatura propuesto por los autores de la Teoría de la Relevancia (Sperber & Wilson) es diferente* [en comparación con el concepto de implicatura propuesto por Grice].[20]

Por último, las explicaturas también se derivan por medio de **enriquecimiento pragmático** (*pragmatic enrichment*). Para interpretar el significado comunicado explícitamente, el hablante tiene que derivar una inferencia pragmática a partir de la descodificación e inferencia de las palabras. En el ejemplo (25), la explicatura es el resultado de un enriquecimiento pragmático que el hablante deduce para asignar un significado apropiado. Las explicaturas de los enunciados en (25) se presentan en (26), y se indican entre [ ].

(25) a. *Voy a estornudar.*

    b. *Juan es un cerebrito para los ejercicios de matemáticas.*

    c. Mamá: *¿Tienes un clínex?*
       Hijo: ((el hijo le da un clínex que ve en el asiento del carro))
       Mamá: *Limpio.*

(26) a. *Voy a estornudar* [*ahora*].

    b. *Cerebrito = Juan es inteligente.*

    c. *¿Tienes un clínex* [*limpio*]?

Es importante hacer una distinción entre la saturación y el enriquecimiento pragmático. Ambos tipos de explicaturas derivan inferencias. En la **saturación** el hablante ofrece una proposición incompleta en un contexto apropiado (e.g., *No tengo nada que ponerme*) y el hablante rellena el espacio para completarla (e.g., *que sea apropiado para la entrevista de trabajo*). En cambio, en el **enriquecimiento pragmático** el hablante da una proposición sin información adicional que rellenar (p. ej., *Me cepillé los dientes*) y el oyente debe enriquecer conceptualmente la proposición y asumir algo como 'hoy' (p. ej., *Me cepillé los dientes hoy*).

Ejercicio 5 Completa la explicatura para cada uno de los siguientes enunciados y explica el proceso inferencial para derivarla.

asignación de referencia   saturación
desambiguación léxica   enriquecimiento

1. Está lloviendo. Ejemplo: Esta lloviendo *[hoy]* (Enriquecimiento)
2. Hemos visitado la ciudad de Quito.
3. El horno está caliente.
4. Pedro se sentó en un banco cerca de María.
5. Yo llevo una botella para la despedida de soltero de Mario.
6. Los ladrones se robaron todo en mi casa.
7. Esos zapatos de cuero son preciosos, pero son un **poquito** caros.

8. Juan y María se están besando.
9. Norma se comió el corazón de chocolate que le regaló su novio.
10. Juan se rompió el dedo.
11. No hay nada que ver en la televisión.
12. Una anciana le dice a otra: *¿Cómo van tus muñecas?*

4.8 Derivación de explicaturas e implicaturas

En esta sección ilustramos el proceso inferencial que se lleva a cabo para inferir lo dicho y lo implicado según la implicatura conversacional de Grice (las máximas y el principio de cooperación) y el modelo de la relevancia. En (27) se presenta un intercambio verbal entre Gabriel y su padre (el autor) (figura 4.6):

Figura 4.6 Efectos contextuales para derivar inferencias

(27) Gabriel (12 años) está viendo su programa favorito en el televisor.
Gabriel sabe que la hora de irse a dormir es antes de las 9:00 p.m.
Padre: 1   *Gabriel, ya son las 8:30 p.m.*
Gabriel: 2   *Papá, ¿puedo ver un poco más la tele?*
Padre: 3   *Mañana tienes que levantarte temprano para ir al colegio.*
Gabriel: 4   *¿Un poquito más?*
Padre: 5   *Ya es tarde, hijo.*
Gabriel: 6   *Vale.*

Gabriel sabe que su padre sabe que Gabriel sabe que el televisor se apaga antes de las 9:00 p.m. Los dos actúan con base en un conjunto de supuestos e información de fondo compartidos. Según el modelo de Grice, para interpretar el intercambio comunicativo en (27) los participantes siguen el principio de cooperación y tienen la opción de obedecer o infringir las máximas conversacionales. Según Grice, el significado de 'lo dicho' se refiere al significado convencional de las oraciones con ayuda de procesos de desambiguación y resolución de referencia (nivel 2 de la figura 4.5). Gabriel sabe que su padre se dirige a él al usar el vocativo 'Gabriel,' que 'mañana' se refiere al día siguiente y que el significado de la petición de Gabriel (línea 2) alude a una petición de permiso al usar el verbo modal de habilidad 'poder.' Las respuestas del padre (líneas 3 y 5) son ejemplos de implicaturas conversacionales. Aparentemente no obedecen la máxima de relación porque el padre podría responder explícitamente (*No puedes ver la tele, no puedes ver la tele más tiempo*). Sin embargo, se sigue el principio de cooperación y la máxima de relación con una respuesta que Gabriel interpreta como negativa de acuerdo al conocimiento de fondo de ambos participantes (líneas 3 y 5). Por lo tanto, Gabriel llega a la conclusión (implicación pragmática) de que su padre no le da permiso de ver la televisión más tiempo, que debe apagar la tele e irse a dormir inmediatamente para que se pueda levantar temprano el día siguiente. Ese es el significado adicional comunicado por el padre e inferido por Gabriel.

En el modelo de la relevancia, por el contrario, se llega a un proceso distinto de interpretación de enunciados. Gabriel pone atención a lo que dice su padre porque cree que es relevante y tiene algo que ganar (el permiso del padre). Según este modelo, los participantes se comunican con la expectativa de que sus enunciados transmiten la presunción de una relevancia óptima. Además del estímulo lingüístico de los enunciados, Gabriel percibe otros estímulos no verbales como el tono rígido de los enunciados del padre, una mirada seria y la negativa a su insistencia (*¿Un poquito más?*, línea 4). Estos estímulos ayudan a la interpretación de las respuestas del padre. Las explicaturas de los vocativos 'Gabriel' y 'papá' hacen referencia al padre y al hijo en esta situación. La explicatura *'un poquito más'* (línea 4) es *'¿Puedo ver la tele más tiempo de lo acordado?'*. El significado explícito del deíctico temporal 'ya' (líneas 1 [*ya son las 8:30 p.m.*] y 5 [*ya es tarde*]) hace referencia al punto específico de la hora que menciona el padre. En general, Gabriel hace uso de su conocimiento del mundo y del conocimiento que tiene del significado convencional de sus oraciones para derivar el significado explícitamente. En el modelo de la relevancia, la implicatura es un proceso inferencial que se deriva de lo implicado con base en los efectos contextuales que el oyente saca a partir de los estímulos que recibe. En este ejemplo, Gabriel sigue los principios de la comunicación ostensivo-inferencial y concluye que la respuesta del padre (línea 3) es una negativa. También infiere que la respuesta del padre (línea 5) es otra respuesta negativa: una implicación pragmática que se deduce a partir de lo dicho (del nivel 2 al 3, figura 4.5).

Ejercicio 6 Lee el siguiente intercambio comunicativo y explica las siguientes preguntas:

1 Norma: ¿Quieres ir al parque para sacar a pasear a Gerónimo?
2 Eva: Me siento muy cansada.
3 Norma: ¡Qué lástima! que te mejores.
4 Eva: Gracias, cuando lleguen yo le doy de comer,
5   le abro su lata favorita.

Explica lo siguiente:

- ¿Por qué es relevante el enunciado que produce Norma? (línea 1)
- ¿Cuáles son los supuestos y la información de fondo compartidos por los hablantes?
- Explica las explicaturas de 'sacar a pasear' y 'Gerónimo.'
- Explica la explicatura de 'le abro su lata favorita'.
- Explica el proceso inferencial según los conceptos centrales del modelo de la implicatura conversacional de Grice y el de la relevancia. Luego, indica cuál modelo te parece más apropiado para analizar la comunicación inferencial.

4.9 Significado conceptual y procedimental

En la teoría de la relevancia se distinguen dos tipos de significado que nos ayudan a interpretar la manera en que se codifica el significado de las expresiones lingüísticas: el conceptual y el procedimental. Esta distinción nos ayuda a diferenciar entre (a) el significado de las palabras de contenido (*content words*) (p. ej., *gato, amarillo, contento*) cuya función es codificar conceptos que contribuyen a la interpretación de las oraciones para aportar representaciones conceptuales (condiciones de verdad de la oración) y (b) las partículas o marcadores discursivos que aportan un significado que no contribuye a los valores de verdad. Estas expresiones guían el proceso de la comprensión inferencial (p. ej., *o sea, pues, bueno, entonces, de hecho, pero, por lo tanto*). Explicamos esta distinción:

El significado conceptual contribuye conceptos (*gata, escritorio, correr, rojo, feliz*) que aportan a la interpretación de las oraciones. Estas palabras forman parte de las clases abiertas como los sustantivos, los verbos y los adjetivos. Es la definición lógica y más clara de una palabra con base en su estructura (e.g., morfemas) y asociaciones que hacemos de la palabra en su uso básico. Por ejemplo, el ítem *gata* tiene los siguientes rasgos semánticos que expresan representaciones conceptuales: sustantivo, femenino, animado y singular. También, cuando pensamos en esta palabra se activan otros significados con base en otras palabras, imágenes y nuestro conocimiento previo: mamífero, tiene bigotes, cubierto de pelo, tiene gran flexibilidad, hace miau y duerme mucho durante el día.

Los semantistas analizan los rasgos de los ítemes léxicos como componentes del significado conceptual. Por ejemplo, la palabra 'caballo', 'yegua', 'potro' y 'potra' hacen referencia al rasgo común [+animado] y [+equino], pero se distinguen por su sexo [+/− femenino] y el rasgo de [+/− adulto]. Los rasgos semánticos de estas palabras se muestran en el cuadro 4.3:[21]

Cuadro 4.3 Significado conceptual de la palabra 'caballo' y sus asociaciones

Rasgo	Caballo	yegua	potro	potra
Animado	+	+	+	+
Equino	+	+	+	+
Sexo masculino	+	−	+	−
Adulto	+	+	−	−

El significado procedimental no contribuye al significado de las condiciones de valor de verdad del enunciado. Los ítemes que aportan significado procedimental indican **instrucciones** o indicaciones de cómo procesar el significado que expresa la palabra. Algunos ejemplos que expresan significado procedimental incluyen las marcas evidenciales (*creo que, me parece, dizque*) y las partículas o marcadores discursivos (*y, pero, o sea, entonces, bueno, por lo tanto*, etc.). En (28), se presentan algunos ejemplos de ítemes léxicos cuyo significado se interpreta a partir de las instrucciones que guían al oyente a interpretar cierta parte del enunciado:

(28) Significado procedimental: Instrucciones de procesamiento
- a. *Está lloviendo a cántaros, <u>por lo tanto</u>, no saldremos a jugar al parque.*
- b. *El profesor prometió traer chocolates a la clase, <u>pero</u> no lo hizo.*
- c. *No hemos visto a María con su esposo; <u>dizque</u> se han separado.*
- d. *Algunos de los estudiantes llegaron tarde a la clase, <u>inclusive</u> el profesor.*
- e. El final de una transacción entre dos mujeres en el Corte Inglés (Sevilla, España)
  Clienta: *Vale, gracias.*
  Vendedora: *Vale, <u>venga</u>, hasta luego.*
- f. Madre a su hijo saliendo del colegio:
  Coge la mochila, <u>venga</u>.

En el ejemplo (28a) el significado del marcador 'por lo tanto' denota consecuencia o por lo antes mencionado, y en (28b) '*pero*' instruye al oyente a interpretar la información que sigue como oposición y eliminar la proposición derivada de la primera cláusula. En (28c) el marcador *dizque* es un marcador evidencial que indica incertidumbre y que la información que sigue se presenta desde el punto de vista del hablante (*dicen que . . .*), y en (28d) el ítem *inclusive* significa *también*, pero además aporta una expectativa contraria o de sorpresa. Por último, en los dos últimos ejemplos el marcador peninsular *venga* indica que su significado debe procesarse de dos maneras: en (28e) sirve para cerrar la interacción, mientras que en (28f) se emplea en un directivo para reforzar la fuerza comunicativa y enfática del hablante con el fin de que la acción se cumpla en el momento inmediato.

El significado procedimental ayuda en la comprensión del significado explícito y del implícito. Por ejemplo, ayuda a inferir el significado de ciertas explicaturas que se derivan por medio de la fuerza ilocutiva de los actos de habla (*Cierra la puerta, por favor* [te pido/te ordeno que . . .]), la actitud del hablante (*Pedro no es de confiar* [El hablante cree/piensa que . . .]), los pronombres personales (*usted* para expresar deferencia, respeto o cortesía), marcas de evidencialidad (*Yo creo/me parece que . . . /no sé si . . .*), rasgos prosódicos que guían la interpretación de un enunciado (volumen de la voz [tono suave o fuerte], duración [pausa, habla rápida], entonación ascendente o descendente]), además del orden de palabras para marcar información conocida o nueva al oyente (*<u>Juan</u> llegó tarde* frente a *Llegó tarde <u>Juan</u>*].

PARA PENSAR MÁS

De los dos tipos de significado, el conceptual y el procedimental, ¿cuál deriva significados de explicatura? Justifica tu respuesta.

Ejercicio 7 ¿Qué tipo de significado aportan las siguientes expresiones en negrita? Explica si la interpretación contribuye al significado conceptual o al procedimental.

1. Mi **perrita** se llama Marley y es muy juguetona.
2. Juan abrió la puerta **y** entró.
3. **Hasta** el profesor llegó tarde el día del examen.
4. El profesor prometió traer chocolates a la clase, **pero** no lo hizo.
5. Juan **dice** que no vendrá a la fiesta.
6. **Creo que** Juan no vendrá a la fiesta.
7. En el rancho de mi amigo hay **toros**, **vacas** y **novillos**.
8. **Ahora bien**, evidentemente, tu razonamiento es falso.
9. Trabaja **siempre**, **excepto** los domingos.
10. Mi hermano tiene tres hijos: un **niño**, una **niña** y un **adolescente**.

4.10 Ironía y humor

La ironía y el humor se pueden explicar mediante las máximas conversacionales de Grice y el modelo de la relevancia. Según el modelo de Grice (1975), el significado irónico de un enunciado se deriva por incumplir la máxima de la cualidad: no diga algo que crea falso y no diga algo de lo que no tenga pruebas suficientes (o adecuadas). A pesar de no obedecer esta máxima, se genera una implicatura con un significado extra que el oyente interpreta como lo opuesto a lo dicho (ver figura 4.7). En cambio, en el modelo de la relevancia de Sperber y Wilson (1986, 1995), hay que interpretar el significado explícito de las palabras mediante descodificación e inferencia (la explicatura) y el significado implícito mediante inferencia (ver sección 4.8). Para llegar a la interpretación del significado irónico y reconocer el significado humorístico, el interlocutor debe reconocer los efectos contextuales y los estímulos que recibe de su medio ambiente (las palabras, el tono de voz con entonación alta o exagerado, la risa, la mirada). La interpretación del significado irónico y humorístico también depende del conocimiento del mundo y el conocimiento compartido por los participantes.

Según Kapogianni (2014), se observan dos tipos de significado irónico. En el primero, la interpretación de la ironía consiste en una relación de oposición entre el significado expresado del enunciado y la intención del hablante (*meaning reversal*). En el segundo, no se da una relación de significado entre lo expresado y el significado intencional (*meaning replacement*); en este tipo, el oyente hace una evaluación negativa (y humorística) del enunciado previo.

Para interpretar el significado irónico, hay que considerar tres elementos: saber el significado convencional de las palabras, reconocer la intención del hablante y estar familiarizado con el conocimiento compartido entre los interlocutores. Además, el hablante debe comunicar intencionalmente su mensaje (ironía para crear humor), el cual debe interpretarse así por el interlocutor. Es decir, la ironía expresa un significado que representa lo opuesto de la verdad del enunciado. En (29) se presenta un ejemplo del primer tipo de significado irónico (*meaning reversal*) en que existe una oposición entre el significado expresado del enunciado y lo que realmente quiere comunicar el hablante:

(29) Contexto: Luis no pasó el examen de medicina.
    Manuel: *Luis es un genio. Con esa calificación va a llegar a ser un cerebrito en medicina.*
    Implicatura: Luis no es genio y no llegará a ser competente en la medicina.

En este ejemplo, el significado de 'genio' y 'cerebrito es 'ignorante', 'incompetente' o 'tonto.'
    El ejemplo en (30) es un caso del segundo tipo de ironía en que se observa una falta de relación de significado entre lo expresado y el significado intencional (*meaning replacement*). En este ejemplo, Luis conduce por exceso de velocidad en una zona escolar que no permite conducir a más de 40 km/h (25 millas/h). El oficial lo detiene por conducir a 80 km/h (50 millas/h) y Luis responde:

(30) Contexto: A Luis lo detienen por conducir a exceso de velocidad.
    Luis: *¿Estaba conduciendo por exceso de velocidad?*
    Oficial: *No, usted estaba conduciendo muy despacio en esta zona escolar en que se permite conducir a 80 km/h cuando cruzan los niños que van a la escuela.*
    Implicatura: usted ya sabe la respuesta/su pregunta es innecesaria.

Explica cómo interpretas el significado irónico del ejemplo en la figura 4.7.

Figura 4.7 Ejemplo de ironía

¿Cómo interpretas el sentido irónico y humorístico de los ejemplos (31) y (32) de Mafalda? Explica el significado expresado del enunciado y la intención del hablante.

(31) Ironía y humor

Mafalda: *Me invitaron a una fiesta de 15 años, pero ni ahí que voy a ir, a los mucho aguanto dos o tres días de joda. Pero 15 años es demasiado!*

(32) Ironia y humor

¡Qué bonito se siente donar a tu Ex . . . a los más necesitados!

En el siguiente enlace se pueden leer ejemplos de ironía y humor con los chistes y el sentido de humor argentino de Mafalda: www.bing.com/images/search?q=Mafalda%20y%20s%20Frases%20Sarcasticas&qs=n&form=QBIR&sp=-1&pq=mafalda%20y%20s%20frases%20sarcasticas&sc=0-30&sk=&cvid=C4B2A4249E3C4540873569BAC57CC878

Aquí puedes consultar otros ejemplos de ironía y humor: www.bing.com/images/search?q=Imagenes+Ironicas+Para+Facebook&FORM=RESTAB (ver página web del libro, sección 4.10)

Con base en los chistes de Mafalda, explica el significado irónico y humorístico en el ejercicio 8.[22]

Ejercicio 8 Analiza la información lingüística y visual de tres mensajes irónicos de Mafalda. Según el modelo de la implicatura conversacional (Grice) y el modelo de la relevancia (Sperber y Wilson), explica cómo se interpreta el significado irónico y humorístico de los chistes. Presta atención a la información lingüística (mensaje) y la información contextual (características del personaje). (página web del libro, sección 4.10)

Ver las imágenes con mensajes irónicos aquí: "Mafalda y s Frases Sarcasticas" en Bing o Google

---

4.11 Limitaciones del modelo de la relevancia

La teoría de la relevancia representa uno de los modelos más influyentes en la pragmática moderna que intenta explicar el proceso de la comunicación inferencial a partir de inferencias que se derivan de significados explícitos e implícitos. Los dos principios de relevancia dan cuenta de cómo funcionan los mecanismos necesarios para inferir significado pragmático. Sin embargo, se han observado algunas limitaciones.[23] El primer principio cognitivo de la relevancia es vago o muy general, ya que se basa exclusivamente en un modelo cognitivo que depende de las intenciones explícitas (ostensivas) que expresa el hablante al comunicarse, cuyo reconocimiento depende del interlocutor. Además, la noción de contexto es estrictamente cognitiva con el fin de lograr efectos contextuales; sin embargo, poca atención se le da al valor que tiene el contexto sociocultural durante la interpretación de los enunciados. Con respecto al segundo principio de comunicación, se presume que cada enunciado viene con cierto grado de relevancia; es decir, los enunciados transmiten la presunción (un prerrequisito) de relevancia óptima. Tampoco queda claro explícitamente cómo deben medirse los efectos contextuales. Ello deja abierta la posibilidad de interpretación por parte del oyente. Por último, aunque el modelo de la relevancia representa un modelo cognitivo que analiza la interpretación de los enunciados, se da poca atención a la co-construcción de significados que son producto de efectos discursivos y socioculturales (véase el capítulo 5 sobre la construcción de significado en el nivel discursivo).

4.12 Resumen

Este capítulo describió dos modelos que explican los procesos inferenciales que guían la comunicación de lo dicho a lo implicado (el modelo de la implicatura conversacional de Grice) y la interpretación de los enunciados mediante el significado explícito e implícito (el modelo de la relevancia). Según el modelo de Grice, se explicó la distinción entre las implicaturas convencionales y las conversacionales con atención al significado implícito que comunica el hablante (las implicaturas conversacionales). En la segunda parte del capítulo, se presentaron los conceptos del modelo de la relevancia que guían el proceso inferencial del significado explícito mediante dos principios de relevancia: el cognitivo y el comunicativo. A diferencia de las implicaturas que se derivan de lo implicado, las explicaturas aluden a un significado explícito derivado de lo dicho. Al final, se explicó la distinción entre el significado conceptual (representaciones conceptuales con valor de verdad o falsedad de la oración) y el procedimental (instrucciones de cómo se debe procesar la información). Por último, se mencionaron algunas limitaciones del modelo de la implicatura conversacional (Grice) y el modelo de la relevancia (Sperber & Wilson).

LISTA DE CONCEPTOS Y TÉRMINOS CLAVE

comunicación ostensivo-inferencial (*ostensive-inferential communication*)
contexto cognitivo (*cognitive context*)
efecto contextual (*contextual effect*)
enriquecimiento (*enrichment*)
estímulo (*stimulus*)
explicatura (*explicature*)
    desambiguación léxica (*lexical disambiguation*)
    asignación de referencia (*reference assignment*)
    saturación (*saturation*)
    enriquecimiento pragmático (*pragmatic enrichment*)
implicatura (*implicature*)
inferencia (*inference*)
ironía (*irony*)
máximas conversacionales (*conversational maxims*)
    cantidad (*quantity*)
    cualidad (*quality*)
    relevancia/pertinencia (*relevance*)
    manera (*manner*)
premisa (*premise*)

presuposición (*presuposition*)
principio de cooperación (*principle of cooperation*)
principio de la relevancia/pertinencia (*principle of relevance*)
principio cognitivo (*cognitive principle*)
principio comunicativo (*communicative principle*)
significado convencional (*conventional meaning*)
significado no convencional (*non-conventional meaning*)

PREGUNTAS DE COMPRENSIÓN

1. Explica la distinción entre *lo que decimos* y *lo que queremos decir* (lo implicado).

2. Explica la diferencia entre una implicatura convencional y una conversacional (no convencional).

3. Da ejemplos en español de los siguientes conceptos.
   a. una presuposición
   b. una implicatura convencional
   c. una implicatura conversacional generalizada
   c. una implicatura conversacional particularizada

4. ¿Cuáles son las propiedades de una implicatura convencional y una conversacional? Explica cada propiedad.

5. Según el modelo de la relevancia, ¿qué es una explicatura? ¿Cómo se diferencia de una implicatura? Da ejemplos.

6. ¿Qué es el principio cognitivo de la relenvancia? ¿Qué es el principio cognitivo de la relevancia? Explica la relación entre ambos y da ejemplos.

7. Menciona cinco diferencias fundamentales entre el modelo de la implicatura conversacional (Grice) y el modelo de la relevancia/pertinencia (Sperber & Wilson). ¿Cuáles son algunas limitaciones de cada modelo? En tu opinión, ¿cuál modelo explica mejor el proceso de la comunicación humana?

8. Explica la diferencia entre el significado conceptual y el procedimental. Explica cómo se puede explicar cada tipo de significado en el modelo conversacional de Grice y en el modelo de la relevancia. Explica cómo se relaciona la implicatura convencional y la explicatura con el significado procedimental.

9. ¿Cómo se explica el significado irónico en el modelo de la implicatura conversacional (Grice) y en el modelo de la relevancia (Sperber y Wilson)? ¿Cuál modelo crees que es más eficiente para explicar el significado irónico?

10. Analiza los tres tipos de significado en la figura 4.5. ¿Estás de acuerdo con los tres niveles? ¿Piensas que estos niveles son suficientes para explicar la comunicación inferencial (explícita e implícita) de la comunicación humana?

PROYECTOS DE INVESTIGACIÓN

1. Analiza un intercambio comunicativo en uno de los siguientes contextos: una conversación entre amigos o familiares, un diálogo en Facebook o mensajes en Twitter o Instagram.

Selecciona cinco ejemplos de explicaturas y cinco de implicaturas conversacionales. Para cada ejemplo, explica el proceso inferencial que emplea el oyente para extraer las explicaturas y las implicaturas. Enfoca tu respuesta con base al significado explícito (explicatura) y al implícito (lo implicado). Escribe un reporte de 2–3 páginas.

2. Analiza el significado explícito e implícito de seis anuncios publicitarios, dos en español, dos en inglés y dos en inglés y español. Observa el significado que se expresa en las palabras, señales no verbales y las imágenes. ¿Cuál es el significado explícito que se puede derivar de las palabras? (explicaturas). ¿Cuál es el signífico implícito que se comunica al consumidor? (implicatura). ¿Cuál es el efecto contextual de usar dos códigos (español e inglés) en el anuncio? Presta atención en los efectos contextuales que contribuyen para que el destinatario (consumidor) interprete la intención comunicativa del anuncio (producto).

Puedes seleccionar los anuncios en este enlace: www.bing.com/images/search?q=ads+in+spanish+%2f+English&FORM=HDRSC2b

Sugerencia de lectura:

Hardin, K. J. (2013). Slogans in Spanish television commercials in three countries: A characterization of form, function, and message. En B. Pennock-Speck & M. Milagros del Saz Rubio (Eds.), *The multimodal analysis of television advertisements* (pp. 189–214). Valencia: Publicacions de la Universitat de València.

En el siguiente cuadro, analiza la información de cinco anuncios. Luego, escribe un reporte de 2–3 páginas para analizar el significado explícito e implícito de los anuncios publicitarios. En tu respuesta, presta atención al significado implícito que se comunica en el anuncio (significado del hablante).

Anuncio	Significado explícito (lo dicho)	Significado implícito (lo comunicado)
1		
2		
3		
4		
5		

NOTAS

1. Traducción adoptada de Escandell (2013).
2. Se toma esta traducción de Reyes (2011).
3. Adaptado de Levinson (2000, pág. 13) y Huang (2014, pág. 77)
4. Existen otras propiedades de las implicaturas. En este libro nos centramos en tres que predominan en la literatura, pero véase Grice (1989) y Huang (2014, capítulo 2).
5. Algunos ejemplos se adaptan de Grice (1975).
6. Ejemplo adaptado de Grice (1975).
7. '*Is the Pope Catholic?*' es la máxima de manera propuesta por Grice que se usa para responder en inglés.
8. El modelo de Horn (1984, 2004) propone una revisión y reducción del modelo de Grice en dos principios: el principio de la cantidad (*Q-principle*) y el principio de la relevancia (R-principle).

Cada uno contiene máximas del modelo de Grice, pero se enfoca en las implicaturas conversacionales generalizadas. Véase también Huang (2014, capítulo 2).

9. La validez de estas implicaturas se ha cuestionado por algunos investigadores (véase Huang, 2014; Levinson, 1983).
10. Esta propiedad no funciona con las implicaturas que infringen la máxima de manera (véase Grice [1975] y Huang [2014, 2017]).
11. Cuadro adaptado de Reyes (2011).
12. Véase Birner (2013) para una discusión crítica del modelo de Grice.
13. Véase Birner (2013) para críticas del modelo de Grice y extensiones de las propuestas de Horn y Levinson.
14. Véase también otras revisiones del modelo de la relevancia en Sperber and Wilson (1986, 1995), Wilson and Sperber (2012), Huang (2014) y Wilson (2017).
15. Véase las revisiones recientes del modelo de la relevancia en Wilson (2017).
16. Véase Huang (2014 [capítulos 7 y 8] y 2017) y Reyes (2011).
17. Véase Huang (2014, capítulo 7) para una explicación más detalla de la explicatura con ejemplos del inglés.
18. Tomado del ejemplo (5h) del capítulo 2, y adaptado de Reyes (2011).
19. Término tomado de F. Recanati (véase Huang, 2014, capítulos 7 y 8).
20. Ejemplo adaptado de Huang, 2014, capítulo 7.
21. Ejemplo tomado de Blacwell (2012).
22. Ejemplos tomados de este enlace: www.bing.com/images/search?q=Mafalda%20y%20s%20Frases%20Sarcasticas&qs=n&form=QBIR&sp=-1&pq=mafalda%20y%20s%20frases%20sarcasticas&sc=0-30&sk=&cvid=C4B2A4249E3C4540873569BAC57CC878
23. Véase Huang (2014), Sperber and Wilson (1995) y Wilson (2017).

LECTURAS RECOMENDADAS

Birner, B. (2013). Cap. 3, "Later approaches to implicature". In *Introduction to pragmatics*. West Sussex: Wiley-Blackwell.

Este capítulo ofrece un análisis crítico sobre las ideas centrales del modelo de la implicatura de Grice y la teoría de la relevancia. Problematiza las máximas de Grice y las razones para simplificar el modelo con dos propuestas que reducen las máximas a dos (Horn) y a tres principios (Levinson). Luego, contrasta las ideas fundamentales del modelo de Grice con el de Sperber & Wilson.

Grice, H. P. (1989). *Studies in the way of words*. Cambridge, MA: Harvard University Press.

Se presentan las ideas fundamentales de Paul Grice sobre la teoría del significado orientada hacia la implicatura conversacional. El primer ensayo incluye su artículo clásico 'Logic and Conversation' en que explica sus ideas orginales sobre la implicatura conversacional desde una perspectiva filosófica del lenguaje. Define la implicatura conversacional y la distingue de la convencional. En otros ensayos se desarrolla la distinción entre *lo que decimos* (significado de la oración/proposicional) y *lo que comunicamos* (significado implícito, significado del hablante), así como la distinción entre presuposición e implicatura conversacional.

Huang, Y. (2017). Implicature. En Y. Huang (Ed.), *The Oxford Handbook of Pragmatics* (pp. 155–179). Oxford: Oxford University Press.

Este capítulo ofrece un tratamiento innovador sobre los conceptos fundamentales de la implicatura propuesto por Grice (1975, 1989) y revisiones de la teoría con respecto a dos modelos que proponen simplificar el modelo de la implicatura, los modelos neogriceanos de Horn y Levinson. Al final, se proponen algunas críticas, debates y desarrollos futuros de la teoría de la implicatura convencional y la conversacional. El debate de la intrusión pragmática y el significado semántico se explica con relación a tres niveles de significado propuestos por Levinson (2000).

Wilson, D. (2017). Relevance theory. En Y. Huang (Ed.), *The Oxford Handbook of Pragmatics* (pp. 79–100). Oxford: Oxford University Press.

Este capítulo describe los conceptos centrales de la teoría de la relevancia (basados en Sperber & Wilson 1986, 1995) y desarrollos recientes. Se enfoca en los procesos inferenciales que se desarrollan a partir del significado explícito ('lo dicho'). Se mencionan algunas críticas de la teoría de la relevancia con respecto a los conceptos de la explicatura, el contexto cognitivo y cómo medir los efectos contextuales. Se problematiza la distinción de explicatura e implicitura y se explica la distinción entre el significado conceptual y el procedimental.

BIBLIOGRAFÍA

Birner, B. (2013). Cap. 3, "Later approaches to implicature". In *Introduction to pragmatics*. West Sussex: Wiley-Blackwell.

Blackwell, S. (2012). Semántica y pragmática: el significado de las palabras vs. el significado del hablante. En S. de los Heros & M. Niño-Murcia (Eds.), *Fundamentos y modelos del estudio pagmático y sociopragmático del español* (pp. 3-28). Washington, D.C.: Georgetown University Press.

Escandell M. V. (2013). *Introducción a la pragmática*. Barcelona: Ariel.

Grice, H. P. (1975). Language and conversation. En P. Cole & J. Morgan (Eds.), *Syntax and semantics 3: Speech acts* (pp. 41–58). New York, NY: Academic Press.

Grice, H. P. (1989). *Studies in the way of words*. Cambridge, MA: Harvard University Press.

Hardin, K. J. (2013). Slogans in Spanish television commercials in three countries: A characterization of form, function, and message. En B. Pennock-Speck & M. Milagros del Saz Rubio (Eds.), *The multimodal analysis of television advertisements* (pp. 189–214). Valencia: Publicacions de la Universitat de València.

Horn, L. (1984). Toward a new taxonomy for pragmatic inference: Q-based and R-based implicature. En D. Schiffrin (Ed.), *Meaning, form, and use in context: Linguistic applications* (pp. 11–42). Washington, DC: Georgetown University Press.

Horn, L. (2004). Implicature. En L. R. Horn y G. Ward (Eds.), *The handbook of pragmatics*. Oxford: Blackwell.

Huang, Y. (2014). *Pragmatics*. Oxford: Oxford University Press.

Huang, Y. (2017). Implicature. En Y. Huang (Ed.), *The Oxford handbook of pragmatics* (pp. 155–179). Oxford: Oxford University Press.

Kapogianni, E. (2014). Differences in use and function of verbal irony between real and fictional discourse: (mis)interpretation and irony blindness. *Humor, 27*(4), 597–618.

Leech, G. N. (1983). *Principles of pragmatics*. New York, NY: Longman.

Leech, G. N. (2014). *The pragmatics of politeness*. Oxford: Oxford Studies in Sociolinguistics.

Levinson, S. (1983). *Pragmatics*. Cambridge: Cambridge University Press.

Levinson, S. (2000). *Presumptive meanings: The theory of generalized conversational implicature*. Cambridge, MA: MIT press.

Reyes, G. (2011). *El abecé de la pragmática* (9a ed.). Madrid: Arco/Libros.

Sperber, D., y Wilson, D. (1986). *Relevance: Communication and cognition*. Oxford: Blackwell.

Sperber, D., y Wilson, D. (1995). *Relevance: Communication and cognition* (2a ed.). Oxford: Blackwell.

Wilson, D. (2017). Relevance theory. En Y. Huang (Ed.), *The Oxford handbook of pragmatics* (pp. 79–100). Oxford: Oxford University Press.

Wilson, D., & Sperber, D. (2012). *Meaning and relevance*. Cambridge: Cambridge University Press.

Análisis del discurso y (des)cortesía

Capítulo 5

Análisis del discurso:
uso del lenguaje en acción

Introducción

Este capítulo adopta una perspectiva discursiva para analizar las unidades mayores de la oración que se manifiestan en el nivel del discurso, los actos de habla en secuencia (saludos, despedidas, invitación-respuesta, petición de información-rechazo). Al comunicarnos, usamos información lingüística (gramática/vocabulario) y no verbal (entonación alta [↑] o baja [↓]), pausas, silencio, la mirada, movimientos corporales) para producir e interpretar acción comunicativa. La información se puede trasmitir oralmente mediante turnos múltiples como en una conversación cara a cara o telefónica, por medio de textos escritos como periódicos o libros, o bien, mediante textos mediados por computadoras, como el correo electrónico, Facebook, Instagram o chat. En la conversación tomamos turnos, interrumpimos, nos solapamos, nos corregimos y expresamos acuerdo y desacuerdo. Además, en el discurso oral y el escrito utilizamos marcadores discursivos (*bueno, entonces, pues, o sea, y, venga, vamos, hombre*) para añadir coherencia y emotividad en la comunicación. Este capítulo analiza las características del discurso oral y el escrito durante la realización de actos de habla en secuencia. Consultar la página web para ver ejercicios y actividades adicionales del capítulo 5: https://pragmatics.indiana.edu/textbook/cap5.html

Reflexión

- ¿Qué diferencias puedes observar en los siguientes tipos de discurso? Una conversación cara a cara con tus padres, una carta para tu pareja, un correo electrónico a tu profesor y una interacción en chat con uno de tus amigos. Presta atención a la estructura del discurso (cómo se inicia, negocia y termina la interacción), la toma de turnos, la interrupción, actos de habla en secuencia.

- En tu cultura, ¿se considera la interrupción una falta de cortesía? ¿o un comportamiento esperado?

- Piensa en conversaciones con tus amigos del país donde vives (hablantes nativos) y conversaciones con hablantes no nativos de un país hispanohablante. ¿Respetan la alternacia de turnos? ¿Quién controla el turno en la conversación? ¿De qué factores depende la interrupción?

Objetivos

Este capítulo adopta una perspectiva discursiva para analizar los actos de habla en secuencia en el discurso oral y escrito. Los temas que estudiaremos son:

- funciones del lenguaje
- función transaccional y relacional
- análisis del discurso
- alternancia de turnos en la conversación
- características del discurso oral y el escrito
- marcadores discursivos
- variación regional de marcadores discursivos

5.1 Funciones del lenguaje

¿Para qué usamos el lenguaje en la vida diaria? Nos comunicamos para transmitir información, para reforzar las relaciones interpersonales con los demás (saludar, despedirnos, hablar del tiempo), para bromear, para insultar, para expresar acuerdo o desacuerdo, para dar instrucciones a los demás, para expresar nuestras emociones o para referirnos al mismo lenguaje (p. ej., ¿qué significa la palabra '*decir*' frente a '*querer decir*'?).

En la sección 5.1.1 presentamos el modelo de Jakobson que explica seis funciones que se manifiestan dentro del **evento de la situación** (*speech event*) que incluye las acciones comunicativas que ocurren en situaciones como una clase, una entrevista de trabajo o una fiesta de cumpleaños. Por ejemplo, piensa en una entrevista de trabajo: ¿quiénes son los participantes? ¿qué tipo de preguntas se hacen? ¿cómo se inicia y concluye la entrevista? ¿cuál es la relación entre los participantes? ¿Qué tipo de registro se usa (estilo formal o informal)? ¿cuáles son los temas de conversación?, ¿cómo se comunicacan los particpantes? En la sección 5.1.2 nos enfocamos en dos funciones del lenguaje que empleamos para transmitir información (transaccional) y desarrollar las relaciones interpersonales (relacional).

5.1.1 Clasificación de las funciones del lenguaje

Jakobson (1960) clasifica las funciones del lenguaje en seis tipos:

1. La función **referencial** alude a la transmisión factual de la información. Se refiere al *contexto* y describe una situación, un objeto o un estado mental.
2. La función **fática** ('phatic communication') fomenta las relaciones interpersonales (*contacto*) entre los participantes (saludar, hablar del tiempo).
3. La función **poética** enfatiza la manera en que se usa el código para expresar diferentes sentidos del enunciado. Se centra en el uso del *mensaje* para expresar ciertos efectos en la poesía, en el mensaje del eslogan para publicidad y propaganda (p. ej., 'A Diamond is Forever' ['Un diamante es para siempre']; *Siente el Sabor* ['Taste the Feeling']) o en proverbios (p. ej., *Dime con quien andas y te diré quien eres; Más vale solo que mal acompañado; Barriga llena, corazón contento*).

En un poema nos enfocamos en el mensaje para expresar un significado figurado (metáfora o ironía) como en el poema del poeta mexicano Jair Cortés:

> *Poema de amor*
> *Altas torres, cumbres de concreto,*
> *¿de qué sirvieron si el cielo estaba entre nosotros?*
> *En el paisaje que provoca un ahuehuete en medio del campo*
> *y en la mujer que mira ese paisaje*
> *y en el hombre que mira a esa mujer.*

4. La función **emotiva** tiene que ver con la manera en que el hablante usa en lenguaje para expresar sus emociones. Se trata de la función expresiva del *hablante* (p. ej., *Lo siento, ¡Qué guapa estás!*).

5. La función **conativa** alude a la interpretación que hace el *receptor* de los enunciados en contexto. Por ejemplo, el enunciado '*¿Necesitas un aventón a casa?*' se puede interpretrar como una pregunta de información o como una oferta. Involucra al receptor (interlocutor) mediante vocativos y la forma imperativa (p. ej., *Juan, deja de hablar y empieza a comer*).

6. La función **metalingüística** hace referencia a la relación entre el *código* y la situación: '*¿Cual es la diferencia entre 'cazar' y 'casar'? '¿Cuál es la diferencia entre lo que decimos y lo que quremos decir?*'

Para entender las funciones del lenguaje, debemos considerar las características del **evento de la situación** (*speech event*): emisor, receptor, contexto, contacto, mensaje y código.

Ilustremos los componentes del evento de la situación de una clase. El instructor es el **emisor** que transmite la información y los estudiantes la reciben (**receptores**). El **contacto** alude al medio que emplean los interlocutores para entrar y mantenerse en comunicación. El **mensaje** es la información que transmite el instructor a los estudiantes. El **contexto** hace referencia a las circunstancias físicas donde se encuentran los participantes (aula de clase) y al conocimiento compartido entre los interlocutores. Por último, el **código** se refiere a la manera en que se transmite la información en español, comunicación oral o escrita, y la manera en que se interpreta.

En la figura 5.1, adaptada de Schiffrin (2006), se presenta la manera en que las seis funciones del lenguaje interactúan dentro del evento de la situación. Cuando lo analizamos

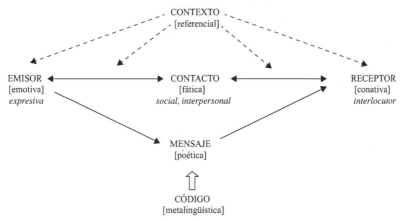

Figura 5.1 El evento de la situación y las funciones del lenguaje

desde una perspectiva multi-dimensional y dinámica, podemos observar la conexión entre los componentes del evento de la situación (en mayúscula), las funciones del lenguaje (entre [corchetes cuadrados]) y su función (en itálica).[1] Las flechas sólidas aluden a la manera en que el EMISOR y el RECEPTOR se comunican en ambas direcciones (↔) con el CONTACTO y de manera unidireccional (→) con el MENSAJE que se emplea para comunicarse. Las flechas punteadas (→) indican la manera en que el CONTEXTO se manifiesta a través del EMISOR y el RECEPTOR, además de las cicunstancias para mantener el CONTACTO entre ellos. Por último, la flecha de abajo (⇧ código a mensaje) indica las contribuciones que hace el lenguaje (CÓDIGO) al MENSAJE.

5.1.2 La función transaccional y la relacional

Al comunicarnos, cambiamos de marcos de referencia (*frames*) de un estilo de discurso a otro (capítulo 1, sección 1.9). Por ejemplo, en una conversación entre compañeros de clase, podemos estudiar la información del examen (función referencial/proposicional), pero también podemos bromear, hablar del tiempo o de lo que hicimos el fin de semana pasada (función social/interpersonal). Según estudios previos, se distinguen dos funciones del lenguaje:[2]

1. la función transaccional
2. la función relacional

La función transaccional se centra en la transmisión de la información. Es decir, los hechos que el hablante transmite en su mensaje, como dar información, responder preguntas en una entrevista de trabajo o contestar una pregunta del profesor en clase. Lo importante es que el interlocutor reciba los detalles de información comunicados por el hablante o escritor. Esta función equivale a la función referencial (sección 5.1.1). Por el contrario, **la función relacional** concierne la dimensión social o interpersonal del lenguaje. Esta función es esencial para iniciar o terminar una interacción de acuerdo a las normas socioculturales de cada cultura (saludos, despedidas), mantener el intercambio de turnos en una conversación, proyectar un grado de cortesía o descortesía apropiado en contextos formales o informales; o bien, introducir episodios breves de conversación para hablar del tiempo o de temas de interés personal para los participantes. Es decir, esta función nos permite mantener y reforzar las relaciones interpersonales entre los participantes en contextos orales, escritos o en las redes sociales. Esta función equivale a la función social y emotiva (sección 5.1.1). En este capítulo usamos estas dos funciones del lenguaje para describir el uso del lenguaje en contexto, la transaccional y la relacional.

Analicemos cómo se manifiestan la función transaccional y la relacional en la siguiente interacción, un encuentro de servicio en una tienda mexicana entre un vendedor y la clienta (1):

(1) Interacción de compraventa en una tienda mexicana
     🎧 Audio: Puedes escuchar este diálogo en el siguiente enlace (audios): https://pragmatics.indiana.edu/textbook/cap5.html
     Cliente (mujer) y vendedor (hombre)

     1 Cliente: *Hola **Pablito**, buenos días*
     2 Vendedor: *Buenos días, **Gabrielita***

3	Cliente:	*Me da un cuarto de jamón*↑
4	Vendedor:	*Sí **amiguita,** ¡cómo no!*
5	Customer:	*Por favor.*
		((preparando el producto))
6	Cliente:	*¡Qué calor hace hoy!, ¿no cree?*
7	Vendedor:	*Es insoportable, pero lo bueno es que esta tarde llueve*
8	Cliente:	*Sí, la lluvia hace falta.*
9	Vendedor:	*¿Qué más **amiga**?*
10		((entrega el producto))
11	Cliente:	*Nada más, ¿cuánto sería?*
12	Vendedor:	*Treinta y tres cincuenta.*
13	Cliente:	*Gracias ((paga))*
14	Vendedor:	*Gracias a usted.*

En esta interacción se observan la función transaccional y la relacional: el cliente y el vendedor usan el lenguaje para transmitir información (la compraventa del producto) y para mantener las relaciones interpersonales con el fin de alcanzar un acuerdo común. La **función transaccional** se manifiesta mediante la petición de servicio por parte del cliente y la respuesta por parte del vendedor, o sea, la actividad de la compraventa del producto (líneas 3–5, 11–12). En cambio, la **función relacional** se lleva a cabo mediante las secuencias interpersonales que se usan para abrir y cerrar la interacción, los saludos (líneas 1–2) y el final de la interacción con una secuencia de gratitud (líneas 13–14). Con el fin de mantener y reforzar las relaciones interpersonales, el vendedor y la cliente inician una actividad relacional al hablar del tiempo mientras el vendedor prepara el producto (líneas 6–8). Ambos participantes emplean vocativos en diminutivo con el fin de reforzar la relación de familiaridad entre ellos (*Pablito, Gabrielita, amiguita,* líneas 1–2, 4), uso de vocativos familiares (*amiga,* línea 9) y el uso de tratamiento pronominal deferencial que usan ambos interlocutores mediante la forma de respeto 'usted' (líneas 3, 14) (ver capítulo 8 para una descripción sobre la variación de las formas pronominales en España y Latinoamérica).

Ejercicio 1 Asocia la función del lenguaje con el ejemplo apropiado.

1. Referencial/transaccional	a. *Hola, ¿cómo estás? ¡qué bonito día?, ¿verdad?*
2. Fática/relacional	b. *Disculpe, ¿sabe dónde queda la biblioteca?*
3. Emotiva	c. *¿Qué es poesía? Y tú me lo preguntas,*
	poesía eres tú! (poema de A. Béquer)
4. Metalingüística	d. *¿Cuál es la diferencia entre 'lengua' y 'lenguaje'?*
5. Conativa	e. *¡Qué pena que no pudiste venir!*
6. poética	f. *¿Te apetece ir a tomar un trago?*

5.2 Análisis del discurso

El **análisis del discurso** es una disciplina de la lingüística que analiza la producción del hablante y la interpretación que hace el interlocutor en situaciones comunicativas. Según Stubbs (1983), el análisis del discurso se define como "la organización del lenguaje más allá de la oración o mayor a la cláusula y, por lo tanto, el estudio de unidades lingüísticas más largas como intercambios conversacionales o textos escritos" (pág. 1). Según otros estudios clásicos,[3] el análisis del discurso analiza el uso del lenguaje mediante enunciados en secuencia para expresar acciones comunicativas en contextos orales o escritos. El **analista del discurso** examina las acciones comunicativas que ocurren en diversos tipos de discurso como en la conversación coloquial, el discurso en el aula entre el instructor y los estudiantes, la consulta médica (discurso doctor-paciente), el discurso político, el discurso jurídico entre un juez y el acusado, el discurso de los encuentros de servicios en comunicación cara a cara o por teléfono (p. ej., una tienda, un centro de información, un café y el discurso mediado por computadoras (p. ej., correo electrónico, un mensaje instantáneo, una conversación en chat).

En el ejemplo (1) sobre la compraventa, se puede analizar la interacción de la siguiente manera. La transacción ocurre en una tienda mexicana con dos participantes, un hombre (vendedor) y una mujer (cliente). La cliente inicia la transacción con un saludo (función relacional/fática) (líneas 1 y 2) y luego continúa con la transacción (líneas 3–5). Específicamente, la cliente inicia la conversación para fomentar los lazos sociales (líneas 6–8), el vendedor entrega el producto (líneas 9–12) y la interacción termina con un saludo (líneas 13 y 14). El analista del discurso puede estudiar el uso de los vocativos y las formas pronominales para dirigirse al interlocutor: tanto el vendedor como la cliente emplean vocativos con diminutivos para expresar solidaridad (*Pablito, Gabrielita, amiguita*) y ambos interlocutores emplean la forma de respeto 'usted' (líneas 3 y 14, '*me da*' y '*gracias a usted*'). Por último, se puede observar que la toma de turnos de esta interacción es alternada: cada participante toma su turno, minimizando la interrupción o el solapamiento.

PARA PENSAR MÁS

Identifica algunas características del discurso político en la conversación cara a cara (debates presidenciales) o en la discusión sobre la política en Twitter:

- ¿Qué vocabulario predomina?
- ¿Qué tipo de tono se usa? (formal, informal, irónico)
- ¿Qué aspectos de descortesía predominan?
- ¿Se consideran la descortesía (agresividad verbal) y la interrupción dos prácticas sociales apropiadas/esperadas en este tipo de contexto?

5.3 Discurso oral

En esta sección se analizan las características del discurso oral que predominan en contextos formales (p.ej., el aula de clase, la corte o la consulta médica) y no formales (conversación coloquial entre amigos, una fiesta de cumpleaños).[4] Al comunicarnos cara a cara o por teléfono introducimos nueva información o información conocida (inferida o presupuesta), producimos e interpretamos actos de habla en secuencia como saludar, despedirse, quejarse, invitar y aceptar o rechazar una invitación o solicitar una carta de referencia). Estas acciones se realizan con el esfuerzo mutuo del hablante y el interlocutor en situaciones concretas. Al realizar estas acciones coordinadas realizamos varias actividades: nos corregimos o corregimos al otro, nos solapamos, interrumpimos y tomamos turnos en la conversación.

A continuación, se presentan los conceptos centrales del **Análisis de Conversación** (5.3.1), variación de estilos conversacionales (5.4) y un modelo que analiza los marcadores discursivos y variación discursiva (5.5).

5.3.1 Análisis de conversación

En esta sección adoptamos los conceptos fundamentales propuestos por el **Análisis de la Conversación (AC)**, especialmente el trabajo pionero de Sacks et al. (1974) en que describen los conceptos centrales para analizar las acciones secuenciales en el discurso oral (invitación-aceptación, petición de información-respuesta) y la organización de la toma de turnos.[5] El AC tiene sus raíces en la etnometodología y en la sociología, especialmente con los estudios clásicos de Goffman (1981) que describen los conceptos centrales del orden en la interacción social a partir de secuencias que ocurren en encuentros comunicativos.

5.3.1.1 Datos y convenciones de transcripción

Para analizar el uso del lenguaje en contexto necesitamos datos y convenciones de transcripción. En el proceso de transcripción se consideran dos factores:[6]

- Se analizan **datos grabados** con convenciones de transcripción como una herramienta referencial conveniente.
- La **transcripción** debe entenderse como una 'representación' de los datos y la grabación como una 'reproducción' de un evento comunicativo (p. ej., una conversación entre amigos o una entrevista de trabajo).

Según las asunciones del AC, los datos deben ser naturales, grabados o videograbados con el fin de registrar los detalles precisos durante la realización de acciones comunicativas. Se transcriben los datos para captar el principio y el final de un turno o la estructura de una secuencia. Además, se transcriben las características paralingüísticas cuando existe una pausa, una interrupción, solapamiento, énfasis en una palabra, silencio o señales no verbales como la risa, subidas o bajadas en la entonación o señales gestuales como la mirada o un movimiento corporal. Al analizar los datos, el analista del discurso hace referencia frecuente tanto a la transcripción como a la grabación para generar un análisis detallado de las secuencias que ocurren en distintas etapas de la interacción.

En el cuadro 5.1 se presentan las convenciones de transcripción adaptadas de Jefferson (2004) que vamos a seguir en este capítulo.

5.3.1.2 Pares adyacentes y secuencias

En esta sección analizamos las secuencias de actos de habla, la organización de los turnos, los solapamientos y las señales paralingüísticas (señales no verbales y entonativas) y algunos recursos que usan los hablantes para repararse en la conversación.

Cuadro 5.1 Convenciones de transcripción del discurso oral

Convenciones de Transcripción
(Adaptadas de Jefferson, 2004)

A. Enunciados contiguos
=   El signo de igualdad viene en pares: uno al final de una línea y el otro al inicio de la siguiente línea.
    Señala un enlazamiento (*latching*) inmediato de un turno a otro y el segundo enunciado se enlaza inmediatamente al primero.

Ejemplo: Víctor: *Sí ((risas)), pues seré el antisocial*
                    porque tengo clases hasta las siete de la noche =
→   Daniela: *= es tu última clase.*

B. Solapamientos
[un corchete abierto al lado izquierdo – que abarca dos líneas – indica el inicio de solapamiento con otro enunciado.
]   un corchete cerrado a la derecha – que abarca dos líneas – indica el punto en que dos enunciados solapados terminan, uno termina y el otro continua, o bien, marca momentos simultáneos de solapamiento que continúan.

Ejemplo: Víctor: *bueno, pues   [ya me voy]*
           Daniela: *bueno, okay,   [nos vemos], cuídate.*

C. Intervalos
( )   Información parentética indica silencio, en décimas de segundo. Es decir, marca los intervalos o pausas en un episodio de habla.
–   un guión marca el tiempo de una pausa breve dentro de un enunciado.

D. Características de la producción del habla
↑↓   indican una entonación ascendente o descendente: subidas (↑) y bajadas (↓) en la entonación.
Gua:::po   dos o más puntos indican prolongación de un sonido vocálico o una sílaba alargada. Cuantos más puntos se indiquen, mayor será el alargamiento vocálico.
ha-ha   indica presencia de risa
palabra   una palabra *subrada* indica énfasis o acento de intensidad
.   un punto final marca una entonación descendiente.
,   una coma marca entonación continua.

E. Otros símbolos
(( ))   La información entre paréntesis dobles indica información contextual o comentarios del transcriptor.
    ((tose)), ((estornuda)), ((suena el teléfono)), ((perros ladran y niños lloran)).

Según Schegloff (2007), una **secuencia** comprende acciones que se realizan a través del habla. Una secuencia comprende al menos dos turnos en forma de un **par adyacente** y cada par se combina para formar secuencias mayores. Un par adyacente (p. ej., saludos, despedidas, invitación-aceptación) consta de tres componentes:

- se compone de dos turnos
    o   la primera parte del par
    o   la segunda parte del par

- dos hablantes diferentes
- dos enunciados contiguos (uno después del otro)

Ejemplos de la primera parte de un par adyacente son los actos iniciativos como las invitaciones, las ofertas, las peticiones o los cumplidos. Las segundas partes de un par adyacente incluyen actos reactivos como la aceptación o rechazo a una invitación u oferta, la respuesta a un cumplido o la respuesta a una petición.

En (2) se muestran ejemplos de pares adyacentes: (2a) saludo-respuesta, (2b) invitación-rechazo y (2c) cumplido-respuesta:

(2) Pares adyacentes
    a. Saludo-respuesta
        Daniela: *Hola, Victor, ¿cómo estás?*
        Víctor: *Muy bien, Daniela.*
    b. Invitación-rechazo
        Luis: *Te invito a mi fiesta de cumpleaños este viernes. ¡Tienes que venir!*
        Marta: *¡Qué pena! Ese día se gradúa mi novio, así que no podré asistir.*
    c. Cumplido-respuesta
        Sonia: *Me encanta tu nuevo corte de pelo.*
        Marta: *Gracias, me lo cortó la madre de mi novio.*

El par adyacente, como la secuencia mínima, organiza la acción social y determina la coherencia en el discurso oral. La condición principal del par adyacente es la presencia de dos turnos adyacentes, donde el primer turno proyecta información que el interlocutor completa con el segundo turno.

El par adyacente puede aparecer en distintas partes de la interacción, produciendo expansiones de secuencias que forman parte de otras secuencias, como es el caso de las **secuencias insertadas** (3):

(3) Secuencia insertada
    1 Juan: *¿Me puedes hacer un favor?*
    2 Mario: *Depende.*
    3 Juan: *Necesito que me prestes tu carro.*   ⎱ Inserción
    4 Mario: *Claro, con gusto.*

El primer par adyacente se introduce en la línea 1 y se completa en la línea 4. La secuencia insertada (líneas 2 y 3) condiciona la segunda parte del primer par adyacente.

Existen diferentes tipos de secuencias: las pre-secuencias, las reparaciones y las secuencias preferidas y no preferidas. Las **pre-secuencias** proyectan más información en una secuencia siguiente (4, líneas 1 y 2):

(4) Pre-secuencia
    1 A: *¿Tienes planes el fin de semana?*   ⎱ Pre-secuencia
    2 B: *No, ¿por qué?*
    3 A: *Te invito al cine.*
    4 B: *¡Me encantaría!*

Otro tipo de secuencia que predomina en el discurso oral es la **enmienda** (*repair*). Según estudios clásicos de AC (Schegloff, 2007), la enmienda consiste en corregir o aclarar una situación en la que el hablante comete un error al hablar, entonces se repara. La secuencia de la enmienda consiste en dos componentes:

- el inicio (origen del problema)
- la reparación

Los estudios clásicos en AC[7] observan cuatro maneras en que se pueden enmendar los errores que se comenten en la interacción, con ejemplos en (5a–d):

- Auto-enmienda (*self-repair*): el hablante comete el error y él mismo lo corrige:
  (5a)
  > Juan: *No sé si Luis va a venir a mi casa, perdón, a la fiesta de cumple . . . de despedida.*

- Auto-enmienda iniciada por el interlocutor (*other initiated self-repair*): El hablante introduce el problema y el interlocutor completa la reparación. Algunos de los recursos que se emplean para iniciar una reparación son: la entonación ascendente (↑) y expresiones interrogativas, *¿cómo? ¿qué? ¿cuándo? ¿dónde?*
  (5b)
  > Juan: *Tú llegaste en el aeropuerto JFK, ¿verdad?, ¿o Reagan National?*
  > Sonia: → *Disculpa, llegué en JFK.*

- Enmienda iniciada por el hablante y corregida por el interlocutor (*self-initiated other-repair*):
  (5c)
  > Sonia: *No recuerdo el nombre del profesor de sociolingüística;*
  >   *su apellido es Sánchez, pero creo que su nombre [es . . .*
  > → Pablo: *[es Pedro Sánchez.*

- Enmienda iniciada y completada por otro (*other-initiated other-repair*):
  (5d)
  > Luis: *El profesor dijo que no iba a incluir el capítulo cinco sobre semántica en el*
  >   *examen final.*
  > → Manuel: *capítulo seis.*
  > Luis: *El capítulo seis tiene información que no cubrimos en la clase.*

PARA PENSAR MÁS

Piensa en una conversación con tus amigos, una entrevista de trabajo o una reunión con tu profesor. ¿Cuáles son los tipos de enmienda más frecuentes? Da ejemplos.

Ejercicio 2 La siguiente conversación ocurre entre un estudiante americano, Nathan (español como segunda lengua) y su amigo Juan (mexicano). Después de leer la interacción, identifica los tipos de enmienda. Puedes consultar las convenciones de transcripción en el cuadro 5.1.

🎧 Audio: Puedes escuchar este diálogo en el siguiente enlace (audios): https://pragmatics.indiana.edu/textbook/cap5.html

Rechazo a una fiesta de cumpleaños: Un estudiante de español (Nathan) rechaza una invitación para asistir a la fiesta de su amigo (Juan). (Juan: Estudiante mexicano; Nathan: estudiante de español como segunda lengua).

Juan:	Hola Nathan, ¿cómo te va?
Nathan:	ah, bien
Juan:	¡Qué bueno!, gusto verte, oye, ¿sabes qué?, tengo una fiesta este viernes a las ocho de la noche, es mi cumpleaños, ¿quieres venir?
Nathan:	Sí, me encanta – me me gustaría ir,
	pero no creo que pueda – puedo hacerlo,
	ah porque tengo otro compromiso ah afuera ah en e- el, la el día↑ la la el mismo día [de
Juan:	[de esta semana.
Juan:	Bueno, pues tú te lo pierdes, es la última oportunidad de vernos antes de que regreses a tu país.
Nathan:	Lo sé, pero podemos vernos en el- la la cafetería de la escuela o en un café.
Juan:	Mejor en el café que está cerca de la biblioteca, se llama 'Café Tacuba.'
Nathan:	Sí, en ese.

Luego, piensa en las enmiendas que haces tú en tu primera y una segunda lengua.

- ¿Cuál tipo de enmienda predomina?
- ¿Qué diferencias puedes notar en la manera en que nos corregimos en una segunda lengua?
- ¿Cuál tipo de enmienda predomina en conversaciones entre hablantes nativos? Y ¿en interacciones interculturales, hablantes nativos y no nativos, o entre dos hablantes no nativos? (p. ej., un mexicano y un francés se comunican en inglés). Da ejemplos.

En el ejemplo (6) se analizan actos de habla en secuencias: una conversación entre Víctor y Daniela, dos amigos mexicanos que platican en una cafetería de una universidad en la Ciudad de México.[8] En la conversación se incluyen las convenciones de transcripción del cuadro 5.1.

Escucha la conversación en el siguiente sitio:

🎧 Audio: Puedes escuchar este diálogo en el siguiente enlace (audios): https://pragmatics.indiana.edu/textbook/cap5.html

Figura 5.2 Invitación a una fiesta de cumpleaños

(6) Conversación coloquial: Invitación-respuesta.

1	Daniela:	*Hola, Victor, ¿cómo estás?*
2	Víctor:	*Muy bien, Daniela, ¿cómo van las clases?*
3	Daniela:	*Ah, van bien, algo difíciles, pero bien, ya pronto acabamos.*
4	Víctor:	*Y ¿qué planes tienes para las vacaciones?*
5	Daniela:	*Pues pienso ir a la playa con la familia, y tú* ↑
6	Víctor:	*Mis papás me dieron permiso de pasar la Navidad y Año Nuevo en España =*
7	Daniela:	*= A::y, qué suertudo eres ((risas))*
8	Daniela:	*(0.5) ((Expresando sorpresa)), por cierto, antes de que te vayas,*
9		*tienes que ir a una fiesta,*
10		*se está organizando padrísimo,*
11		*es más, va a ser tu despedida* ↓
12	Víctor:	*¿Fiesta de qué, o de qué, de qué se trata? a ver . . .*
13	Daniela:	*Ah, de mi mejor amiga, de hecho, es una fiesta así navideña ((risas)),*
14		*va a estar muy bien, el motivo es reunirse y despedir*
15		*a los que se van porque hay varios que ya no los volvemos a ver,*
16		*o hacen intercambio o cualquier cosa =*
17	Víctor:	*= Ah, okay,*
18	Daniela:	*Va a ser en mi casa, ya sabes dónde vivo,*
19		*es más, necesitaba que alguien me acompañara,*
20		→ *[vamos, vamos* ↑ *((subiendo el tono de voz))*
21	Víctor:	*[Y ¿a qué hora es, a qué hora es eso?*
22	Daniela:	*Mira, es la próxima semana,*
23		*un viernes desde temprano como a las siete =*
24	Víctor:	*= ajá*
25	Daniela:	*Y vamos a pasarla juntos toda la noche.*
26	Víctor:	*Pues mira, creo que sí puedo, nada más que el viernes*

27		*es un día muy complicado para mí* porque =
28	→ Daniela:	=*Ay es viernes social, eh↑ no no, no me vengas con que no↓*
29	Víctor:	*Sí* ((risas), *pues sí seré el antisocial*
30		*porque tengo clases hasta las siete de la noche* =
31	→Daniela:	= *Es tu última clase*
32	Víctor:	*Sí, ya sé que es mi última clase, y quiero hacer mi mejor esfuerzo,*
33		*luego tengo que entregar el reporte del libro que el maestro me pidió*
34		[*y pues la verdad lo veo difícil* ((risas))
35	→ Daniela:	[((risas)) *¿A esa hora?*
36	Víctor:	*Sí, porque esa es la última clase,*
37	Daniela:	*Ay, lo entregas con algún compañero,*
38	→	*Vamos vamos,* [*vamos* ↑ ((subiendo el tono de voz al final))
39	Víctor:	[*mira, mira, bueno, mira, lo que puedo hacer es pedir*
		permiso.
40	Daniela:	*Perfecto, te va a encantar y lo vamos a disfrutar con los amigos.*
41	Víctor:	*Okay, bueno, pues,* [*así le hacemos*]
42	Daniela:	[*ahí llego sin falta*]*, nos vemos, cuídate*
43	Víctor:	*Sí, sí, sí, ahí nos vemos.*
		((*Víctor y Daniela se despiden de beso*))

En la interacción en (6) se observan varios casos de enunciados contiguos que se indican con el signo de igualdad (= líneas 6 y 7, 16 y 17, 23 y 24, 27 y 28, 30 y 31), solapamientos que indican el momento en que Víctor y Daniela empiezan a hablar simultáneamente (líneas 20 y 21, 34 y 35, 38 y 39, 41 y 42) y algunos casos de entonación descendente (↓, línea 28) o subidas en la entonación (↑, líneas 5 y 38) y la última palabra con un tono fuerte (líneas 20 y 38 [*vamos*]), pausas (línea 8) y risas (líneas 7, 13, 34 y 35). Se pueden observar tres secuencias generales:

- una secuencia de saludos (líneas 1–7).
- una secuencia compleja de una invitación-respuesta (líneas 8–40).
- una secuencia final de despedida (líneas 41–43).

Como veremos en la siguiente sección, la respuesta afirmativa a una invitación positiva se considera una respuesta preferida, mientras que una respuesta negativa a una invitación se considera una respuesta no preferida. La siguiente sección analiza la estructura secuencial de la invitación-respuesta (líneas 8–40, ejemplo 6), la cual se compone de secuencias múltiples.

PARA PENSAR MÁS

La primera secuencia en la interacción en (6, líneas 1–7) se compone de cuatro pares adyacentes. Identifícalos y explica la estructura de cada secuencia.

5.3.1.3 Secuencias preferidas y no preferidas

Según el AC, las secuencias preferidas y las no preferidas no se entienden desde un punto de vista psicológico como algo positivo o negativo; más bien, se entienden con respecto a su estructura secuencial. Las **secuencias preferidas** (*preferred responses*) son las respuestas esperadas en la conversación. Por ejemplo, la respuesta a una invitación o a una oferta se pueden aceptar o rechazar, pero la respuesta esperada es la preferida, es decir, una aceptación. Las respuestas preferidas son breves, como una aceptación y expresar acuerdo, como los ejemplos en (7):

(7) Secuencias preferidas
    a. Invitación-aceptación
        A: *Te invito a mi fiesta, es este viernes a las 9:00 de la noche.*
        B: *Me encantaría asistir, ahí nos vemos.*
    b. Oferta – aceptación
        A: *Si no tienes quién te lleve al aeropuerto, yo te llevo.*
        B: *Gracias, eres muy amable.*

En cambio, la alternativa es una **secuencia no preferida** (*dispreferred response*): una respuesta no esperada por el interlocutor como rechazar una invitación o una oferta. A diferencia de las respuestas preferidas que son breves y simples estructuralmente, las no preferidas pueden ser complejas, se realizan a través de turnos múltiples y con varias estrategias para atenuar o suavizar un rechazo o el desacuerdo.

Veamos el caso de la invitación-respuesta en el ejemplo (6, líneas 8–40) cuyas respuestas representan respuestas no preferidas que se realizan a través de varias secuencias y turnos múltiples:

- La invitación se presenta de manera directa (línea 9 '*tienes que ir a una fiesta*').
- Se observan cinco insistencias por parte de Daniela con el propósito de convencer a Víctor de aceptar la invitación (líneas 20, 28, 31, 35, 38).
- Las primeras cuatro insistencias producen respuestas no preferidas (líneas 20–27, 28–30, 31–34, 35–37). Víctor no acepta la invitación inmediatamente: demora su respuesta mediante preguntas de información (líneas 12, 21, 29 y 30, 32–34, 36). Las respuestas no preferidas demoran la invitación de manera indirecta.
- Dos de las insistencias que hace Daniela al principio y al final de la interacción (líneas 20 y 38) se expresan con la forma imperativa de nosotros del verbo 'ir' ('*vamos, vamos*').

En general, las expansiones de una invitación incluyen insistencias y respuestas con el fin de llegar a un acuerdo mutuo en la conversación. Como veremos en el capítulo 6, la insistencia a una invitación o a una oferta representa una expectativa sociocultural y cortés en varias regiones del mundo hispanohablante.[9] En cambio, en otras culturas como la anglosajona (p. ej., regiones de los Estados Unidos), el insistir más de lo esperado se puede percibir como un comportamiento descortés.

PARA PENSAR MÁS

Compara la manera en que se rechaza la invitación entre la interacción de Víctor y Daniela (6) y la de Juan y Nathan (ejemplo del ejercio 2). ¿Qué diferencias y similitudes observas en la manera en que Víctor (mexicano) y Nathan (americano) rechazan la invitación?

5.3.1.4 La organización de la toma de turnos

La interacción social se organiza a través de un sistema de turnos constituido por dos o más participantes. En su artículo clásico sobre la organización de los turnos, Sacks et al. (1974) proponen un modelo que explica la organización de los turnos en la conversación coloquial. En este modelo enfatizan seis puntos:

- Los interlocutores toman turnos en la conversación y cambian de turnos.
- Un interlocutor habla a la vez (es decir, cada quien toma su turno).
- Los turnos se realizan con transición y solapamiento (*overlap*) mínimos.
- El orden de los turnos varía en la conversación.
- El tamaño de un turno varía (en relación con otros).
- La enmienda se realiza mediante varios turnos.

Los primeros tres puntos explican la manera en que una conversación ideal generalmente ocurre de manera coordinada: los hablantes toman turnos al hablar, no interrumpen mucho y no se solapan. Aunque se ha demostrado que existe organización en una conversación, los hablantes interrumpen y se solapan. Como mencionamos en la sección previa, un par adyacente se compone de al menos dos turnos. Según los estudios de AC,[10] **un turno** es un hueco en la conversación que debe ser rellenado por las contribuciones de los interlocutores al hablar. Representa una de las partes que componen el par adyacente, el derecho que tiene el hablante para iniciar y continuar una secuencia. El turno se compone de unidades, llamadas 'unidades construccionales de turno' (UCT) (*turn-constructional units*). Ejemplos de UCT son:

- Oraciones (p. ej., *Juan lee el periódico*)
- Cláusulas (p. ej., *Si llegas temprano, . . .*)
- Palabras (*¿qué?*, *¡claro!*)
- Frases (p. ej., *En la clase*) o una señal de entonación mediante subidas (↑) o bajadas (↓) en la conversación.

Cada turno se compone de al menos una UCT que expresa al menos una acción comunicativa. Con respecto a ceder el turno al otro (*yield the floor*), ¿cómo sabe el interlocutor que es su turno para tomar la palabra? ¿Cuáles son algunos de los mecanismos que utilizan los hablantes para indicar que quiere ceder su turno? Cuando el hablante se aproxima a completar su UCT, se indica una transición para que el interlocutor tome su turno, llamada '**lugar de transición-pertinente' (LTP)** (*transition-relevance place*). El LTP es el lugar en que un cambio de habla resulta posible. En (8) analizamos la toma de turnos en la secuencia inicial de Víctor y Daniela (ejemplo 6):

(8) Organización de la toma de turnos

1	Daniela:	*Hola, Víctor, ¿cómo estás?*
2	Víctor:	*Muy bien, Daniela, ¿cómo van las clases?*
3	Daniela:	*Ah, van bien, algo difíciles, pero bien, ya pronto acabamos.*
4	Víctor:	*Y ¿qué planes tienes para tus vacaciones?*
5	Daniela:	*Pues pienso ir a la playa con la familia, y tú* ↑

6	Víctor:	*Mis papás me dieron permiso de pasar la Navidad y Año Nuevo en España* =
7	Daniela:	= *A::y, qué suertudo eres ((risas))*
8	Daniela: (0.5)	*Por cierto, antes de que te vayas,*
9		*tienes que ir a una fiesta,*
10		*se está organizando padrísimo,*
11		*es más, va a ser tu despedida,*
12	Víctor:	*¿Fiesta de qué o de qué, de qué se trata? a ver . . .*
		((siete líneas de transcripción omitidas))
20	→ Daniela	[*vamos, vamos* ↑ ((subiendo el tono de voz))
21	Víctor:	[*y ¿a qué hora, a qué hora es eso?*

En esta conversación se observa lo siguiente:

- Cada uno de los interlocutores usa un turno a la vez durante la secuencia de saludos (líneas 1–6).
- Daniela toma su turno inmediatamente, enlazando su turno con el de Víctor (líneas 6 y 7, indicado con el signo de igualdad =) y ambos participantes se solapan al hablar simultáneamente (líneas 20 y 21).
- Cada turno se compone de una o más de una UCT. Por ejemplo, en los dos primeros turnos ambos participantes expresan su turno con dos UCT (Daniela: *Hola Víctor/¿Cómo estás?*/Víctor: *Muy bien, Daniela/¿Cómo van tus clases?*).
- El 'lugar de transición-pertinente' ocurre al final de los dos primeros turnos: cada interlocutor señala una pausa al final de la pregunta interrogativa. Por ejemplo, en las líneas 5 y 20 Daniela usa una entonación ascendente (↑) para ceder su turno.
- Con respecto al tamaño y el orden de los turnos, ambos interlocutores emplean turnos cortos, a excepción del turno que usa Daniela cuando cambia de tema para invitar a Víctor a la fiesta de despedida (líneas 8–11), usando marcas de informalidad que refuerzan los lazos interpersonales entre los participantes.

5.4 Estilos conversacionales

Durante el curso de una conversación los participantes adoptan distintos estilos conversacionales.

Tannen (1984) observó que en la conversación se distinguen dos tipos, un estilo de **alta involucración** (*high involvement*) y otro de **alta consideración** (*high consideration*). Por ejemplo, la conversación coloquial de Daniela y Víctor (6) refleja características de un estilo de **alta involucración**:

- Cambio de tema inmediato en la conversación (líneas 8–11).
- Presencia de solapamiento (líneas 20 y 21).
- Toma inmediata del siguiente turno (líneas 6 y 7).
- Un ritmo rápido en la conversación y habla enfática (línea 20).
- Las diferentes insistencias refuerzan los lazos de afiliación entre los participantes (líneas 20, 28, 31, 35, 38).

En esta conversación, parece que Daniela quiere dominar la conversación con varias insistencias para que Víctor asista a la fiesta. La insistencia, una marca de estilo de alta involucración, representa una expectativa sociocultural y un comportamiento esperado y cortés.

En cambio, en un estilo de **alta consideración**, la toma y el orden de los turnos refleja características formales, de respeto y menos solapamiento e interrupción. En el intercambio en (9) se muestra una interacción entre una estudiante de Costa Rica que le pide una carta de recomendación a su profesora:

(9)   Discurso oral: Petición de una carta de recomendación a un profesor (estudiante y profesor en una universidad en Costa Rica).

🎧 Audio: Puedes escuchar este diálogo en el siguiente enlace (audios): https:// pragmatics.indiana.edu/textbook/cap5.html

1	Estudiante:	*Hola, profesora ¿cómo está?*
2	Profesora:	*Hola ¿cómo te va?*
3	Estudiante:	*Muy bien ¿y usted?*
4	Profesora:	*Bien gracias.*
5	Estudiante:	*Profe, quería ver si usted me podría hacer el favor*
6		*de hacerme una carta de referencia para la maestría,*
7		*no sé si sería mucho pedirle.*
8	Profesora:	*Con gusto te escribo la referencia.*
9	Estudiante:	*Muchas gracias, en verdad, se lo agradezco.*

La interacción en (9) muestra las siguientes características de un estilo de **alta consideración**:

- Un sistema ordenado de turnos sin interrupción o solapamiento.
- Marcas de formalidad: la forma de respeto de 'usted', el vocativo '*Profe*' y varios recursos para mitigar la petición mediante el imperfecto de cortesía, un recurso pragmático que expresa distancia y respeto (*quería ver si usted me podía hacer el favor. . . .*) (líneas 5 y 6).
- Cierres formales: la secuencia terminal refuerza el estilo de alta consideración que expresan ambos participantes.
- A diferencia del estilo impositivo (alta involucración) que se observa en los turnos de Daniela (insistencias constantes [ejemplo 6]), en (9), la estudiante minimiza la imposición con su profesora.

En general, la presencia o ausencia de solapamiento o interrupción depende de las expectativas socioculturales de los hablantes de cada cultura, la región, la situación y factores sociales como el género, la edad, la etnicidad, el nivel educativo y el socioconómico.

Ejercicio 3 Asocia las palabras de la columna izquierda con las definiciones o ejemplos de la columna derecha:

1. Estilo de alta consideración	a. Lugar de transición pertinente.
2. Solapamiento	b. Jakobson, Brown & Yule.
3. Convenciones de transcripción	c. Estilo formal, respeto en la toma de turnos
4. Enmienda	d. Analiza las unidades mayores de la oración.

5. Secuencia ﹥
6. Unidades construccionales de turno`
7. Par adyacente ⨍
8. turno ↳
9. Estilo de alta involucración ℮
10. Secuencia no preferida ＼

11. Análisis del discurso ♦
12. Autores que iniciaron el análisis⟍
de conversación.
13. El lugar en que un cambio de habla
resulta posible. ⌒

e. Estilo informal, presencia de interrupción.
f. Dos turnos contiguos por hablantes diferentes.
g. Sacks, Scheglogg & Jefferson.
h. Corregir, aclarar o rectificar algún malentendido.
i. Partes que componen un turno
j. Acciones que se realizan a través del habla
como una invitación y una respuesta.
k. Hueco en la conversación que debe ser llenado.
l. Rechazo a una invitación o una oferta, expresar
desacuerdo.
m. Habla simultánea de dos hablantes.
n. Entonación ascendente (↑) y descendente (↓).

5.5 Marcadores del discurso

Se emplean diferentes términos para referirse a estas expresiones como partículas discursivas, conectores pragmáticos, marcadores conectivos, expletivos o marcadores pragmáticos, pero aquí los llamamos **marcadores del discurso** (Schiffrin, 1987, 2006).[11] Los marcadores del discurso son expresiones lingüísticas invariables que marcan relaciones de significado (semántico, pragmático, discursivo) entre dos segmentos de un enunciado o dos porciones de discurso. Como se mencionó en el capítulo 2 (sección 2.4.4), loss marcadores discursivos se analizan a partir de las coordinadas de la deíxis discursiva; es decir, expresan un significado convencional con referencia a un discurso previo y a uno posterior:

segmento 1 MARCADOR segmento 2
Juan llegó tarde a clase, POR LO TANTO, no pudo tomar el examen.

Los marcadores del discurso son multifuncionales: su función depende de varios factores discursivos (posición inicial, media, final, información nueva o conocida) y pragmáticos (p. ej., marcar acuerdo, desacuerdo, aclaración, corrección, rectificación, explicación, conclusión o duda). Estos son algunos ejemplos de marcadores discursivos:

bueno	*ahora*	*también*	*pero*	*ahora bien*	*pues*
o sea	*vamos*	*incluso*	*excepto*	*sin embargo*	*salvo*
entonces	*venga*	*claro*	*hasta*	*en todo caso*	*y*
hombre	*por cierto*	*siempre*	*por cierto*	*porque*	*en plan*
digo	*verdad*	*encima*			

El significado de los marcadores pasa por procesos de **gramaticalización**. El término gramaticalización se refiere a la manera en que las palabras adquieren nuevos significados a través del tiempo. El significado original de estas expresiones evoluciona y adopta otros significados que dependen de factores cognitivos, expresivos, sociales y textuales. Según estudios clásicos sobre la gramaticalización,[12] los marcadores adoptan significados innovadores con contenido proposicional (significado semántico/literal), textual o discursivo (para establecer cohesion) y pragmático (comunicación del hablante y expresiva). Veamos el proceso de gramaticalización de los marcadores '*ahora*' y '*bueno*' que han adoptado significados distintos de su significado original:

- el significado del marcador *ahora* proviene de *agora* y se deriva del latín *hac hora* que significa 'en este momento' (expression deíctica temporal). La función del marcador *ahora* (o su variante *ahora bien*) se usa para introducir una opinión o desacuerdo del texto previo.
- el marcador *bueno* se deriva del adjetivo (p. ej., *un/a estudiante bueno/a*) y adopta significados discursivos como marcador invariable *bueno*. Se usa para expresar una opinión o evaluación no deseable (p. ej., *Bueno, no sé si lo que dices es cierto*);

Veamos los siguientes ejemplos en (10):[13]

actually...

(10) a. *Ahora bien, evidentemente, este razonamiento es falso.*
      b. *Sin embargo, esa niña no vendrá.*
      c. *Pero, ¿cómo iba yo a decirle eso?* *tenemos o algo antes*
      d. *Hasta Charo ha llegado puntual.* — *incluso o todavía o aún, significa también y even!*
      e. *Trabaja siempre, excepto en domingo.*
      f. *Pues yo, pues, ¿qué quieres que te diga?, pues me siento muy aragonesa.*
      g. A: *Mañana podríamos ir a pescar truchas.*
          B: *Bueno.*

En estos ejemplos los marcadores del discurso (subrayados) marcan una relación del discurso para expresar distintos tipos de significado convencional: un significado procedimental (*procedural meaning*) que el hablante interpreta como instrucciones. Por ejemplo, en (10a), *ahora bien* marca oposición o información que no espera el interlocutor; los marcadores *sin embargo* y *pero* (10b-c) sirven para introducir información que opone lo expresado en el discurso previo, o bien, para indicar una oposición a lo dicho anteriormente; *hasta*, en (10d), destaca información inesperada por parte del interlocutor; o sea, la información que sigue a este marcador es menos esperable que la presentada antes; *excepto*, en (10e), indica que solo descansa un día; el marcador *pues* cumple varias funciones pragmáticas como introducir un comentario en (10f). Por último, *bueno*, en (10g), se emplea para expresar acuerdo en reacción al discurso anterior. Estas son algunas de sus funciones pragmáticas que expresan estos marcadores para hacer referencia a información anterior o posterior del discurso desde la perspectiva del emisor. El significado de los marcadores discursivos es un ejemplo de **implicatura convencional** porque su significado se deriva directamente de la palabra (capítulo 4, sección 4.2).

5.5.1 Variación de marcadores discursivos

Existe variación dialectal en la selección y uso de los marcadores discursivos. Por ejemplo, los marcadores '*venga*' y '*hombre*' se usan frecuentemente en la conversación coloquial del español pensinular para expresar distintas funciones pragmáticas y discursivas. Veamos algunos ejemplos de *venga* en (11) y *hombre* (12):

(11) Ejemplos del marcador *venga*
      a. El final de una transacción entre dos mujeres en el Corte Inglés (Sevilla, España)
          Clienta: *Vale, gracias*
          Vendedora: *Vale, venga, hasta luego.*

b. Madre a su hijo saliendo de la escuela:
   *Coge la mochila, **venga**.*

(12) Ejemplo del marcador *hombre*.

En una peluquería española (Sevilla), un niño de 12 años le decía al peluquero que le dejara el pelo más corto y el peluquero le explicó al niño que no era buena idea; según el peluqueno, corto se vería mejor. Un señor que estaba esperando su turno hizo el siguiente comentario:

Niño: *¿Puede ser un poco más corto de los lados?*
Peluquero: *No, porque se te va a ver mal, mejor lo dejo largo.*
Señor: **Hombre**, *deja que el niño escoja el corte que él quiera, es su pelo.*

Venga es un marcador frecuente en español peninsular con diversas funciones discursivas: se puede usar en posición inicial, media y final. En (11a) *venga* se usa para cerrar una transacción; en (11b) se emplea en un directivo para marcar la fuerza comunicativa (y enfática) del hablante. En (12), el marcador 'hombre' se utiliza para introducir una opinión contraria en reacción al discurso previo del peluquero.

Otros estudios han analizado la variación regional del marcador 'o sea' en Santiago (Chile), Quito (Ecuador) y Sevilla (España) (Fuentes-Rodríguez, Placencia, y Palma-Fahey, 2016). Otros estudios muestran que la frecuencia y las funciones pragmáticas y discursivas del marcador *venga* varían según la edad, género y la clase social: 'venga' predomina entre los jóvenes (14–16 años) y entre los adultos jóvenes (25–50 años). Con respecto al factor sexo, 'venga' predomina más entre los hombres jóvenes que en las mujeres. Además, las mujeres de la clase social alta lo usan más que las mujeres de la clase social media o baja (ver capítulo 2, sección 2.5 y Stenström, 2010). Para analizar la variación y función de los marcadores discursivos en español, el lector puede visitar el diccionario de partículas discursivas del español coordinado por Antonio Briz de la Universidad de Valencia, España: www.dpde.es/#/

PARA PENSAR MÁS

Con base en la lista de los marcadores discursivos presentados en la sección 5.5, ¿cuáles usas al hablar con tu profesor de español, con hablantes nativos o con otros estudiantes no nativos? Luego, escoge un marcador y comenta las funciones semánticas y pragmáticas. Puedes consultar el diccionario de partículas discursivas: www.dpde.es/#/

Ejercicio 4 En la siguiente transacción de compraventa, analiza las funciones pragmáticas y discursivas de los marcadores en negrita (***hombre, claro, vale, pero***). La transacción ocurrió en un mercado de Sevilla, España (dos hombres, comprador y vendedor). Ver cuadro 5.1 para las convenciones de transcripción.

🎧 Puedes escuchar este diálogo en el siguiente enlace (audios): https://pragmatics.indiana.edu/textbook/cap5.html

Cliente:	Ponme un kilo
Vendedor:	Un kilo
Cliente:	De zumo me pones los 3 kilos, la oferta [que tienes ahí]
Vendedor:	**[vale]**
Cliente:	[Esta última:] había algunas que estaban más secas que la mandarina
Vendedor:	[Sí] de::: zumo↑
Cliente:	No, de las [mandarinas]
Vendedor:	[De las mandarinas], ¿no? **hombre**, esta que usted lleva aquí es buena, lo que pasa que, **claro**, que no vienen como estaban viniendo últimamente.
Cliente:	La mayoría estaban buenas, **pero** han salido [dos o tres]
Vendedor:	[dos o tres que:::] es que ya es lo que pasa, esto ya se está acabando, ya tienen que empezar la otra, la clementilla que es la arrugosa que parece fea **pero** está buenísima, esa es la que tiene que entrar ahora. ((se oye el peso)) Algo más↑
Cliente:	Nada más↓

5.6 Discurso escrito

El discurso escrito transmite información conforme a las convenciones de puntuación y ortografía. Escribimos textos formales o informales para ser leídos por un lector: escribimos una carta para la pareja, la secretaria redacta un contrato para el jefe y los profesores escriben libros de texto para los estudiantes. En cambio, otras modalidades no respetan las convenciones de la escritura: el género literario (p. ej., una novela, un poema), el discurso anónimo del *grafiti* (mensajes anónimos en muros públicos o en baños de hombres o mujeres) o el discurso mediado por computadoras (p. ej., chat, Twitter, Instagram, FaceBook, correo-e).

5.6.1 Estructura del discurso escrito

En (13) se muestra un poema de Octavio Paz que no respeta las convenciones de la escritura: la ortografía y la puntuación se alteran para alcanzar propósitos específicos en la comunicación como una intención irónica o sarcástica:

(13) Género literario: Poema del poeta mexicano Jair Cortés

EL PUNTO es un refugio.
                    (Ahí vive el aturdido escriba),
la coma es la ventana de la prosa,
(entra el aire tibio de agosto y seduce
tus piernas   muslos suaves
como suaves en tu oído   son las vocales)
El punto es casa aparte.

Comillas que son "candiles"
                    lámparas de tu lectura.

Decía el padre de las cosas que la escritura es propiedad.
Por eso escribo tu voz
para que me llames desde aquí,

en esta cacería del habla.

¿Cuál es el mensaje que quiere transmitir el poeta?

En los ejemplos en (14) se presentan ejemplos de dos modalidades del discurso mediado por computadoras, Facebook y chat. En estos ejemplos, observemos cómo se alteran las convenciones ortográficas, mediante la repetición, duplicación silábica, turnos fragmentados en chat, uso de mayúsculas y uso de los emojis para alcanzar propósitos comunicativos específicos:

(14) Significado de los emoticonos y el volumen de la voz.

Facebook
a. *Perdona que haya llegado tarde a la fiesta* ☹
b. *Mañaaaaaaaa??? nooo lo puedo creerr!!!* 🙀
c. *te amo amiga*☺

Chat
d. *HOLAAAAAAAAAAAAAAAA*
e. *Te quiero MUCHOOOOO!!! :-**

¿Cuál es la intención comunicativa que se expresa en los emojis, la variación ortográfica intencionada y la repetición silábica?

5.6.2 Actos de habla en secuencia en correo electrónico

Esta sección analiza las características de dos acciones comunicativas, los consejos escritos en 'Cartas a Querida Abby' y los mensajes de correo electrónico (figura 5.3):

Figura 5.3 Querida Abby

Analiza la estructura discursiva del consejo y la respuesta (15):[14]

(15) *Querida Abby,*

> *Mi problema es que mañana hay un examen y yo estoy muy nervioso. No puedo dormir o divertirme. Yo hago yoga pero no funciona. En la noche yo estudio y estudio hasta las tres de la mañana. Yo estoy muy cansado y tengo sueño en la escuela. Me duelen los ojos en clase. Abby, necesito tu consejo. ¿Qué debo hacer? ¿Debo estudiar mucho o descansar más?*
> *Sinceramente,*
> *Nervioso*

> *Querido Nervioso,*

> *Tu problema es pequeño. Tú estás aburrido porque no duermes lo suficiente. ¿Sabes qué? Deja de estudiar y relájate. También, no debes ir a la escuela y no tienes que hacer el examen.*
> *Sinceramente,*
> *Abby*

Luego, compara las características del consejo en (15, 'Querida Abby') con la siguiente secuencia de un correo electrónico entre un profesor y un estudiante de español (16):

(16) Estructura discursiva de un correo electrónico (estudiante–profesor)

  a. Estudiante americano (aprendiz de español) escribe un mensaje a su profesor

Saludo y presentación *Hola,*

> *Soy Mark Sanders y tengo dos preguntas. Todavía no tengo el libro para la clase. Esperé que llegara ayer, pero no sé que pasó. Lo compré en la Red y estoy hablando con la compañía pero ellos me dijeron que es posible que mi libro no llegara hasta que el 29 de enero. Espero que es más temprano pero no puedo hacer nada sin esperar.*

> *Será un problema?* *aclaración*

> *Otra pregunta es que tengo dos citas personales a finales de este mes, pero las dos citas no son citas que son excusable. No sé, pero pienso que tenemos dos faltas sin pena. Es verdad?* *aclaración y imposición*

> *Si hay un problema y podemos hablar sobre que podemos hacer.*

cierre
> *Muchas gracias.*
> *Un saludo,*
> *Mark Sanders*

  b. Respuesta del profesor:

Saludo *Estimado Mark:*

> *Es necesario tener el libro para la clase para estudiar. Trata de fotocopiar el capítulo 2 del libro con uno de tus compañeros de clase y asegúrate de contestar las preguntas al final del capítulo.*
> *Con respecto a las faltas, lee el sílabo (p. 3). Podemos hablar después de clase.*

Nos vemos en clase,

Prof. López

c. Respuesta del estudiante

Estimado Profesor López,
Si, como he dicho, espero que tengo el libro al final de esta semana pero la compañía
me dijo que algo ocurrió cuando ellos me enviaron. Así que estoy esperando pero puedo
buscar alguien para fotocopiar los capitulos hasta que tengo el libro. Y voy a traer un
poco de información sobre mis citas, pero podemos hablar despues de clase el martes.

Nos vemos en clase,

Mark

Con un compañero de clase,

- Identifica las características de la estructura discursiva de la secuencia consejo-respuesta (15).
- Identifica las características de la estructura discursiva de la secuencia del correo electrónico entre el estudiante y el profesor (16). Comenta sobre las convenciones de la escritura académica de correos electrónicos que emplea el profesor y el estudiante. ¿Es diferente de un correo-e entre amigos?
- ¿Qué diferencias se observan entre los dos tipos de textos escritos? Piensa en la selección de expresiones gramaticales, el registro (tono formal o informal en cada texto), el grado de cortesía y la relación de poder o distancia social entre los participantes.

Para resumir, en el cuadro 5.2 se presentan las características principales de los dos tipos de discurso que analizamos en este capítulo. A diferencia del discurso oral y el escrito, el **discurso mediado por computadoras** (*computer-mediated discourse*) exhibe un discurso híbrido con características de ambas modalidades. Es importante notar que cada una de estas características se debe entender en términos de un continuo. Es decir, algunas de las características se pueden observar tanto en el discurso oral como en el escrito, pero predomina más en una que en la otra. Con base en previos estudios sobre la estructura del discurso oral y escrito (Schiffrin, 2006),[15] las características del discurso oral y el escrito son las siguientes. La transmisión de la información puede ser sincrónica (instantánea [p. ej., conversación cara a cara o conversación telefónica]) o asincrónica (ambas partes reciben la información en tiempos distintos [correo-e]). Se usan los símbolos de más (+) o menos (−) para indicar el grado mayor o menor de cada característica al compararse entre las tres modalidades:

Cuadro 5.2 Características del discurso oral y escrito

Discurso oral	Discurso escrito	Discurso mediado por computadoras
+ oral (se transmite mediante la voz [cara a cara o por teléfono])	− oral (modalidad escrita, convenciones ortográficas y de puntuación)	+ escrito (correo-e, chat) + oral (Skype, Facebook)
+ interactivo	− interactivo	+ interactivo con turnos (entradas) breves. Turnos segmentados / fragmentados (chat)

Discurso oral	Discurso escrito	Discurso mediado por computadoras
+ sincrónico (simuntáneo) + retroalimentación inmediata	+ asincrónico + planeación/tiempo de edición – retroalimentación inmediata	+ asincrónico (correo-e) + sincrónico (chat, mensajería instantánea)
– estructura gramatical compleja	+ estructura gramatical compleja	– estructura gramatical compleja
+ contexto explícito (depende de las características físicas del contexto situacional) + señales no verbales gestos, la mirada, la entonación, etc. (características paralingüísticas)	– contexto explícito + símbolos escritos convencionales	– contexto explícito (depende de la información compartida y el contexto virtual, no físico) + emojis para reforzar la intención del hablante: ☺ ☹
+ características prosódicas (entonación, pausas, volumen de la voz)	– prosodia. Usa convenciones ortográficas para expresar volumen fuerte o suave.	– prosodia mediante convenciones escritas para expresar entonación ascendente (↑) o descendente (↓), pausa o volumen fuerte o suave: *QUÉ???? HOLAAAAAA!!!*

5.7 Resumen

Este capítulo presentó los conceptos centrales del análisis del discurso con atención a la estructura secuencial del discurso oral y el escrito. Se describieron las características centrales del discurso mediado por computadoras que representa un discurso híbrido con rasgos de ambas modalidades: el oral y el escrito. Después de describir las funciones del lenguaje (5.1), se presentaron las características del análisis del discurso (5.2), junto con la estructura del discurso oral y el escrito (5.3, 5.4 y 5.5). Se explicaron los conceptos del análisis de conversación que se emplean para analizar la estructura secuencial y la organización de los turnos en conversación. Se describieron las convenciones de transcripción que se emplean para transcribir datos conversacionales. También se analizaron las características generales del discurso mediado por computadoras. Por último, se presentaron las características de tres modalidades del discurso: oral, escrito y el discurso mediado por computadoras.

LISTA DE TÉRMINOS Y CONCEPTOS CLAVE

análisis del discurso (*discourse analysis*)
discurso oral (*oral discourse*)
discurso escrito (*written discourse*)
discurso mediado por computadoras (*computer-mediated discourse*)
convenciones de transcripción (*transcription conventions*)
enmienda (*repair*)
entrada (*entry*)

funciones del lenguaje (*functions of language*)
    transaccional (*transactional*)
    relacional (*relational*)
    expresiva (*expressive*)
    referencial (*referential*)
    fática (*phatic*)
    poética (*poetic*)
    código (*code*)
gramaticalización (*grammaticalization*)
lugar de transición-pertinente (LTP) (*Transition-relevance place*, TRP)
marcador discursivo (*discourse marker*)
par adyacente (*adjacency pair*)
relaciones de significado (*relations of meaning*)
    cohesión y coherencia (*cohesion and coherence*)
secuencia (*sequence*)
    preferida (*preferred*)
    no preferida (*dispreferred*)
turno (*turn*)
unidades construccionales de turno (UCT) (*Turn-construction units*, TCUs)

PREGUNTAS DE COMPRENSIÓN

1. Explica las funciones del lenguaje y da ejemplos.

2. Menciona tres características del discurso oral y tres del escrito.

3. Explica los siguientes conceptos y da ejemplos: enmienda (y tipos), turno, secuencia, par adyacente, secuencias preferidas y no preferidas, lugar de transición-pertinente y unidades construccionales de turnos.

4. Explica la diferencia entre el estilo de alta involucración y el estilo de alta consideración. Da ejemplos.

5. Repasa las convenciones del cuadro 5.1 y explica el propósito de usar estas convenciones en una transcripción. En tu opinión, ¿cuánto detalle crees que el analista debería incluir en la transcripción?

PROYECTOS DE INVESTIGACIÓN

A continuación se presentan algunas ideas para desarrollar un proyecto de investigación. La meta es utilizar los conceptos descritos en este capítulo para analizar la estructura discusiva del debate político, el discurso publicitario o las respuestas a los consejos en *Yahoo Respuestas*. Considera la siguiente información para escribir un trabajo de 3–5 páginas:

- objetivo
- una o dos preguntas de investigación

- conceptos centrales de estudios previos (descripción de 3–4 estudios que explican el tema). Lee estudios en la lista de referencias al final de este capítulo.
- método de recolección de datos. Puedes ver el capítulo 10 para familiarizarte con los métodos de recolección de datos en pragmática.
- manera de analizar los datos
- presentación de los resultados
- discusión de los resultados (interpretación de los resultados centrales)
- conclusiones

1. **Discurso político**. Analiza la estructura del discurso político en un país hispanohablante y escribe un reporte de 3–4 páginas. Primero, tienes que observar datos. En la Internet, puedes buscar una transcripción de un debate político entre candidatos a la presidencia. O bien, puedes escuchar el audio y escribir la transcripción usando las convenciones del cuadro 5.1. También puedes buscar información adicional en Twitter o Youtube. Por ejemplo, puedes analizar uno de los debates políticos en un país hispano como los debates presidenciales en México, España, Argentina, Colombia, Bolivia, u otro país de tu preferencia. Después de recoger una muestra de los datos (una transcripción de un debate presidencial), analiza lo siguiente:

a. Analiza la estructura de las secuencias durante las preguntas y respuestas. ¿Cuál es la estructura discursiva del debate presidencial?
b. Observa la interrupción entre los candidatos políticos. ¿Quién interrumpe más? ¿Puedes observar diferencias de género?
c. ¿Quién es más o menos descortés? Analiza los insultos.
d. ¿Qué estilo conversacional predomina? ¿Alta involucración o alta consideración?
e. Analiza la frecuencia y la selección de las formas pronominales, uso de *tú* frente a *usted*. ¿De qué factores depende la selección de cada forma?
f. ¿Qué tipo de enmienda se observa en este tipo de discurso? ¿Cuál predomina?
g. ¿Cuáles estrategias de cortesía se emplean? (lee el capítulo 6 sobre los modelos de des/ cortesía).
h. ¿Qué conclusiones puedes sacar sobre la estructura del discurso político?

Lectura sugerida

Escalona Torres, J. (2015). *¡No seas cobarde!* Discursive/pragmatic variation of impoliteness in a multi-party political debate. IU Working Papers www.indiana.edu/~iulcwp/wp/article/ view/15-04

2. **Discurso publicitario.** Analiza la estructura discursiva de 10 anuncios publicitarios de dos países hispanos, cinco de cada país. Escribe un reporte de 3–4 páginas. Después de recoger tus datos, analiza:

a. La estructura discursiva del discurso publicitario.
b. El significado intencional del mensaje en cada eslogan.
c. Las características de este tipo de registro publicitario.
d. El significado de la información verbal y la visual.
e. Los actos de habla que predominan. ¿Cuáles verbos se emplean más frecuentemente?
f. ¿Qué conclusiones puedes sacar sobre la estructura del discurso publicitario?

Puedes buscar anuncios publicitarios de tu preferencia o puedes visitar este enlace: www.pinterest.com/kuglerei/spanish-commercials/

Lectura sugerida

Hardin, K. J. (2013). Slogans in Spanish television commercials in three countries: A characterization of form, function, and message. En B. Pennock-Speck & M. Milagros del Saz Rubio (Eds.), *The multimodal analysis of television advertisements* (pp. 189–214). Valencia: Publicacions de la Universitat de València.

3. Analiza la estructura discursiva de las **respuestas a los consejos en** *Yahoo Respuestas*. En este enlace puedes ver ejemplos de gente que solicita consejos y otras que lo ofrece. En un reporte de 2–3 páginas, analiza la estructura discursiva de dos ejemplos (dos peticiones de consejo y dos respuestas de consejo). Utiliza los conceptos del análisis de conversación para analizar la estructura secuencial.

- ¿Cuál es la estructura discursiva de la petición del consejo?
- ¿Cuál es la estructura discursiva del consejo?
- ¿Qué estilo conversacional predomina, alta involucración o alta consideración? (ver sección 5.4)

Enlace de Yahoo Respuestas: https://mx.answers.yahoo.com/

Lectura sugerida

Placencia, M. (2012). Online peer-to-peer advice in Spanish *Yahoo! Respuestas*. En H. Limberg & M. Locher (Eds.), *Advice in discourse* (pp. 281–306). Amsterdam and Philadelphia, PA: John Benjamins Publishing Company.

NOTAS

1. Figura adaptada da Schiffrin (2006, pág. 193), quien a su vez la adaptó de Jakobson (1960).
2. Brown and Yule (1983) y Koester (2004).
3. Véase Brown and Yule (1983), Schiffrin (1994, 2006) y el *Handbook of Discourse Analysis* (Tannen, Hamilton, & Schiffrin, 2015).
4. Se adoptan los conceptos del análisis de conversación propuesto por Sacks, Schegloff, y Jefferson (1974), análisis del discurso de Schiffrin (2006), la sociolingüística interaccional de Gumperz (1982) y las contribuciones de Clark (1996) sobre la coordinación de acciones comunicativas.
5. Schegloff (2007) y Hutchby y Wooffitt (2008) ofrecen una descripción detallada de los conceptos del análisis de conversación en contextos formales y no formales.
6. Información tomada de Hutchby and Wooffitt (2008, pág. 70).
7. Véase Hutchby and Wooffitt (2008) y Schegloff (2007).
8. Esta conversación es parte de los datos del autor. Es una versión adaptada de Félix-Brasdefer (2008).
9. La insistencia también se considera una expectativa sociocultural en otras culturas como la china y la indú.
10. Sacks et al. (1974) y Schegloff (2007).
11. Véase Martín Zorraquino and Montolío Durán (2008) y Schiffrin (1987). Los marcadores del discurso se han analizado desde diferentes perspectivas: el modelo discursivo y sociolingüística de Schiffrin (1987, 2006 [Maschler & Schiffrin, 2015]), el modelo de Fraser (2015) sobre los marcadores pragmáticos y el modelo de las relaciones de coherencia que analizan los marcadores desde una perspectiva multi-funcional (Redeker, 1991; Romera, 2004). Romera (2004) los llama 'unidades discursivas funcionales.'

12. Traugott (1989).
13. Ejemplos tomados de Martín Zorraquino. Véase el primer capítulo de Martín Zorraquino y los demás capítulos que describen las funciones discursivas de los marcadores discursivos en español (Martín Zorraquino y Montolío Durán, 2008).
14. Tomado de www.teacherspayteachers.com/Product/Spanish-Advice-Dear-Abby-Letter-110314
15. Véase Brown and Yule (1983) y Schiffrin (1994, 2006).

LECTURAS RECOMEDADAS

Portolés, J. (2001). *Marcadores del discurso* (2a ed.). Barcelona: Ariel.

Ofrece una descripción analítica de los marcadores discursivos en español. El análisis alude a conceptos del significado conceptual y el significado procedimental, con implicaciones a la teoría de la relevancia.

Romera, M. (2004). *Discourse functional units: The expression of coherence relations in Spoken Spanish.* Lincom Studies in Romance Linguistics. Muenchen/Munich: Lincom.

Con base en el modelo discursivo de las relaciones de coherencia, la autora examina las funciones de los marcadores discursivos en Madrid (y sus alrededores) con datos del Corpus de Referencia del Español Actual (Crea): *sí, porqué, o sea, pero, entonces, pues, es que* y *bueno*. Adopta el término 'marcador discursivo multifuncional.'

Schiffrin, D. (1987). *Discourse markers.* Cambridge: Cambridge University Press.

Un estudio clásico que inicia la invesitigación de los marcadores del discurso desde una perspectiva discursiva y sociolingüística. Ofrece un marco discursivo-metodológico para analizar las funciones conversacionales de los marcadores: *well, now, so, oh, but, because, and, I mean, y' know, then.* Ofrece ejemplos conversacionales para ilustrar las fuciones pragmáticas y discursivas de estos marcadores.

Travis, C. (2004). *Discourse markers in Colombian Spanish: A study in polisemy.* Berlin: Mouton de Gruyer.

Realiza un análisis polisémico de cuatro marcadores: *bueno, entonces, o sea* y *pues* con datos conversacionales del español colombiano. Adopta el modelo del metalenguaje semántico para ofrecer un análisis cuantitativo y cualitativo desde una perspectiva semántica, pragmática y discursiva.

BIBLIOGRAFÍA

Briz, A. (2018). *El diccionario de partículas discursivas del español.* Tomado de www.dpde.es/#/
Brown, G., & Yule, G. (1983). *Discourse analysis.* Cambridge: Cambridge University Press.
Clark, H. H. (1996). *Using language.* Cambridge: Cambridge University Press.
Escalona Torres, J. (2015). *¡No seas cobarde! Discursive/pragmatic variation of impoliteness in a multi-party political debate.* IU Working Papers, Indiana University. Tomado de www.indiana.edu/~iulcwp/wp/article/view/15-04
Félix-Brasdefer, J. C. (2008). Perceptions of refusals to invitations: Exploring the minds of foreign language learners. *Language awareness, 17,* 195–211.
Fraser, B. (2015). The combining of disourse markers: A beginning. *Journal of Pragmatics, 86,* 48–53.
Fuentes-Rodríguez, C., Placencia, M. E., & Palma-Fahey, M. (2016). Regional pragmatic variation in the use of the discourse marker pues in informal talk among university

students in Quito (Ecuador), Santiago (Chile), and Seville (Spain). *Journal of Pragmatics*, *97*, 74–92.

Goffman, E. (1981). *Forms of talk*. Philadelphia, PA: University of Pennsylvania Press.

Gumperz, J. (1982). *Discourse strategies*. Cambridge: Cambridge University Press.

Hardin, K. J. (2013). Slogans in Spanish television commercials in three countries: A characterization of form, function, and message. In B. Pennock-Speck & M. Milagros del Saz Rubio (Eds.), *The multimodal analysis of television advertisements* (pp. 189–214). Valencia: Publicacions de la Universitat de València.

Herring, S., & Androutsopoulos, J. (2015). Computer-mediated discourse 2.0. En D. Tannen, H. E. Hamilton, & D. Schiffrin (Eds.), *The handbook of discourse analysis* (2nd ed., pp. 127–151). Malden, MA: Wiley-Blackwell.

Hutchby, I., & Wooffitt, R. (2008). *Conversation analysis*. Cambridge: Polity.

Jakobson, R. (1960). Linguistics and poetics. En T. A. Sebeok (Ed.), *Style in language* (pp. 350–377). Cambridge, MA: MIT Press.

Jefferson, G. (2004). Glossary of transcript symbols with an introduction. In G. Lerner (Ed.), *Conversation analysis: Studies from the first generation* (pp. 13–31). Amsterdam: John Benjamins Publishing Company.

Koester, A. J. (2004). Relational sequences in workplace genres. *Journal of Pragmatics, 36*, 1405–1428.

Martín Zorraquino, M. A., & Montolío Durán, E. (2008). *Marcadores de discurso: Teoría y análisis* (2da ed.). Madrid: Arco/Libros.

Maschler, Y., & Schiffrin, D. (2015). Discourse markers: Language, meaning, and context. En D. Tannen, H. Hamilton, y D. Schiffrin (Eds.), *The handbook of discourse analysis* (pp. 189–221). Chichester: John Wiley & Sons, Inc.

Placencia, M. (2012). Online peer-to-peer advice in Spanish *Yahoo! Respuestas*. In H. Limberg & M. Locher (Eds.), *Advice in discourse* (pp. 281–306). Amsterdam and Philadelphia, PA: John Benjamins Publishing Company.

Redeker, G. (1991). Linguistic markers of discourse structure. *Linguistics, 29*, 1139–1172.

Romera, M. (2004). *Discourse functional units: The expression of coherence relations in spoken Spanish*. Lincom Studies in Romance Linguistics. Muenchen/Munich: Lincom.

Sacks, H., Schegloff, E. A., y Jefferson, G. (1974). A simplest systematics for the organization of turn-taking for conversation. *Language, 50*, 696–735.

Schegloff, E. A. (2007). *Sequence organization in interaction*. Cambridge: Cambridge University Press.

Schiffrin, D. (1987). *Discourse markers*. Cambridge: Cambridge University Press.

Schiffrin, D. (1994). *Approaches to discourse*. Oxford: Blackwell.

Schiffrin, D. (2006). Discourse. En R. Fasold & J. Connor-Linton (Eds.), *An introduction to language and linguistics* (pp. 169–203). Cambridge: Cambridge University Press.

Stenström, A. B. (2010). Spanish *venga* and its English equivalents: A contrastive study of teenage talk. *Linguistics & the Human Sciences, 6*, 57–75.

Stubbs, M. (1983). *Discourse analysis: The sociolinguistic analysis of natural language*. Chicago, IL: University of Chicago Press.

Tannen, D. (1984). *Conversational style: Analyzing talk among friends*. Oxford: Oxford University Press.

Tannen, D., Hamilton, H., & Schiffrin, D. (2015). *The handbook of discourse analysis*. Chichester: John Wiley & Sons, Inc.

Traugott, E. C. (1989). On the rise of epistemic meanings in English: An example of subjectification in semantic change. *Language, 65*, 31–55.

Capítulo 6

Cortesía y descortesía en el mundo hispanohablante

Introducción

El capítulo 4 analizó las expectativas que seguimos en la comunicación para transmitir información en situaciones concretas. Se presentaron dos teorías en que el hablante tiene la expectativa de ser cooperativo (principio de cooperación y sus máximas para ser eficiente en intercambios verbales) y de ser relevante a partir de la interpretación de enunciados (principio de la relevancia). Según Grice, existen otras máximas que regulan el comportamiento social, como la máxima de la cortesía (*sea cortés*). Este capítulo presenta los conceptos fundamentales y algunos modelos clásicos sobre el comportamiento cortés y descortés. El tema de la (des)cortesía es central en la pragmática porque el significado del hablante (intencional o no) depende del contexto situacional en que se produce e interpreta un enunciado. Aunque algunas expresiones se pueden interpretar como corteses (*por favor, gracias, ¡qué guapa!*) o descorteses (*desgraciado, maldito, ¡lárgate!*), el contexto (situacional, cognitivo, discursivo), el efecto perlocutivo de lo dicho y la respuesta del interlocutor determinan si un enunciado produce efectos favorables o no favorables. Además, en algunas culturas, el comportamiento (des)cortés se realiza en la comunicación directa (*Abre la puerta*) o indirecta (*¿Podrías abrir la puerta?*). Ser directo o indirecto representa una expectativa sociocultural y, por lo tanto, un comportamiento percibido como (des)cortés por el interlocutor. Por último, como veremos en el capítulo 9, el tema de la (des)cortesía es un componente central de la competencia pragmática que le permite al aprendiz de segundas lenguas desarrollar su conocimiento pragmático. Consulta la página web para ver ejercicios y actividades adicionales del capítulo 6: https://pragmatics.indiana.edu/textbook/cap6.html

Reflexión

- Explica lo que entiendes por comportamiento cortés y descortés.
- ¿Qué palabras (o actos de habla) puedes asociar con la cortesía o la descortesía?
- ¿Qué diferencias observas del comportamiento cortés o descortés en tu país? ¿Puedes notar diferencias de cortesía o descortesía en distintas regiones? Comenta sobre el comportamiento cortés entre hablantes de Nueva York y Londres o en regiones de España y Latinoamérica.

Objetivos

Este capítulo analiza la realización y percepción del comportamiento (des)cortés. Los temas que estudiaremos son:

- orígenes del comportamiento (des)cortés
- cortesía$_1$ y cortesía$_2$
- imagen pública y actividades de imagen
- cortesía positiva y negativa
- modelos de cortesía
- modelos de descortesía
- cortesía auténtica y no auténtica
- variación de percepción de la descortesía

6.1 Orígenes de la cortesía

El comportamiento cortés o descortés se manifiesta en la interacción social y está condicionado por factores cognitivos, discursivos y las expectativas socioculturales reguladas por los miembros de una sociedad. El adjetivo *cortés* y el sustantivo 'cortesía' se derivan de conceptos asociados con *limpio, pulido, refinado, educado, planeado o civilizado*. El término anglosajón 'polite' se deriva del latín de su forma en pasado participio 'politus' que significa *pulido* o *suave* ('smoothed'). Estos términos provienen del mismo origen, con referencia a un comportamiento cortés o planeado en la corte. En cambio, en la sociedad romana el concepto *cortesía* no hacía referencia al concepto de la corte, sino a la ciudad (*urbanitas*) que alude a una sociedad elitista en que las diferencias jerárquicas y las distancias jugaban un papel importante. A finales del siglo XVI, el término *'civilizado'* se sustituyó por el sustantivo 'cortesía', lo cual condujo a la división de las relaciones sociales que existían en la nobleza.[1] Históricamente, el comportamiento cortés se empleó como un instrumento para enfatizar las relaciones sociales entre la gente civilizada y como estrategia para expresar deferencia, consideración, afecto, buenos modales en la corte y estatus jerárquico.

En la actualidad, el término *cortesía* alude a elementos sobre el uso correcto del lenguaje, las normas de etiqueta para usar buenos modales, deferencia, respeto, la buena educación y tener consideración hacia los demás. El diccionario de la Real Academia define 'cortesía' como una "demostración o acto con que se manifiesta la atención, respeto o afecto que tiene alguien a otra persona."

Por el contrario, el sustantivo *descortesía* se refiere a un comportamiento no favorable o insultante, generalmente intencional por parte del hablante y percibido negativamente por parte del interlocutor; es un comportamiento negativo que daña la *imagen pública* del interlocutor con el fin de desprestigiarlo. En español se emplea la palabra 'insultar' (del latín *insultāre*) que, según el Diccionario de la Real Academia Española, significa "ofender a alguien provocándolo e irritándolo con palabras o acciones." El sustantivo 'descortesía' se manifiesta mediante asociaciones de otras palabras que aluden a diferentes aspectos de evaluaciones negativas: *incorrecto, maleducado, vulgar o grosero* ('rude'). En algunas sociedades se usan palabrotas (*idiota, estúpido, maldito, gilipollas*) o se interrumpe a los demás, lo cual se puede percibir como comportamiento descortés o inapropiado. La **(des)cortesía** se entiende como un comportamiento social en situaciones concretas con el fin de proteger o desprestigiar la imagen social del otro. El comportamiento (des)cortés depende de las normas sociales y las expectativas socioculturales establecidas en cada cultura. Tanto la cortesía como la descortesía se pueden realizar mediante expresiones verbales que se perciben como corteses en situaciones específicas (*gracias, muy amable, por favor*) o descorteses (*eres un idiota, cállate, lárgate*) y no verbales (gestos, la entonación, la risa, etc.). Al final de la interacción, es el interlocutor quien decide si la interacción tuvo efectos corteses o descorteses.

El estudio de la (des)cortesía en español se ha investigado desde distintas perspectivas teóricas y metodológicas en distintas regiones del mundo hispanohablante. Véase la página de Estudios de Cortesía del Español (EDICE), www.edice.org

---

PARA PENSAR MÁS

Describe una situación (entre amigos, familia, trabajo) que percibiste como comportamiento ofensivo, grosero o insultante. Describe el contexto (lugar, participantes, la ofensa). ¿Qué palabras se usaron? ¿Por qué lo percibiste como descortés u ofensivo?

6.2 Cortesía₁ y cortesía₂

La cortesía se ha investigado desde una aproximación interdisciplinaria: la sociología con el trabajo de Goffman desde los años 1950s, la filosofía (ética), la psicología, la antropología y la lingüística en los terrenos de la pragmática y análisis del discurso (ver capítulo 5, sección 5.3). Dadas las distintas perspectivas que se han tomado para analizar la (des)cortesía, se distinguen dos tipos:[2]

1. Cortesía del primer orden (cortesía₁): el uso común de la cortesía entre los hablantes (ver figura 6.1).
2. Cortesía del segundo orden (cortesía₂): el estudio científico de la (des)cortesía.

Figura 6.1 Cortesía verbal

La cortesía₁ se refiere a la manera en que el concepto '(des)cortesía' se usa comúnmente por los hablantes de una sociedad determinada. La cortesía₁ tiene un carácter evaluativo, toma en cuenta las normas sociales y la variación de lo que se entiende por comportamiento (des)cortés en regiones del mundo hispanohablante. Se distinguen tres tipos:

Cortesía₁ expresiva: Cortesía que se codifica en las expresiones lingüísticas para producir un efecto cortés: *tú* y *usted, por favor, disculpe, gracias, ¿Podrías pasar la sal?, ¿Serías tan amable de prestarme tu carro?, ¡Eres un idiota, estúpido!*

Cortesía₁ clasificatoria: Cortesía como herramienta clasificatoria. Se usan las opiniones para juzgar a las personas con un comportamiento (des)cortés (p. ej., *Juan fue muy grosero en su respuesta con sus amigos, ¡Mi profesor de español es muy amable y respetuoso!*)

Cortesía₁ metapragmática: La manera en que la gente habla sobre el concepto '(des)cortesía' y la forma en que perciben un evento como (des)cortés. Los ejemplos en (1) muestran percepciones del comportamiento (des)cortés en Costa Rica y Sevilla (España):

(1)   Percepciones de la (des)cortesía

   a.   **Percepción de cortesía por un hombre costarricense**

   La cortesía en Costa Rica, yo pienso es tener buenos modales, ser una persona atenta con los demás, ser servicial y tratar de ayudar a los demás en lo que se pueda. Hacer favores. Ser cortés es ayudar a los demás, la amabilidad.

   b.   **Percepción de (des)cortesía por una mujer sevillana**

   La cortesía en el sur de España se asocia con la hospitalidad y con ser una persona buena. Nosotros llamamos ser buena gente, ser buena gente es lo opuesto a ser **malaje**. Malaje se refiere a una persona que no tiene gracia, no sonríe, no te trata de igual, sino que a lo mejor puede creerse superior. Eso es lo que es una persona mala gente (mala persona). Y bueno, ser cortés significa si, por ejemplo, un extranjero va a mi ciudad, que yo lo trate de una forma correcta, que si me pregunta dónde está la catedral de Sevilla, yo le guíe. Eso es ser cortés, tratar a las personas de igual, significa no mostrar que tú eres diferente, sino que las personas somos iguales.

Ejercicio 1 En esta página puedes escuchar más ejemplos sobre percepciones de la cortesía y descortesía por hablantes en distintas regiones de España y Latinoamérica:

 🎧 Audio: Percepciones de cortesía
https://pragmatics.indiana.edu/textbook/cap6.html (sección 6.2)
Compara dos regiones distintas y explica qué diferencias y similitudes observas.

En cambio, la **cortesía**$_2$ alude al estudio científico de la (des)cortesía, la manera en que los investigadores definen el comportamiento cortés para desarrollar una teoría sobre la (des)cortesía.

En general, aunque existe controversia sobre cuál perspectiva se debería seguir (cortesía$_1$ o cortesía$_2$), es importante considerar las opiniones de los hablantes (cortesía$_1$) en distintas culturas para complementar el entendimiento científico de una teoría de la (des)cortesía (cortesía$_2$).

Ejercicio 2   En esta página puedes leer definiciones de cortesía por distintos autores.

Enlace 'Definiciones de cortesía'
   https://pragmatics.indiana.edu/textbook/cap6.html (sección 6.2)
   Después de leerlas, explica qué tienen en común. Identifica si tienen características de cortesa$_1$ y cortesía$_2$. Al final, escribe tu propia definición de cortesía y descortesía.
   Para ti, ¿qué es la cortesía y descortesía?

6.3 Imagen pública (*face*)

Durante la interacción social, los seres humanos prestamos atención a nuestra imagen pública, imagen social o reputación (del inglés '*face*') con el fin de protegerla (*saving face*) o desprestigiarla (*losing face*). Por ejemplo, si tu profesor te dice que tu trabajo final fue el mejor y tiene potencial de publicación, tu imagen pública ha sido elogiada. En cambio, si tu jefe te dice (frente a tus compañeros de trabajo) que tu trabajo es mediocre, quedas humillado/a, y, por lo tanto, tu reputación de buen trabajador se ve desprestigiada. Como veremos más adelante, el concepto de imagen pública (*face*) es importante para mantener las relaciones interpersonales mediante un comportamiento cortés o descortés. Este concepto fue propuesto por el sociólogo canadiense-americano Goffman (1967) para referirse a los valores positivos o negativos que la gente nos atribuye en la sociedad. La imagen pública consiste en dos tipos de deseos:

a.   El deseo de no recibir imposiciones (imagen negativa).
b.   El deseo de ser aprobado (imagen positiva).

Según Goffman, la imagen pública se desarrolla según las demandas de la interacción. Durante el curso de la interacción, los participantes negocian su imagen pública con el fin de llegar a un acuerdo común. La imagen pública no es permanente; más bien, cada interlocutor la usa temporalmente y cambia de una situación a otra. Pensemos en la *imagen pública* como un disfraz que usamos temporalmente cuando conversamos en cada situación: nos ponemos un disfraz para quejarnos con un profesor de una nota injusta y otro muy distinto para platicar con amigos en una fiesta. Nuestra imagen pública se manifiesta a través de las evaluaciones que hacemos de nosotros mismos. Por lo tanto, la imagen debe entenderse como un concepto dinámico que va cambiando según las expectativas sociales de cada cultura.

Dos conceptos importantes en el estudio de la imagen pública son las actividades de imagen (6.3.1) y la imagen de afiliación y autonomía (6.3.2).

6.3.1 Actividades de imagen

Según Goffman, a fin de proteger o desprestigiar nuestra imagen pública, los participantes deben interactuar mediante actividades de imagen (*facework*). **Las actividades de imagen** se refieren a las acciones comunicativas que adoptan los participantes en un intercambio comunicativo con el fin de lograr el acuerdo común (saludar, disculparse, quejarse, pedir información) o el desacuerdo. Algunas maneras de expresar actividades de imagen incluyen las expresiones gramaticales o estrategias directas convencionales (*Préstame los apuntes de la clase*) o indirectas (*Quería ver si no te importaría prestarme los apuntes de la clase*) para mantener o reforzar las relaciones interpersonales. Por ejemplo, al iniciar una conversación usamos saludos cordiales, expresamos acuerdo o desacuerdo y nos despedimos respetuosamente para proyectar una imagen positiva o apropiada dadas las circunstancias de la situación. Piensa en una entrevista de trabajo o en una reunión con tu profesor, ¿cuáles son las actividades de imagen que usas para comunicarte con el gerente de la compañía o con tu profesor?

PARA PENSAR MÁS

Con base en el concepto de la imagen pública (*face*), explica qué significan las siguientes expresiones en español y en inglés.
"Para *guardar las apariencias* nunca se separaron."
"After his problems with his boss, John tried to *save face* by working overtime."

6.3.2 Imagen de afiliación y autonomía

Según Scollon y Scollon (2001) y Bravo (2004), la imagen de una persona tiene dos lados: por uno, como seres humanos tenemos la necesidad de estar relacionados con otras personas para expresar lazos de solidaridad, involucración o **afiliación** (*'involvement'*) (p. ej., tuteamos, expresamos acuerdo). Por otro, en nuestra interacción con los demás respetamos la independencia o **autonomía** del otro (*independence*)[3] y no imponemos nuestra voluntad (p. ej., Damos opciones o expresamos formalidad). El tipo de imagen social que proyectamos, independencia o afiliación, depende de varios factores: la distancia social entre los participantes (dos amigos, dos extraños), la relación de poder entre las personas (jefe-empleado) y el grado de imposición (p. ej., 'Préstame $5 dólares' frente a 'Préstame $1,000 dólares'). Se sabe que los dos tipos de imagen social existen en cada cultura, pero generalmente uno de estos tiende a predominar.

PARA PENSAR MÁS

¿Qué tipo de imagen, afiliación o autonomía, predomina en tu cultura? Compárala con una región de un país hispanohablante. Da ejemplos para justificar tu respuesta.

6.4 Modelos de cortesía

Los modelos tradicionales de cortesía que se presentan a continuación se basan en los siguientes conceptos: la noción goffmaniana de *face*, el principio de cooperación de Grice y sus máximas (capítulo 4) y la teoría de los actos de habla propuesta por Searle (capítulo 3). Esta sección resume las contribuciones de tres modelos:

- Las reglas de cortesía de Robin Lakoff
- El principio de cortesía de Geoffrey Leech
- La cortesía lingüística universal de Penelope Brown y Stephen Levinson

6.4.1 Las reglas de cortesía de Robin Lakoff

Robin Lakoff fue la primera investigadora en aplicar el modelo de Grice (ver capítulo 4) a su perspectiva de cortesía desde una perspectiva pragmática. Define la cortesía como "un sistema de relaciones interpersonales orientadas a facilitar la interacción con el fin de minimizar el potencial de conflicto y confrontación inherente en todo intercambio humano" (1990, pág. 34). Propuso dos reglas universales que forman parte de la competencia pragmática:

a. Sea claro.
b. Sea cortés.

La primera regla adopta la máxima griceana de claridad con el fin de transmitir la información eficazmente (sea claro/evite la ambigüedad). La segunda consiste en tres estrategias:

a. No haga imposiciones.
b. Dé opciones.
c. Sea amigable/haga que su interlocutor se sienta bien.

Aunque estas reglas se proponen como universales, están sujetas a variación cultural. La primera estrategia (*No haga imposiciones*) ocurre en contextos donde existe una relación de poder entre los interlocutores (estudiante–profesor, jefe–empleado, doctor–paciente) o en situaciones en que los participantes ejercen distancia (2):

(2)   Estudiante a su profesor:

Si no es mucho problema, quería preguntarle si tendría tiempo de escribirme una carta de referencia para la Escuela Graduada.

La segunda regla (*Dé opciones*) se emplea en situaciones formales con el fin de no imponer los deseos del hablante en el interlocutor en situaciones donde existe distancia entre los participantes. En el caso de un rechazo a una invitación, el interlocutor puede ofrecer opciones para reunirse en otra ocasión. O bien, proporcionar opciones al interlocutor para darle libertad de acción, como en el rechazo a una fiesta de cumpleaños (3):

(3)   Ofrecer opciones al rechazar una invitación a una fiesta de cumpleaños.

Me encantaría asistir, pero ya tengo planes para el viernes.
¿Qué te parece si te invito a almorzar otro día? ¿Quizá el martes?
Si no puedes el martes, ¿te parece si almorzamos el viernes?

La tercera regla (*Haga que su interlocutor se sienta bien*) ocurre en situaciones donde existe una relación cercana o familiar entre los interlocutores. Se puede emplear el uso informal *tú* para expresar solidaridad, así como expresiones coloquiales para mostrar interés por el interlocutor o un estilo directo o familiar en la comunicación, como en (4):

(4)   *Hola Sonia, ¿qué tal? Me encanta tu suéter, es muy chulo.*

        ¿Dónde te lo compraste? Como siempre, te ves guapa.

Es importante notar que estas reglas varían culturalmente. Por ejemplo, las dos primeras estrategias (*No haga imposiciones* y *Dé opciones*) predominan en el estilo conversacional de **culturas individualistas** como en la cultura anglosajona americana donde se espera que los participantes no hagan imposiciones y ofrezcan opciones. Por el contrario, en **culturas colectivistas,** como en España y en regiones de Latinoamérica, predomina un estilo de comunicación directo, la imposición, las peticiones directas y los consejos no solicitados. Por ejemplo, en regiones de Perú, Venezuela y México la imposición mediante una **insistencia** a una invitación o a una oferta representa una expectativa sociocultural: el insistir dos o más veces después de rechazar una invitación se considera un acto cortés. En cambio, en los Estados Unidos, insistir dos o más veces después de rechazar una invitación o una oferta no se considera una expectativa sociocultural y, por lo tanto, se percibe como acto descortés o de mala educación (Félix-Brasdefer, 2008; García, 1992, ver capítulo 7).

6.4.2 El principio de cortesía de Geoffrey Leech

Con base en el principio de Cooperación de Grice y sus máximas conversacionales (capítulo 4), el modelo de Leech (1983 y revisado en 2014) se basa en el principio de cortesía y una serie de máximas que regulan la interacción social de acciones que se perciben como corteses o descorteses. Según Leech, el **Principio de Cortesía (PC)** consiste en (5):

(5)   Principio de Cortesía

        mantener el equilibrio social y las relaciones de camaradería que nos permiten asumir que nuestros interlocutores son cooperativos (1983, pág. 82).

Al seguir este principio, los interlocutores expresan creencias corteses en vez de descorteses. Las creencias corteses son favorables para el interlocutor. En cambio, las creencias descorteses son no favorables (2014, pág. 34). Para este autor, la meta de la cortesía es evitar tensión o discordia en las relaciones interpersonales. Leech (2014) sostiene que el PC, similar al principio griceano de cooperación, se puede seguir o incumplir. Con el fin de dar cuenta de cómo se manifiesta la cortesía lingüística, el PC consiste en seis máximas según los conceptos de coste y beneficio. Las máximas del modelo de Leech se describen en el cuadro 6.1:

Cuadro 6.1 Máximas de cortesía según Leech

Máxima	Definición	Ejemplo
Máxima de tacto	Minimice el coste hacia el interlocutor (el otro), maximice el beneficio hacia el interlocutor.	Actos impositivos: peticiones, sugerencias. Actos comisivos: ofertas, promesa. *Abre la puerta, ¿Me abres la puerta?, Si no te importa, ¿podrías abrir la puerta?*
Máxima de generosidad	Minimice el beneficio hacia sí mismo (hablante), maximice el coste hacia sí mismo (hablante).	Actos impositivos y comisivos. *Gracias por invitarme a tu fiesta, pero desafortunadamente no creo que pueda asistir. Eres muy amable.*
Máxima de aprobación	Minimice el desprecio hacia el interlocutor, maximice el aprecio hacia el interlocutor.	Actos de habla expresivos (disculpas) y asertivos (una afirmación). *Disculpa que haya llegado tarde. Fue mi culpa por no organizarme bien. Tú siempre eres puntual y llegas antes de la hora acordada.*
Máxima de modestia	Minimice el aprecio hacia sí mismo (hablante), maximice el desprecio hacia sí mismo (maximice el aprecio hacia el interlocutor).	Actos de habla expresivos y asertivos. *Por favor acepta este regalo como símbolo de nuestra amistad. Aprecio mucho tu apoyo.*
Máxima de acuerdo	Minimice el desacuerdo entre sí mismo (hablante) y el interlocutor. Maximice el acuerdo entre sí mismo y el interlocutor.	Actos de habla asertivos. *No estaba seguro de lo que decía, pero ahora veo que tienes toda la razón. Estoy de acuerdo con lo que propones para el proyecto de final.*
Máxima de simpatía	Minimice la antipatía entre sí mismo y el interlocutor, maximice la simpatía entre sí mismo y el interlocutor.	Actos de habla asertivos. *Eres muy amable. Creo que debo invertir más en nuestra amistad. Eres muy detallista y recuerdas todas nuestras experiencias de la infancia.*

El principio de cortesía y sus máximas ofrecen una alternativa para entender el comportamiento (des)cortés siempre y cuando el hablante sea consciente de obedecer las máximas en relación con el interlocutor. Sin embargo, una limitación de este modelo es que, con varias máximas que regulan el principio de cortesía, el número de máximas podría aumentar *ad infinitum*.[4]

6.4.3 La cortesía lingüística universal de Penelope Brown y Stephen Levinson

Brown y Levinson (1987) proponen un modelo universal de cortesía lingüística que trata de explicar el comportamiento cortés mediante estrategias lingüísticas que intentan mitigar o reducir el conflicto durante la negociación de las relaciones interpersonales. Fue originalmente publicado en 1978 y republicado nueve años más tarde (1987) sin cambios a la propuesta original, a excepción de una introducción de 54 páginas. Es el modelo más comprensivo que se emplea para explicar las estrategias corteses que enfatizan la cercanía o distancia entre los interlocutores, pero también es el más criticado debido a sus objetivos universales que se enfocan en estrategias lingüísticas para minimizar la tensión de acciones que amenazan la imagen pública.[5] Brown y Levinson adoptan los conceptos de Grice (capítulo 4) con respecto al principio de cooperación y sus máximas y la noción de intención comunicativa del hablante. El modelo se basa en un 'hablante modelo' como un miembro competente de la sociedad que tiene dos propiedades, racionalidad e imagen pública (*face*):

> Racionalidad: Es un hablante racional que tiene la intención de transmitir información eficazmente. Es capaz de sacar inferencias conversacionales con el fin de garantizar una comunicación eficiente durante la comunicación directa a indirecta. Está orientada a lograr metas en un intercambio comunicativo.
>
> Imagen pública: Todo hablante racional viene equipado con una imagen pública con el fin de reclamar o defender su imagen social según dos tipos de deseos: el deseo de no imposición y libertad de acción (imagen negativa) y el deseo de que sus acciones sean aprobadas por los otros miembros de la sociedad (imagen positiva).

Además de estos conceptos, Brown y Levinson proponen el concepto de una *acción que amenaza la imagen pública* (AAIP, del inglés: *face-threatening act* [FTA]). Es decir, acciones que desprestigian la imagen pública del interlocutor (positiva o negativa). Según su modelo, una petición, una orden o una sugerencia son acciones que **amenazan la imagen negativa del interlocutor** y, como consecuencia, el hablante tiene que remediar sus acciones mediante una serie de estrategias lingüísticas que mitiguen los efectos negativos no deseados. También hay **acciones que amenazan la imagen positiva** del interlocutor porque al hablante no le importan los sentimientos o deseos del interlocutor como los desacuerdos, las críticas, las contradicciones, los insultos o las acusaciones. Además, para calcular la gravedad de la AAIP, el hablante tiene que considerar tres factores:

> La distancia social (D) o grado de familiaridad del hablante en relación con el interlocutor en una relación simétrica (p. ej., dos amigos, dos compañeros de trabajo, dos desconocidos) o asimétrica (empleado–jefe, paciente–doctor). Alude al grado de percepción distante (+D) o cercana (−D) entre los participantes.
>
> El poder relativo (P) del hablante en relación a la posición del interlocutor: el grado en que el hablante puede imponer su voluntad en el interlocutor (relación asimétrica (p. ej., estudiante–profesor, trabajador–jefe). En una posición de alto poder, la relación se percibe con mayor poder social (+Poder).
>
> El grado de imposición (G) con respecto al coste de los bienes y servicios para realizar una acción que amenaza la imagen pública del interlocutor. Un ejemplo de alta imposición sería si un estudiante le pide a su profesor que le escriba una carta de referencia para el día siguiente.

Con base en esta información, los autores proponen que el riesgo de la AAIP debe calcularse con base en estos tres factores sociológicos (distancia social [D], poder social [P] y grado de imposición [G]) usando la siguiente fórmula:

Riesgo de la AAIPx = D, P, Gx

Brown y Levinson proponen una serie de estrategias que sirven para mitigar la AAIP: estrategias directas e indirectas y estrategias de cortesía positiva y negativa, como se ilustran en la figura 6.2 (tomada de Brown y Levinson, 1987, pág. 60):

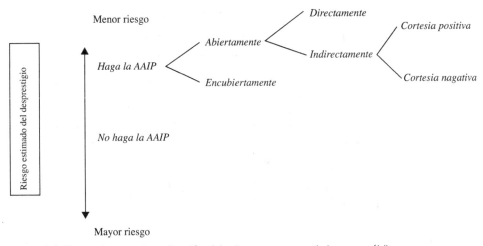

Figura 6.2 Estrategias para la realización del acto que amenaza la imagen pública

Según la figura 6.2, las posibilidades de seleccionar las estrategias para mitigar una AAIP se pueden realizar de cinco maneras:

1. Abierta y directa (*on record without redressive action*):

    Sigue el principio de cooperación y las máximas conversacionales de Grice (ver capítulo 4) con el fin de que el hablante transmita la información intencional y eficazmente; o sea, la expectativa de decir la verdad, de dar la información suficiente, de ser pertinente en circunstancias apropiadas y de expresar la información con claridad y sin ambigüedad (figura 6.3). El hablante expresa su intención abierta para expresar su mensaje con eficiencia según las circunstancias. Por ejemplo, en situaciones de emergencia, el hablante expresa sus intenciones abierta y claramente con la forma imperativa sin amenazar la AAIP, sin ninguna suavización de la acción directiva porque, en estas circunstancias, la acción directa se considera pertinente (6):

    (6) a. Un padre a su hijo:
        ¡Presta atención al cruzar la calle!
      b. Un dentista a su paciente:
        ¡Abra la boca y no se mueva mientras termino de sacar la muela!
      c. Una madre a su hijo en la cocina:
        Quita la mano de la estufa, el horno está caliente.
      d. Una persona en la piscina:
        Socorro, me ahogo. Ayúdenme.

2. Abierta e indirecta con cortesía positiva (*on record without redressive action and positive politeness*):

    El hablante expresa sus deseos con el fin de ser aprobados por el interlocutor. La intención es conseguir aprobación, confianza y reforzar los lazos de solidaridad con el interlocutor. La idea es crear reciprocidad y reforzar las relaciones interpersonales entre los

Figura 6.3 Ejemplo de cortesía positiva abierta y directa

interlocutores sin desprestigiar la imagen del interlocutor. En (7) se emplean estrategias con el fin de reducir el riesgo de la AAIP:

(7) a. *Debemos salir a la fiesta en 10 minutos.*
     b. *¿Quieres ayudarme a lavar al auto?*
     c. *¿Qué te parece si me ayudas a terminar el proyecto y te invito a cenar?*

3. Abierta e indirecta con cortesía negativa (*on record with redressive action and negative politeness*):

Se realiza mediante expresiones para no imponer la voluntad del hablante en el interlocutor, expresando deferencia y respeto. Se emplean expresiones convencionales indirectas para evitar la imposición (8):

(8) a. *¿Me puedes pasar la sal?*
     b. *Le escribo para preguntar si sería tan amable escribir una carta de referencia para la Escuela Graduada. Disculpe la molestia.*
     c. *¿Por qué no hablas con el profesor sobre tu nota del examen final?*

4. Encubierta (*off record*):

El hablante decide realizar una acción comunicativa de manera encubierta cuando no hace explícita su intención mediante expresiones lingüísticas convencionales en un contexto apropiado. Si el hablante quiere comunicar un acto que amenaza la imagen pública del interlocutor, utiliza la estrategia encubierta para que interprete la intención del hablante mediante expresiones indirectas (*hints*), señales no verbales (una mirada, entonación ascendente), expresiones irónicas, indirectas o presupuestos. El hablante deja abierta la interpretación al interlocutor para que extraiga la conclusión que él o ella convenga. Como algunos de estos casos son ejemplos de implicaturas conversacionales particularizadas (ver capítulo 4, sección 4.3.2), el hablante puede aceptar o negar su intención (9):

(9) a. Un jefe a su secretaria: *¡Esta oficina está hecha un desastre!*
     b. Una esposa a su marido: *¡Estoy aburrida!*

Según los ejemplos en (9), ¿cuál es la intención del hablante? ¿Qué respuesta espera del interlocutor?

5. No realizar la AAIP.

El hablante decide no hacer nada para evitar el riesgo del desprestigio.

PARA PENSAR MÁS

Reflexiona en las estrategias de Brown y Levinson: ¿Cuáles de estas usas frecuentemente con tus amigos, tus padres, en tu trabajo o en una reunión con tu profesor?

6.4.3.1 Cortesía positiva y negativa

Brown y Levinson proponen un conjunto de estrategias lingüísticas para expresar cortesía positiva y negativa. Las estrategias que expresan **cortesía positiva** enfatizan la confianza, la intimidad, la reciprocidad y el acuerdo común: la meta es la aprobación de los deseos del hablante por parte del interlocutor y reforzar la cercanía. Por el contrario, las estrategias de **cortesía negativa** enfatizan la distancia, el respeto y minimizan la imposición para evitar una AAIP. Predomina la indirección convencional y las expresiones lingüísticas para suavizar las acciones que amenazan la imagen pública.

El cuadro 6.2 muestra las estrategias para realizar cortesía positiva y negativa (adaptado del modelo de Brown y Levinson, 1987):[6]

Cuadro 6.2 Estrategias de cortesía positiva y negativa

Cortesía Positiva	Cortesía Negativa
1. Aprobar y prestar atención en los intereses, deseos y necesidades del interlocutor. *Me encanta tu reloj, ¡qué guay! Además, va muy bien con tu personalidad. Tienes muy buen gusto.*	1. Ser convencionalmente indirecto *Juan, ¿puedes prestarme los apuntes de la clase?* *Profesor, quería preguntarle si podría escribirme una carta de recomendación?*
2. Exagerar en los intereses y muestras de aprobación y simpatía con el interlocutor. Exageración en la entonación. *Tus ideas son fanTÁS::ticas! Eres la persona ideal para este trabajo. Tienes todas las cualidades que buscamos.*	2. Preguntar o mitigar (expresiones lingüísticas para suavizar los efectos no deseados del interlocutor). **Creo/me parece** *que no podremos ir de luna de miel.* *¿**Por qué no** hablas con el profesor de tu nota del examen final?*
3. Usar marcadores intragrupales para expresar solidaridad y afiliación con el interlocutor. *Y **vos/tú**¿cómo estás? ¿Querés/quieres ir al cine?* *¡Qué tal, **flaquito**, cómo te va?* ***Corazón**, ¿quieres salir a cenar esta noche?*	3. Sea pesimista en suavizar los deseos negativos del interlocutor. *¿No crees que se te haya olvidado traer hoy el libro que te presté la semana pasada?* *Quizás no te importaría prestarme los apuntes de la clase.*

(Continued)

Cuadro 6.2 (Continued)

Cortesía Positiva	Cortesía Negativa
4. Buscar el acuerdo del interlocutor. A: *¡El año pasado viví en Sevilla!* B: *¡Sevilla! ¡Esa ciudad es encantadora!* A: *¿No crees que ya es hora de salir del trabajo?* B: *Totalmente de acuerdo, ¡vámonos!*	4. Minimizar el grado de imposición de la AAIP ***Regrese*** *mañana por la* ***tardecita*** *y tendré listo elcarro.* *El pastel se ve riquísimo. Voy a* ***probar un pedacito*** *.* *¿Tienes un* ***momentito*** *para hablar?*
5. Evitar el desacuerdo. A: *¿Estás de acuerdo con mi sugerencia?* B: *Más o menos. Tenemos que pensarlo más.* A: *Tus padres siempre tienen la razón.* B: *A veces, no sé . . .*	5. Mostrar deferencia o respeto al interlocutor. ***Profesor****, prefiere* ***usted*** *que le envíe mi tarea porcorreo-e o quiere una copia en papel?* ***Muchas gracias*** *por la invitación.* ***Se lo agradezco.***

6. Reafirmar el terreno común (*common ground*) de creencias, intereses y opiniones que los interlocutores tienen en común.
Hablar de temas personales o el tiempo para reafirmar las relaciones de solidaridad.
 	
A: *No estoy listo para el examen de lingüística.*
   A veces la explicación del profe no es clara, ***¿no crees?***
B: *Tienes razón, vamos a repasar los apuntes.*
   Es bueno saber que no soy el único.
	6. Disculparse con el interlocutor.
	
	Disculpe *que no pude llegar al examen. ¿Podría tomarlo en su oficina?* ***¡Qué pena!***
	
	No me gusta molestar*, pero ¿crees que puedas prestarme tu carro de nuevo?*
	
	Perdóname *por haber manchado tu alfombra con el vino tinto.* ***Me siento fatal.***

7. Bromear para reafirmar las relaciones de solidaridad. A: *¿Qué hace el pez?* B: *Nada* A: *¿Cuál es el pez más importante del mundo?* B: *El pezidente de los pescados unidos.*	7. Impersonalizar (remover la presencia explícita del agente). Con expresiones impersonales (*hay que, uno/a, algunos, 'tú' impersonal, 'se' impersonal*). ***Hay que*** *llegar antes de las 8:00a.m. al trabajo.* *No sé si* ***se pueda*** *ir a tu fiesta de cumpleaños.* ***Algunos*** *dicen que siempre llegas tarde al trabajo.*
8. Presuponer y preocuparse por los deseos y el conocimiento del interlocutor. Mostrar cooperación mutua. *Sé que te encantan las rosas, pero las que había estaban marchitas. Y como sé que te gustan las orquídeas, te traje una orquídea blanca de Costa Rica, ¡tu país favorito!*	8. Establecer la *acción que amenaza la imagen pública* como una regla general (no asociar la imposición con el autor original y distanciarlo del interlocutor). Azafata: *Pasajeros, favor de abrocharse el cinturón de seguridad.* Gerente: *El Presidente de la compañía ha decidido no aumentar los sueldos este año.*
9. Ofrecer y prometer para mostrar cooperación con el interlocutor. *Si quieres, te puedo prestar mi carro para que no llegues tarde a la cita con tu novio.*	
10. Ser optimista. *¡Gracias de antemano por prestarme los apuntes de la clase!* ***Me imagino*** *que no te importa que use tu carro el fin de semana.*	
11. Incluir al hablante y al interlocutor en la actividad (uso del *nosotros* inclusivo). *¿Qué te parece si <u>sacamos</u> la basura?* *¡<u>Vamos</u> a almorzar!*	

Cortesía Positiva	Cortesía Negativa
12. Ofrecer o pedir razones/justificaciones para incluir al interlocutor en la actividad. *¿Por qué no me dejas que te lleve al aeropuerto?* *¡Qué pena que no pueda ir a tu fiesta porque tengo que estudiar para mi examen final.* 13. Afirmar o asumir la reciprocidad entre ambos interlocutores para evitar riesgo de la AAIP. *La semana pasada te presté mi carro por el fin de semana. El mío se descompuso,* *¿puedes devolver el favor? Así nos ayudamos.*	

Ejercicio 3: Según el modelo de Brown y Levinson, identifica si los siguientes enunciados expresan cortesía positiva o negativa en un contexto hispanohablante.

1. *Enhorabuena por recibir la beca. Te lo mereces.*
2. *Cuando tengas un momento, ¿podemos hablar?*
3. *¡Tienes que venir a mi fiesta de cumpleaños!*
4. *Me da pena pedirte este favor, pero . . .*
5. *¡Qué chula blusa! ¿Dónde la compraste?*
6. *Buenos días profesor, ¿estará en su despacho después de clase?*
7. *Vamos, come más sopa, que no vas a engordar.*
8. *Cariño, acompáñame a la fiesta de despedida de mi jefe.*
9. *Me da mucha pena, pero no puedo asistir a tu boda.*
10. *Disculpe, ¿qué hora es?*

6.4.3.2 Críticas del modelo de Brown y Levinson

A pesar del grado de detalle y numerosos ejemplos que presenta al modelo de Brown y Levinson, se ha criticado mucho (Culpeper & Terkourafi, 2017; Eelen, 2001; Márquez Reiter y Placencia, 2005; Watts, 2003). Algunas de las críticas incluyen:

- El modelo se enfoca en la cortesía lingüística (no la descortesía) como concepto universal, junto con la noción individualista del hablante como un 'modelo' racional y con deseos de salvaguardar su propia imagen, un concepto distinto al propuesto por Goffman (1967).
- El modelo se ocupa en mitigar las *acciones que amenazan la imagen pública*, lo cual resulta en un tipo de cortesía verbal que funciona para reducir el conflicto en las relaciones interpersonales.
- Se enfoca en la producción del hablante y presta poca atención en el papel del interlocutor durante la interpretación de los enunciados.
- La distinción entre cortesía positiva y negativa que proponen Brown y Levinson no es consistente en otras culturas donde el estilo directo y la imposición se interpretan como

atributos positivos y esperados socioculturalmente; no como acciones impositivas (Félix-Brasdefer, 2008; Watts, 2003).

- Brown y Levinson sugieren que las variables de distancia social, poder y grado de imposición se manifiestan casi de la misma manera en diferentes culturas. Sin embargo, otros estudios demuestran que estos conceptos varían culturalmente, según la región, el grupo y el contexto situacional (Culpeper & Terkourafi, 2017; Mills, 2017). Sobre todo, los conceptos de 'poder social' y 'distancia social' se conceptualizan de manera distinta en varias regiones de Latinoamérica y España. Además, el grado de familiaridad y poder entre los interlocutores debe entenderse como un concepto *emergente* que cambia según las expectativas de la interacción.
- En vez de usar los conceptos de cortesía 'positiva' y 'negativa', otros autores prefieren usar los conceptos de 'involucración' (*involvement*) para enfatizar las relaciones de solidaridad, confianza e independencia para marcar la distancia, minimizar la imposición y expresar el respeto que existe entre los interlocutores (Scollon & Scollon, 2001).
- Los conceptos de 'respeto', 'confianza' e 'imposición' se conceptualizan de manera distinta en regiones de Latinoamérica, donde la expectativa sociocultural es ser directo, franco y evitar ofrecer opciones (Félix-Brasdefer, 2008). Por ejemplo, Hernández-Flores (1999) demuestra que en español peninsular (sur de España) los consejos no solicitados son directos y no se perciben como una imposición.
- Por último, la noción central de las *acciones que amenazan la imagen pública* hace referencia a actos de habla que se perciben como acciones impositivas inherentes y, por lo tanto, el hablante tiene que minimizar el riesgo del desprestigio mediante estrategias mitigadoras para atenuar los efectos no deseados por el interlocutor. Sin embargo, en varias regiones del mundo hispanohablante, las acciones directivas como las peticiones, las sugerencias y los consejos, no representan una imposición para el interlocutor. Por el contrario, se consideran expectativas socioculturales y, por ende, un comportamiento esperado; por ejemplo, la insistencia a una invitación o un consejo no solicitado (p. ej., *Habla con el profesor del examen final*) o una petición directa (p. ej., *Pásame la sal*) (Félix-Brasdefer, 2008; Márquez Reiter & Placencia, 2005).

6.5 Modelos discursivos de (des)cortesía

En reacción al modelo clásico de cortesía universal propuesto por Brown y Levinson (1987) que se centra en la producción de un hablante 'modelo', conceptos universales de cortesía positiva y negativa y la noción intrínseca de las *acciones que amenazan la imagen pública* (AAIP) (sección 6.4.3), numerosos investigadores han propuesto modelos discursivos alternativos. Estos modelos se enfocan en el análisis de la (des)cortesía y consideran las contribuciones tanto del hablante como del interlocutor con el fin de negociar las acciones (des)corteses en el nivel del discurso, sosteniendo que el significado (des)cortés no es inherente a las expresiones lingüísticas (*por favor, disculpe, gracias*). Por el contrario, la interpretación (des)cortés depende del contexto cognitivo y sociocultural donde ocurre el intercambio comunicativo.[7] En estos modelos, no se considera la noción propuesta por Grice (1975) con respecto al significado intencional del hablante debido a que predomina una perspectiva cognitiva que toma en cuenta la interpretación de los enunciados por parte del interlocutor con aportaciones de la teoría de la relevancia (ver capítulo 4, sección 4.5). Los modelos discursivos se centran en las evaluaciones y percepciones del comportamiento cortés y descortés que hacen los interlocutores en intercambios comunicativos tomando en cuenta el contexto situacional y cultural donde ocurre la interacción. En esta sección se resumen las contribuciones de dos modelos que analizan el comportamiento (des)cortés y en la sección 6.6 se analiza el comportamiento descortés:

- El comportamiento político y la actividad relacional de Richard Watts.
- El manejo de las relaciones interpersonales de Helen Spencer-Oatey.

6.5.1 Comportamiento político y actividad relacional

Según Watts (2003), la (des)cortesía debe analizarse a partir de las evaluaciones o percepciones que hacen los participantes durante la interacción social, es decir, cortesía del primer orden, cortesía$_1$ (sección 6.2). Esta perspectiva toma en cuenta el comportamiento verbal (expresiones lingüísticas) y no verbal mediante señales que expresan un significado (des)cortés (gestos, risa, entonación). En vez de aludir a los términos 'cortesía' o 'descortesía' como comportamiento (des)cortés, el autor usa el término **'comportamiento político'** para referirse a un "comportamiento, lingüístico y no lingüístico, que los participantes construyen como apropiado a la interacción social en progreso" (mi traducción, pág. 144). El comportamiento político se realiza según las normas socioculturales y las expectativas de los participantes previo a y durante la interacción. Por ejemplo, según este modelo, el uso de *'usted'* para expresar respeto a un profesor o a un jefe se considera comportamiento político o apropiado.

En un modelo más elaborado, Locher y Watts (2005) consideran el comportamiento político como parte de un continuo de la **actividad relacional** (*relational work*) que incluye distintos tipos de comportamientos: el político (o apropiado), el cortés y el descortés. Según los autores, la actividad relacional incluye actividades corteses y descorteses, y se debe interpretar a partir de un continuo que va desde el comportamiento político (o apropiado) hasta un comportamiento no-político (o inapropiado).

El comportamiento cortés o descortés es **marcado** y va más allá del comportamiento apropiado. **El comportamiento cortés** incluye estrategias lingüísticas que salen del terreno de lo apropiado: un uso excesivo de expresiones lingüísticas que pueden percibirse como corteses (10):

(10) Comportamiento cortés: Una estudiante mexicana a su profesor.

> *Profesor, le agradezco por haberme escrito la carta de recomendación. Fue muy amable de su parte. Muchas gracias de nuevo por todo el apoyo que me ha ofrecido durante mis estudios en la universidad. Estoy eternamente agradecida con usted. Es un placer estudiar con profesores como usted. ¡Mil gracias!*

En cambio, **el comportamiento descortés** se percibe como ofensivo, grosero o insultante. Por ejemplo, el uso de insultos intencionalmente ofensivos con el fin de desprestigiar la imagen pública del interlocutor y agredirlo intencionalmente, así como la reacción del interlocutor, como en (11):

(11) A: *Eres un cerdo asqueroso. Lárgate, imbécil.*
      B: *Cerdo asqueroso lo serás tú. Gilipollas.*

Por último, el **comportamiento político** es **no marcado** y apropiado: la expectativa sociocultural que tienen los interlocutores de la interacción. Por ejemplo, el uso formal de '*usted*' de un estudiante a su profesor o de un jefe a su empleado, se puede percibir como comportamiento político; es decir, la expectativa por parte de los participantes de emplear el estilo formal en estas situaciones. En ciertas regiones del mundo hispanohablante el uso deferencial del pronombre '*usted*' representa un comportamiento sociocultural esperado.

6.5.2 El manejo de las relaciones interpersonales de Spencer-Oatey

Spencer-Oatey (2000, 2007) propone otra alternativa discursiva, **el manejo de las relaciones interpersonales** (*rapport management*) que comprende tanto el comportamiento cortés como el descortés a partir de las expectativas socioculturales. Según este modelo, la meta es buscar el acuerdo (armonía) y desacuerdo (desarmonía) para llegar a un acuerdo mutuo en la comunicación. El modelo consiste en cinco categorías que se derivan de dos componentes:

- El manejo de la *imagen pública* (*management of face*).
- El manejo de los derechos de sociabilidad (*management of sociality rights*).

Cada uno de estos componentes se puede analizar con respecto a aspectos positivos para salvaguardar la imagen pública del hablante o para analizar el tipo de ofensa en situaciones de conflicto o comportamiento descortés. A diferencia de la noción de *imagen pública* (*face*) propuesta por Brown y Levinson (1987) con atributos individualistas, Spencer-Oatey la considera como una perspectiva interactiva con intereses grupales. En la figura 6.4 se presenta la clasificación de los cinco componentes del modelo de Spencer-Oatey con ejemplos en español:

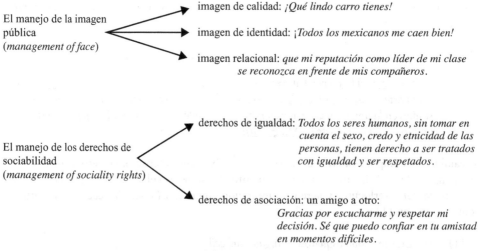

Figura 6.4 Componentes de las relaciones interpersonales (Spencer-Oatey, 2000)

El primer componente, *el manejo de la imagen pública*, se enfoca en tres tipos de *imagen* con fines interactivos:

Imagen de calidad:	El deseo que tiene el hablante de ser aprobado positivamente por los demás con base en atributos personales: habilidades, competencia, apariencia física (similar a la imagen positiva, pero con propósitos interactivos).
Imagen de identidad:	La *imagen pública* del hablante debe reconocerse por los miembros de la sociedad. Por ejemplo, que mi *imagen pública* se reconozca por los miembros de un grupo o una institución: mi papel social como 'profesor', 'líder' de mi clase o de un grupo político o religioso, mi nacionalidad, un vendedor honesto, un buen amigo, etc.
Imagen de relación:	La *imagen pública* del hablante debe respetarse en relación con los demás (distante-cercana, igualitaria-desigual) y la manera en que esta relación se maneja durante el curso de la interacción. Por ejemplo, el deseo de mi *imagen pública* de buen maestro implica una relación social con mis estudiantes; la relación que tengo con mi esposa determina el grado de mi imagen relacional.

El segundo componente, *el manejo de los derechos de la sociabilidad* (*management of sociality rights*) tiene dos componentes con fines interactivos. No concierne la *imagen pública* del individuo sino los derechos que el individuo se atribuye en la sociedad:

Derechos de igualdad:	El derecho del hablante de que los demás respeten su libertad de acción, muestren consideración, reciprocidad y el derecho de ser tratado justamente por los demás (similar a la imagen negativa, pero con fines interactivos).
Derechos de asociación:	El derecho que ejerce el individuo de relacionarse con otros, de ser aceptado por los demás, de recibir empatía y afiliación, así como el derecho de que sus sentimientos e intereses se respeten por los demás.

El modelo discursivo de Spencer-Oatey se emplea para analizar distintos aspectos del comportamiento cortés y descortés en contextos formales y no formales, en contextos monolingües (p. ej., una conversación coloquial entre dos argentinos) e interculturales (p. ej., una conversación entre un aprendiz de español con su familia anfitriona en México). En la sección 6.7 se utiliza este modelo para analizar variación de percepción de descortesía en aprendices de español que estudian en el extranjero.

6.6 Descortesía en español

6.6.1 Descortesía auténtica y no auténtica

Se distinguen dos tipos de comportamiento descortés, el auténtico (con intención de desprestigiar la imagen pública del otro) y el no auténtico (para expresar broma y solidaridad). En su estudio sobre las expresiones descorteses en español peninsular, Bernal (2008) analiza el efecto cortés y descortés de expresiones del español coloquial de España como *alcahueta* (*snitch*), *maricón* y *egoísta*. La autora distingue dos tipos de descortesía, la auténtica (intencional o estratégica para desprestigiar al interlocutor) y la no auténtica (insultos o bromas que los interlocutores consideran no ofensivos).

La **descortesía auténtica** alude a la intención explícita del hablante a fin de insultar, ofender o desprestigiar la imagen pública del interlocutor (figura 6.5). En estos casos, el interlocutor interpreta la ofensa como comportamiento descortés u ofensivo. Se usan palabras que expresan un significado convencional (no marcado) descortés o grosero con el fin de insultar al otro. En el siguiente sitio se menciona el significado de 10 expresiones que, en contextos concretos, se pueden interpretar con un significado descortés o grosero: www. wildjunket.com/top-10-spanish-swear-words/

Figura 6.5 Ejemplo de descortesía

En (12) se presentan expresiones que pueden expresar un significado convencional descortés en contextos específicos. Es importante notar la variación regional que existe en el mundo hispano con respecto al uso descortés de las siguientes expresiones:

(12)   Expresiones descorteses convencionales en el mundo hispanohablante.

idiota, estúpido, cállate la boca, lárgate, cabrón, joder y gilipollas (España), pendejo y chingar (México), boludo (Argentina), huevón (México, Chile)

Puedes buscar el significado de estas palabras en el sitio de la Real Academia Española, www.rae.es

Por el contrario, **la descortesía no auténtica** consiste en el uso de expresiones lingüísticas descorteses (p. ej., insultos, palabrotas), pero no se interpretan como ofensivas o insultantes por el interlocutor. Son expresiones que, de acuerdo al contexto, los participantes usan con el fin de crear armonía, solidaridad y afiliación entre los participantes. Por ejemplo, en un contexto familiar o entre amigos, la burla, las bromas o los insultos con efectos positivos pueden crear un efecto de afiliación y armonía.

Veamos dos ejemplos de descortesía no auténtica con el fin de crear afiliación y reforzar los lazos de solidaridad entre los interlocutores: boludo y güey. La palabra boludo (o su sinónimo pelotudo) es una expresión comúnmente usada entre los argentinos. Originalmente se usó como insulto y hacía referencia a una persona idiota, torpe, tonta o estúpida. Aunque en ciertos contextos 'boludo' se puede emplear como insulto, en la cultura argentina moderna no tiene ese significado despectivo. Funciona como vocativo y marcador de afiliación en la conversación coloquial entre los argentinos (13):

(13)   ¿Qué hacés, boludo?

Sos un boludo terrible.

En México la palabra *güey* (derivado del animal buey [*ox*]), originalmente se usaba como un insulto para referirse a una persona *tonta* o *torpe*. Sin embargo, en la conversación coloquial entre adolescentes y adultos, *güey* se utiliza como **vocativo** y **marcador afiliativo** para referirse al interlocutor (equivale al inglés '*bro*' o '*dude*'): (*Hola güey, ¿cómo estás?*). Se usa entre hombres (*güey*) y mujeres (*güey* o *güeya*). También, se emplea como mitigador para suavizar los deseos negativos del interlocutor. En (14), se usa *güey* en la invitación y en el rechazo por ambos participantes. El uso de '*híjole*' (línea 2) se usa en el español de México para expresar pena y demorar el rechazo (14).

(14) 1 Juan: *¿Qué tal, **güey**?, ¿cómo te va? ¿vienes a mi fiesta el viernes?*
      2 Pedro: *Híjole, el viernes tengo que trabajar por la tarde, **güey.***
      3 Juan: *Pues, sal temprano y llegas tarde, ¿no? **güey** . Te espero.*

En general, las expresiones *boludo* y *güey* expresan cortesía no auténtica porque funcionan como marcadores intragrupales para fomentar los lazos de solidaridad o camaradería entre los interlocutores.

6.6.2 El modelo de descortesía de Jonathan Culpeper

El comportamiento descortés (descortesía auténtica) es un comportamiento negativo que daña *la imagen pública* del interlocutor con el fin de desprestigiarlo u ofenderlo. El grado negativo de la ofensa se determina a partir de las evaluaciones del interlocutor. El término 'descortesía' se puede asociar con diferentes palabras. En el cuadro 6.3 se presentan asociaciones de palabras relacionadas con la palabra anglosajona 'impoliteness' (Culpeper, 2011) y con las palabras 'descortesía' y 'grosero.'[8]

Cuadro 6.3 Asociaciones de la palabra descortesía en inglés y español

Impoliteness (www.thesaurus.com)	Descortesía (www.wordreference.com)	Grosero (www.wordreference.com/definicion/grosero)
• boldness	• desatención	• vulgar
• bad manner	• desconsideración	• ordinario
• brusqueness	• incivilidad	• incorrecto
• irreverence	• **grosería**	• basto
• coarseness	• ofensa	• imperfecto
• contempt	• ordinariez	• desatento
• discourtesy	• tosquedad	• soez
• dishonor	• zafiedad	• tosco
• insolence	• vulgaridad	• impertinente
• lack of respect		• obsceno
• rudeness		• Irreverente
• sacrilege		• descarado
		• patán
		• maleducado
		• insolente
		• rudo
		• descortés
		• burdo
		• desconsiderado

Los sinónimos de 'descortesía' hacen referencia a la falta de respeto, los malos hábitos, el deshonor, la falta de consideración, la ofensa, la falta de atención, la incivilidad y el comportamiento vulgar. La asociación más frecuente en inglés para referirse a un comportamiento descortés es *'rude'*, que en español se traduce como 'grosero'. El adjetivo 'grosero' se asocia con lo ordinario, lo vulgar, el habla soez, ser impertinente, rudo o desconsiderado. Cada una de estas palabras connota un significado específico según las características del contexto de la situación.

PARA PENSAR MÁS

Lee de nuevo las asociaciones del concepto 'grosero' (cuadro 6.3) y explica el significado de cinco palabras que hayas escuchado. Si no lo sabes, puedes consultar el Diccionario de la Real Academia Española (www.rae.es)

La descortesía auténtica se analiza desde una perspectiva interdisciplinaria en los terrenos de la psicología, la sociología, la ética, la antropología, la lingüística y el discurso. Culpeper (2011) ofrece la siguiente definición de descortesía:

> La descortesía es una actitud negativa hacia comportamientos específicos que ocurren en contextos específicos. Se sustenta en expectativas, deseos y/o creencias sobre la organización social, que incluyen, en particular, cómo las identidades de una persona o un grupo son mediadas por otros en interacción. Las conductas situadas se ven negativamente, consideradas 'descorteses', cuando entran en conflicto con la forma en que se espera que lo sean.
>
> (2011, p. 254)

Según esta definición y las observaciones de Culpeper (2011, 2017), la descortesía se estudia a partir de cuatro conceptos:

- el **contexto** (situacional, cognitivo y sociocultural) condiciona la interpretación del significado descortés. Por ejemplo, el contexto donde se produce el enunciado (físico [una fiesta, trabajo, escuela, iglesia] o virtual [correo-e, Facebook]). También, hay que tomar en cuenta los participantes durante el intercambio comunicativo.
- el **cotexto** lingüístico o discursivo donde ocurre la expresión (des)cortés. Por ejemplo, una ofensa y una respuesta degradante en la misma secuencia. Los insultos pueden ocurrir en turnos inmediatos en la misma secuencia (A: *Eres un imbécil*; B: ¡*Tú eres un gilipollas!*) o en turnos múltiples en secuencias extendidas.
- la **intención** del hablante de dañar o insultar explícitamente la imagen pública del interlocutor, una intención abierta y directa (descortesía auténtica).
- el **efecto perlocutivo** que esos enunciados tienen en los sentimientos y emociones del interlocutor. La manera de cómo se produjo el enunciado (entonación ascendente, descendente, volumen suave o fuerte). Por ejemplo, si le digo a mi amigo *'cállate'* (*'shut up'*) se puede interpretar como expresión de solidaridad en tono de broma. En cambio, si

estoy discutiendo con el mismo amigo y me insulta, el efecto de '*cállate*', con tono fuerte y serio, se puede interpretar como ofensivo.

● **evaluaciones:** la percepción del interlocutor que determina el grado de gravedad de la ofensa o ataque a la imagen pública.

Por último, para hacer un análisis de las acciones descorteses, se usa la siguiente taxonomía (cuadro 6.4) de expresiones convencionales de descortesías (adaptada de Culpeper, 2011, 2017):

Cuadro 6.4 Estrategias de descortesía

Expresión descortés	Ejemplo
Insultos 　Vocativo negativo personalizado 　Aserción negativa personalizada 　Referencias negativas personalizadas 　Referencias negativas personalizadas en 　tercera persona	*Idiota, imbécil, cabrón, gilipollas, pendejo.* *Eres un idiota/gilipollas, (tú) no haces nada bien.* *Tienes un aliento de perro.* *Me dan ganas de vomitar cuando veo a alguien como tú.*
Críticas/quejas	*El servicio aquí es fatal, no tienen manera de tratar al cliente.*
Presuposiciones o preguntas desagradables	*¿Qué te pasa? ¿Y ahora de qué mientes?* *¿Crees que debes bajar un poco de peso?* *¿Eres tonto? ¿O qué te pasa?*
Condescendencia	*Si sigues comiendo así, no te van a entrar esos pantalones. Debes ir al gimnasio para bajar unos kilitos.*
Reforzadores	*No puedes hacer eso, ¿me entiendes?* *Escúchame bien, si sales de nuevo con ese tío, terminamos.*
Silenciadores	*Cállate la boca, no hables más. ¿Está claro?* *Nadie te ha preguntado.*
Despidos	*Lárgate, no quiero verte más. Fuera de aquí. ¡Te vas a enterar!*
Amenazas	*Si no sales de aquí ahora, llamo a la policía.* *Voy a demandar a la compañía.*
Maldiciones/palabrotas	*Pendejo, cabrón, gilipollas, huevón, joder, coño.*

Además del modelo de Culpeper, existen otras taxonomías que analizan los insultos en español. La investigadora argentina Silvia Kaul de Marlangeón (2008) ha desarrollado numerosas investigaciones sobre la descortesía que se aplica al español. Considera la descortesía como un acto intencional y no intencional que depende de las normas y expectativas de cada cultura. Analiza la manifestación de acciones descorteses en contextos institucionales donde se manifiesta el poder de insultar o desprestigiar al otro (debates políticos cara a cara, el discurso militar) y en contextos no institucionales (conversación coloquial, descortesía en las canciones del tango). Además, los investigadores españoles Mateo y Yus (2013) proponen una taxonomía de insultos con la función de degradar intencionalmente la imagen del interlocutor (aceptados convencionalmente por la comunidad para insultar al otro [p. ej., *Eres un gilipollas, cerdo asqueroso*]) y aquellos con la función social para reforzar los lazos de solidaridad entre los interlocutores (el otro interpreta el insulto como broma o cortesía positiva para establecer armonía [p. ej., ¡*Tienes razón, cabrón, por eso te admiro, güey!*]). Ambas propuestas analizan los insultos convencionales para atacar la imagen del interlocutor (interpretados así por los miembros de la comunidad) y otros con el propósito de reforzar las relaciones sociales entre los interlocutores.

PARA PENSAR MÁS

Usando el diccionario de la Real Academia Española (www.rae.es) y Word reference (www.wordreference.com), busca el significado de las siguientes palabrotas:

    cabrón
    pendejo
    gilipollas
    chingón
    boludo
    güey
    ¿Otras palabras que has escuchado?

Explica si además de su significado de descortesía auténtica (ofensivo, insultante), pueden expresar descortesía no auténtica para establecer solidaridad y reforzar las relaciones interpersonales entre los participantes. Explica también en qué regiones hispanohablantes se usan estas palabras.

6.7 Variación de percepción de descortesía

Una manera de analizar las percepciones de descortesía es a través de eventos descorteses (*impoliteness events*). Culpeper (2011) usa los eventos descorteses para referirse a situaciones que el interlocutor percibe como insultantes u ofensivas. Con base en el estudio de Culpeper y colegas que analizaron las percepciones de descortesía en cinco países (China, Inglaterra, Finlandia, Alemania y Turquía),[9] Félix-Brasdefer y McKinnon (2017) examinaron las percepciones descorteses de aprendices de español que estudiaron en el extranjero (España y Latinoamérica). Se les pidió a 50 estudiantes que narraran una situación que percibieron como descortés, ofensiva o grosera durante una interacción con un hablante nativo de español de la cultura meta. Los eventos descorteses se analizaron de acuerdo al modelo de cortesía de Spencer-Oatey (sección 6.5.2) según el tipo de ofensa a la imagen y a los derechos de la sociedad. En el cuadro 6.5 se explican los cinco componentes con ejemplos de percepción de descortesía: ofensa a la imagen pública (calidad, identidad, relacional) y dos principios con derechos que el hablante se atribuye de la sociedad, igualdad y asociación (adaptado de Culpeper, 2011)[10]:

Cuadro 6.5 Tipos de ofensa según el modelo de Spencer-Oatey

Tipo de ofensa	Características de la ofensa	Ejemplos tomados de aprendices de español en el extranjero
Imagen de calidad	Los deseos que tiene el hablante de ser aprobado positivamente por los demás con base en atributos personales: habilidades, competencia, apariencia física.	Conversación en un supermercado en Ecuador. Una persona en la calle pide dinero para una caridad: Mujer: *¿Puede hacer una donación para una caridad?* Estudiante: *¿Otra vez? ¿Puede repetirlo?* Mujer: *No sé porque estoy hablando con usted, no puede entenderme.* Estudiante: *Puedo entenderle, solamente necesito que hable un poco más alto y lentamente.*
Imagen de identidad	La imagen pública del hablante debe reconocerse por los miembros de la sociedad, un grupo o una institución: mi papel social como 'profesor', 'líder' de un grupo político o mi nacionalidad.	Un estudiante americano tomando clases de espanol en la República Dominicana. Un americano, quien estaba en clase con estudiantes dominicanos, dijo algo que no fue bien recibido por los dominicanos. Uno de los estudiantes dominicanos dijo: 'Eres un rubio.' En este contexto, esta frase significa algo negativo: que no soy uno de ellos, que no hablo bien español y que no podré entender los elementos culturales e históricos.
Imagen relacional	La imagen pública relacional tiene que ver con la relación que el hablante tiene con los demás (distante-cercana, igualitaria-desigual) y la manera en que la relación se maneja durante el curso de la interacción. Por ejemplo, mi *imagen pública* de buen maestro implica una relación social con mis estudiantes.	Un estudiante estaba dando clases de inglés en Perú sobre el tema del Día de Acción de Gracias (*Thanksgiving*) Estudiante: *Sandra, ¿tienes algo que contribuir?* Paula: *No.* Estudiante: *¿Hay opiniones del video? ¿les llevó mucho tiempo preparar el video? Sandra ↑ ((tomo ascendente))* Paula: *¡Joder! Esta actividad es estúpida. La comida tiene una mala pinta. Pues, allí tienes mi opinión.*
Derechos de igualdad	El derecho del hablante de ser respetado, de recibir consideración y el derecho de ser tratado justamente por los demás.	Mientras caminaba, un hombre desconocido nos pasó y dijo: *"Hola, chica, ¡qué trasero!"* *El hombre se me acercó y agarró mi parte posterior.*
Derechos de asociación	El derecho que ejerce el individuo de relacionarse con los demás, de ser aceptado por los demás, de recibir empatía y afiliación, así como el derecho de que sus sentimientos e intereses se respeten por los demás.	Cuando estaba visitando a un amigo en Barcelona, fuimos a cenar a un restaurante. Yo pedí la comida en español y el camarero respondió en inglés. Cuando le pregunté por qué no hablaba español conmigo, respondió que no le gusta hablar 'broken Spanish' con americanos.

Los resultados de Félix-Brasdefer y McKinnon (2017) se presentan en la figura 6.6 con respecto al tipo de ofensa percibida por los aprendices de español en el extranjero:

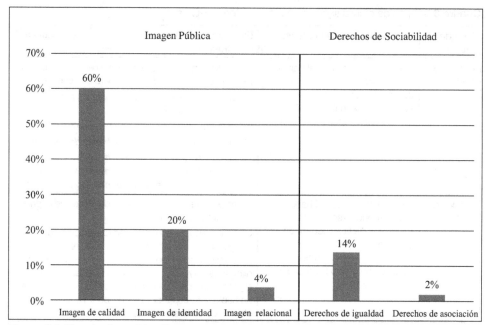

Figura 6.6 Tipo de ofensa identificada en eventos descorteses por aprendices de español

Según la figura 6.6, con respecto al manejo de la imagen pública, la mayoría de los estudiantes reportó una ofensa a su imagen de calidad (60% [30/50]), seguido de una ofensa a su imagen de identidad (20% [10/50]) y su imagen relacional (4% [2/50]). Con respecto a los dos principios que se atribuyen las personas en la sociedad, se observó un ataque a sus derechos de igualdad (14%; [7/50]) y menos a sus derechos de asociación (2% [1/50]). La ofensa a su imagen de identidad se manifestó mediante crítica a su aspecto físico (peso), incompetencia lingüística de hablar español y falta de conocimiento de las reglas socioculturales de la cultura meta (p. ej., tráfico). En cambio, la imagen de identidad se realizó a través de estereotipos a la cultura americana.

Si quieres aprender más de este estudio, puedes leerlo:

Félix-Brasdefer, J.C., & McKinnon, S. (2017). Perceptions of impolite behavior in study abroad contexts and the teaching of impoliteness in L2 Spanish. *Journal of Spanish Language Teaching, 3,* 99–113.

PARA PENSAR MÁS

Para los siguientes actos de habla, ¿quiénes son más directos o más indirectos, los hombres o las mujeres? ¿Qué estrategias usan? ¿De qué factores dependen las respuestas directas o indirectas? (la situación, la relación de distancia social o poder, el estilo conversacional).

- Quejarte con tu jefe o tu profesor.
- Dar un consejo a tu amigo o a tus padres.
- Disculparte con tu profesor por entregar el trabajo un día después de la fecha acordada.

Ejercicio 4 Con base en la información de los modelos de (des)cortesía presentados en la sección 6.4–6.6, completa la siguiente información. La meta es comparar y contrastar las ideas centrales de cada modelo.

Modelo de (des)cortesía	Conceptos centrales	Definición de cortesía	Ejemplos
Las reglas de cortesía (Lakoff)			
El Principio de Cortesía (Leech)			
El modelo de cortesía lingüística universal (Brown y Levinson)			
Modelo discursivo de la actividad relacional (Locher & Watts)			
Modelo de las relaciones interpersonales de armonía y desarmonía (Spencer-Oatey)			
Modelo de descortesía (Culpeper)			

6.8 Resumen

En este capítulo se describieron los conceptos fundamentales y algunas teorías que explican el comportamiento cortés y descortés. Se definieron conceptos como la imagen social pública, acciones que amenazan la imagen pública (*face-threatening acts*), la cortesía positiva y negativa, el principio de cortesía, el comportamiento político y los tipos de ofensa a la imagen social. Con el fin de describir el alcance de la (des)cortesía, se explicó la distinción entre Cortesía$_1$ (la manera en que la gente percibe el comportamiento cortés o descortés) y Cortesía$_2$ (la definición científica de cortesía o descortesía). Luego, se resumieron las características de tres modelos tradicionales que explican el comportamiento cortés y tres modelos que explican el comportamiento (des)cortés desde una perspectiva discursiva. Con respecto a la descortesía, se explicó la distinción entre la descortesía auténtica (ofensa o desprestigio de la imagen social) y la no auténtica (reforzar los lazos de solidaridad o armonía entre los interlocutores). Se presentó una taxonomía para analizar acciones descorteses en distintas regiones del mundo hispanohablante. Por último, se analizó la variación de percepción de descortesía entre estudiantes que estudian en el extranjero.

LISTA DE CONCEPTOS Y TÉRMINOS CLAVE

Acción que amenaza la imagen social (*face threatening act*)
Actividades de imagen (*facework*)
Comportamiento (*behavior*)
   cortés (*polite*)
   descortés (*impolite*)
   político (*politic*)

Cortesía (*politeness*)
  negativa (*negative*)
  positiva (*positive*)
Cortesía$_1$ (*politeness1*)
  expresiva (*expressive*)
  clasificatoria (*classificatory*)
  metapragmática (*metapragmatic*)
Cortesía$_2$ (*politeness*$_2$)
Descortesía (*impoliteness*)
  auténtica (*genuine*)
  no auténtica (*non-genuine*)
Evento descortés (*impoliteness event*)
Grosero (*rude*)
Imagen social pública (*face*)
  autonomía (*autonomy*)
  afiliación (*afiliation*)
Insulto (*insult*)
Principio de cortesía (*principle of politeness*)

PREGUNTAS DE COMPRENSIÓN

1. Define el comportamiento cortés y el descortés. Da ejemplos.

2. Explica la distinción entre la cortesía del primer orden (cortesía$_1$) y cortesía del segundo orden (cortesía$_2$). Da ejemplos.

3. Define el concepto de la imagen social pública y da ejemplos.

4. Resume las contribuciones de los modelos de cortesía y descortesía que se describieron en este capítulo (secciones 6.4, 6.5 y 6.6). ¿Qué diferencias puedes observar entre los modelos?

5. Explica la distinción entre la descortesía auténtica y la no auténtica. Da ejemplos.

6. En tu opinión, ¿cuál de los modelos de (des)cortesía explica mejor la interacción social? (sección 6.4 y 6.5). Justifica tu respuesta.

7. Explica la diferencia entre la cortesía positiva y la negativa. ¿Qué limitaciones se pueden observan con esta distinción?

8. Menciona tres críticas del modelo universal de cortesía lingüística de Brown y Levinson (1987).

9. Explica cómo se podría analizar la variación de cortesía o descortesía. Considera los factores contextuales: la situación, el poder y la distancia social, el género, la edad y el nivel socioeconómico.

10. Explica algunas diferencias sobre la percepción de la (des)cortesía en dos regiones del mundo hispanohablante. ¿Quiénes se perciben más o menos (des)corteses?

PROYECTOS DE INVESTIGACIÓN

A continuación se presentan algunas ideas para desarrollar un proyecto de investigación. La meta es utilizar los conceptos descritos en este capítulo con un modelo de cortesía o descortesía. Considera la siguiente información para escribir un trabajo de 3–5 páginas:

- objetivo
- una o dos preguntas de investigación
- conceptos centrales de estudios previos (descripción de 3–4 estudios que explican el tema). (Lee estudios en la lista de referencias al final de este capítulo.)
- método de recolección de datos. Puedes consultar el capítulo 10 para familiarizarte con los métodos de recolección de datos en pragmática.
- manera de analizar los datos
- presentación de los resultados
- discusión de los resultados (interpretación de los resultados centrales)
- conclusiones

1. Analiza un aspecto del comportamiento **cortés** en una región de España o Latinoamérica. Puedes analizar un acto de habla cortés en la conversación coloquial o en el discurso mediado por computadoras: *correo-e, Facebook, chat, YouTube*, etc.

   - cumplidos
   - disculpas
   - ofertas

2. Analiza un aspecto del comportamiento **descortés** en una región de España o Latinoamérica. Puedes analizar un acto de habla descortés en la conversación coloquial o en el discurso mediado por computadoras: *correo-e, Facebook, chat, YouTube*, etc.

   - quejas
   - insultos
   - críticas

3. Analiza un aspecto de la cortesía o descortesía en la literatura. Por ejemplo, los actos de habla corteses o descorteses en *El Quijote, La Celestina o El Mío Cid*.

4. Analiza un aspecto de la descortesía en un contexto institucional en una región de España o Latinoamérica:

   - Un debate político cara a cara.
   - La cortesía en el discurso doctor-paciente (la consulta médica).
   - Las peticiones en correos electrónicos de estudiante a profesor.

LECTURAS SUGERIDAS

Blas Arroyo, J. L. (2001). 'No diga chorradas . . . 'La descortesía en el debate político cara a cara. Una aproximación pragma-variacionista. *Oralia, 4,* 9–45.

Escalona-Torres, J. M. (2015). *¡No seas cobarde! Discursive/pragmatic variation of impoliteness in a Multi-party political debate.* IU Working Papers, Indiana University. Retrieved from www.indiana.edu/~iulcwp/wp/issue/view/25

NOTAS

1. Véase Félix-Brasdefer (2008, capítulo 1) para una descripción más detallada de los orígenes del término cortesía en español e inglés.
2. Véase Eelen (2001), Kádár and Haugh (2013) y Watts (2003).
3. Véase las contribuciones de Diana Bravo sobre los dos tipos de imagen social, la afiliación y la autonomía.
4. Véase Félix-Brasdefer (2008) y Escandell (2013). Para una descripción más detallada y revisada de este modelo, véase Leech (2014). En este modelo revisado, el principio de la cortesía se reinterpreta como la Estrategia General de Cortesía ('General Strategy of Politeness') con sus máximas revisadas.
5. Véase Eelen (2001) y Watts (2003) para críticas del modelo.
6. Para una descripción detallada de las estrategias de cortesía positiva y negativa, véase Brown y Levinson (1987, pp. 101–210).
7. Para una descripción detallada de los modelos discursivos que analizan el comportamiento cortés y descortés, véase las contribuciones de Culpeper y Terkourafi (2017), Mills (2017) y Watts (2003).
8. Sinónimos de 'impoliteness' tomados de www.thesaurus.com y de 'descortesía'.
9. Culpeper, Marti, Mei, Nevada, and Schauer (2010).
10. Cuadro de Félix-Brasdefer and McKinnon (2017).

LECTURAS RECOMENDADAS

Bravo, D., & Briz, A. (Eds). (2004). *Pragmática sociocultural: Estudios sobre el discurso de cortesía en español*. Barcelona: Ariel.

Contiene una selección de artículos que describen conceptos teóricos, metodológicos y empíricos sobre la cortesía en varias regiones del mundo hispanohablante. Se analizan varios aspectos del comportamiento cortés, ideología y formas de tratamiento.

Brown, P., & Levinson, S. (1987). *Politeness: Some universals in language use*. Cambridge: Cambridge University Press. Edición original.

Un libro clásico que ofrece una descripción comprensiva sobre la cortesía lingüística universal con el fin de mitigar la tensión o reducir el conflicto. Analizan temas fundamentales como la imagen social pública, las acciones que amenazan la imagen social y la cortesía positiva y negativa.

Culpeper, J. (2011). *Impoliteness: Using language to cause offence*. Cambridge: Cambridge. University Press.

Un libro clásico para el investigador que quiera realizar un estudio sobre la descortesía. Describe los conceptos y teorías fundamentales que han influido sobre el comportamiento descortés desde una perspectiva discursiva. Propone un modelo para analizar la variación de percepciones de descortesía mediante los eventos descorteses (*politeness events*).

Culpeper, J., Kádár, D., & Haugh, M. (Eds.) (2017). *The Palgrave handbook of linguistic (im) politeness*. London: Palgrave Macmillan.

Una colección de treinta artículos que describen y problematizan los conceptos y teorías fundamentales que han influido en nuestro entendimiento sobre el comportamiento cortés y descortés. Se analizan diferentes dimensiones de la (des)cortesía en contextos institucionales y no institucionales. Se analizan las prácticas de (des)cortesía en contextos interculturales y virtuales a partir de la cibercortesía. También se analizan aspectos de (des)cortesía en contextos de segundas lenguas, variación, género, ideología, poder y el desarrollo histórico del comportamiento (des)cortés.

Kádár, D., & Haugh, M. (Eds.) (2013). *Understanding politeness.* Cambridge: Cambridge University Press.

Los autores describen el comportamiento cortés y descortés desde una perspectiva discursiva. Se describen conceptos teóricos y metodológicos recientes sobre (des)cortesía. También se ofrece una descripción histórica sobre los orígenes de la (des)cortesía. Incluye ejemplos que explican varios fenómenos corteses y descorteses.

Watts, R. (2003). *Politeness.* Cambridge: Cambridge University Press.

Un libro clásico para el investigador que quiera realizar un estudio teórico o empírico sobre la (des)cortesía desde una perspectiva discursiva. Problematiza conceptos teóricos de la (des)cortesía, en particular, ofrece críticas al modelo de cortesía universal de Brown y Levinson. El autor propone una alternativa de analizar el comportamiento (des)cortés a partir del comportamiento político (*politic behavior*).

BIBLIOGRAFÍA

Bernal, M. (2008). ¿Insultan los insultos? Descortesía auténtica vs. descortesía no auténtica en el español coloquial. *Pragmatics, 18*(4), 775–802.

Blas Arroyo, J. L. (2001). 'No diga chorradas . . . ' La descortesía en el debate político cara a cara. Una aproximación pragma-variacionista. *Oralia, 4,* 9–45.

Bravo, D. (2004). Tensión entre universalidad y relatividad en las teorías de cortesía. En D. Bravo & A. Briz (Eds.), *Pragmática sociocultural: Estudios del discurso de cortesía en español* (pp. 15–33). Barcelona: Ariel.

Brown, P., & Levinson, S. C. (1987). *Politeness: Some universals in language usage.* Cambridge: Cambridge University Press.

Culpeper, J. (2011). *Impoliteness.* Cambridge: Cambridge University Press.

Culpeper, J. (2017). Impoliteness. En J. Culpeper, M. Haugh, & D. Kádár (Eds.), *The Palgrave handbook of linguistic (im)politeness* (pp. 199–225). London: Palgrave Macmillan.

Culpeper, J., Marti, L., Mei, M., Nevada, M., & Schauer, G. (2010). Cross-cultural variation in the perception of impoliteness: A study of impoliteness events reported by students in England, China, Finland, Germany and Turkey. *Intercultural Pragmatics, 7,* 597–624.

Culpeper, J., & Terkourafi, M. (2017). Pragmatic approaches (im)politeness. En J. Culpeper, M. Haugh, & D. Kádár (Eds.), *The Palgrave handbook of linguistic (im)politeness* (pp. 11–39). London: Palgrave Macmillan.

Eelen, G. (2001). *A critique of politeness theories.* Manchester: St. John's Publishers.

Escalona-Torres, J. M. (2015). *¡No seas cobarde! Discursive/pragmatic variation of impoliteness in a Multi-party political debate.* IU Working Papers, Indiana University. Tomado de www. indiana.edu/~iulcwp/wp/issue/view/25

Escandell, M. V. (2013). *Introducción a la pragmática.* Barcelona: Ariel.

Félix-Brasdefer, J. C. (2008). Politeness in Mexico and the United States: A contrastive study of the realization and perception of refusals. Amsterdam and Philadelphia, PA: John Benjamins Publishing Company.

Félix-Brasdefer, J. C., & McKinnon, S. (2017). Perceptions of impolite behavior in study abroad contexts and the teaching of impoliteness in L2 Spanish. *Journal of Spanish Language Teaching, 3,* 99–113.

García, C. (1992). Refusing an invitation: A case study of Peruvian style. *Hispanic Linguistics, 5,* 207–243.

Goffman, E. (1967). *Interaction ritual: Essays on face-to-face behavior*. New York, NY: Anchor Books.

Grice, H. P. (1975). Language and conversation. En P. Cole & J. Morgan (Eds.), *Syntax and Semantics 3: Speech acts* (pp. 41–58). New York, NY: Academic Press.

Kádár, D., & Haugh, M. (Eds.) (2013). *Understanding politeness*. Cambridge: Cambridge University Press.

Hernández-Flores, N. (1999). Politeness ideology in Spanish colloquial conversations: The case of advice. *Pragmatics, 9*, 37–49.

Kaul de Marlangeón, S. (2008). Tipología del comportamiento verbal descortés en español. En A. Briz, A. Hidalgo, M., Contreras, & J. Hernández Flores (Eds.), *Cortesía y conversación: de lo escrito a lo oral* (pp. 254–266). Actas del tercer coloquio. Valencia, Estocolmo: Universidad de Valencia, Programa EDICE.

Lakoff, R. (1973). The logic of politeness; or minding your p's and q's. In *Papers from the 9th regional meeting of the Chicago Linguistic Society* (pp. 292–305). Chicago, IL: Chicago Linguistic Society.

Lakoff, R. (1990). *Talking power*. New York, NY: Basic Books.

Leech, G. N. (1983). *Principles of pragmatics*. New York, NY: Longman.

Leech, G. N. (2014). *The pragmatics of politeness*. Oxford: Oxford University Press.

Locher, M. A., & Watts, R. J. (2005). Politeness theory and relational work. *Journal of Politeness Research, 1*, 9–33.

Márquez Reiter, R., & Placencia, M. E. (2005). *Spanish pragmatics*. New York, NY: Palgrave Macmillan.

Mateo, J., & Yus, F. R. (2013). Towards a cross-cultural pragmatic taxonomy of insults. *Journal of Language Aggression and Conflict, 1*, 87–114.

Mills, S. (2017). Sociocultural approaches to (im)politeness. En J. Culpeper, M. Haugh, & D. Kádár (Eds.), *The Palgrave handbook of linguistic (im)politeness* (pp. 41–60). London: Palgrave Macmillan.

Scollon, R., & Scollon, S. W. (2001). Discourse and intercultural communication. En D. Schiffrin, D. Tannen, & H. E. Hamilton (Eds.), *The handbook of discourse analysis* (pp. 538–547). Malden, MA: Blackwell.

Spencer-Oatey, H. (2000). Rapport management: A framework for analysis. En H. Spencer-Oatey (Ed.), *Culturally speaking: Managing rapport through talk across cultures* (pp. 11–46). London: Continuum.

Spencer-Oatey, H. (2007). Theories of identity and the analysis of face. *Journal of Pragmatics, 39*, 639–656.

Watts, R. J. (2003). *Politeness*. Cambridge: Cambridge University Press.

Uso y variación en el mundo hispanohablante

Variación pragmática de actos de habla

Introducción

Este capítulo se centra en la variación pragmática regional de los actos de habla y su relación con la (des)cortesía en el mundo hispanohablante: las peticiones, los rechazos, las disculpas y los cumplidos. Después de describir diferentes tipos de variación pragmática, se describe una taxonomía de las estrategias que se emplean para realizar estos actos de habla. En particular, se analiza la variación regional entre dos o más variedades del español (variación intralingüe) y la variación transcultural que contrasta el español con otras lenguas (*cross-cultural pragmatics*). Los actos de habla se analizan de acuerdo a seis niveles de análisis en distintas regiones del mundo hispanohablante, p. ej., el ilocutivo (tipo de acto de habla), el interactivo (actos de habla en secuencia), el estilístico (registro formal e informal) y el participativo (la toma de turnos). Aunque las estrategias para realizar actos de habla son similares en diferentes lenguas, se observa variación regional con respecto a su frecuencia, distribución y contenido en variedades del español peninsular y el latinoamericano. Por ejemplo, se dice que los españoles suenan más directos y menos formales al usar menos expresiones de mitigación en actos directivos (uso del *diminutivo, por favor, desafortunadamente, quizá*) que los hablantes de variedades latinoamericanas como los costarricenses, los ecuatorianos o los mexicanos. Por otro lado, en inglés, predominan las peticiones indirectas convencionales (*Can I have . . .?*) y una alta frecuencia de expresiones mitigadoras (*I was wondering if I could maybe borrow your notes*). Por último, se analiza la variación regional tomando en cuenta factores sociales que condicionan el uso del lenguaje como la región, el sexo y la edad del hablante o la clase social. Consultar la página web para ver ejercicios y actividades adicionales del capítulo 7: https://pragmatics.indiana.edu/textbook/cap7.html

Reflexión

- Piensa en la manera de hacer una petición y una disculpa en dos regiones de tu país de origen, una del norte y otra del sur.
- Explica algunas diferencias de rechazar una invitación y una oferta en inglés y en español. ¿Qué diferencias se pueden observar?
- ¿Qué es un piropo? ¿Cómo se perciben los piropos por las mujeres en tu país? ¿Y en una región de Latinoamérica o España?

Objetivos

Este capítulo analiza la variación pragmática de los actos de habla en variedades del español de España y Latinoamérica. Los temas que estudiaremos son:

- variación pragmática y variación lingüística
- niveles de análisis
- variación pragmática de las peticiones
- variación pragmática de los rechazos
- variación pragmática de las disculpas
- variación pragmática de los cumplidos
- variación pragmática en el mundo hispanohablante

7.1 Variación lingüística y pragmática

La **variación lingüística** contrasta un fenómeno lingüístico en uno o más niveles lingüísticos. Este tipo de variación analiza la manera en que dos o más variantes expresan el mismo significado. Por ejemplo, se pueden contrastar aspectos de la fonología (variantes del sonido /s/: aspiración [h], retención [s] o elisión [ø], p. ej., *los otros* → *loh otroø*), la morfología (morfemas diminutivos: *fru<u>tita</u>, fru<u>tilla</u>, fru<u>tica</u>*) o la sintaxis (presencia o ausencia del sintagma nominal del pronombre sujeto [*Yo vi a María* frente a *[ø] Vi a María, Yo vi a María* frente a *A María la vi yo*]). En el capítulo 8 se analiza la variación regional de las formas de tratamiento pronominales en regiones que favorecen un sistema pronominal binario (México [*tú* y *usted*] o Argentina [*vos* y *usted*]). La selección de estas formas varía no solo con respecto a la región, sino también según la situación, la edad y el sexo del hablante. Este tipo de variación se enfoca en el significado de una variable (p. ej., el fonema /s/) realizada por dos o más variantes ([s], [h] o [ø]) que expresan el mismo significado ('two ways of saying the same thing').[1]

En cambio, la **variación pragmática** analiza la manera en que un concepto pragmático varía según la región, la situación, la intención comunicativa del hablante, el contexto situacional, el grado de formalidad o informalidad y la realización de la (des)cortesía. Por ejemplo, aunque los hablantes de diferentes lenguas y variedades del español se comunican mediante actos de habla (p. ej., peticiones directas o indirectas, consejos solicitados o no) y las formas de tratamiento en sistemas ternarios (*tú, vos, usted*), la selección apropiada de dos o más de estas formas varía según el contexto sociocultural, el contexto discursivo y las circunstancias apropiadas de la situación. Además, la realización y la percepción de la (des)cortesía varía entre hablantes de regiones de España y Latinoamérica, así como entre regiones dentro de un mismo país (p. ej., Madrid y Sevilla [España], Monterrey y Yucatán [México]).

Como veremos en las siguientes secciones (sección 7.4), en ciertas regiones hispanohablantes se prefieren las peticiones directas y un grado de informalidad mediante el tuteo (con la forma *tú*), mientras que en otras predominan las peticiones indirectas convencionales y un trato formal con la forma *usted* para expresar grados de formalidad y respeto. La selección de cada forma depende de factores sociales, situacionales y discursivos (principio, medio o final de la conversación). Este tipo de variación pragmática analiza la función comunicativa de cada variante. Por ejemplo, una petición de servicio (variable) se puede realizar de distintas maneras (variantes): *¿<u>Me puede</u> dar un kilo de azúcar?*, *<u>Necesito/quiero/me da/me pone</u> un kilo de azúcar* o simplemente *Un kilo de azúcar, por favor*. En cada una de estas opciones, la intención comunicativa del hablante es la misma: hacer una petición. Sin embargo, cada variante expresa una intención comunicativa condicionada por factores contextuales como la situación, la distancia y el poder social que existe entre los interlocutores.

7.2 Tipos de variación pragmática

En esta sección se distinguen cinco tipos de variación pragmática: pragmalingüística, sociopragmática,[2] transcultural (*cross-cultural pragmatics*), intracultural e intralingüe (*intralingual*).

La **variación pragmalingüística** consiste en identificar y contrastar los recursos léxicogramaticales que se emplean para expresar significado pragmático en dos o más lenguas (p. ej., inglés y español) o dos o más variedades de una misma lengua (Buenos Aires y San Juan, Puerto Rico). Por ejemplo, para expresar una petición, el hablante emplea su sistema gramatical para producir distintas maneras de realizarla (1):

(1) *Abre la puerta.*
      ¿Puedes abrir la puerta?
      ¿Podrías abrir la puerta?
      ¿Quería preguntar si podrías/podías abrir la puerta?
      No sé si puedes/podrías abrir la puerta.

La **variación sociopragmática** consiste en identificar y comparar los patrones interactivos[3] y lo que se considera comportamiento (des)cortés o apropiado de ciertos grupos en situaciones comunicativas concretas (ver capítulo 9 [sección 9.1]). Por ejemplo, se puede analizar la manera en que los mexicanos de la Ciudad de México y los madrileños perciben la (des) cortesía en situaciones formales (una entrevista de trabajo) o informales (una fiesta entre amigos o una cena familiar). Lo que se percibe como cortés o descortés depende del contexto donde se emite el enunciado. Por ejemplo, si le digo a mi hermano, *¿Serías tan amable de pasarme la sal?*, se percibiría como demasiado cortés, ya que compartimos una relación cercana. El uso del condicional (*serías*) y la forma *amable* suenan formales para esta situación familiar de hermanos. Sin embargo, si hago esta petición a una persona que no conozco (contexto formal), estas expresiones serían apropiadas. La percepción de la (des)cortesía y las peticiones directas o indirectas se miden según el contexto situacional donde ocurre el intercambio comunicativo.

La **variación intracultural** compara los patrones y las características pragmáticas de un grupo social en dos o más situaciones.[4] Por ejemplo, un grupo de puertorriqueños (San Juan) que rechazan invitaciones y hacen cumplidos o un grupo de bolivianos (Cochabamba) durante la negociación de servicio en supermercados con distinto nivel socioeconómico (bajo y alto). Es decir, se comparan diferentes acciones comunicativas dentro de un mismo grupo, pero en situaciones distintas.

La **variación transcultural** ('cross-cultural pragmatics') se ocupa de contrastar aspectos pragmalingüísticos o sociopragmáticos con datos independientes de dos o más lenguas. Por ejemplo, se compara la manera en que los mexicanos (Tlaxcala, México) y los americanos (Minnesota, EE.UU.) rechazan invitaciones en situaciones formales e informales y la percepción de (des)cortesía en ambas culturas (Félix-Brasdefer, 2008) o la manera en que los uruguayos y los británicos expresan peticiones o disculpas (Márquez Reiter, 2000).

Por último, la **variación intralingüe** compara aspectos pragmáticos de variedades de una lengua. Se distinguen dos tipos: la variación regional y la subregional. La *variación regional* compara y contrasta aspectos pragmáticos o discursivos en dos o más variedades de una misma lengua a nivel nacional. Por ejemplo, se contrastan dos o más variedades del español de distintos países (Montevideo y Honduras o La República Dominicana y Cuba). En cambio, la *variación subregional* contrasta dos o más variedades de una misma lengua en un mismo país (México: Mérida, Yucatán y la Ciudad de México; Ecuador: Quito y Manta; España: Madrid y Valencia; Colombia: Cali y Bucaramanga).

Estos niveles de variación pragmática se van a analizar en las (secciones 7.4–7.7) en regiones de España y Latinoamérica, además de algunos contextos en que el español está en contacto con otras lenguas.

Ejercicio 1 Escribe el concepto que mejor describa las afirmaciones de bajo.

a. Variación lingüística (fonética)
b. Variación pragmalingüística
c. Variación sociopragmática
d. Variación intracultural
e. Pragmática transcultural
f. Pragmática intralingüe

1. Contrasta la estructura de las peticiones en Buenos Aires y Córdoba (Argentina)   _____
2. Nivel de variación fonética, p. ej., *las casas* → *lah casa[ø]*.   _____
3. Contrasta la realización de las disculpas entre mexicanos y australianos.   _____
4. Percepción de la descortesía en Guatemala y Barcelona.   _____
5. Recursos gramaticales para expresar cumplidos en situaciones formales   _____
6. Estudiantes paraguayos haciendo disculpas y quejas en dos situaciones distintas.   _____

Figura 7.1 Variación regional en variedades del español

7.3 Niveles de análisis

En el cuadro 7.1 se describen y ejemplifican seis niveles que se emplean para analizar distintos aspectos de variación pragmática, sobre todo, la variación de actos de habla (secciones 7.4–7.7): formal, ilocutivo, interactivo, tópico, estilístico y participativo[5] (niveles adoptados de Schneider, 2010 y Félix-Brasdefer, 2015).

Cuadro 7.1 Niveles de variación pragmática

Nivel	Descripción	Ejemplo
Formal	Analiza las variantes y la función comunicativa de una forma lingüística.	Marcadores discursivos (*bueno, o sea, entonces*), formas epistémicas ([*yo*] *creo/ pienso que . . ., me parece que, no sé si . . .*)
Ilocutivo	La función comunicativa (fuerza ilocutiva) de un acto de habla. Se centra en las distintas maneras de realizar un acto de habla. Los recursos pragmalingüísticos convencionales empleados para expresar actos de habla (peticiones, cumplidos, ofertas, disculpa).	Diferentes maneras de expresar una petición (*dame, me da, necesito, puedes darme, . . .*) o una disculpa (*lo siento, perdona, discúlpame*, etc.).
Interactivo	Actos de habla en secuencia. Se centra en la estructura secuencial de los *pares adyacentes* para realizar intercambios comunicativos con la participación del hablante y el oyente en acciones coordinadas (ver capítulo 5, sección 5.3.1.2).	La estructura de las secuencias para abrir y cerrar una interacción, la estructura secuencial de una invitación/oferta/petición y su respuesta (aceptación/rechazo), un cumplido y la respuesta.
Estilístico	Aspectos estilísticos del intercambio comunicativo. Se centra en el nivel de formalidad y tono que emplean los participantes en la interacción y el cambio de marcos de referencia (o *frames*).	El cambio de un tono formal (transacción de compraventa o entrevista de trabajo) a uno informal (conversación coloquial, broma). Selección de las formas de tratamiento para el trato formal (*usted, señor, don, señora, profesor*) e informal (*tú, vosotros, Juanito, flaco*).
Tópico	La selección y el manejo de los tópicos conversacionales que se introducen, mantienen, cambian o se abandonan en una interacción.	La selección de temas apropiados entre británicos en conversaciones con españoles (p. ej., hablar de política, economía, aspectos físicos de una persona, educación, familia, el trabajo, el sueldo). Cambio de tema en una conversación familiar, entre amigos o entre dos desconocidos.
Participativo	La organización de la toma de turnos para la co-construcción de dos o más pares adyacentes. Se centra en los recursos interactivos que se emplean para coordinar acciones comunicativas mediante la toma de turnos (ver capítulo 5, sección 5.3.1.4).	El derecho de tomar el turno y ofrecerlo en una interacción, el solapamiento (habla simultánea de dos interlocutores), la interrupción, el silencio o los recursos conversacionales para enmendar una acción comunicativa.

Además de los niveles de análisis, se consideran los factores macro y microsociales que condicionan el uso comunicativo del lenguaje (Barron & Schneider, 2009 y Schneider, 2010). Los **factores macrosociales** incluyen:

● Región (variación regional: español mexicano y colombiano. Variación subregional: español de Madrid y Sevilla).

- Sexo (habla masculina y femenina)
- Edad
- Etnicidad
- Nivel socioeconómico

Entre los **factores microsociales** se pueden mencionar los siguientes:

- El poder social (jefe-empleado, dos profesores, dos amigos, dos desconocidos)
- La distancia social (grado de formalidad y familiaridad entre los interlocutores)
- La situación (una conversación familiar, una entrevista de trabajo)

Ejercicio 2 Da un ejemplo para cada uno de los niveles de análisis. Haz referencia al menos a tres actos de habla.

Nivel	Ejemplo
Formal	
Ilocutivo	
Interactivo	
Estilístico	
Tópico	
Participativo	

En la siguiente sección, se analizan los niveles de análisis (cuadro 7.1) y los factores sociales que condicionan la variación pragmática regional de actos de habla en distintas regiones. Se analiza la variación pragmática regional en variedades del español y en situaciones de contacto con otras lenguas. Se centra en la variación pragmática de cuatro actos de habla: peticiones, rechazos, disculpas y cumplidos.

En el capítulo 10 se describen los métodos que se emplean para recoger datos de actos de habla: datos naturales (grabaciones electrónicas y anotaciones escritas), dramatizaciones orales (*role plays*), cuestionarios escritos y escalas de valoración para analizar evaluaciones metapragmáticas en la percepción de actos de habla.

En el siguiente enlace puedes analizar variación pragmática en variedades del español en Latinoamérica, España, África y en los Estados Unidos.

 Enlace, 'Variación pragmática': https://pragmatics.indiana.edu/textbook/cap7. html

7.4 Variación pragmática de las peticiones

Como vimos en el capítulo 3 (sección 3.6.2), un acto directivo se define como intentos que hace el hablante para influir el comportamiento de otra persona.[6] La petición es un acto de habla frecuente en la comunicación diaria: hacemos preguntas de información (*¿Dónde queda el Museo del Prado?*), aclaración (*¿Es el examen de lingüística esta semana o la próxima?*)

o acción (*¿Me prestas los apuntes de la clase de poesía?*). La selección de una petición directa o indirecta depende de varios factores: la situación (una cena familiar, una entrevista de trabajo, un supermercado), la distancia y el poder social entre los interlocutores (dos amigos, dos desconocidos, jefe-empleado, estudiante-profesor) y el grado de imposición (*¡Pedirle a un profesor que escriba una carta de referencia con un día de anticipación!*). Observa la petición en la figura 7.2 de una ciudad española:

Figura 7.2 Pedido de un anuncio de comida

En el siguiente sitio puedes estudiar las estrategias y ejemplos de peticiones.
Peticiones: Variación pragmática https://pragmatics.indiana.edu/textbook/cap7.html (sección 7.4)

La estructura de una petición se compone de tres elementos:

● **acto principal** (*head act*)
● modificación interna del acto principal
● elementos de apoyo (*supportive moves*)

Los **elementos (o movimientos) de apoyo** incluyen la modificación externa: la información que precede o sigue al acto principal. También hay que tomar en cuenta la **perspectiva del hablante**, o sea, si la petición se realiza desde la perspectiva del hablante (*¿Puedo pedir prestado tus apuntes de clase?*) o del oyente (*¿Me puedes prestar tus apuntes de clase?*). Veamos la estructura de la petición en el ejemplo (2), un correo electrónico de un estudiante a su profesor:

(2) 1 Estimado Profesor, } Modificación externa
     2 quería pedirle un favorcito
     3 voy a solicitar al programa graduado de lingüística,
     4 → *quería* preguntarle si tendría un poco de tiempo para } Acto principal
     5 escribir una carta de referencia, *¿cree* que *podría* ?.
     6 La necesito en tres semanas. } Modificación externa
     7 Se lo agradezco muchísimo.
     8 Atentamente, Marta

El **acto principal** de la petición se realiza de manera indirecta (línea 4). La petición está modificada internamente por las siguientes expresiones que suavizan o mitigan la fuerza impositiva (palabras en negrita, líneas 4 y 5): el uso del condicional (*quería . . ., tendría, podría . . .*) que expresa cortesía y deferencia hacia el profesor. También se emplea el mitigador '*un poco*' para reducir el efecto impositivo del pedido y el verbo epistémico 'creer' para reducir los efectos de lo dicho. En cambio, la **modificación externa** incluye la información que precede a la petición: saludo (línea 1), preparador (línea 2) y justificación (línea 3). La petición también está modificada externamente por estrategias que le siguen: justificación (línea 6), expresión de agradecimiento (línea 7) y el saludo final (línea 8). También se realiza según la **perspectiva del oyente** (. . . *si tendría* [usted] . . .).

El acto principal de la petición se puede realizar directa o indirectamente. El cuadro 7.2 presenta las estrategias para realizar una petición: directas, indirectas convencionales e indirectas no convencionales. Las categorías directas y las indirectas convencionales se clasifican a partir de un continuo:[7]

Cuadro 7.2 Estrategias para hacer una petición

Pedido		Ejemplo
Directa	Imperativo	*Préstame tus apuntes.*
	Realizativo	*Te pido que me prestes tus apuntes.*
	Elíptica (sin verbo)	*Los apuntes de la clase, por favor.*
	Afirmación asertiva	*Me da un kilo de azúcar.* *Me pone un (café) cortado.*
	Afirmativa con 'necesitar'	*Necesito un kilo de azúcar.*
	Afirmativa con 'querer'	*Quiero un kilo de azúcar.*
Indirecta convencional	Preparatoria (con *poder*)	*¿Me puedes/podrías prestar tus apuntes de la clase?*
	Sugerencia	*¿Qué te parece si hablas con el profesor sobre tu nota del examen?* *¿Por qué no hablas con el profesor sobre tu nota final?*
Indirecta no convencional	Indirecta (*hint*)	Profesor: *Hace mucho calor en el salón.* Estudiante: *Voy a abrir la ventana.*

7.4.1 Modificación interna

Las peticiones se pueden modificar internamente con los siguientes mitigadores:

Mitigadores léxicos

Diminutivos: *¿Me sirves un <u>vasito</u> de agua?*
Marcador de cortesía: *¿Podrías limpiar el baño, <u>por favor</u>?*

Atenuadores adverbiales: *Posiblemente, probablemente, quizá, ojalá, no sé si*. . . .
Adjetivos atenuadores: *Un poco/algo de tiempo*.
Coletillas interrogativas: *Préstame tus apuntes, ¿no?*

(otros: *¿verdad?, ¿sí?, ¿de acuerdo?*)

Mitigadores sintácticos (para expresar cortesía o deferencia)

Condicional: *¿Me podrías prestar los apuntes de la clase?*
Imperfecto: *¿Podías prestarme los apuntes de la clase?*
Negación antes de la petición: *¿No me prestas los apuntes de la clase?*

Para ver más ejemplos de las estrategias de peticiones en español y en inglés, visitar la página de los actos de habla, 'Peticiones': https://pragmatics.indiana.edu/textbook/cap7.html (sección 7.4 y 7.4.1)

7.4.2 Variación regional de las peticiones

La realización y percepción de las peticiones depende del grado de (in)dirección ('level of directness'), la frecuencia y contenido de las expresiones mitigadoras y la perspectiva del hablante.[8] Los estudios de García (1993 y 1999) comparan las peticiones entre los peruanos y los venezolanos usando dramatizaciones abiertas (*open role plays*). Los resultados sugieren que los peruanos de Lima emplean las peticiones indirectas convencionales más frecuentemente (p. ej., *Si es posible, ¿si usted puede darle clases de inglés a mi hermano que tiene once añitos?* [1993]) que los venezolanos, quienes prefieren las peticiones directas (*Sabes que es mi cumpleaños el sábado, y tienes que venir* [1999]). En su estudio sobre las peticiones en tres variedades, Félix-Brasdefer (2009) encontró que los dominicanos (Santiago) usaron mayor frecuencia de peticiones directas (56%) que los costarricenses (46%) (San José) y los mexicanos (41%) (Oaxaca). En cambio, los mexicanos y los costarricenses emplearon una frecuencia mayor de peticiones indirectas convencionales que los dominicanos, quienes fueron más directos. También se observaron las peticiones directas entre los españoles (Valencia) y los chilenos (Santiago) (Puga Larraín, 1997). Específicamente, los chilenos tienden a ser más indirectos, muestran un trato pronominal deferencial (trato de *usted*) y con más expresiones mitigadoras que los españoles, quienes prefieren las peticiones directas con imperativo y un trato pronominal informal (*tuteo*).

Otros estudios han comparado la realización de las peticiones en el nivel subregional.[9] Placencia (2008) comparó las peticiones de servicio en tiendas de Quito y Manta (costa). En el nivel ilocutivo, aunque ambos grupos prefirieron las peticiones directas, los quiteños usaron una frecuencia mayor y una variedad de expresiones mitigadoras para suavizar el pedido mediante el uso del diminutivo y la forma *por favor* (p. ej., *por favor, deme pancito, regáleme pancito por favor*). También se observaron diferencias en el nivel interactivo: predominan las secuencias de saludos para iniciar la transacción entre los quiteños y menos entre los manteños. Es decir, los quiteños muestran una orientación hacia las relaciones interpersonales, mientras que los manteños se orientan más hacia la transacción. En México, Félix-Brasdefer (2015) comparó la negociación de servicio en tiendas de barrio en dos regiones, en la Ciudad de México (centro del país) y en Guanajuato (norte de la Ciudad de México). En el nivel ilocutivo, los clientes de ambas regiones emplearon las aserciones como la estrategia más frecuente (*me da un cuarto de jamón, por favor*). En cambio, los clientes de la Ciudad de México prefirieron las peticiones implícitas (p. ej., el cliente escoge el producto y lo lleva al mostrador para pagar), mientras que los clientes de Guanajuato usaron las peticiones elípticas con mayor frecuencia. Por último, Bataller (2015) analizó la realización de peticiones de servicio en dos regiones de España, Valencia y Granada. Las peticiones elípticas predominaron en ambos grupos (*dos cafés con leche*). En Valencia, las aserciones (o preguntas interrogativas simples) se usaron más frecuentemente que en Granada (*¿Me pones un café con leche y tostada?*). Con respecto a las expresiones para suavizar el pedido, las clientes de Granada usaron una frecuencia mayor que los de Valencia (*Dos cafés, por favor, ponme un vinillo*). Por otro lado, en Bogotá (centro de Colombia) predominan las peticiones directas (Fitch, 1994), mientras que en Pasto (sur de Colombia) se prefiere la indirección y la deferencia (Delgado, 1994).

El español peninsular se ha comparado con variedades latinoamericanas. En su comparación sobre las peticiones entre españoles (Madrid) y colombianos (Pasto) con datos de un cuestionario de producción escrita, Delgado (1994) encontró que los españoles fueron más directos que los colombianos que prefieren la formalidad y la deferencia. En su estudio entre las peticiones de encuentros de servicio entre ecuatorianos (Quito) y españoles (Madrid), Placencia (2005) observó que, aunque ambos grupos usaron las peticiones directas, los ecuatorianos usaron una frecuencia mayor y más variedad de expresiones mitigadoras. En el nivel interactivo, los quiteños utilizaron secuencias largas para abrir la interacción, mientras que los españoles fueron breves y usaron menos expresiones para suavizar el pedido. Y con respecto a la percepción del grado de imposición, Curcó y de Fina (2002) encontraron que los mexicanos (Ciudad de México) percibieron las peticiones directas con imperativo (y sin mitigadores) como menos corteses que los españoles (Barcelona), que prefieren las peticiones directas y sin mitigación. En general, las peticiones en el español peninsular se perciben más directas que en algunas variedades del español latinoamericano.

Otros estudios han comparado la realización de las peticiones entre variedades del español y el inglés estadounidense (EE.UU.) o británico (variación transcultural). Por ejemplo, Márquez Reiter (2000) comparó las peticiones entre el español uruguayo y el inglés británico con dramatizaciones abiertas: los uruguayos (Montevideo) usaron peticiones más directas, con cierto grado mitigación y con orientación hacia el interlocutor (*Dame un poquito de leche para el café*). En cambio, las peticiones entre los británicos fueron más indirectas, con mayor grado de mitigación y con orientación hacia el hablante (*I wonder if there is any possibility I could borrow your car*). De modo similar, en su estudio sobre las peticiones en conversaciones telefónicas entre ecuatorianos (Quito) y británicos, Placencia (1995) encontró que los británicos emplearon peticiones explícitas (*Who's calling, please*), mientras que los ecuatorianos utilizaron peticiones elípticas, sin verbo (*Buenos días, el señor Augusto Flores por favor*).

La realización de las peticiones también se ha investigado en situaciones de lenguas en contacto en Ecuador. Por ejemplo, en interacciones entre indígenas quechua-hablantes con los mestizos monolingües de español (los descendientes de los españoles con mujeres indígenas), Hurley (1995) observó que las peticiones con el imperativo predominan entre los hablantes de la comunidad de Otavalo, como en los siguientes ejemplos:

(3) Peticiones de servicio con imperativo (Otavalo, Ecuador) (Hurley, 1995)

    a. *Véndame un cierre de 20 centímetros.*
    b. *Préstame una llave.*

Según el autor, las peticiones en quechua predominan con la forma imperativa. Aunque se puede afirmar que la alta frecuencia del imperativo en español puede ser resultado del contacto con el quechua, es más probable que la frecuencia del imperativo sea una característica del español de esta región ecuatoriana. Un aspecto interesante del español otavaleño es la forma futura para expresar imperativo, como en (4):[10]

(4) El futuro con función de imperativo (Otavalo, Ecuador)

   a. *Señor, muchas gracias, regresará pronto.*
   b. *No me hablará.*

La forma futura para expresar imperativo se siente como más cortés que la forma simple en presente del imperativo (*Regrese pronto, No me hable*). Como el futuro de imperativo se usa en la morfología quechua, es posible que estos ejemplos representen un caso de transferencia del quechua al español por influencia de hablantes bilingües de la región de Otavalo (Ecuador) que hablan quechua y español.

PARA PENSAR MÁS

Comenta sobre la variación regional de las peticiones directas e indirectas en tu país. ¿Cómo se realizan las peticiones en el norte, centro y sur? ¿Cuál es el grado de mitigación que se emplea en las peticiones? ¿De qué factores depende?

7.5 Variación pragmática de los rechazos

Como vimos en el capítulo 3 (sección 3.6.3), el acto de habla del rechazo es un acto comisivo porque la acción rechazada compromete al hablante a ejecutar una acción, por ejemplo, rechazar una invitación o una oferta.[11] A diferencia de una petición que se considera un acto iniciativo, el rechazo es un acto reactivo porque funciona como una respuesta a un acto iniciado, por ejemplo, un rechazo a una invitación (A: *Te invito a una fiesta*, B: *Desafortunadamente no puedo asistir*) o una oferta (*¿Si quieres, puedes usar mi carro para ir al aeropuerto*, B: *Gracias por ofrecerme tu ayuda, pero no la necesito*). El rechazo es un acto de habla complejo que puede incluir rechazos directos (*No, no puedo*) e indirectos (p. ej., razones, disculpas, respuestas indefinidas, alternativas) y expresiones positivas (p. ej., expresiones de gratitud). Estas estrategias pueden ocurrir en un mismo turno o a través de varios turnos durante la interacción. Además, dada la dificultad de decir 'no' a una persona de estatus igual o desigual, el hablante tiene que recurrir a expresiones mitigadoras que suavizan el impacto negativo del rechazo y mantienen el equilibrio de las relaciones interpersonales (*Creo que no va a ser posible, desafortunadamente no podré; No sé si podría prestarte mis apuntes*).

Al igual que las peticiones, la estructura de un rechazo incluye los siguientes componentes:

   el acto principal (*head act*)
   elementos de apoyo (modificación externa)
   expresiones de modificación interna.

Veamos el ejemplo en (5, → indica 'acto principal):

(5) Un estudiante mexicano rechaza la invitación de cumpleaños de su amigo.

   1. *Gracias por acordarte de mí,*
   2. *es una excelente oportunidad para ver a los amigos,*
   3. → *pero desafortunadamente no creo que podré asistir a tu fiesta.*

4. *Ese día salgo tarde de trabajar y no puedo pedir permiso,*
5. *si salgo temprano, llego a tu fiesta,*
6. *pero no te prometo nada.*
7. *En serio, me da mucha pena no poder acompañarte.*

El rechazo a la invitación en (5) inicia con una expresión de agradecimiento y un comentario positivo (líneas 1 y 2). El acto principal se mitiga con un adverbio y un verbo mental (*Desafortunadamente no creo que podré asistir . . .*, línea 3), seguido de una justificación (línea 4). Luego se presenta una respuesta indefinida que deja la posibilidad abierta de asistir (líneas 5 y 6) y termina con una expresión de disculpa y otro rechazo (línea 7). El rechazo se modifica externamente con expresiones que preceden (líneas 1 y 2) y siguen al acto principal (líneas 4–7) (expresiones positivas, justificaciones, respuestas indefinidas y condicionales).

El cuadro 7.3 presenta la clasificación de las estrategias que se emplean para realizar un rechazo. La selección, frecuencia, contenido y distribución de las estrategias depende del acto iniciado (petición, oferta, invitación).[12]

Cuadro 7.3 Estrategias para hacer un rechazo

Estrategia		Ejemplo
Rechazos directos	Directo	*No.*
	Habilidad negativa	*No puedo.*
Rechazos indirectos	Razón/ justificación	*Ese día tengo una cena con mi novia y luego tenemos planes de ir al cine.*
	Respuesta indefinida	*– No sé si pueda llegar a tiempo a tu fiesta.* *– No sé qué clases tomar, voy a intentar asistir, pero no prometo nada.*
	Deseo	*Ojalá pudiera ayudarte.*
	Condición futura/ pasada	*Si consigo quién me dé un aventón (o 'autostop') a tu fiesta, llego. Si me hubieras contactado antes, habría aceptado.*
	Promesa de aceptación futura	*La próxima vez cuenta conmigo.*
	Disculpas	*Lo siento mucho, me da mucha pena, discúlpame, perdona(me), mil disculpas.*
	Alternativas	*¿Qué te parece si almorzamos la próxima semana? Si no puedes, podemos buscar otra alternativa.*
	Posponer	*Por ahora es un poco difícil, mejor vamos a dejarlo para la semana siguiente.*
	Evasiva	Silencio, no hacer nada, bromear, incertidumbre, repetición, solicitar más información, salir del lugar. *¿El lunes?, no sé . . ., no estoy muy seguro, ¿a qué hora es?, ¿Quién más va a ir a la fiesta?*
	Esfuerzos para disuadir al interlocutor	Consecuencias negativas para el otro, crítica, insulto, dejar libre al otro. *Yo no soy una persona de fiestas. No te preocupes, le pregunto a otra persona. ¡Es una idea fatal!*
Expresiones afiliativas (adjuntos)	Expresión positiva	*Es una idea genial, pero. . . . Está bien, pero. . . . Me encantaría, pero . . .*
	Agradecimiento	*Gracias por la invitación, te lo agradezco.*
	Empatía	*Entiendo que te encuentras en una situación difícil, pero . . .*

Como un rechazo puede crear tensión (respuesta no preferida), el hablante tiene la opción de emplear **expresiones mitigadoras** para salvaguardar la imagen del interlocutor (*save the interlocutor's face*). La presencia (o ausencia) de expresiones mitigadoras y su frecuencia varía de cultura a cultura y entre variedades de una lengua. Algunas de las expresiones que suavizan el impacto negativo de lo dicho incluyen:

Verbos mentales: *No creo/pienso que pueda asistir, me parece . . .*
                        No sé si . . .
Adverbios modales   *Probablemente/posiblemente/quizá/ ojalá*
Modificadores   *Como que me es un poco difícil asistir.*
                        Es algo/un poco difícil . . .

PARA PENSAR MÁS

Piensa en la manera en que tus amigos o familia rechazan una invitación o una oferta de comida. ¿Cuáles estrategias del cuadro 7.3 predominan en español y en inglés?

 Para ver más ejemplos de las estrategias de los rechazos en español y en inglés visitar la página de los actos de habla, 'Rechazos:' https://pragmatics.indiana.edu/textbook/cap7.html (sección 7.5)

7.5.1 Variación pragmática de los rechazos

El acto de habla del rechazo se ha investigado entre dos lenguas y variedades de la misma lengua. Usando dramatizaciones abiertas, Félix-Brasdefer (2008) comparó la estructura del rechazo a invitaciones, peticiones y sugerencias en dos grupos de estudiantes, mexicanos (Tlaxcala) y americanos (Minnesota). Aunque ambos grupos emplearon las mismas estrategias (cuadro 7.3), se observaron diferencias en la frecuencia y contenido. Los mexicanos utilizaron las siguientes estrategias más frecuentemente que los americanos: rechazos mitigados (*No creo que podré asistir*), respuestas indefinidas, razones/justificaciones y expresiones para posponer la invitación o petición. En cambio, entre los americanos predominaron los rechazos directos, las alternativas, las evasivas, las expresiones positivas al inicio del rechazo y la empatía. En general, los mexicanos rechazaron más indirectamente y de manera ambigua que los americanos, quienes prefirieron los rechazos directos no mitigados. VonCanon (2006) analizó los rechazos a peticiones en tres grupos con datos de dramatizaciones abiertas: americanos (Iowa, USA), españoles (Salamanca, España) y aprendices de español como segunda lengua. Los tres grupos favorecieron las razones/justificaciones al rechazar una petición (estudiantes y jefe-empleado). Los rechazos directos fueron menos frecuentes entre los dos grupos de hablantes nativos y más frecuentes entre los aprendices que produjeron un mayor índice de rechazos directos. Los americanos prefirieron las respuestas indefinidas y las disculpas, mientras que los españoles fueron más directos y más asertivos en sus respuestas. Si se compara la estructura del rechazo entre los españoles y los mexicanos, se puede concluir que los primeros son más directos y breves, mientras que los segundos se inclinan más hacia los rechazos indirectos con alto índice de mitigación, justificaciones y respuestas indefinidas.

El rechazo a una invitación o a una oferta se manifiesta mediante la insistencia, que representa una expectativa sociocultural en diferentes regiones del mundo hispanohablante como México, Perú y Venezuela, entre otros.[13] Después de rechazar una invitación o una oferta en español, se esperan dos o más insistencias por parte del interlocutor con el fin de reafirmar los lazos de solidaridad entre los participantes. Al rechazar una invitación, los hispanohablantes responden en dos etapas:

1. invitación-respuesta
2. insistencia-respuesta

La insistencia en español se considera un acto cortés, un marcador de afiliación y una expectativa sociocultural. El no insistir se considera un acto descortés y se percibe como mal educado. En cambio, en la cultura anglosajona, dos o más insistencias (después de un rechazo) se considera una imposición. En el rechazo a la invitación (invitación-respuesta), los hispanohablantes generalmente emplean estrategias deferentes con el fin de expresar respeto. En la segunda etapa (insistencia-respuesta), se emplean estrategias de solidaridad que crean la expectativa de cumplir con la invitación. En el capítulo 5 (sección 5.3.1.2, ejemplo 6) se presenta un rechazo a una invitación de cumpleaños entre dos amigos (Víctor y Daniela), seguido de cinco insistencias. Después de varias respuestas indirectas (justificaciones, respuestas indefinidas), Víctor termina aceptando la invitación:

🎧 Audio: Invitación-respuesta entre dos estudiantes mexicanos.
https://pragmatics.indiana.edu/textbook/cap7.html (audios)

 En español peninsular, la insistencia también se considera un comportamiento esperado después de rechazar un ofrecimiento, como se observa en el intercambio en (6) (figura 7.3), entre dos sevillanos (↑ indica tono ascendente):

🎧 Audio: Ofrecimiento-respuesta entre dos españoles.
https://pragmatics.indiana.edu/textbook/cap7.html (audios)

Figura 7.3 Ejemplo de un ofrecimiento y respuesta

(6)   Paco rechaza el ofrecimiento de comida a una señora sevillana (España)

Señora: 1   *Hoy preparé la comida especialmente para ti*
              2   *y veo que te gusta mucho el cochinillo.* (puerco pequeño rostizado)
              3   *¿Te gustaría comer un poco más? Sírvete lo que gustes, eh↑*
Paco: 4   *No se preocupe, está muy bueno todo, pero estoy lleno, no puedo más.*
              5   *De verdad muchas gracias, está todo muy rico.*
Señora: 6   *Vamos, solo un poco más, de verdad,*
              7   *lo hice especialmente para ti.*
Paco: 8   *Bueno, venga, por eso que insiste, me voy a apartar un poquito más,*
              9   *pero de verdad que solo por lo rico que está.*
Señora: 10   *Adelante, come lo que quieras.*

La respuesta a la oferta de comida se realiza mediante estrategias indirectas (razones), un rechazo directo (*no puedo más*), una expresión de gratitud y comentarios positivos (líneas 1–5). La respuesta a la insistencia se acepta con el fin de proteger la imagen de la otra persona (líneas 8 y 9). En esta región española (Sevilla), como en regiones latinoamericanas, la insistencia a una oferta o a una invitación se considera un comportamiento esperado que puede cambiar la opinión del hablante, aceptando la oferta o la invitación (líneas 8–9). En caso de no aceptar la invitación, predominan las respuestas indefinidas o las evasivas en etapas posteriores.

Consulta el siguiente enlace para escuchar videos de rechazos entre españoles y aprendices de español como segunda lengua:

https://coremah.com/

PARA PENSAR MÁS

Piensa en el concepto de la insistencia en la cultura americana y en otra distinta al español. ¿Se considera la insistencia un comportamiento esperado o un comportamiento cortés? Justifica su respuesta con ejemplos.

7.6 Variación pragmática de las disculpas

Como vimos en el capítulo 3 (sección 3.6.4), la disculpa es un acto de habla expresivo en que el hablante o escritor reconoce que ha causado una infracción u ofensa por una falta cometida y trata de enmendar la relación con el interlocutor. La falta alude al quebrantamiento de una norma social que el hablante reconoce que ha infringido (figura 7.4).

Al disculparse, se espera una respuesta por el interlocutor con el fin de llegar a un acuerdo mutuo sobre la reparación de la ofensa. Para expresar una disculpa, el hablante tiene a su

Figura 7.4 Ejemplo de una disculpa

disposición una serie de estrategias para enmendar su ofensa y realinear la negociación de la imagen social con el otro:

1. Una expresión de disculpa (*perdona, disculpa*).
2. Se reconoce que ha cometido una falta.
3. Se justifica.
4. Se ofrecen maneras de corregir la ofensa.
5. Se promete que no volverá a ocurrir.
6. Se decide no tomar ninguna responsabilidad por la infracción.

En (7) se muestra una disculpa de un estudiante a su profesor por llegar tarde.

(7) Estudiante mexicano se disculpa con su profesor por llegar tarde a clase.

1. *Profesor, quisiera hablar con usted sobre mi retardo.*
2. *Tuve una serie de problemas personales. Sé que le he fallado varias veces,*
3. → *quisiera pedirle que me disculpara, solo esta vez.*
4. *Trataré no fallarle más adelante.*

El estudiante se dirige a su profesor con el título formal (*Profesor*), seguido del reconocimiento de culpa ('*sobre mi retardo*') (línea 1) y una razón/justificación de su falta y más reconocimiento de su culpa ('*Sé que le he fallado varias veces*') (línea 2). La disculpa se presenta en la línea 3 mediante la expresión '*disculpar*' con un tono formal y la promesa de que no volverá a ocurrir (línea 4). El cuadro 7.4 presenta el inventario de las estrategias que componen el acto de habla de la disculpa.[14]

Cuadro 7.4 Estrategias para hacer una disculpa

Estrategia	Ejemplo
1. Expresión de disculpa (acto ilocutivo) Intensificadores: *mucho/muchísimo, de verdad*	*Lo siento mucho/muchísimo, discúlpame por favor, perdóname.*
2. Reconocimiento de responsabilidad	*Fue culpa mía, tomo responsabilidad por lo que hice; Me da mucha pena por lo que hice; No fue mi intención, entiendo que debes estar enfadado.*
3. Explicación o justificación	*Había muchísimo tráfico, el autobús llegó tarde, mi carro se descompuso.*
4. Ofrecimiento de enmienda (corregir la ofensa) El que comete la infracción se compromete a corregir la ofensa.	*Yo pago todos los gastos del carro por el accidente, podríamos vernos otro día a la hora que tú puedas, yo me ajusto a tu horario.*
5. Promesa de que no volverá a ocurrir.	*Te prometo que esto no pasa de nuevo, no vuelvo a llegar tarde.*
6. La persona que cometió la infracción/ofensa no toma responsabilidad[15]	*Se (me) cayó* ('it fell *on me*') *Me hicieron esperar mucho.*

La selección de estas estrategias depende de varios factores: la situación (una entrevista de trabajo o una cena familiar), la relación entre los participantes (amigos, jefe-empleado, desconocidos) y el grado de gravedad de la ofensa (p. ej., *Disculparse por llegar tarde* frente a *Disculparse por chocar el carro que pedimos prestado al jefe*). Las primeras cinco estrategias son comunes en la mayoría de las culturas, mientras que la sexta (la persona que realiza la infracción no toma responsabilidad) es frecuente en español con expresiones en que el agente se omite con el *se* impersonal: *se (me) cayó el vaso, se llenó la alfombra de vino tinto*. En estos casos, el hablante no expresa explícitamente su disculpa o responsabilidad de haber cometido la infracción.

 Para ver más ejemplos de estrategias para expresar disculpas en español y en inglés, visitar la página de los actos de habla: https://pragmatics.indiana.edu/textbook/cap7.html (sección 7.6)

7.6.1 Variación regional de las disculpas

El acto de habla de la disculpa se ha comparado en dos variedades del español y dos del inglés con datos de dramatizaciones abiertas: español chileno e inglés australiano (Camberra) (Cordella, 1990) y español uruguayo e inglés británico (Londres) (Márquez Reiter, 2000). Con respecto al inglés, los australianos y los británicos prefirieron la expresión 'I'm sorry' con orientación hacia el oyente y el uso de intensificadores ('I'm really/terribly/awfully sorry'). Ni los británicos ni los australianos corrigieron la ofensa. En cambio, entre los chilenos y los uruguayos la expresión 'lo siento' fue infrecuente. Predominaron las formas *disculpar* y *perdonar* con menos intensificación en comparación con el inglés. En español, se prefieren las expresiones '*discúlpame*' o '*perdóname*' con orientación hacia el interlocutor. Las explicaciones fueron más frecuentes en español que en inglés. Además, se observaron diferencias de género con una frecuencia mayor de disculpas entre las mujeres uruguayas y las británicas.

También existe variación pragmática en el nivel regional. Filimonova (2015) analizó las estrategias de la disculpa entre hablantes mexicanos con datos de un cuestionario de producción escrita.[16] Predominaron dos estrategias: el reconocimiento de responsabilidad (33.6%) y la expresiones de disculpa (30.8%) con altos grados de intensificación (65.8%). La expresión más frecuente para hacer una disculpa incluye las siguientes variantes: 'perdonar' (perdón, perdóname), 'dar pena' (me da pena), como en el ejemplo (8):

(8) Disculpas de mujeres mexicanas

    a. *Perdón, te confundí con un amigo, de verdad, fue sin querer.*
    b. *Me da muchísima pena y, de verdad, fue un accidente.*

Las disculpas también se han analizado en el español cubano usando datos naturales.[17] A diferencia del español mexicano (Filimonova, 2015) donde predomina la expresión de reconocimiento de responsabilidad, entre los cubanos (Ruzicková, 1998) se favorecen las expresiones de disculpa.

Con respecto a la variación intralingüe, las disculpas se han contrastado en el español de México (Cuernavaca) y en Panamá (Ciudad de Panamá) usando datos de anotaciones escritas (*field notes*) (Wagner & Roebuck, 2010). Con respecto a similitudes, en ambas regiones predominaron tres estrategias: la expresión de disculpa, las explicaciones o justificaciones y la estrategia de no tomar responsabilidad (*Se me cayó*). Además, la expresión de disculpa se realizó con las siguientes formas: *perdón, perdone/perdona, disculpe/disculpa* y *le pido perdón*. De estas, el estilo formal fue más frecuente (*perdone, disculpe*). Con respecto a las diferencias, los panameños emplearon más razones que los mexicanos. Los dos grupos no se inclinaron a corregir la infracción u ofensa. Además, aunque ambos grupos prefirieron la forma 'perdón', los panameños (como los chilenos),[18] favorecieron la forma *disculpe* (*disculpa, disculpe*) en vez de *perdone*. De hecho, las variantes de *perdonar* (*perdón, perdona, perdone*) predominan en el español mexicano sobre *disculpar*. En ambas regiones, la perspectiva de la disculpa se realiza con orientación hacia el interlocutor (*perdóname/perdóneme, discúlpame/discúlpeme*). La forma 'lo siento' se utiliza infrecuentemente.

Existen similitudes y diferencias en la realización de las disculpas entre el español latinoamericano y el peninsular. En su estudio sobre las disculpas en España, Stapleton (2004) analizó las disculpas en dos regiones, Castilla (centro) y Andalucía (sur) en respuesta a nueve situaciones con dramatizaciones cerradas (datos orales) (*closed role plays*). En ambas regiones el acto principal se realizó mediante las siguientes formas: *disculpa, perdone, lo siento*. En otras situaciones, no se menciona la expresión de disculpa, optando por expresiones impersonales (p. ej., *se me cayó*). Al igual que en otras variedades latinoamericanas (Cuba, Chile, México, Panamá, Uruguay), en España predominan las siguientes expresiones: *disculpa/disculpe, perdón, perdona/perdone*. Sin embargo, en España la forma *lo siento/lo siento mucho* es más frecuente que en Latinoamérica. Con respecto a diferencias regionales, los hablantes de Castilla respondieron directamente con una disculpa o indirectamente sin expresión de disculpa. En cambio, los informantes de Andalucía respondieron indirectamente o con una expresión de disculpa y justificación.

Aunque las estrategias para expresar una disculpa son similares en las regiones investigadas en español (chileno, cubano, mexicano, panameño, uruguayo) y en inglés (australiano, británico), se observan diferencias con respecto a la preferencia y la forma de las estrategias. Mientras que en inglés predomina la forma 'I'm sorry' con orientación al interlocutor, en español predominan otras formas con las variantes '*perdonar*' (*perdone*, *perdona*) y '*disculpar*' (*disculpe*, *disculpa*). La forma '*lo siento*' es infrecuente en español en comparación con el inglés, pero más frecuente en el español peninsular que en Latinoamérica.

Consulta el siguiente enlace para escuchar videos de disculpas entre españoles y aprendices de español como segunda lengua: https://pragmatics.indiana.edu/textbook/cap7.html (sección 7.6)

Ejercicio 3 Con un compañero de clase, practica la siguiente situación. Usa las estrategias del cuadro 7.4 de acuerdo a la descripción de cada situación.

Llegas tarde a una cita con tu compañero de clase (dos compañeros de clase)

Tú y tu compañero/a de la clase de sociolingüística se ven cada semana para repasar los apuntes de clase y estudiar para los exámenes. Generalmente, tú eres puntual, pero en las dos últimas sesiones has llegado tarde. El examen es la próxima semana y le has prometido llegar a tiempo a la reunión de esta semana. En camino a la reunión, sabes que vas a llegar tarde otra vez y no hay forma de comunicarte con él/ella, así que llegas media hora tarde.
¿Qué le dices?

7.7 Variación pragmática de los cumplidos

Como vimos en el capítulo 3 (3.6.4), el cumplido es un acto expresivo que se define como la expresión espontánea de admiración o aprobación en relación a un atributo de la apariencia del interlocutor (*¡Qué linda blusa!*), habilidades (*¡Eres muy inteligente!*), logros (*¡La tarta de chocolate quedó deliciosa!*) o posesiones (*¡Me encanta tu carro!*).[19]

Los cumplidos se analizan según su función y forma. La función central de un cumplido es crear o reforzar la solidaridad entre los interlocutores con el fin de servir como 'lubricador social' que armoniza las relaciones interpersonales.[20] Por ejemplo, damos un cumplido al iniciar una conversación con un desconocido en la parada del autobús (*Hola, ¡qué suéter más chulo tienes!*) o para reforzar las relaciones interpersonales (*¡Me encantó tu presentación!*). Al dar un cumplido, se alaba un aspecto de la imagen positiva del interlocutor (*¡Qué rica está la ensalada!*, *¡Eres muy inteligente!*, *¡Tú reloj es muy guay!*).

La realización de un cumplido depende del tópico alabado:

Apariencia física: *¡Qué lindos ojos tienes!*
Personalidad: *¡Eres muy inteligente!*
Logros/habilidad: *¡Qué rico te quedó el pastel!*, *¡Eres muy trabajador!*
Posesiones: *¡Tienes un carro tan guay!*

El cuadro 7.5 presenta las estrategias que forman el acto de habla del cumplido:

ADJ = Adjetivo, SN = Sintagma Nominal, INTERJ = Interjección, INTENS = ntensificador

Cuadro 7.5 Estrategias para hacer un cumplido

Estrategia	Ejemplo
(INTERJ) + Qué + ADJ	¡(ay) Qué guapa!; ¡Qué rico! ¡Qué guay!
Qué + ADJ + SN (Verbo)	¡Qué bonito vestido! ¡Qué lindos ojos tienes!
(SN) Verbo (ser/estar) + (INTENS) + ADJ	¡El guacamole está muy rico! ¡Está riquísimo! ¡Tu mamá es la mejor cocinera!
SN + Verbo + ADJ	¡Todo está delicioso!
Verbo + ADJ + (INTEN) SN	¡Tienes bonitos ojos!
Tan + ADJ	¡Tienes un reloj _tan chulo_!
Gustar/Encantar + SN	¡Me gustan/encantan mucho tus zapatos!
SN + gustar/fascinar	¡Ese cuadro me fascina!

Los cumplidos se realizan con adjetivos y su selección varía culturalmente. En inglés, se emplean cinco adjetivos frecuentemente para realizar un cumplido: 'nice,' 'good,' 'beautiful,' 'pretty' y 'great.'[21] Tomando en cuenta la variación regional, en español se usan los siguientes adjetivos frecuentemente:[22]

> guapo/a   hermoso/a   lindo/a   rico/a   bonito/a
> bueno
> padre y chido (= 'bonito' México)
> guay (España)

El ejemplo (9) muestra una secuencia de un cumplido entre dos mujeres mexicanas (→ indica cumplido)

🎧 Audio: Cumplido-respuesta entre dos mujeres mexicanas.
   https://pragmatics.indiana.edu/textbook/cap7.html (audios)

(9) Secuencia de un cumplido-respuesta (dos mujeres)

    1. Blanca: → . . . Ay ¡qué rica está la limonada!
    2.   ((señala la limonada con los dedos))
    3. Mary: Sí ¿verdad?
    4. Blanca: → Ay, ¡qué rico está todo! ((↑ subiendo la voz))
    5.   Oye, ¿es horneado?
    6. Mary: Sí.
    7. Blanca: → ¡Está delicioso!
    8.   ¿Cómo se llama esto?
    9. Mary: Tarta de verduras, iba a ponerle brócoli.
   10. Blanca: → Así está perfecta.

En esta secuencia, Blanca inicia con un cumplido sobre la limonada, seguido de una pregunta de confirmación (_sí, ¿verdad?_) que solicita otro cumplido (líneas 1–4). El intercambio continúa una secuencia de expansión sobre la comida, seguido de más cumplidos (líneas 5–10). Los cumplidos que produce Blanca tienen la estructura de 'interjección + *qué* + adjetivo + verbo + sustantivo' (*Ay, ¡qué rica está la limonada!*, *Ay, ¡qué rico está todo!*). Los otros dos cumplidos se realizan con la construcción 'estar + adjetivo' (*está delicioso, está perfecta*). Mary responde al cumplido con preguntas de reafirmación (*Sí, ¿verdad?*), expresiones positivas y comentario de la comida. La solicitud de reafirmación por parte de la persona que responde (*¿En serio?*, *¿En verdad?*) representa una estrategia frecuente en español para solicitar más cumplidos (*fishing for compliments*).

Consulta el siguiente enlace para escuchar videos de cumplidos entre españoles y aprendices de español como segunda lengua: https://pragmatics.indiana.edu/textbook/cap7.html (sección 7.7)

PARA PENSAR MÁS

Reflexiona en las expresiones que se usan en inglés para hacer un cumplido. ¿Qué diferencia observas de los cumplidos en español? ¿En qué contextos se hacen los cumplidos en inglés? (o en tu lengua nativa)

7.7.1 ¿Qué es un piropo?

Otro tipo de cumplido es el **piropo** que puede causar efectos positivos o negativos al elogiar cualidades en la mujer. Puede tener un efecto positivo si se alaba un aspecto agradable sin causar ningún tipo de ofensa. Aunque el piropo se considera un tipo de halago, generalmente no se percibe como una acción positiva por la mujer. Los piropos son instancias de machos, hombres (anónimos) que están en la calle y se dirigen a una mujer para piropearla con expresiones que insultan la apariencia física de la mujer, frecuentemente con connotaciones sexuales.[23] Cuando el piropo causa ofensa o insulto, la mujer no responde porque lo considera inapropiado o insultante, sobre todo si se expresa con un tono amoroso o sexual (ver figura 7.5). El contenido de los piropos se realiza mediante metáforas (significado figurado) que aluden a la comida, las partes del coche y la religión, como en los siguientes ejemplos uruguayos (10) y mexicanos (11). Observa el uso del voseo en los ejemplos en (10) y el tuteo en (11):

(10) Piropos de hombres a mujeres uruguayas.[24]

    a. *¡Sos un bombón! ¡Estás para chuparse los dedos!*
    b. *¡Tus curvas me marean!*
    c. *Si Adán por Eva se comió una manzana, yo por vos me como el mercado del Abasto.*
    d. *¡Me tenés loco!*
    e. *¡Por un beso tuyo metería los dedos en el enchufe!*

(11) Piropos de hombres a mujeres mexicanas.
    a. *Mamacita, estás muy solita, ¿te acompaño?*
    b. *Tú eres Coca-Cola y yo un hielito, ¡no me toques que me derrito!*
    c. *Guapa, camina por la sombra que el sol derrite los bombones.*
    d. *¡Quién fuera bolsa de mano para andar de tu brazo!*

Figura 7.5 Ejemplo de un piropo

El piropo, común en regiones de España y Latinoamérica, es un tipo de acción comunicativa que amenaza la imagen pública de la mujer. En algunas regiones, como en México, la mujer que recibe un piropo grosero o insultante puede responder negativamente al hombre, con la intención de ridiculizarlo en frente de sus amigos.

 Para ver más ejemplos de las estrategias de los cumplidos en español e inglés visita la página de los actos de habla 'Cumplidos': https://pragmatics.indiana.edu/ textbook/cap7.html (sección 7.7 y 7.7.1)

7.7.2 Variación regional de los cumplidos

En variedades del español de España y Latinoamérica predominan adjetivos para expresar un cumplido (*guapo/a, lindo/a, rico/a, bueno/a, bonito/a, delicioso/a*), además de otros que son específicos a cada cultura. Las expresiones para hacer un cumplido son frecuentes en varias regiones hispanohablantes (cuadro 7.5). Se emplean frecuentemente las interjecciones (INTERJ) para expresar emotividad (*ay*) y los intensificadores (INTENS) (*muy, tan*), además de los aumentativos (¡Está *riquísimo, buenísimo!*, *buenazo* [*Ecuador*]) y las expresiones con los verbos *ser* y *estar* + adjetivo (¡*Está rico!*), *encantar, fascinar* y con menor frecuencia '*gustar*'. También, prevalecen las estructuras con *qué* (Ay, ¡*Qué rica limonada!*, ¡*Qué guay!*, ¡*Qué padre!*). En cambio, en inglés predominan los verbos 'like' y 'love' ('I like / love your sweater!')

Existe variación regional en algunas regiones hispanohablantes. Con datos de un cuestionario de producción escrita (ver capítulo 10, sección 10.4.1), De los Heros (2001) analizó los cumplidos en Lima y Cuzco (Perú). En general, entre las mujeres predominan los cumplidos directos (¡*Qué precioso, justo lo que me ha recetado el médico!*; ¡*Qué lindo!*), mientras que entre los hombres se prefieren las formas indirectas. Los hombres de Lima dan más cumplidos (y piropos) que las mujeres, mientras que las mujeres reciben más cumplidos tanto por parte de otras mujeres como de otros hombres. En cambio, en Cuzco, los hombres y mujeres hacen cumplidos de manera similar, mientras que las mujeres hacen cumplidos a los hombres y mujeres con la misma intensidad. Con respecto al tema de la alabanza, las mujeres limeñas prefieren alabar posesiones (¡*Me gustan mucho tus zapatos!*), mientras que las mujeres cuzqueñas se inclinan a alabar la apariencia de otras mujeres (¡*Qué linda y guapísima estás!*). Por último, los hombres de Lima y Cuzco tienden a recibir más cumplidos que las mujeres en una relación de poder, lo cual indica que en la sociedad peruana (como en otras regiones latinoamericanas), se tiene la expectativa de que los miembros de mayor poder reciban alabanza o expresiones de agrado por parte de sus subordinados (¡*Qué bien se le ve hoy, jefe!*).

En español ecuatoriano[25] (y también en otras regiones hispanohablantes) se tiende a alabar aspectos de la apariencia física y menos aspectos de logro o habilidad, características de la personalidad o posesiones. En inglés, en cambio, los americanos prefieren alabar características de logro o habilidades del interlocutor[26] (¡*Hiciste un trabajo estupendo!*). En Puebla, México, los cumplidos varían según la persona que emite y recibe el cumplido (Nelson & Hall, 1999). Los autores concluyeron que los mexicanos de esta región emplean cumplidos con las estructuras similares al cuadro 7.5.

Por último, con respecto al sexo de la persona que hace el cumplido, la investigación muestra que los cumplidos predominan de mujeres a mujeres, sobre todo, en temas relacionados con la apariencia (¡*Qué lindos ojos tienes!*). Los cumplidos ocurren frecuentemente de mujeres a hombres y, en menor escala, de hombres a hombres.[27]

PARA PENSAR MÁS

Reflexiona sobre la producción y percepción de los piropos en español y los *cat calls* en inglés. Como mujer, ¿si recibieras un piropo insultante de un hombre, ¿cómo lo percibirías?

Consulta el siguiente enlace para mirar videos de cumplidos entre hablantes nativos de España y aprendices de español como segunda lengua:

https://pragmatics.indiana.edu/textbook/cap7.html (sección 7.7)

7.8 Resumen

En este capítulo se analizaron diferentes tipos de variación pragmática en variedades del español en distintos niveles de análisis (cuadro 7.1), en particular, el nivel ilocutivo, el interactivo y el estilístico. Se examinó variación regional (contrastando variedades de español) y transcultural (español en contacto con el inglés y lenguas indígenas). Luego, se describieron las clasificaciones de estrategias para la realización de cuatro actos de habla: las peticiones, los rechazos, las disculpas y los cumplidos. En la sección de los cumplidos, se describió el piropo que generalmente desfavorece (o insulta) la imagen social de la mujer. Al final de cada acto de habla, se analizaron estudios de variación pragmática en distintas variedades del español.

En general, tomando en cuenta la variación pragmática presentada en este capítulo, las regiones de Latinoamérica y España se pueden clasificar con respecto a un continuo de solidaridad e informalidad, por un lado, y deferencia y formalidad, por otro.[28] La figura 7.6 muestra variación regional con preferencia a la formalidad y la solidaridad en las variedades de español analizadas. Por ejemplo, los españoles (Madrid, Barcelona) emplean peticiones y rechazos directos, el tuteo (la forma pronominal 'tú') y con menos mitigación en comparación con los ecuatorianos andinos, los mexicanos (Tlaxcala, Ciudad de México, Guanajuato, Yucatán), los chilenos (Santiago), los peruanos (Lima) y los puertorriqueños (San Juan), quienes prefieren un estilo indirecto, son más tentativos y muestran altos niveles de formalidad y deferencia (usted). Los argentinos (Buenos Aires), los dominicanos (Santiago) y los venezolanos (Caracas) se encuentran en un nivel intermedio del continuo entre los españoles y los mexicanos con menor grado de peticiones directas.

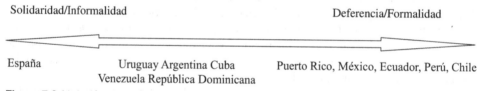

Solidaridad/Informalidad   Deferencia/Formalidad

España   Uruguay Argentina Cuba   Puerto Rico, México, Ecuador, Perú, Chile
                Venezuela República Dominicana

Figura 7.6 Variación pragmática en regiones hispanohablantes

Por último, se necesita más investigación en estas y otras regiones de España y Latinoamérica para verificar las conclusiones de este capítulo y el continuo en la figura 7.6. Además, es importante destacar que el tipo de método empleado para recoger los datos influye en la interpretación de los resultados (ver capítulo 10). Por último, se debería analizar la variación pragmática en regiones menos estudiadas como en Centroamérica (Guatemala, Nicaragua, Honduras, El Salvador y Panamá), Chile y en situaciones donde el español está en contacto con otras lenguas como el guaraní en Paraguay, el aimara y quechua en Bolivia y el náhuatl y maya en México.

LISTA DE CONCEPTOS Y TÉRMINOS CLAVE

Acto principal *(head act)*
Cumplido *(compliment)*
Disculpa *(apology)*
Elementos de apoyo *(supportive moves)*

Niveles de análisis pragmático *(levels of pragmatic analysis)*
   formal *(formal)*
   ilocutivo *(actional)*
   interactivo *(interactive)*
   tópico *(topic)*
   estilístico *(stylistic)*
   participativo *(participation)*
Modificación *(modification)*
   externa *(external)*
   interna *(internal)*
Petición *(request)*
Piropo *(cat call)*
Rechazo *(refusal)*
Variación *(variation)*
   intralingüe *(intralingual)*
   sociopragmática *(sociopragmatic)*
   transcultural *(cross-cultural)*
   intercultural *(intercultural)*
   intracultural *(intracultural)*

PREGUNTAS DE COMPRENSIÓN

1. Explica la diferencia entre la variación lingüística y la pragmática. Da ejemplos.

2. Explica la diferencia entre la variación intralingüe y la transcultural.

3. Da ejemplos de la estructura del acto de habla: acto principal y modificación externa (elementos de apoyo) y modificación interna.

4. Explica algunas diferencias de rechazar una invitación y una oferta en inglés y en español. ¿Qué diferencias se pueden observar?

5. Explica las funciones comunicativas de un cumplido y da ejemplos. Además de describir un aspecto de cortesía positiva, explica si un cumplido puede expresar aspectos positivos como un acto que amenaza la imagen social pública. Da ejemplos.

6. Explica qué es un piropo y da ejemplos. Compara los piropos en español y en inglés. ¿Qué diferencias observas en el contenido de los piropos?

7. Comenta sobre la variación pragmática regional en el mundo hispanohablante.

8. Según la información discutida en el capítulo, explica la importancia de realizar una investigación de variación pragmática transcultural (contrastando dos lenguas) e intralingüe (dos variedades del español).

   - ¿Qué tema de pragmática te gustaría analizar?

   - ¿Qué lenguas y variedades del español te gustaría investigar?

   - ¿Qué niveles de análisis te gustaría examinar? (ver cuadro 7.1)

   - Menciona dos métodos que se podrían utilizar para recoger los datos. Justifica tu respuesta.

   - Explica el procedimiento para recoger los datos.

PROYECTOS DE INVESTIGACIÓN

A continuación se presentan algunas ideas para desarrollar un proyecto de investigación. La idea es usar los conceptos descritos en este capítulo para analizar un tema de variación pragmática. En tu tema seleccionado, considera la siguiente información para escribir un trabajo de 3–6 páginas:

- objetivo
- una o dos preguntas de investigación
- conceptos centrales (descripción de 3–4 estudios que explican el tema)
- método de recolección de datos (ver capítulo 10)
- manera de analizar los datos
- discusión de los resultados (interpretación de los resultados centrales)
- conclusiones

1. Variación intralingüe. Analiza variación pragmalingüística de las peticiones o las disculpas en dos variedades del español. Escribe cuatro situaciones simuladas del acto de habla seleccionado con el fin de extraer datos escritos (Cuestionario de Producción Escrita) u orales (dramatizaciones abiertas), dos situaciones en contextos formales y dos en contextos informales (ver capítulo 10 [sección 10.4] para los métodos de recolección de datos). Recoge datos de 10 participantes de cada región. Usa la clasificación de las estrategias de los cuadros 7.2 y 7.4. Puedes usar uno o dos niveles de análisis del cuadro 7.1.

- Variación pragmalingüística: ¿Cuáles son los tipos de peticiones o disculpas que se realizan en contextos formales e informales? (nivel ilocutivo [ver cuadro 7.1)
- Comenta sobre la presencia o ausencia de elementos mitigadores.
- Explica la variación pragmalingüística de las peticiones o las disculpas en situaciones formales e informales.
- ¿Qué pronombres predominan en las situaciones? ¿*Tú* o *usted*? (nivel estilístico)
- Compara tus resultados con los de otros estudios discutidos en este capítulo.

Dos preguntas de investigación:

1. _____
2. _____

2. Variación pragmalingüística de los cumplidos en Facebook o Instagram. Recoge datos de interacciones entre hablantes nativos de español y hablantes de español como segunda lengua. Analiza los datos según la clasificación de las estrategias en el cuadros 7.5.

- Variación pragmalingüística: ¿Cuáles son los tipos de cumplidos más frecuentes? (nivel ilocutivo)
- ¿Cuáles son los adjetivos comunes?
- Comenta sobre el uso de las solicitudes de reafirmación en las respuestas (*fishing for compliments*). P. ej., *'En serio, ¿te gusta?,' 'Sí está chula mi blusa, ¿verdad?'*.
- Compara tus resultados con los de otros estudios discutidos en este capítulo.

Dos preguntas de investigación:

1. _____
2. _____

NOTAS

1. Véase Blas-Arroyo (2005), Díaz-Campos (2011) y Silva-Corvalán y Enrique-Arias (2017).
2. Para la distinción del conocimiento pragmático (pragmalingüístico y sociopragmático), véase el capítulo 9, sección 9.1 y Leech (1983).
3. Márquez Reiter and Placencia (2005 , Cap. 5).
4. Márquez Reiter and Placencia (2005, pág. 193).
5. Barron and Schneider (2009); Félix-Brasdefer (2015); Schneider (2010).
6. Searle (1976).
7. Estrategias adaptadas de Blum-Kulka, House, and Kasper (1989) y Félix-Brasdefer (2015, Cap. 1).
8. La mayoría de los estudios aquí descritos provienen de Félix-Brasdefer (2009) y García y Placencia (2011, Cap. 1).
9. Véase este estudio en la revisión que hace Félix-Brasdefer (2009, 2010) y Márquez Reiter and Placencia (2005).
10. Ejemplos tomados de Hurley (1995).
11. Searle (1976).
12. Estrategias adoptadas de Beebe, Takahashi, and Uliss-Weltz (1990) y Félix-Brasdefer (2008).
13. Félix-Brasdefer (2008) y García (1992, 1999).
14. Estrategias adaptadas de Cohen and Olshtain (1981).
15. Adaptada de Wagner and Roebuck (2010).
16. Ciudad de México y otras regiones de México.
17. Ruzicková (1998).
18. Cordella (1990).
19. Wolfson (1989).
20. Wolfson (1989).
21. Wolfson (1989).
22. Félix-Brasdefer and Hasler-Barker (2012), Placencia (1996).
23. Achugar (2002).
24. Tomados de Achugar (2002).
25. Placencia and Yépez (1999).
26. Wolfson (1989).
27. Nelson and Hall (1999) y Placencia and Yépez (1999).
28. Para más información, véase García and Placencia (2011) y Márquez Reiter and Placencia (2005).

LECTURAS RECOMENDADAS

Blum-Kulka, S., House, J., & Kasper, G. (1989). *Cross-cultural pragmatics: Requests and apologies*. Norwood, NJ: Ablex.

Un estudio clásico que presenta una clasificación para analizar la estructura de dos actos de habla, las disculpas y las peticiones. El análisis se basa en el enunciado base, la modificación interna y la externa. Analiza variación regional en la forma y función de estos actos de habla en cinco lenguas, incluyendo el español argentino.

Félix-Brasdefer, J. C. (2009). Pragmatic variation across Spanish(es): Requesting in Mexican, Costa Rican, and Dominican Spanish. *Intercultural Pragmatics*, 6(4), 473–515.

Estudio contrastivo sobre la realización de las peticiones en situaciones formales e informales en tres variedades de español, Oaxaca (México), San José (Costa Rica) y Santiago (La República Dominicana). Con datos de dramatizaciones abiertas (*open role plays*), el estudio analiza las peticiones en el nivel discursivo en distintas etapas de la interacción.

Félix-Brasdefer, J. C., & Koike, D. (Eds.). (2012). *Pragmatic variation in first and second language contexts:Methodological issues*. Amsterdam and Philadelphia, PA: John Benjamins Publishing Company.

El volumen incluye 10 artículos que analizan diferentes aspectos de variación pragmática en primera y segundas lenguas desde una perspectiva pragmática y discursiva. Incluye artículos sobre variación de las peticiones en español como primera y segunda lengua y un estudio sobre la variación sociolingüística del acto de habla del desacuerdo. La variación pragmática se analiza en el nivel transcultural e intracultural. Cada artículo incluye una discusión metodológica sobre las ventajas y desventajas de recolección de datos en variación pragmática.

García, C., & Placencia, M. E. (Eds.). (2011). *Estudios de variación pragmática en español*. Buenos Aires: Dunken.

Incluye 10 estudios sobre temas de variación pragmática en diferentes regiones hispanohablantes. El primer capítulo ofrece una panorámica sobre el estado de la cuestión de la variación pragmática en distintas variedades de español tomando en cuenta factores macro- (región, edad, sexo, nivel socioeconómico) y micro-sociales (situación, distancia y poder social). Seis capítulos analizan variación regional en México, la República Dominicana, España, Argentina, Chile, Ecuador y español cubano en los Estados Unidos. Los últimos tres capítulos analizan variación situacional.

Schneider, K. (2010). Variational pragmatics. En M. Fried (Ed.), *Variation and change: Pragmatic perspectives*. Handbook of Pragmatic Highlights 6 (pp. 239–267). Amsterdam and Philadelphia, PA: John Benjamins Publishing Company.

Describe los aspectos fundamentales del modelo de la pragmática variacional ('Variational Pragmatics') con respecto a los factores micro- y macro-sociales que influyen el uso comunicativo del habla. Se centra en la interface de la pragmática y la sociolingüística para el análisis de la variación sociolingüística. Describe los niveles de análisis para analizar distintas dimensiones de variación en actos de habla: formal, ilocutivo (*actional*), interactiva, tópico y organizacional.

Schneider, K., & Placencia, M. E. (2017). (Im)politeness and regional variation. En J. Culpeper, M. Haugh, & D. Kádár (Eds.), *The Palgrave handbook of linguistic (im)politeness* (pp. 539–570). London: Palgrave Macmillan.

Analiza variación pragmática sobre la (des)cortesía en variedades del español y en otras lenguas. Describe el modelo de la pragmática variacional y las características centrales para analizar diversos aspectos de variación intralingüe (regional y subregional).

BIBLIOGRAFÍA

Achugar, M. (2002). *Piropos*: Cambios en la valoración del grado de cortesía de una práctica discursiva. En M. E. Placencia & D. Bravo (Eds.), *Actos de habla y cortesía en español* (pp. 175–192). Munich: Lincom.

Barron, A., & Schneider, K. (2009). Variational pragmatics: Studying the impact of social factors on language use in interaction. *Intercultural Pragmatics*, 6, 425–442.

Bataller, R. (2015). Pragmatic variation in the performance of requests: A comparative study of service encounters in Valencia and Granada (Spain). En L. Fernández-Amaya & M. Hernandez-Lopez (Eds.), *Service encounters and cross-cultural communication* (pp. 113–137). Leiden, The Netherlands: Brill.

Beebe, L., Takahashi, T., & Uliss-Weltz, R. (1990). Pragmatic transfer in ESL refusals. En R. C. Scarcella, E. S. Andersen, & S. D. Krashen (Eds.), *Developing communicative competence in second language* (pp. 55–73). New York, NY: Newbury House.

Blas-Arroyo, J. L. (2005). *Sociolingüística del español*. Madrid: Cátedra.

Blum-Kulka, S., House, J., & Kasper, G. (1989). *Cross-cultural pragmatics: Requests and apologies*. Norwood, NJ: Ablex.

Cohen, A. D., & Olshtain, E. (1981). Developing a measure of sociolinguistic competence: The case of apology. *Language Learning, 31*, 112–134.

Cordella, M. (1990). Apologizing in Chilean Spanish and Australian English: A cross-cultural perspective. *Australian Review of Applied Linguistics, 7*, 66–92.

Curcó, C., & de Fina, A. (2002). Modo imperativo, negación y diminutivos en la expresión de la cortesía en español: el contraste entre México y España. En M. E. Placencia & D. Bravo (Eds.), *Actos de habla y cortesía en español* (pp. 107–140). Munich: Lincom.

Delgado, V. (1994). *Politeness in language: Directive speech acts in Colombian and Castilian Spanish, and U.S. English*. Disertación doctoral inédita, State University of New York at Stony Brook, EE.UU.

de los Heros, S. (2001). *Discurso, identidad y género en el castellano peruano*. Lima: Pontificia Universidad Católica del Perú/Fondo Editorial.

Díaz-Campos, M. (Ed.). (2011). *Handbook of hispanic sociolinguistics*. Malden, MA: Wiley-Blackwell.

Félix-Brasdefer, J. C. (2008). *Politeness in Mexico and the United States: A contrastive study of the realization and perception of refusals*. Amsterdam and Philadelphia, PA: John Benjamins Publishing Company.

Félix-Brasdefer, J. C. (2009). Pragmatic variation across Spanish(es): Requesting in Mexican, Costa Rican, and Dominican Spanish. *Intercultural Pragmatics, 6*, 473–515.

Félix-Brasdefer, J. C. (2010). Intra-lingual pragmatic variation in Mexico City and San José, Costa Rica: A focus on regional differences in female requests. *Journal of Pragmatics, 42*, 2992–3011.

Félix-Brasdefer, J. C. (2012). Pragmatic variation by gender in market service encounters in Mexico. En J. C. Félix-Brasdefer & D. A. Koike (Eds.), *Pragmatic variation in first and second language contexts: Methodological issues* (pp. 17–48). Series: IMPACT. Amsterdam: John Benjamins Publishing Company.

Félix-Brasdefer, J. C. (2015). *The language of service encounters: A pragmatic-discursive approach*. Cambridge: Cambridge University Press.

Félix-Brasdefer, J. C., & Hasler-Barker, M. (2012). Compliments and compliment responses: From empirical evidence to pedagogical application. En L. Ruiz de Zarobe & Y. Ruiz de Zarobe (Eds.), *Speech acts and politeness across languages and cultures* (pp. 241–273). Bern: Peter Lang.

Félix-Brasdefer, J. C., & Koike, D. A. (Eds.). (2012). *Pragmatic variation in first and second language contexts*. Amsterdam and Philadelphia, PA: John Benjamins Publishing Company.

Filimonova, V. (2015). *Russian and Spanish apologies: A contrastive pragmalinguistic study*. Current Issues in Pragmatic Variation. IU Working Papers in Linguistics, 15. Tomado de www.indiana.edu/~iulcwp/wp/issue/view/25

Fitch, K. (1994). A cross-cultural study of directive sequences and some implications for compliance-gaining research. *Communication Monographs, 61*, 185–209.

García, C. (1992). Refusing an invitation: A case study of Peruvian style. *Hispanic Linguistics, 5*, 207–243.

García, C. (1993). Making a request and responding to it: A case study of Peruvian Spanish speakers. *Journal of Pragmatics, 19*, 127–152.

García, C. (1999). The three stages of Venezuelan invitations and responses. *Multilingua, 18*, 391–433.

García, C., & Placencia, M. E. (Eds.). (2011). *Estudios de variación pragmática en español* (pp. 57–86). Buenos Aires: Dunken.

Hurley, J. K. (1995). Pragmatics in a language contact situation: Verb forms used in requests in Ecuadorian Spanish. *Hispanic Linguistics*, 6, 225–264.

Leech, G. (1983). *Principles of pragmatics*. New York, NY: Longman.

Márquez-Reiter, R. (2000). *Linguistic politeness in Britain and Uruguay: A contrastive study of requests and apologies*. Philadelphia, PA: John Benjamins Publishing Company.

Márquez Reiter, R., & Placencia, M. E. (2005). *Spanish pragmatics*. New York, NY: Palgrave Macmillan.

Moser, K. (2006). La variación entre formas *ustedeantes* y *voseantes* a nivel del discurso familiar en la clase media y alta de San José-Costa Rica: ¿una estrategia de cortesía? En M. Schrader-Kniffki (Ed.), *La cortesía en el mundo hispánico: Nuevos contextos, nuevos enfoques metodológicos* (pp. 97–116). Madrid: Iberoamericana.

Nelson, G., & Hall, C. (1999). Complimenting in Mexican Spanish: Developing grammatical and pragmatic competence. *Spanish Applied Linguistics*, 3, 91–121.

Placencia, M. E. (1995). Explicitness and ellipsis as features of conversational style in British English and Ecuadorian Spanish. *IRAL–International Review of Applied Linguistics in Language Teaching*, 33, 129–141.

Placencia, M. E. (1996). Politeness in Ecuadorian Spanish. *Multilingua*, 15, 13–34.

Placencia, M. E. (2005). Pragmatic variation in corner store interactions in Quito and Madrid. *Hispania*, 88, 583–98.

Placencia, M. E. (2008). Requests in corner shop transactions in Ecuadorian Andean and Coastal Spanish. En K. Schneider & A. Barron (Eds.), *Variational pragmatics: A focus on regional varieties in pluricentric languages* (pp. 307–332). Amsterdam and Philadelphia, PA: John Benjamins Publishing Company.

Placencia, M. E., & Yépez, M. (1999). Compliments in Ecuadorian Spanish. *Lengua*, 9, 83–121.

Puga Larraín, J. (1997). *La atenuación en el castellano de Chile: un enfoque pragmalingüístico*. Valencia: Tirant Lo Blanch Libros, Universidad de València.

Ruzicková, E. (1998). Apologies in Cuban Spanish. En J. Gutiérrez-Rexach & J. Del Valle (Eds.), *Proceedings of the first hispanic linguistics colloquium* (pp. 126–149). Columbus, OH: Ohio State University.

Schneider, K. (2010). Variational pragmatics. En M. Fried (Ed.), *Variation and change: Pragmatic perspectives* (pp. 239–267). Amsterdam and Philadelphia, PA: John Benjamins Publishing Company.

Schneider, K., & Placencia, M. E. (2017). (Im)politeness and regional variation. En J. Culpeper, M. Haugh, & D. Kádár (Eds.), *The Palgrave handbook of linguistic (im)politeness* (pp. 539–570). London: Palgrave Macmillan.

Searle, J. R. (1976). A classification of illocutionary acts. *Language in Society*, 5, 1–23.

Silva-Corvalán, C., & Enrique-Arias, A. (2017). *Sociolingüística y pragmática del español* (2ª ed.). Washington, DC: Georgetown University Press.

Stapleton, L. E. (2004). *Variation in the performance of speech acts in peninsular Spanish: Apologies and requests*. Disertación doctoral inédita, University of Mississippi, EE.UU.

VonCanon. (2006). *Just saying 'No': Refusing requests in Spanish as a first and second language*. Disertación doctoral inédita. The University of Iowa, EE.UU.

Wagner, L. C., & Roebuck, R. (2010). Apologizing in Cuernavaca, Mexico and Panama City, Panama. *Spanish in Context*, 7, 254–278.

Wolfson, N. (1989). *Perspectives: Sociolinguistics and TESOL*. Rowley, MA: Newbury House.

Capítulo 8

Tú, vos, usted, vosotros: las formas de tratamiento en el mundo hispanohablante

Introducción

En español, como en otras lenguas, se distinguen dos pronombres de segunda persona para expresar confianza e informalidad, por un lado, y respeto y formalidad, por otro (*tú* y *usted*) (francés: *tu* y *vous*; alemán: *du* y *Sie*; italiano: *tu* y *lei*). En cambio, en inglés moderno se emplea una forma pronominal 'you' para dirigirse a un interlocutor en situaciones formales e informales, además de las formas nominales para expresar formalidad (p. ej., *sir, Mr.* o *Madam*) o informalidad (p. ej., *dude, buddy, bro, fella, pal*). Este capítulo se enfoca en la variación de las formas de tratamiento (pronombres de segunda persona y formas nominales o vocativos [jefe, profesor, Juanito, Sr. López]) que expresan diferentes valores sociales en el mundo hispanohablante. Como estudiamos en el capítulo 2 (sección 2.4.5), la deíxis social analiza la manera en que las formas pronominales codifican aspectos sociales del contexto de la situación. Pensemos en el significado que comunican las formas de tratamiento en regiones donde se usan dos o tres pronombres de segunda persona: un sistema binario (*tú* y *usted* en la Ciudad de México y Lima; *vos* y *usted* en Buenos Aires; *vosotros* y *ustedes* en Madrid) y un sistema ternario donde coexisten tres pronombres *tú, vos* y *usted* (Montevideo [Uruguay], Medellín [Colombia], Ciudad de Guatemala). En otras regiones se emplea la forma *usted* con dos funciones, el *usted* para expresar solidaridad e intimidad y el *usted* para expresar deferencia, jerarquía y respeto (San José, Costa Rica, Honduras, Nicaragua, Colombia). Además, es importante identificar las regiones donde predomina el **tuteo** y el **voseo**. En general, cuando usamos una forma de tratamiento para expresar confianza (*tú, vos, vosotros*) o respeto o deferencia (*usted, ustedes*), es importante tomar en cuenta la situación comunicativa (p. ej., una conversación entre amigos o una entrevista de trabajo) y factores sociales como el sexo y la edad del hablante y el interlocutor, la región, la clase social o el nivel socioeconómico. Consultar la página web para leer más información y completar los ejercicios del capítulo 8: https://pragmatics.indiana.edu/textbook/cap8.html

- ¿Qué formas pronominales se emplean en la comunidad donde vives o en una región de Latinoamérica o España que has visitado?
- Explica en qué consiste el **tuteo** y el **voseo**. Da ejemplos.
- ¿Cuál es la diferencia entre *vos* y *vosotros*? ¿Dónde se usan estas formas? Da ejemplos de conjugación verbal de estas formas.

Objetivos

Este capítulo describe la variación pragmática de las formas de tratamiento (pronominales y nominales) en el mundo hispanohablante. Los objetivos que estudiaremos son:

- desarrollo histórico de *tú, vos, usted, vosotros*
- sistemas pronominales en español
- tuteo, voseo y ustedeo
- voseo en Hispanoamérica
- zonas tuteantes y voseantes en hispanoamérica
- variación pragmática de las formas pronominales
- formas nominales
- direcciones futuras

8.1 Desarrollo histórico de *tú, vos, usted* y *vosotros*

En latín clásico se distinguían dos formas pronominales: *tu* (singular) y *vos* (plural). Alrededor del cuarto siglo, *vos* adquirió un uso adicional para expresar deferencia hacia un emperador. Luego, la forma latina plural *vos* se utilizó por otros emperadores al dirigirse a personas de estatus superior. Como consecuencia, en latín tardío hasta el siglo XIV, la forma *vos* se usaba para dirigirse a una o más personas (singular y plural) en situaciones formales. Los usos de *vos* como forma de tratamiento singular para expresar respeto y la forma *tú* para dirigirse a inferiores (p. ej., Persona de poder → sirviente) se pueden observar en la literatura romance como en el *Mío Cid*, el *Libro del Buen Amor* o *La Celestina* (Lapesa, 2000). Con el tiempo, la diferencia entre *tú* y *vos* fue cada vez menos frecuente, ya que *vos* se empezó a utilizar en el habla popular en el trato recíproco entre personas del mismo estatus social. Por ejemplo, en *El Quijote* (siglo XVII) se usaba la forma *vos* para referirse a personas de estatus diferente y *tú* para el trato neutral de confianza (p. ej., "de *vos* se tratan los rústicos en el Paso de las aceitunas y *tú* para la niña Mencigüela"). Por lo tanto, como el uso de *vos* se extendió al trato entre iguales y con inferiores, alrededor del siglo XV, se introducen nuevas formas nominales de trato formal como *vuestra merced, vuestra señoría, vuestra excelencia* y *vuestra alteza*. De estas opciones, *vuestra merced* fue la más frecuente para el trato respetuoso general. Y como resultado de un cambio fonético y morfológico, la forma nominal *vuestra merced* (forma de cortesía o respeto) produjo las siguientes variantes, que con el tiempo resultó en *usted* (Lapesa, 2000):[1]

> **vuestra merced** → *vuessa merced* → *vuessarced* → *vuessansted* → *vuessasted* →
> *vuessasté* → *voarced* → *voacé* → *vucé* → *vuested* → *vosted* →
> *vusted* → **usted**

Con respecto al estatus de *vos*, en el siglo XVI, la forma *vos* adoptó distintos valores afectivos:[2]

a. Un *vos* usado como forma de tratamiento entre iguales de las clases altas.
b. Un *vos* respetuoso para dirigirse a un superior.

c. Un *vos* respetuoso y considerado para dirigirse a un inferior.

d. Un *vos* de severidad y enojo dirigido a una persona a quien normalmente se trataba de *tú*.

Como resultado de esta confusión de usos de *vos* que competían con la forma *tú*, se empieza a abandonar el *voseo* en España en el siglo XVI y se adopta la forma *tú*. Para expresar plural, la forma *vos* se usaba con la forma 'otros', lo cual derivó el plural:

vos + *otros/as* → *vosotros/as*

Figura 8.1 Comiendo tapas en España

Para finales del siglo XVI, el sistema de tratamiento en España representa un sistema binario de dos formas en singular (*tú/usted*) y dos formas en plural (*vosotros/ustedes*) para expresar 'confianza' y 'formalidad', respectivamente.

El cuadro 8.1 resume los cambios del desarrollo histórico de las formas de tratamiento en español:[3]

Cuadro 8.1 Desarrollo histórico de los pronombres de tratamiento

	Singular	Plural
Latín clásico	TU	VOS
Latín tardío	TU (informal) VOS (formal)	VOS
Español antiguo	*tú, vos* (informal) *vuestra merced* (formal)	*vos* + *otros/as* (informal) *vuestras mercedes* (formal)
Español moderno de (mayor parte) España	*tú* (informal) *usted* (formal)	*vosotros/as* (informal) *ustedes* (formal)
Español moderno en algunas regiones del sur de España (Andalucía occidental) y Canarias	*tú* (informal) *usted* (formal)	*ustedes* (formal e informal)
Español moderno de América	*tú, vos* (informal) *usted* (formal)	*ustedes* (formal e informal)

PARA PENSAR MÁS

¿Qué formas pronominales se usan en tu comunidad? Si has viajado a un país hispano, ¿cuáles formas de tratamiento emplean? *¿tú, vos, usted* y/o *vosotros?*

8.2 Sistemas pronominales

La investigación de los pronombres de segunda persona parte del estudio pionero de Brown y Gilman (1960) que analizan la diferencia de dos ejes de trato social en lenguas que distinguen el trato formal (*usted* [V]) del informal (*tú* [T]): la semántica del poder y solidaridad (latín: *tu/vos*; francés: *tu/vous*; alemán: *du/Sie*; italiano: *tu/lei*; griego: *esi/esis*). **El eje del poder** alude a una relación asimétrica (no recíproca) y relacional en que la persona de más poder recibe V y usa T (p. ej., jefe-empleado). En esta relación de poder desigual, la forma V (*usted*) expresa formalidad, respeto y deferencia. En cambio, **el eje de la solidaridad** representa una relación simétrica en que ambos participantes ejercen igual poder para expresar familiaridad o intimidad (T), como es el caso de dos gerentes para dirigirse con deferencia y formalidad (ambos usan la forma V).

Sin embargo, dado su carácter categórico y cognitivo, este modelo no es suficiente para explicar las relaciones de tratamiento en español, ya que, como veremos más adelante, en varias regiones del mundo hispanohablante existen más de dos formas para expresar poder y solidaridad (*tú, vos, usted*); o bien, una misma forma puede expresar distintos grados de afectividad, como es el caso de *vos*, que en algunas regiones de Centroamérica expresa intimidad y en otras insulto entre hombres y mujeres (Costa Rica, Guatemala, El Salvador, Honduras). La forma *usted* puede expresar dos funciones, un *usted* formal y un *usted* de solidaridad. Además, este modelo cognitivo no considera los factores contextuales y sociales (p. ej., edad, sexo, nivel socioeconómico y nivel educativo) donde ocurre el evento comunicativo. Tampoco toma en cuenta el grado de familiaridad y formalidad que existe entre los participantes. Por lo tanto, en este capítulo adoptamos una versión revisada del modelo de Brown y Gilman (ejes de poder y de solidaridad), pero desde una perspectiva pragmática y discursiva que analiza la función social y afectiva de las formas de tratamiento a partir de las relaciones interpersonales en intercambios comunicativos concretos.

Dada la variación regional en el uso de las formas de tratamiento en España y Latinoamérica, se pueden distinguir cinco sistemas pronominales a partir de tres categorías socioculturales para expresar grados de confianza, formalidad e intimidad (Carricaburo, 2015).[4] Cada categoría incluye formas pronominales que codifican características socioculturales sobre el estatus social y la relación de familiaridad que existe entre los participantes. Es importante notar que una forma (*tú, vos, usted*) puede codificar distintos valores comunicativos y puede pertenecer a distintas categorías:

- **confianza/informalidad:** trato solidario entre los participantes (p. ej., amigos, familia, vecinos) para expresar grados de informalidad, solidaridad, franqueza y camaradería mediante las formas singulares (*tú, vos*) y plurales (*ustedes, vosotros*).
- **formalidad/poder/cortesía:** trato formal entre los participantes para expresar distancia, deferencia, respeto o poder. Se usan los pronombres formales (*usted, ustedes*) entre personas del mismo estatus social para marcar distancia; o bien, entre participantes con distinto

estatus social donde existe una relación de poder: jefe–empleado, profesor–estudiante, padre–hijo.

● **intimidad**: trato informal de mayor intimidad entre los participantes para expresar cercanía, extrema familiaridad y cariño. Esta categoría se puede realizar mediante las formas *vos* o el uso de *usted* de solidaridad que expresa intimidad o mayor familiaridad entre iguales (p. ej., entre esposos, dos hermanos, novios).

Cuadro 8.2 Sistemas pronominales de las formas de tratamiento en España y América[5]

Sistema 1: Formas de tratamiento en España (centro, norte y algunas regiones del sur. No en Canarias).		
Número	**Informalidad/Solidaridad/ Familiaridad/Acercamiento**	**Formalidad/Poder/ Cortesía/Distanciamiento**
Singular	*tú*	*Usted*
Plural	*vosotros/as*	*ustedes*

Sistema 2. Formas de tratamiento en la América *tuteante* y regiones en España (Andalucía occidental y Canarias)		
Número	**Informalidad/Solidaridad/ Familiaridad/Acercamiento**	**Formalidad/Poder/ Cortesía/Distanciamiento**
Singular	*tú*	*Usted*
Plural	*Ustedes*	

Sistema 3. Formas de tratamiento en la América *voseante* (sistema pronominal binario)		
Número	**Informalidad/Solidaridad/ Familiaridad/Acercamiento**	**Formalidad/Poder/ Cortesía/Distanciamiento**
Singular	*Vos*	*Usted*
Plural	*Ustedes*	

Sistema 4. Formas de tratamiento en la América *tuteante-voseante*.		
Número	**Informalidad/Solidaridad/ Familiaridad/Acercamiento**	**Formalidad/Poder/ Cortesía/Distanciamiento**
Singular	*vos* *tú*	*usted*
Plural	*Ustedes*	

Sistema 5. Formas de tratamiento en la América *ustedeante*.		
Número	**Informalidad/Solidaridad/ Familiaridad/Acercamiento**	**Formalidad/Poder/ Cortesía/Distanciamiento**
Singular	*usted* *tú/vos*	*usted*
Plural	*ustedes*	

Sistema 1 Sistema pronominal más completo y balanceado que incluye dos formas para expresar confianza e informalidad en singular y plural (*tú* y *vosotros*) y dos para expresar formalidad y respeto (*usted* y *ustedes*). Es también el sistema más limitado del mundo hispanohablante, hablado en la mayor parte de

España sin incluir Canarias. El pronombre *vosotros/vosotras* se usa en regiones del centro-norte de España y en algunas regiones del sur como en partes de Andalucía occidental donde se usa la forma *ustedes* con función de *vosotros* (algunas regiones en Sevilla, Huelva, Córdoba, Cádiz, Granada y Málaga).

Sistema 2   Incluye las categorías socioculturales de confianza en regiones *tuteantes* donde se usa un sistema binario: *tú/usted* (algunas regiones del sur España [regiones en Andalucía occidental]), Canarias, México, Caribe y algunas regiones de Suramérica).

Sistema 3   Representa a las regiones en la América voseante con un sistema binario en la forma pronominal: segunda persona singular, *vos* (confianza) y *usted* (formalidad), y segunda persona del plural que se neutraliza al *ustedes* (formal e informal) (Argentina).

Sistema 4   El sistema más complejo dada su variación regional y diversidad en los usos de un sistema pronominal ternario. Expresa distintos grados de confianza, intimidad y formalidad: *tú*, *vos* y *usted*. La situación es más compleja cuando los participantes alternan una forma por otra en una misma situación con los mismos participantes (*tú*, *vos*, *usted* [formal] y *usted* de solidaridad). Incluye un sistema tripartito donde coexisten *tú/vos/usted* en regiones de la América tuteante-voseante.[6] Al igual que los sistemas 2 y 3, los hablantes del sistema 4 neutralizan el plural con la forma *ustedes* para el trato formal e informal (confianza) (Uruguay, regiones en Colombia y Centroamérica). En algunas regiones de Centroamérica, la forma *vos* se usa para expresar distintas funciones pragmáticas: *vos* de confianza, *vos* de enojo y *vos* de ofensa. También, la forma *usted* se emplea para expresar enojo o desprecio, especialmente en regiones de Centroamérica (Guatemala, El Salvador, Honduras, Costa Rica).[7]

Sistema 5   El quinto sistema representa las regiones predominantemente *ustedeantes*: regiones que distinguen dos tipos de usted: un *usted* de poder (común en España y toda América) y un *usted* de solidaridad para expresar grados de familiaridad, cariño y confianza. Las regiones que representan este sistema distinguen dos usos de *usted*, un *usted* formal y un *usted* de solidaridad: Centroamérica (especialmente Honduras, Nicaragua y Costa Rica) y Suramérica (regiones de Colombia, los Andes y Chile). Con respecto al plural, los hablantes neutralizan el trato social de formalidad y confianza con una sola forma plural (*ustedes*). Es importante notar que en algunas regiones los hablantes emplean el *ustedeo* como la única forma de tratamiento en situaciones comunicativas formales e informales. Según las investigaciones sobre este uso de trato pronominal, los hablantes de la región de Mérida, Venezuela, neutralizan estas formas como marcador de identidad en interacción con hablantes de la misma comunidad para expresar afectividad entre ellos.[8] Sin embargo, cuando los hablantes de esta comunidad venezolana interactúan con hablantes de otras comunidades que no comparten ese sistema (p. ej., Caracas), usan la dicotomía *tú/usted* y la misma forma de plural para expresar confianza y formalidad.

Los significados sociales que expresan las formas de tratamiento se entienden mejor en términos de un continuo de formalidad a informalidad, asimismo como el grado de familiaridad que expresa distintos grados de estatus social hacia el interlocutor: formalidad, deferencia, cortesía, intimidad, solidaridad o informalidad. La selección de los pronombres y su referencia social puede variar según factores sociales como la edad, el sexo, la situación, la etnicidad o el nivel socioeconómico. Este continuo se ilustra en la figura 8.2:[9]

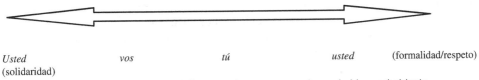

Usted	*vos*	*tú*	*usted*	(formalidad/respeto)
(solidaridad)				

Figura 8.2 Continuo en el trato social de segunda persona en el mundo hispanohablante

---

Ejercicio 1 Con base en los cinco sistemas pronominales descritos en la sección 8.2, menciona a qué sistema pertenecen los hablantes en las siguientes situaciones. Justifica tu respuesta:

1. Sistema: _____. Justificación: _____

   Juan: Hola Paco y Pedro, ¿cómo estáis? ¿Queréis ir al cine esta noche?
   Pedro: Es una idea genial, ¡vamos!
   Paco: Estupendo. Y luego del cine os invito a mi casa a cenar, ¿vale?
   Juan: De acuerdo, nos vemos esta noche. ¡Vosotros sois los mejores amigos!
   Pedro: ¡Venga! Hasta ahora.
   Paco: Hasta pronto.

2. Sistema: _____. Justificación: _____

   Luis: Hola, boludo, ¿querés venir a jugar futbol a mi casa?
   Francisco: Claro que sí, ¿a qué hora llegás vos de trabajar?
   Luis: Estaré de regreso a las 7:00 p.m.

8.3 Tuteo, voseo y ustedeo

Como se mencionó en la sección 8.1, en la segunda parte del siglo XVI, la forma *vos* en España había adoptado funciones comunicativas múltiples que expresaban distintos tipos de afectividad en situaciones formales e informales y entre personas de distinto estatus social: *vos* como forma de tratamiento entre personas del mismo estatus social (solidaridad), *vos* de respeto para dirigirse a un superior, *vos* de respeto para dirigirse a un inferior y *vos* para expresar enojo y desprecio a personas inferiores. De esta manera, el *voseo* se introduce a Hispanoamérica con la llegada de los colonizadores en los siglos XV y XVI. Mientras que *vos* iba perdiendo terreno a favor de *tú* en España (final del siglo XVI), el *tuteo* se desarrolló y adoptó.

Antes de explicar la presencia y ausencia de *voseo* en regiones de Hispanoamérica, es importante distinguir lo que se entiende por *tuteo*, *voseo* y *ustedeo*. Como veremos más adelante, en la actualidad estos tres pronombres se usan en distintas regiones: *tú* y *usted* predominan (p. ej., México, Puerto Rico, Cuba, la República Dominicana); *vos* y *usted* representan la norma en todas las clases y grupos sociales en Argentina. En otras regiones, las tres formas coexisten en situaciones comunicativas específicas (p. ej., Costa Rica, Uruguay). También, se observan dos tipos de *usted*, un *usted* deferencial y de poder (común en España e Hispanoamérica) y un uso de *usted* de solidaridad para expresar cariño en situaciones íntimas entre familiares, novios, esposos o amigos cercanos. A este segundo tipo de *usted* se le denomina **ustedeo**.[10] Por último, el voseo en Hispanoamérica se manifiesta de distintas maneras, voseo auténtico y voseo mixto, que definimos a continuación:[11]

> **tuteo**: el uso del pronombre *tú* formado con sus paradigmas pronominales y verbales para la segunda persona del singular, como en (1):

(1) *¿Cómo te llamas?*
    Y tú, ¿dónde vives?
    Compré un regalo para ti.

> **voseo**: el empleo del pronombre *vos* junto con su paradigma verbal. Se distinguen tres tipos de voseo: un voseo auténtico y dos tipos de voseo mixto (voseo pronominal y voseo verbal):
>
> *voseo auténtico*: el uso del pronombre *vos* y sus formas verbales voseantes, como en (2):

(2) *Y vos, ¿cómo te llamás?*
    Cerrá la puerta, no te quedés afuera.

> *voseo mixto pronominal*: el uso del pronombre *vos* y una forma verbal conjugada de la segunda persona singular tuteante como en (3):

(3) *Y vos, ¿dónde vives?*
    Cierra la puerta, vos.

> *voseo mixto verbal*: el uso del pronombre *tú* (y sus formas *te, ti, tu, tuyo*) con una forma verbal *voseante*

(4) *Y tú, ¿dónde vivís?*
    Y tú, ¿te querés dormir con tus primos?
    o ¿preferís quedarte en tu casa?

> **ustedeo**: el uso del pronombre *usted* de solidaridad y confianza (no deferencial) que se conjuga con las terceras personas pronominales y verbales del singular. Este uso de *usted* de solidaridad es distinto del *usted* deferencial que se emplea en España y en toda Hispanoamérica para expresar grados de distancia, respeto, cortesía y poder. Al *usted* de solidaridad también se le llama *usted* de cariño o el 'otro *usted*' para distinguirlo del usted deferencial.[12] El ustedeo es frecuente en Centroamérica (Nicaragua) y distintas regiones de Suramérica. Coexiste con *vos* (Honduras), incluso es parte del sistema pronominal ternario en varias regiones (Costa Rica, Uruguay), como en (5):

(5) Una abuela a su nieto: **Coma** *la sopa que se va a enfriar.*

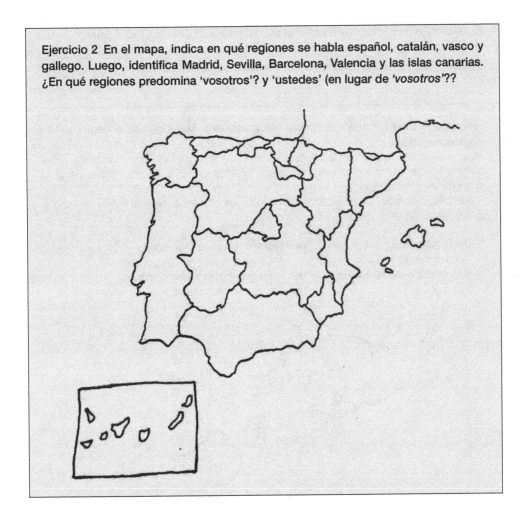

Ejercicio 2 En el mapa, indica en qué regiones se habla español, catalán, vasco y gallego. Luego, identifica Madrid, Sevilla, Barcelona, Valencia y las islas canarias. ¿En qué regiones predomina 'vosotros'? y 'ustedes' (en lugar de *'vosotros'*??

8.4 Zonas tuteantes

El *tuteo* en el español moderno de América predomina en las regiones que tuvieron contacto directo con los colonizadores españoles, quienes trajeron la norma *tuteante* hablada en España (cuadro 8.3):

Cuadro 8.3 Zonas (predominantemente) tuteantes

Zona dialectal o País	Regiones tuteantes
España	✓
México**	✓
Panamá*	✓
Caribe/Antillas (Puerto Rico, Cuba,** República Dominicana)	✓

* Ver cuadro 8.5 para información sobre voseo regional de este país.
** Ver cuadro 8.6 para información sobre voseo regional de este país.

En estas regiones predomina el tuteo: el uso del pronombre *tú* y sus paradigmas pronominal y verbal. El tuteo goza de prestigio y representa la norma social en todas las clases y grupos sociales, hombre y mujeres y en todas las edades.

Ejercicio 3 En el mapa identifica los países de las siguientes regiones en Hispanoamérica.

México (identifica la Ciudad de México, Yucatán, Monterrey, Chiapas y Tabasco). ¿Predomina el tuteo, el voseo o ambos? Busca información en la Internet sobre los usos pronominales en estas regiones.

Identifica dos regiones para cada uno de los cuatro sistemas pronominales: sistema 2, 3, 4 y 5 (consulta el cuadro 8.2).

Caribe(identifica países): ¿Predomina el tuteo, el voseo o ambos?
Centroamérica (identifica países): ¿Predomina el tuteo, el voseo o ambos?
Suramérica (identifica países): ¿Predomina el tuteo, el voseo o ambos?

8.5 El voseo en Hispanoamérica

Aunque en un principio en América predominaba *vos* como segunda persona del singular, hubo factores socioculturales, económicos, políticos y geográficos que influyeron en la pérdida de *vos* en algunas regiones de Hispanoamérica y el mantenimiento y extensión de esta forma en otras. Según estudios clásicos de formas de tratamiento,[13] los primeros virreinatos que mantuvieron contacto directo con España fueron donde el voseo se perdió a favor de *tú*: la Nueva España (1535) incluía principalmente México y el Caribe (Puerto Rico, la República Dominicana y Cuba) y el virreinato de Perú (1544, principalmente Lima). Dado el contacto sociocultural, político, económico y administrativo que tenían con los colonizadores, los hablantes de estas regiones abandonaron el voseo y adoptaron la forma tuteante que se usaba en España en ese tiempo (XV–XVIII). En la actualidad, México, las regiones del Caribe y la mayor parte de Perú (área central, Lima, Cuzco y otras regiones) son predominante *tuteantes*. Por el contrario, las demás regiones de América se mantuvieron aisladas, y puesto que no tenían contacto directo con los colonizadores el voseo se estableció y diversificó. Por ejemplo, debido a la creación tardía de los virreinatos de la Nueva Granada (1717, Colombia, Venezuela y Ecuador) y el Río de la Plata (1776, Argentina, Uruguay, Paraguay), el voseo se extendió. Por esta razón, en la actualidad las regiones del Río de la Plata (Argentina, Uruguay, Paraguay) son predominantemente *voseantes*. Con respecto a Colombia, el voseo se generalizó en todo el territorio al principio de la colonia. Sin embargo, debido al desarrollo económico y administrativo de Cartagena (Colombia) que mantenía comunicación y comercio frecuente con el Caribe y España, se adoptó el tuteo en esta ciudad: se incorporó el tuteo en la costa atlántica colombiana y venezolana, junto con algunas regiones de Ecuador.[14] Como se aprecia en el cuadro 8.7, en los territorios de Colombia, Venezuela y Ecuador, predominantemente tuteantes en la actualidad, existen regiones *voseantes*, especialmente en ciertas regiones de Colombia (Cali y Medellín), lugares donde coexiste el tuteo, voseo y el ustedeo.

Debido a factores socioculturales, económicos y geográficos, las regiones de Centroamérica y el Río de la Plata no llegaron a adoptar la norma tuteante que era común en España en este tiempo. Además, ya que las regiones de Centroamérica eran zonas marginadas que no mantenían contacto con España, el voseo se extendió y echó raíces, como se observa en distintas regiones centroamericanas predominantemente voseantes en la actualidad (Guatemala, El Salvador, Nicaragua, Honduras, Costa Rica). Con respecto a Argentina (**voseo argentino**), el contacto de los conquistadores aumentó con la creación tardía del virreinato del Río de la Plata (1776). Para entonces, el voseo ya estaba tan avanzado y extendido por todo el territorio argentino que no fue reemplazado por el tuteo.[15] Además, dado el desarrollo económico de Argentina en el siglo XIX, el voseo recibió prestigio y se adoptó en todas las clases y grupos sociales. En la actualidad, el voseo argentino goza de prestigio, junto con otras regiones del Río de la Plata, Uruguay y Paraguay (ver cuadro 8.7).

Consulta este sitio para familiarizarte con las regiones voseantes en Hispanoamérica:

https://commons.wikimedia.org/wiki/File:Mapa_-_Paises_voseantes.png

Título de la página: Países voseantes

El voseo (formas verbales y usos) representa una situación compleja en Hispanoamérica. Además de distinguir entre el voseo auténtico (*vos, ¿cómo te llamás?*), el voseo mixto pronominal (*y vos, ¿cómo te llamas?*) y el voseo verbal (*y tú, ¿cómo te llamás?*) (ver sección 8.3), las formas verbales del *voseo* varían regionalmente. En el cuadro 8.4 se presenta el paradigma verbal de las formas verbales voseantes en algunas regiones de Hispanoamérica:

Cuadro 8.4 Morfología de las formas verbales del voseo en regiones de Hispanoamérica*

Modo	Centroamérica	Río de la Plata (Argentina, Uruguay, Paraguay)	Chile
Presente del Indicativo	*hablás, comés, escribís*	*hablás, comés, escribís*	*hablái(s), comí(s), escribí(s)*
Imperativo	*hablá, comé; escribí*	*hablá, comé, escribí*	*hablá/habla, comí/come, escribí/escribe*
Presente del subjuntivo	*hablés; comás; escribás*	*hables/és, comas/ás, escribas/ás*	*hablí(s), comái(s), escribái(s)*

* Información tomada del Carricaburo (2015); Moser (2010); Páez Urdaneta (1981) y del *Diccionario panhispánico de dudas* de la *Real Academia Española*, http://lema.rae.es/dpd/?key=voseo

---

Ejercicio 4 Conjuga las siguientes formas con voseo verbal:

Formas verbales tuteantes	Formas verbales voseantes
1. *¿Puedes conjugar con el voseo?*	*¿Podés conjugar con el voseo?*

2. *Hablas español.*
3. *Ponte el suéter.*
4. *Escribe en español.*
5. *Quiero que estudies español.*
6. *Duerme un poco más.*
7. *¿Dónde vives?*
8. *¿Quieres cenar conmigo?*
9. *¡Tú eres el mejor!*
10. *No abras la puerta.*

El *voseo* en Hispanoamérica puede ser de uso generalizado o regional. El **voseo generalizado** predomina en toda la región, tiene prestigio y es común en todas las clases y grupos sociales. En estas regiones, predomina el **voseo auténtico** y en algunas el **voseo mixto** (pronominal y verbal). En cambio, el **voseo regional** está presente en ciertas regiones del país, mientras que en otras se prefiere el tuteo. En distintas regiones de Centro y Suramérica el voseo se manifiesta en sistemas pronominales binarios (vos y usted) o en sistemas ternarios (tú, vos, usted). En general, mientras que el voseo generalizado se considera estable (Argentina y Centroamérica), el *voseo regional* se considera inestable (Perú y Ecuador).[16] En cambio, aunque el **voseo chileno** goza de prestigio nacional, representa un caso excepcional, ya que se considera cada vez más generalizado por medio del voseo verbal (*tú hablái*) entre los jóvenes y la clases media y alta. La situación actual del voseo chileno se explica en la sección 8.5.3.

Los cuadros 8.5, 8.6 y 8.7 muestran las zonas voseantes en Hispanoamérica. La primera columna indica el país/región voseante. La segunda muestra si la región muestra uso generalizado de voseo aceptado por todas las clases sociales de esa región. Si el voseo no es de uso generalizado, la tercera columna describe las regiones dentro de un país donde se usa voseo. La cuarta muestra las regiones tuteantes o las regiones donde el voseo coexiste con el tuteo y/o ustedeo (usted de solidaridad [sección 8.3]). Por último, en la quinta columna se da información específica del país con respecto a variación social o valoración del voseo. También, se indica si el voseo coexiste con el ustedeo.

8.5.1 Zonas voseantes en Centroamérica

En Centroamérica, la Capitanía General de Guatemala era parte del virreinato de la Nueva España (creado en 1535), pero no estaba económica, política ni socioculturalmente integrada al virreinato y se consideraba una región marginada al igual que las otras regiones de Centroamérica.[17] Como no tenía contacto frecuente con España donde la norma tuteante se había adoptado en las ciudades centrales del virreinato de la Nueva España (México, Lima, Caribe), el voseo se mantuvo, se extendió y diversificó en toda Centroamérica. En la actualidad, aunque el voseo de Guatemala es parecido a otras regiones en Centroamérica, también existen diferencias en cada uno de los países con respecto a su valoración del *voseo*, diferencias de género y edad en el uso del voseo y la preferencia y las funciones comunicativas de las formas *tú/vos* y *usted* en situaciones comunicativas concretas.

El voseo en Centroamérica representa una situación compleja e interesante para los investigadores de sociolingüística, pragmática y análisis del discurso con respecto a la variación de las formas de tratamiento de los pronombres *vos, tú* y *usted*. En cinco países centroamericanos el *voseo* es de **uso generalizado**. Es decir, se emplea en todas las clases y grupos sociales: Guatemala, El Salvador, Nicaragua, Honduras y Costa Rica. Tres características del español centroamericano son:

a. Uso del pronombre *vos*, con voseo completo y voseo mixto (pronominal [*vos comes*] o voseo mixto verbal [*tú comés*]). El voseo completo o mixto depende de la región voseante (ver cuadro 8.3).
b. La forma *vos* coexiste con *tú* y *usted*.
c. El *ustedeo* (usted de solidaridad y confianza) predomina en situaciones comunicativas informales entre hermanos, primos y esposos (situaciones simétricas). El *usted* de solidaridad se distingue del *usted* de respeto y poder, común en España y Latinoamérica. Honduras, Nicaragua y Costa Rica se consideran regiones predominantemente ustedeantes.[18]

Por el contrario, en Panamá predomina el tuteo. El voseo es regional, ya que se limita a las regiones al este en la frontera con Costa Rica. Además, aunque Belice no se considera una región hispana de Centroamérica, comparte usos de voseo por influencia del español de Guatemala. La lengua oficial en Belice es el inglés (con educación en esta lengua), pero más del 50% de la población habla español y usa el voseo por su cercanía con Guatemala.[19]

El cuadro 8.5 presenta las regiones voseantes en América Central.

Cuadro 8.5 Zonas voseantes en América Central

País	Voseo generalizado SÍ	NO	Regiones voseantes	Región ustedeante (*usted* de solidaridad y confianza) (coexisten *tú, vos, usted*)	Variación social
Guatemala	✓			✓	Entre hombres se usa *vos*, el tuteo se percibe como afeminado. Un hombre puede utilizar *vos* o *tú* con una mujer y la mujer usa *usted*. Entre las mujeres se usa *usted* o *vos*.
El Salvador	✓			✓	*Tú* alterna con *vos*. *Vos* en situaciones familiares y *tú* en formales. Tendencia al *voseo* verbal (p. ej., *tú querés*). *Vos* para expresar enojo.
Honduras	✓			✓	Predomina el *ustedeo*. Coexisten *usted*, *vos* y *tú*. Voseo frecuente en relaciones familiares simétricas. Preferencia de *vos* entre hombres y *usted* entre jóvenes. Frecuente la alternancia de *vos/usted*. Funciones pragmáticas de *vos*: confianza, enojo, ofensa, agresión.[20]
Nicaragua	✓			✓	Coexisten *tu, vos* y *usted*. *Vos* como marca de solidaridad entre jóvenes y amigos. *Voseo* entre esposos, hermanos y primos. Se prefiere *voseo* de trato para inferiores.
Costa Rica	✓			✓	Predomina ustedeo. Vos alterna con *usted* y recientemente con *tú*. Se prefiere ustedeo entre hermanos y esposos, *vos* y *usted* alternan entre amigos. Alterna con *usted* para pedir favores.[21]
Panamá		✓	Voseo en zona occidental (oeste), en frontera con Costa Rica (*vos cantái(s)*).	✓[22]	*Voseo* no tiene prestigio.
Belice		✓	*Voseo/tuteo* entre hablantes bilingües (inglés-español). Aproximadamente 50% de la población habla español.[23]		Usted para expresar enojo. Alternan *tú* y *vos*. *Vos* predomina entre esposos, novios y miembros de familia.

Costa Rica presenta un caso interesante sobre la variación pragmática en la alternación de los pronombres *usted* y *vos*. Como se mencionó anteriormente, el ustedeo y el *voseo* predominan en este país. Al igual que Honduras, el ustedeo en Costa Rica predomina en situaciones comunicativas informales y simétricas para expresar grados de solidaridad, informalidad y confianza. En (6) se observa un caso de alternación de los pronombres *usted* (ustedeo) y *vos* entre dos estudiantes costarricenses. Es una interacción entre dos estudiantes costarricenses (de San José). Javier le pide los apuntes a su compañero Pedro En esta interacción se observa la alternación del ustedeo y el voseo en distintas etapas de la interacción: saludos, petición respuesta, final de la interacción.

(6) Dos estudiantes universitarios de San José, Costa Rica.
      Javier pide los apuntes de clase; Pedro responde.

      Escucha el diálogo en la página de los actos de habla:
      🎧 Audio: https://pragmatics.indiana.edu/textbook/cap8.html (audios)

Vocabulario

- *Diay:*   tiene varios significados. Se puede usar para iniciar conversación (línea 1) (*diay* = *¿qué pasa?*)
- *Pura vida:*   ¡excelente!
- *(hi)jue'pucha:*   colloquial (lit. hijo de puta)
- *Yodito:*   café
- *Garabatear:*   Escribir y dibujar (letra no muy legible)
- *Toquecillo:*   un momento libre

1	Pedro:	*Diay, papá, hace tiempo no **lo veía** por esta clase* (USTED)
2	Javier:	*¡Pura vida!, Pedro*
3	Pedro:	*¿Todo bien?*
4	Javier:	*Sí sí,*
5		*Pedro, **decíme** una cosa* (VOS)
6		*¿**vos** creés que podás prestarme los apuntes de matemáticas?* (VOS)
7		*no **ve** que no pude asistir a la clase la semana pasada* (USTED)
8	Pedro:	*Jue'pucha, ¿**usted** necesita los apuntes pronto?* (USTED)
9	Javier:	*Sí, la verdad es que he estado ahí medio ocupadillo con otras cosas*
10		*entonces no he podido ir a la clase.*
11	Pedro:	*¿No **ha venido** al curso?* (USTED)
12	Javier:	*No, no he venido*
13	Pedro:	*¿Cuánto **lleva** faltando?* (USTED)
14	Javier:	*Como dos semanas*
15	Pedro:	*Hijue'pucha, diay, lo que podemos hacer es que se los doy,*
16		*y **usted** les saca copia ¿no?* (USTED)
17	Javier:	*Diay sí, está bien perfecto*
18	Pedro:	*El problema es que yo ahí garabateo, ¿verdad?, no sé . . .*
19	Javier:	*Tranquilo, cualquier cosa yo **le pregunto** en dado caso* (USTED)
20		*¿**usted tiene** ahí mi teléfono?* (USTED)
21	Pedro:	*Sí, yo creo que lo tengo apuntado*

22 Javier: *Ah bueno, tal vez **deme** su correo, me **lo apunta** por aquí,* (USTED)
23   *y cualquier cosa yo le aviso*
24 Pedro: *¿A qué hora **va a ir** a fotocopiarlo?* (USTED)
25   *porque ya no nos vemos hasta el examen.*
26 Javier: *Diay, tal vez ahorita. **Si tenés** un toquecillo* (VOS)
27   *¿nos echamos un yodito?*
28 Pedro: *Diay, de acuerdo, vámonos.*
29 Javier: *¡vamónos ya!*

Los participantes en (6) usan *vos* y *usted* y su alternancia depende del acto de habla que se usa (saludos, peticiones) y el lugar del discurso (inicio, en medio, final). Javier inicia la interacción con un saludo con la forma *usted* (línea 1) y la secuencia se completa en la línea 4. Javier usa la forma *vos* (voseo completo) para pedirle los apuntes de la clase (*decíme, vos creés que me podás . . .*) (líneas 5 y 6) y luego cambia al **ustedeo** (línea 7). Ambos interlocutores continúan la interacción usando el **ustedeo** (líneas 8–25). En las líneas 26 y 27 Javier hace otra petición usando el voseo *verbal* con el fin de suavizar o mitigar la imposición de la petición. Nótese que se usa también el mitigador '*tal vez*' para suavizar más la petición. La interacción termina exitosamente (líneas 28 y 29). En general, ambos hablantes emplean el ustedeo y el voseo durante la interacción y cada interlocutor cambia de una forma a otra para alcanzar propósitos comunicativos específicos. El ustedeo representa la forma frecuente con el fin de iniciar, negociar y concluir la interacción. El cambio de *usted* → *vos* se emplea para atenuar o suavizar la imposición de la petición. En su análisis de la alternancia de *usted/vos* entre hablantes de San José, Moser (2006) observó que un imperativo voseante (*comprᵬme*) también funciona como estrategia mitigadora en el nivel del discurso, en casos en que el hablante alterna su discurso de *usted* → *vos*. En general, la función pragmática del *voseo* en español costarricense sirve para atenuar el grado de imposición en una relación simétrica informal (amigos/compañeros de clase). Esto representa un caso de variación pragmática pronominal en que un hablante cambia de un pronombre a otro dentro de la misma situación con el fin de alcanzar propósitos pragmáticos, de mitigación o deferencia.

8.5.2 Zonas voseantes en México y Cuba

México y Cuba son predominantemente tuteantes, pero se ha documentado evidencia de algunas regiones *voseantes* donde el *voseo* no tiene prestigio. El cuadro 8.6 presenta las regiones voseantes de estos países:[24]

Cuadro 8.6 Voseo regional en México y Cuba*

País	Voseo generalizado SÍ	NO	Regiones voseantes	Variación social
México		✓	Presencia de *voseo* al sur de México en algunas regiones de Chiapas y Tabasco.[25]	En grupos indígenas de Chiapas y Tabasco. No tiene prestigio. Voseo como forma de intimidad. Alternación de *vos/usted* y con *tú* como forma de tratamiento intermedia.
Cuba		✓	Al este del país, Camagüey, Bayamo y Manzanillo.	No tiene prestigio. Voseo mixto pronominal o verbal.

* Véase Lipski (2007); y Vázquez Laslop y Orozco (2010).

8.5.3 Zonas voseantes en Suramérica

El *voseo* en Suramérica es una situación compleja debido a que existen regiones donde el voseo es de uso **generalizando** (Rio de la Plata) y **regional** (Colombia, Ecuador, Venezuela). El voseo generalizado se emplea por todas las clases sociales, aunque puede coexistir con *tú/usted*. En cambio, el voseo regional existe en ciertas regiones del país y puede alternar con el tuteo. El mantenimiento del voseo en algunas regiones de Suramérica y la preferencia del tuteo en otras se puede explicar por medio de factores socioculturales, políticos y económicos durante el contacto que tenían los colonizadores con los habitantes de estas regiones. Por ejemplo, como resultado de la creación tardía de los virreinatos de la Nueva Granada (1717, Colombia, Venezuela y Ecuador) y el Río de la Plata (1776, Argentina, Uruguay, Paraguay), el *voseo* se diversificó y echó raíces en varias regiones de Suramérica. En la actualidad, Argentina, Uruguay, Paraguay y Bolivia son predominantemente voseantes. Con respecto a Colombia, debido al desarrollo económico y administrativo de Cartagena que mantenía comunicación y comercio frecuente con España, México y el Caribe, se adoptó la norma tuteante del español peninsular en esta ciudad, y se extendió en la costa atlántica colombiana, la venezolana y algunas regiones de Ecuador.[26] En los territorios de Colombia, Venezuela y Ecuador, predominantemente tuteantes, existen regiones voseantes, especialmente en ciertas regiones de Colombia (Cali, Medellín), lugares donde coexiste el tuteo, voseo y el ustedeo.

A diferencia de los países en que *vos* representa la norma, el **voseo chileno** perdió vitalidad debido a una reforma educativa lanzada por el gramático venezolano Andrés Bello. Este autor se refería al voseo chileno como un 'vicio del habla chilena y característico de incultura.' A raíz de este esfuerzo en erradicar el *voseo*, el voseo chileno no goza de prestigio, ya que en algunas regiones se percibe de manera negativa, mientras que entre los jóvenes está ganando cada vez más terreno. En la actualidad, el voseo chileno se realiza mediante el voseo verbal (*vos ¿cómo te llamái(s)?, tú hablái*) entre los jóvenes para expresar cercanía y confianza. El voseo verbal se considera un **voseo culto**, cada vez más generalizado entre las clases media y alta.[27] El cuadro 8.7 presenta las regiones voseantes en Suramérica:

Cuadro 8.7 Regiones voseantes en Suramérica*

País	Voseo generalizado SÍ	Voseo generalizado NO	Voseo regional	Región *ustedeante* (coexiste *tú, vos, su merced, usted* de solidaridad)	Variación social
Argentina	✓				Goza de prestigio en todas las clases sociales.
Uruguay	✓				Montevideo: predomina *voseo verbal* (*tú tenés*) y la más familiar (*vos tenés*) y un sistema tripartito: *tú, vos, usted*.

(Continued)

Cuadro 8.7 (Continued)

País	Voseo generalizado SÍ	Voseo generalizado NO	Voseo regional	Región ustedeante (coexiste tú, vos, su merced, usted de solidaridad)	Variación social
Paraguay	✓				Hablantes bilingües (guaraní-español) pueden producir interferencia con formas verbales y pronominales (tú/vos/usted).
Chile	✓			✓ Voseo puede alternar con ustedeo.	Voseo auténtico (áreas rurales). Predomina voseo verbal en habla familiar y coloquial, es común entre los jóvenes. Tuteo alterna con voseo.
Bolivia	✓		Zona colla (La Paz/Cochabamba): tú alterna con vos (vos pronominal, vos estudias). Zona camba (Santa Cruz) predomina voseo.	✓ Ustedeo en zona camba.	Región de Santa Cruz (zona camba) tiene orgullo por usar voseo.
Perú		✓	Sur, especialmente en Arequipa. Norte (Huánuco y Cajamarca) Zonas propagadoras del tuteo: Lima y Cuzco.		Predomina voseo mixto pronominal (vos quieres) en regiones del norte y sur.
Ecuador		✓	Noroeste/costa (Esmeraldas). En la Sierra se usa voseo pronominal.	Sumerced común en familia.	Registro voseante en ámbito familiar en regiones voseantes. Vos alterna con tú. Tuteo va en aumento. Blancos-mestizos usan vos con indígenas.
Colombia		✓	Predomina en Antioquía, vos coexiste con tú y usted en Cali, Medellín y regiones occidentales.	País ustedeante. Se usan tú, vos, usted y su mercéd. Usted es la forma más usada, de respeto y confianza.	Voseo verbal. Coexisten tuteo y voseo. Ustedeo tiene prestigio.
Venezuela		✓	Persiste en zonas andinas y occidente. Predomina en la región de Zulia.	Ustedeo predomina la región andina, especialmente en Mérida.	Predomina tuteo. Voseo como signo de identidad en Zulia, no en la zona andina.

* Información tomada del libro *Formas y fórmulas de tratamiento en el mundo hispánico* (Hummel, Kluge, & Vázquez Laslop, 2010), Carricaburo (2015) y del *Diccionario panhispánico de dudas* de la Real Academia Española http://lema.rae.es/dpd/?key=voseo

Ejercicio 5 Completa la información en el cuadro. Indica si el país pertenece a una zona tuteante, voseante o ambas. También menciona si el ustedeo predomina en el país. Consulta la Red para buscar ejemplos de estas regiones hispanohablantes y el *Diccionario panhispánico de dudas* de la Real Academia Española http://lema.rae.es/dpd/?key=voseo

País	Voseo generalizado SÍ	NO	Voseo regional	Tuteo generalizado	Región ustedeante
España					
México					
Cuba					
Puerto Rico					
La República Dominicana					
Guatemala					
El Salvador					
Honduras					
Nicaragua					
Costa Rica					
Panamá					
Belice					
Argentina					
Uruguay					
Paraguay					
Chile					
Bolivia					
Perú					
Ecuador					
Colombia					
Venezuela					

Ejercicio 6 En el siguiente mapa escribe una 'X' en las regiones voseantes en México, Centroamérica, el Caribe y Suramérica.

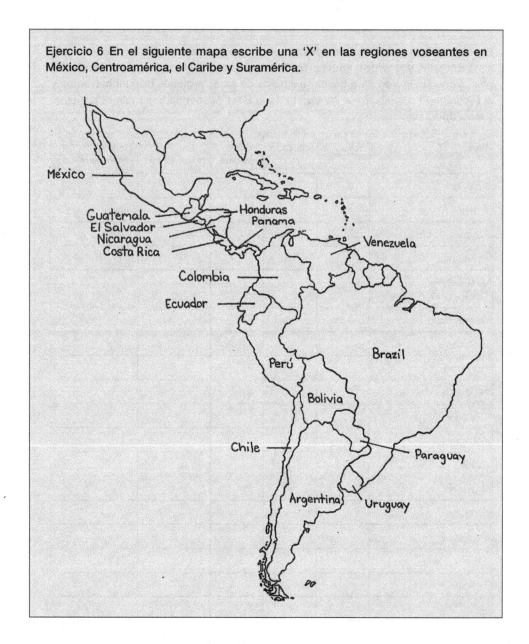

8.6 Formas de tratamiento nominales

A diferencia de las formas pronominales que pertenecen a una clase cerrada (*tú, vos, usted, su merced, vosotros*), las formas de tratamiento nominales son variadas debido a las diversas maneras de dirigirse a un interlocutor en regiones de España, México, El Caribe, Centroamérica y Suramérica. Además, las formas nominales varían según la manera en que se conceptualizan las nociones de confianza, respeto, poder, distancia, cercanía y grados de informalidad. Estas formas incluyen los **vocativos** para dirigirse a otra persona con el fin de reforzar las relaciones interpersonales. Empleamos vocativos para expresar distancia o respeto mediante apellidos (*Señor Sánchez, López*), para marcar jerarquía y respeto (*patrón/a*), nombres de pila (*Julio César, Gabriel Alejandro, Ana Teresa*), títulos (doctor, profesor, jefe) o hipocorísticos que designan nombres en forma diminutiva, abreviada, infantil o cariñosa (*Luisito, Pepe, Sole [Soledad], Juanma [Juan Manuel]*), apodos (*nicknames*) para comunicar cariño (*gordito, flaquito, morenita, negrito*)[28] y términos de parentesco (*mamá, papá, hermano*). Las formas nominales también incluyen vocativos que pueden expresar descortesía auténtica o no auténtica (capítulo 6, sección 6.4) dependiendo de la situación comunicativa y las normas socioculturales de aceptación de cada comunidad (México: *Qué tal,* **güey** *, ¿cómo estás?*; Argentina: ¡*Hola,* **boludo** !; España: *¿Hola,* **tío** *, estás listo para la juerga?*; Colombia: ¡*Quiubo,* **parce** !; Costa Rica: **Mae** *, ¿cómo está vos? ¡Pura vida!*).

Según Carricaburo (2015), las formas nominales se clasifican en dos grupos:

1. *Nombres propios*: incluyen apellidos, nombres de pila y los hipocorísticos para expresar cariño y grados de afectividad (*Pepe* en vez de *José, Barbarita, Sole* en vez de *Soledad, Juanma* en vez de Juan Manuel).
2. *Nombres comunes*: Incluyen los términos familiares de parentesco, nombres generales (*señor/a, caballero, dama*), títulos ocupacionales (profesor, doctor), términos afectivos (*querido*) y los honoríficos (*Su/Vuestra Majestad*).

Los *apodos* incluyen una variedad de términos para dirigirse a un interlocutor con el fin de expresar afectividad o desprecio. Pueden ser apodos familiares o sociales. Según la *Real Academia Española*, el **apodo** se define como un nombre que se da a una persona, tomado de sus defectos corporales o de alguna otra circunstancia. Entre los **apodos familiares** se usan para enfatizar o mantener las relaciones interpersonales y familiares mediante grados de afectividad, cariño y confianza con el interlocutor sin ofenderlo (*flaco, gordo/a, gordito/a, prieto/a, negrito/a*). El vocativo mexicano '*guey*' se emplea generalmente entre los jóvenes con el fin de reforzar la armonía y relaciones de confianza e igualdad entre ellos (*Hola, güey, ¿cómo te va?*) o el vocativo argentino '*boludo*' o '*pelotudo*' (tonto, idiota) (ver capítulo 6 sobre la cortesía no auténtica, secciones 6.6.1). Aunque en ciertos contextos con intención agresiva la forma '*pelotudo/a*' puede expresar ofensa, en la cultura argentina moderna, estos vocativos no expresan un significado connotativo negativo o despectivo hacia los demás. Es un vocativo frecuente para referirse a los demás (*Hola pelotudo/boludo, ¿qué hacés?*). Ambos vocativos, *güey* y *boludo* funcionan como marcadores de afiliación en la conversación coloquial entre los mexicanos y los argentinos, respectivamente.

Los apodos sociales se refieren a características sociales que atribuimos a alguien como 'La Pulga' Messi (Jugador argentino en el futbol español) o Joaquín "El Chapo" Guzmán (narcotraficante mexicano). También se dan los apodos que designan nacionalidad (chino/a, polaco/a, ruso/a), complexión (moreno, prieto/a, negrito/a), pelo (*pelón*), personajes de la televisión (México: *Cantinflas, el Chapulín Colorado*).

Los *apodos* son los más productivos de las formas nominales, pero también los más diversos en forma y significado debido a la variación regional en España y regiones en Latinoamérica. En muchas regiones de Latinoamérica y el sur de España (Andalucía) se prefieren los diminutivos (*flaquito, Gabrielito*) y los términos generales que preceden al apellido o nombres familiares (<u>Don</u> Carlos Hernández, <u>Doña</u> María Félix).

El cuadro 8.8 muestra una clasificación de las formas nominales de tratamiento con ejemplos representativos del español (la clasificación se toma de Carricaburo [2015])). Se incluyen ejemplos de varias regiones para mostrar la variación regional con el uso de las formas nominales (apodos y términos de parentesco):

Cuadro 8.8 Formas nominales de tratamiento*

Formas nominales de tratamiento							
Nombres propios		Nombres comunes					
		Familiares	Sociales				
Denotativos	Apodos	Términos de parentesco	Generales	Ocupación	Afectivos o amistosos	Honoríficos	
Apellidos Señor López, Doctor Morales, don Carlos Félix Hernández. Nombres de pila Julio César, Gabriel Alejandro, Norma, Luisa Hipocorísticos Pepe (José), Juanito, Juli (Julio), Tere (Teresa), Juanjo (Juan José), Sole (Soledad), Santi (Santiago), Juanma (Juan Manuel), Toño (Antonio)	Generales Enano (bajo) flaco/flaquito negro/negrito, gordo/gordito, gordis chino rusa mono pato La Rubia El Lobo El Indio Elvis El muñeco Pinocho El Mago La Coqueta Petiso (Argentina) El Pibe (Argentina) Messi 'La Pulga' Chicharito (jugador mexicano de fútbol) chaparro (bajo) güero El Chapo La Chiquis El pelón El Tamal El Azteca El Charro El Orejas (de oreja grande o chismoso) El Quijote (España) Sancho Panza (España)	Padre/madre, mamá/ papá, mami/papi, abuelo/a, abuelito/a, abue, hermano/a, hijo/a, tío/a, sobrino/a, madrina/padrino, ahijado/a, pibe/a (Argentina), guagua (bebe en Perú y Chile), nono/a (abuelo/a en Argentina, Venezuela, Chile, Colombia), tatatata y mamamama (abuelo/a en Perú mi mujer (= esposa, España), mi señora (= esposa, México), tío/a (= tipo, España), ñaño/a (hermano, Ecuador), mae (amigo o 'bro' (Costa Rica), carnal/a (hermano, México), taita y mama (papá y mamá, Ecuador) apá/amá, jefe/jefa (= padres, México)	Señor/a, señito, don/doña, doñita, caballero/ dama, niño/niña, señorita, joven, nene/bebé	Profesor, doctor, presidente, ingeniero, secretaria gobernador, ministro, alcalde	Mi amor, mi vida, mi cielo, tesoro, corazón, mi querido, mi reina, mi rey, hermano, amigo, compadre/ comadre, compadrito.	Su merced, Su/Vuestra Excelencia, Su Ilustrísima, Su Señoría, Su Santidad, Su Reverencia

* Clasificación adaptada de Carricaburo (2015).

En (7) y (8) se presentan ejemplos de formas de tratamiento (pronominal y nominal) en Buenos Aires (Argentina) y Sevilla (España) en situaciones durante la negociación de encuentros servicio en tiendas. Empecemos con la interacción en (7) que presenta un caso de voseo entre dos interlocutores (hombres), vendedor y cliente:

(7)   Formas de tratamiento en Buenos Aires (Argentina)[29]
      Vendedor (hombre); cliente (hombre). Compra de un *pancho* ('hot dog')

      Term of endearment. (male vendor and male customer)

1	Vendedor:	*Hola*
2 →	Cliente:	*¿Tenés pancho* **amigo**?
3→	Vendedor:	*Sí* **papá**, *¿Querés uno?*
4	Cliente:	*Sí*
5→	Vendedor:	*¿Qué le pones,* **campeón**?
6	Cliente:	*Eh, mayonesa*
7	Vendedor:	*¿Mayonesa?*
		((ocho líneas de transcripción omitidas))
16		((el vendedor le da el pancho al cliente))
17→	Vendedor:	*Ocho,* **capo**
18		((cliente le da el dinero al vendedor))
19		*Tu vuelto*
20		((vendedor da cambio al cliente))
21	Cliente:	*Muchísimas gracias*
22→	Vendedor:	*De nada,* **querido**.

En la interacción en (7) se emplean cinco formas nominales entre el vendedor y el cliente: *amigo* (línea 2), *papá* (línea 3), *campeón* (línea 5), *capo* [jefe] (línea 17) y *querido* (línea 22). Estas formas se usan para reforzar la confianza y la solidaridad entre los interlocutores. Además, ambos utilizan el voseo con las formas verbales voseantes (cliente: *¿tenés (vos)* pancho, **amigo**?, línea 2; vendedor: *¿qué le pones,* **campeón**?, línea 5); cada uno emplea una forma nominal. Es importante notar que las formas nominales se usan en distintas partes de la interacción: inicio de la compraventa (líneas 2–4), negociación del producto (líneas 5–7), secuencia de pago (líneas 17–20) y el cierre (líneas 21–22).

En (8) se muestra un ejemplo de una transacción de compraventa en una tienda sevillana:

(8)   Formas de tratamiento en Sevilla, España.

   a. Vendedor → Cliente (tienda sevillana hombres)
      Vendedor: *¿Dime,* **caballero**?
      Cliente: *Un mollete y una campesina* ((tipos de pan))
                    Vale ↑ ((entonación ascendente))
      Vendedor: *Gracias.*

   b. Vendedora → hombre joven
      Vendedora: *Hola,* **guapetón**.
      Joven: *Dame un bocadillo.*

c. Vendedora → hombre mayor

Vendedora: **Cariño**, ¿qué te pongo?
Cliente: Me da dos pirulos. ((tipo de pan))
Vendedora: Pirulos no tengo, **mi arma**. ((mi alma))

En los ejemplos en (8) vemos distintas formas de tratamiento comunes en tiendas sevillanas entre vendedores. Cuando un vendedor o vendedora se dirige a un cliente en una tienda sevillana se usan las formas *caballero, guapetón/a, cariño, mi arma* (por 'mi alma'), además de las formas comunes (*señor/a*). Nótese que la posición de las formas puede ir al principio, en medio o al final del enunciado. Si van al final, se expresa más afectividad.

En el ejemplo (9) se muestra una transacción de compraventa en un mercado mexicano entre un vendedor y una compradora (ambos alrededor de 55 años). En esta interacción se usan los pronombres de segunda persona (*tú* y *usted*) y varios ejemplos de formas nominales en función de vocativos.

(9) Formas de tratamiento en una transacción de compraventa. (hombre vendedor y mujer cliente) (↑ indica entonación ascendente)

1 Vendedor: *Mamacita linda, buenos días.*
2 Clienta: *Papacito lindo, buenos días, ¿cómo ha estado (usted)? bien*↑=
3 Vendedor: *=Más o menos.*
4 Clienta: *¿Tiene pimienta?*
5 Vendedor: *¿Pimienta? sí, tengo de a cinco, dos y un peso.*
6 Clienta: *Ese es de peso*↑ ((señala al producto))
7 Vendedor: *Sí **mamá** , un pesito*
8   *para el caldito.*
9 Clienta: *Para el caldito,*
10   *Sí – ahí está, papá.*
11 Vendedor: *Gracias, **mamá** ,*
12   *un peso.*
13   ((la cliente escoge el producto y paga))
14   ((el vendedor recibe el pago y se escucha ruido de las monedas))
15 Vendedor: *Gracias, que Dios te bendiga, **mamita**.*
16 Clienta: *Igualmente, **papacito** , igualmente.*
17 Vendedor: *Feliz fin de semana.*

En esta relación asimétrica, la clienta usa la forma de respeto *usted* (línea 2) y el vendedor usa la forma de solidaridad *tú* (línea 15). La interacción se realiza en cuatro secuencias: los saludos (líneas 1–3), la petición de servicio y la respuesta (líneas 4–11), el pago (líneas 12–14) y el cierre de la conversación (líneas 15–17). Tanto el vendedor como la clienta usan vocativos para expresar respeto y afectividad. El vendedor usa los siguientes vocativos pare referirse a la señora: *mamacita linda, mamá* y *mamita*. La señora emplea las siguientes formas al dirigirse al vendedor: *papacito lindo*. Ambos usan estas formas al iniciar y cerrar la transacción y durante la negociación de la petición de servicio. Además, se observa un caso de alternación de las formas pronominales: la cliente usa la forma de respeto y formalidad (*usted,* línea 2, '*¿cómo ha estado?*') y el vendedor la forma de confianza y solidaridad (*tú*, línea 15, '*Que Dios te bendiga*').

El compadrazgo y el respeto en México

México es un país tuteante que expresa valores de confianza, informalidad y familiaridad entre amigos, vecinos o compañeros de clase o trabajo. La forma *usted*, que comunica respeto, deferencia y formalidad, predomina en situaciones de compadrazgo. El compadrazgo consiste en la relación entre el padrino y los padres de un niño. Por ejemplo, al bautizarse un niño, el padrino o padrinos (escogidos por los padres) entran en una relación de compadrazgo con los padres del niño. A partir de ese momento, los interlocutores generalmente entran en un contrato sociocultural y se inicia el trato de respeto, un cambio de *tú* a *usted*. Entre interlocutores jóvenes se puede mantener el tuteo entre compadres. La importancia del compadrazgo radica en que los padrinos (padrino y madrina) se involucran en la educación de los ahijados y les dan consejos como si fueran segundos padres. El respeto es una forma de afirmar las relaciones interpersonales entre los compadres (padrinos y padres del ahijado). Se usan los vocativos *compadre* y *comadre*.

8.7 Variación pragmática de las formas pronominales

Se distinguen dos tipos de variación pronominal: la alternación de las formas de tratamiento y la variación pragmática pronominal.[30] La **alternación** ocurre cuando la misma forma se usa consistentemente por el mismo interlocutor. Por ejemplo, en una situación asimétrica, el empleado usa la forma deferencial *usted* y el jefe *tú*. En el ejemplo (9), el vendedor usa la forma *tú* y la empleada *usted*. En cambio, la variación **pragmática pronominal** ocurre cuando el mismo interlocutor cambia de una forma a otra (*tú/vos* → *usted* o *usted* → *tú/vos*) dentro de una misma situación comunicativa. La variación pronominal representa una estrategia discursiva condicionada por la situación comunicativa (p. ej., una fiesta de cumpleaños o una transacción de compraventa), los roles de los participantes (vendedor o comprador) y el tipo de acto comunicativo dentro del discurso (saludos, negociación de servicio, una queja, cierre de la interacción). Con respecto a las formas de tratamiento pronominales, *tú*, *vos*, *usted* pueden expresar distintos valores comunicativos condicionados por factores contextuales (conocimiento mutuo compartido), los roles de los participantes (vendedor y comprador, jefe y empleado o profesor y estudiante). La estrategia discursiva de cambio de un pronombre a otro depende de la interpretación de los **indicios de contextualización** (*contextualization cues*) (Gumperz, 1982) (ver capítulo 1, sección 1.9). Según este autor, los indicios de contextualización aluden al conocimiento de fondo compartido por los interlocutores con el fin de inferir significado de la situación. Algunos ejemplos incluyen elementos verbales (expresiones lingüísticas) y no verbales (un guiño, la entonación ascendente o descendente, la mirada o el cambio de códigos) que se pueden inferir en una situación comunicativa concreta. En los siguientes ejemplos vamos a analizar la estrategia discursiva de la variación pragmática pronominal en casos en que el mismo hablante (vendedor o comprador) cambia de una forma pronominal a otra (*tú* → *usted* o *usted* → *tú*) para expresar funciones comunicativas de solidaridad o deferencia.

Los ejemplos (10) y (11) representan interacciónes de encuentros de servicio en un mercado mexicano. En (10) se observa un cambio estratégico de *tú* → *usted* por el cliente:

(10) Cambio de TÚ → USTED: Transacción de compraventa en un mercado de Yucatán, México (vendedor [hombre]; cliente [mujer])

1 Cliente: → *¿Tienes bolsitas?*↑   (TÚ)
2 Vendedor: *Ancha tengo, estas tengo.*
              ((señala el producto))
3 Cliente: *Están muy grandes.*
4 Vendedor: *¿Está muy grande?*
5 Cliente: → *¿No **tiene** más chica?*   (USTED)
6 Vendedor: *No, no tengo*↓

En (10) el cliente inicia la interacción con la forma de confianza *tú* para hacer una pregunta de disponibilidad del producto (líneas 1–4). Después de determinar que no se tiene el producto especificado, el cliente cambia a la forma deferente *usted* para hacer otra pregunta pidiendo más información del producto (línea 5). Esta petición incluye la negación (mitigador) y la forma *usted* para expresar distancia, seguido de la no disponibilidad del producto (línea 6). Al cambiar de *tú* → *usted* el cliente reduce el grado de imposición de la petición. El **indicio de contextualización** inferido por el cliente es la negación que no tiene el producto (línea 2) y la necesidad de pedir información adicional, por lo cual se recurre a la estrategia discursiva del pronombre formal '*usted*' (línea 5); con la negación '*no*' se mitiga más la petición.

En (11) se presenta un cambio de *usted* → *tú* por parte del mismo interlocutor (vendedor).

(11) Cambio de USTED → TÚ: Transacción de compraventa en un mercado mexicano (Yucatán) (hombres)

1 Vendedor: → *¿Qué busca caballero?* (USTED)
2 Cliente: *¿A cómo está el ajo?*↑
3 Vendedor: *El kilo vale 40.*
4   *Seis pesitos, caballero.*
5   *Catorce de cambio.*
6 Cliente: *Okay, muchas gracias.*
7 Vendedor: → ***Toma** la bolsa, **papi.*** (TÚ)
8   *Toma.*
9 Cliente: *Ah, okay muchas gracias.*

En (11) el vendedor abre la interacción con la forma *usted* para expresar respeto junto con el vocativo '*caballero*' (línea 1). Después de la negociación exitosa de la venta del producto (líneas 2–6), el vendedor le ofrece una bolsa al cliente y cambia a *tú* para expresar confianza junto con el vocativo informal '*papi*' (línea 7). El indicio de contextualización se refiere a la venta exitosa de la negociación de servicio, lo cual le permite al vendedor cambiar de cortesía deferente y respeto (línea 1) a cortesía solidaria y confianza (línea 7), específicamente, debido al resultado exitoso de la transacción.

PARA PENSAR MÁS

Consulta con un hablante nativo de español y pregunta si él/ella alterna de *usted* → *tú* o *tú* → *usted*. Si es un hablante de una zona voseante, pregunta sobre los usos de la forma *vos* y *usted* entre amigos, familiares y en contextos de trabajo.

8.8 Direcciones futuras

Después de analizar las regiones en que coexisten las tres formas pronominales en Hispanoamérica (*tú, vos, usted*), todavía falta mucho por investigar. Por ejemplo, necesitamos un análisis detallado de los valores comunicativos en regiones donde el *voseo* coexiste con *tú* y *vos* (Colombia, Venezuela, Uruguay y Centroamérica) y un análisis de percepción sobre la valoración del tuteo en Costa Rica y el voseo en Chile.[31] En particular, se necesitan más datos para confirmar la presencia y funciones del voseo en regiones como el Sur de México y Cuba. Además, dada la complejidad de las formas pronominales en Centroamérica, se necesita un análisis detallado sobre las funciones pragmáticas que expresan *tú, vos* y *usted* en contextos formales y no formales. También se necesita un análisis comprensivo de las formas de tratamiento en situaciones de contacto como en Paraguay (español y guaraní), Guatemala (español y maya) y en los Estados Unidos en contextos donde hablantes de México conviven con hablantes de otras regiones de Hispanoamérica con variedades voseantes como El Salvador, Honduras y Costa Rica. Existen algunos estudios que analizan la acomodación del *tuteo* de variedades voseantes, como el caso de los salvadoreños que viven en comunidades mexicanas en el sur de California (Raymond, 2012), el grado en que los argentinos y los salvadoreños (dos variedades voseantes) se acomodan al *tuteo* en regiones hispanas en los Estados Unidos (Sorenson, 2016) o la influencia del portugués en una comunidad fronteriza en contacto con portugués brasileño y español uruguayo (Carvahlo, 2010).

Se necesita más investigación en la selección y uso de las formas de tratamiento del español hablado en **Guinea Ecuatorial,** el único país africano donde se habla español como lengua oficial (hablado por más del 85% de la población), junto con el francés y el portugués (además de lenguas indígenas africanas). Según la investigación de Lipski (1985), los ecuatoguineanos emplean el pronombre 'vosotros' por 'ustedes', neutralizan parcialmente la forma 'tú' y 'usted' (p. ej., *Usted dices, usted quieres*) y el mismo hablante puede alternar las formas 'tú' y 'usted' en la misma conversación. Por último, además de usar cuestionarios que le piden al hablante escoger una forma en diferentes situaciones comunicativas simuladas, es importante analizar las formas de tratamiento en interacciones naturales cara a cara y en las redes sociales (Facebook, chat, email). Las formas de tratamiento es un tema importante para el desarrollo de la competencia pragmática en segundas lenguas, como veremos en el capítulo 10.

8.9 Resumen

Este capítulo analizó los valores comunicativos de las formas pronominales (*tú, vos, usted, vosotros*) y nominales (*pápa/mamá, hijo/a, José, doctor, jefe, profesor, hermano*) en España y Latinoamérica. Primero, se describió el desarrollo histórico de las formas de tratamiento con atención particular al desarrollo de *vos* y *usted* (*vuestra merced* → *usted*) (sección 8.1) y los sistemas pronominales que representan las regiones de España y Latinoamérica (sección

8.2). Se explicó la diferencia entre el tuteo, voseo y ustedeo (sección 8.3). También se describieron las regiones tuteantes (sección 8.4) y voseantes en Hispanoamérica (sección 8.5) con referencia a los factores geográficos, políticos, culturales y económicos que influyeron en la sustitución de *tú* por *vos*, junto con el mantenimiento y extensión del *voseo* en Centroamérica y en regiones de Suramérica. Luego, se analizaron las formas nominales con respecto a su distribución y función pragmática para expresar valores de confianza, respeto, poder y grados de afectividad (sección 8.6). En la sección 8.7, se presentó un análisis sobre la variación pragmática pronominal a fin de cambiar de una forma a otra (*usted* → *tú/vos* y *tú/vos* → *usted*) en una misma interacción con el propósito de expresar valores de confianza, respeto y deferencia. El capítulo concluye con direcciones de investigación futura para el análisis de las formas de tratamiento (pronominales y nominales) en Hispanoamérica (sección 8.8).

LISTA DE CONCEPTOS Y TÉRMINOS CLAVE

formas nominales (*nominal forms*)
formas pronominales (*pronominal forms*)
indicios de contextualización (*contextualization cues*)
valores socioculturales (*sociocultural values*)
   confianza (*intimacy*)
   cortesía (*politeness*)
   descortesía (*impoliteness*)
   distancia y cercanía (*distance* and *closeness*)
   formalidad e informalidad (*formality* and *informality*)
   poder e igualdad (*power* and *equality*)
respeto (*respect*)
vocativo (*vocative*)
voseo auténtico (*authentic voseo*)
voseo mixto (*mixed voseo*)
voseo generalizado (*generalized voseo*)
voseo regional (*regional voseo*)

PREGUNTAS DE COMPRENSIÓN

1. Explica el desarrollo histórico de los pronombres *tú, vos, vosotros, vuestra merced* y *usted*.

2. Explica por qué el modelo de Brown y Gilman (1960) no se puede usar en su totalidad para analizar las funciones comunicativas de las formas de tratamiento en hispanoamérica.

3. Explica la diferencia entre el tuteo, voseo y ustedeo. Da ejemplos.

4. Explica la diferencia entre el voseo generalizado y el regional.

5. ¿Qué es el compadrazgo? Explica la manera en que los mexicanos se tratan al entrar en una relación de compadres, especialmente en el uso de las formas de tratamiento.

6. Explica por qué se mantuvo el tuteo en México, el Caribe y Perú (Lima), mientras que el *voseo* se extendió y diversificó en Centroamérica, regiones de Colombia, Venezuela, Bolivia y el Río de la Plata (Argentina, Uruguay y Paraguay).

PROYECTOS DE INVESTIGACIÓN

A continuación se presentan algunas ideas para desarrollar un proyecto de investigación. La idea es usar los conceptos descritos en este capítulol y un modelo de cortesía o descortesía para analizar el tema (capítulo 6). Consulta el capítulo 10 para seleccionar el método de recolección de datos apropiado. Toma en cuenta la siguiente información para escribir un trabajo de 3–6 páginas:

- objetivo
- una o dos preguntas de investigación
- conceptos centrales (descripción de 3–4 estudios que explican el tema)
- método de recolección de datos
- manera de analizar los datos
- discusión de los resultados (interpretación de los resultados centrales)
- conclusiones

1. Analiza las formas pronominales de una región tuteante (*tú/usted*) o voseante (*vos/usted*) y describe la alternancia del uso de los pronombres de un **sistema binario**. Escoge un contexto formal (p. ej., lugar de trabajo, profesor-estudiante, doctor-paciente, un debate político o un contexto de encuentro de servicio [tienda o supermercado]) o informal (conversación entre amigos, una cena familiar, una fiesta de cumpleaños).

- Describe las formas de tratamiento pronominales y nominales.
- ¿Cuáles son las funciones pragmáticas de los pronombres?
- ¿Se observan diferencias condicionadas por factores sociales? (sexo, edad, nivel socioeconómico)
- Si quieres analizar diferencias regionales, compara la distribución y valores sociales de dos regiones tuteantes.

Escribe dos preguntas de investigación:

_____

_____

2. Analiza las formas pronominales de una región voseante donde coexisten los tres pronombres, **tú/vos/usted** y analiza la alternancia del uso de estos pronombres (**sistema ternario**). Sugerencia: Costa Rica, Honduras o Nicaragua. Escoge un contexto formal (profesor-estudiante, doctor-paciente, un debate político o un contexto de encuentro de servicio [una tienda o un supermercado]) o informal (conversación entre amigos, una cena familiar o una fiesta de cumpleaños).

- Describe las formas de tratamiento pronominales y nominales.
- ¿Cuáles son las funciones pragmáticas de los pronombres?
- ¿Se observan diferencias condicionadas por factores sociales? (sexo, edad)
- Si quieres analizar diferencias regionales, compara la distribución y valores sociales de dos regiones voseantes.

Escribe dos preguntas de investigación:

_____

_____

3. Escribe un ensayo sobre la **valoración del voseo** (prestigio positivo o negativo) en una de las siguientes regiones. Puedes buscar información y ejemplos en la Internet:

- Chile
- Uruguay
- Una región en Colombia (Cali o Medellín)
- Uno región en Centroamérica

Escribe dos preguntas de investigación:

_____

_____

4. **Formas de tratamiento en los Estados Unidos**. Analiza la preferencia y valoración de las formas de tratamiento en una región hispanohablante en los Estados Unidos: los mexicanos, los salvadoreños, los hondureños, los puertorriqueños, los dominicanos, los argentinos u otra región de tu preferencia.

- Describe las formas y funciones pragmáticas de las formas de tratamiento (pronominales y nominales) de esa comunidad (hablantes nativos).
- Describe la comunidad (lugar, características de los participantes).
- Recoge datos en un contexto formal o informal para analizar la distribución y frecuencia de las formas de tratamiento.
- Analiza si existe acomodación de la variedad seleccionada con otra cultura hispana en la misma región (mexicanos y salvadoreños). O bien, uso de las formas de tratamiento en una región hispanohablante en contacto con el inglés.

Escribe dos preguntas de investigación:

_____

_____

NOTAS

1. Véase Lapesa (2000) y Uber (2011) para una descripción detallada del desarrollo histórico de las formas pronominales del latín clásico al español medieval.
2. Véase Benavides (2003) quien ofrece una explicación detallada de los valores comunicativos y su prestigio en el siglo XVI.
3. Adoptado de Uber (2008) y Lapesa (2000).
4. Esta información se toma de Carricaburo (2015) con información de Fontanella de Weinberg (1999).
5. Cuadro adoptado de Carricaburo (2015) con información de Fontanella de Weinberg (1999).
6. Véase Uber (2011) y Fontanella de Weinberg (1999) para una descripción del uso de *vos* en zonas voseantes en Latinoamérica.
7. Castro (2000) y Moser (2010).
8. Véanse las investigaciones sobre el español de Mérida, Venezuela, donde predomina *usted* como la forma de tratamiento no marcada entre los hablantes de esta comunidad (Álvarez Muro & Carrera de la Red, 2006; Álvarez Muro y Freites Barros, 2010).
9. Adoptado de Uber (2011).

10. El *ustedeo* fue inicialmente llamado el 'otro *usted*' con función de solidaridad en relaciones íntimas, especialmente en Costa Rica (Quesada Pacheco, 2010), pero también extendido en toda Centroamérica (Moser, 2006, 2010) y en varias regiones de Suramérica.
11. Torrejón (1986, 2010)
12. Quesada Pacheco (2010)
13. Benavides (2003), Fontanella de Weinberg (1999), Páez Urdaneta (1981) y Montes Giraldo (1967).
14. Benavides (2003).
15. Esta información se toma de Benavides (2003), Páez Urdaneta (1981), Torrejón (1986, 2010) y Montes Giraldo (1967).
16. Benavides (2003).
17. Benavides (2003) y Lipski (2007).
18. Carricaburo (2015) y Moser (2010).
19. Carricaburo (2015) y Quesada Pacheco (2013).
20. Castro (2000).
21. Moser (2006, 2010).
22. Según Lipski (2007), el *ustedeo* ocurre en regiones rurales panameñas.
23. Quesada Pacheco (2013).
24. Carricaburo (2015) y Lipski (2007).
25. Véase Lipski (2007) y Vázquez Laslop y Orozco (2010).
26. Benavides (2003), Páez Urdaneta (1981).
27. Torrejón (2010)
28. Estos términos no expresan sentimientos negativos o insultantes entre hablantes hispanohablantes. Expresan solidaridad y afiliación.
29. Ejemplo tomado de Yates (2015).
30. Blas-Arroyo (2005, pág. 318) y Félix-Brasdefer (2015)
31. Bishop and Michnowicz (2010) ofrecen un análisis preliminar sobre la producción y percepción del voseo en Chile.

LECTURAS RECOMENDADAS

Benavides, C. (2003). La distribución del voseo en Hispanoamérica. *Hispania*, 86(3), 612–623.

Ofrece una descripción comprensiva sobre el desarrollo del voseo en Hispanoamérica. Explica por qué en unas regiones de Hispanoamérica se abandonó el voseo a favor del tuteo, mientras que en otras se extendió y diversificó. Se centra en los factores históricos, políticos, geográficos y económicos que influyeron en el desarrollo y la extensión del voseo. Analiza las regiones de voseo generalizado y regional.

Carricaburo, N. (2015). *Las fórmulas de tratamiento en el español actual* (2ª ed.). Madrid: Arco/Libros.

Este manual ofrece una versión abreviada sobre las formas de tratamiento (pronominales y nominales) en español. Además de revisar aspectos históricos, se propone una clasificación de los sistemas pronominales y las formas nominales. Incluye ejemplos de variación pronominal y nominal en distintas regiones de España e Hispanoamérica, incluyendo Belice.

Hummel, M. Kluge B., & Vázquez Laslop, M. E. (Eds.) (2010). *Formas y fórmulas de tratamiento en el mundo hispánico*. Mexico, D.F.: El Colegio de México: México/Karl-Franzens-Universität Graz.

Contiene 46 estudios sobre el estado de la cuestión de las formas de tratamiento (pronominales y nominales) en el mundo hispanohablante. El volumen se divide en cinco secciones: teoría y metodología, estudios regionales, aspectos históricos, aspectos sociolingüísticos y temas de pragmática.

Moyna, M. I., & Rivera-Mills, S. (2016). *Forms of address in the Spanish of the Americas.* Amsterdam and Philadelphia, PA: John Benjamins Publishing Company.

Contiene 15 artículos que analizan aspectos históricos, sociolingüísticos y pragmáticos sobre las formas de tratamiento en Hispanoamérica y en regiones hispanohablantes de los Estados Unidos. Incluye contribuciones sobre aspectos históricos y actuales del voseo y estudios sobre el uso de *tú/vos/usted.* Ofrece contribuciones sobre la valoración del voseo en Colombia (Cali Medellín) y Costa Rica. El volumen concluye con un capítulo sobre el estado de la cuestión y direcciones futuras de las formas de tratamiento.

BIBLIOGRAFÍA

Álvarez Muro, A., & Carrera de la Red, M. (2006). El usted de solidaridad en el habla de Mérida. En M. Schrader-Kniffki (Ed.), *La cortesía en el mundo hispánico: Nuevos contextos, nuevos enfoques metodológicos* (pp. 117–130). Madrid: Iberoamericana.

Álvarez Muro, A., & Freites Barros, F. (2010). Los estudios sobre pronombres de segunda persona en Venezuela. En M. Hummel, B. Kluge, y M. E. Vázquez Laslop (Eds.), *Formas y fórmulas de tratamiento en el mundo hispánico* (pp. 325–339). México, DF: El Colegio de México: México/Karl-Karl-Franzens-Universität Graz: Alemania.

Benavides, C. (2003). La distribución del voseo en Hispanoamérica. *Hispania*, 86(3), 612–623.

Bishop, K., & Michnowicz, J. (2010). Forms of address in Chilean Spanish. *Hispania*, 93(3), 413–429.

Blas-Arroyo, J. L. (2005). *Sociolingüística del español.* Madrid: Cátedra.

Brown, R., & Gilman, A. (1960). The pronouns of power and solidarity. En T. Sebeok (Ed.), *Style and language* (pp. 253–276). Cambridge, MA: MIT Press.

Carricaburo, N. (2015). *Las fórmulas de tratamiento en el español actual* (2da ed.). Madrid: Arco/Libros.

Carvahlo, A. M. (2010). ¿Eres de la frontera o sos de la frontera? Variation and alternation of second-person verbal forms in Uruguayan border Spanish. *Southwest Journal of Linguistics*, 29, 1–23.

Castro, A. (2000). *Pronominal address in Honduran Spanish.* Muenchen: Lincom.

Félix-Brasdefer, J. C. (2015). *The language of service encounters: A pragmatic-discursive approach.* Cambridge: Cambridge University Press.

Fontanella de Weinberg, M. B. (1999). Sistemas pronominales de tratamiento usados en el mundo hispánico. En I. Bosque y V. Demonte (Eds.), *Gramática descriptiva de la lengua española* (pp. 1399–1426). Madrid: Espasa Calpe.

Gumperz, J. J. (1982). *Discourse strategies.* Cambridge: Cambridge University Press.

Hummel, M., Kluge B., & Vázquez Laslop, M. E. (Eds.) (2010). *Formas y fórmulas de tratamiento en el mundo hispánico.* México, DF: El Colegio de México: México/Karl-Franzens-Universität Graz: Alemania.

Lapesa, R. (2000). Personas gramaticales y tratamientos en español. En R. Cano Aguilar y M. T. Echenique Elizondo (Eds.), *Estudios de morfosintaxis histórica del español* (pp. 311–345). Madrid: Gredos.

Lipski, J. M. (1985). *The Spanish of equatorial guinea: The dialect of Malabo and its implications for Spanish dialectology*. Alemania: Max Niemeyer Verlag Tübingen.

Lipski, J. M. (2007). *El español de américa* (5ta ed.). Madrid: Cátedra.

Montes Giraldo, J. (1967). Sobre el *voseo* en Colombia. *Thesaurus, 22,* 21–44.

Moser, K. (2006). La variación entre formas ustedeantes y voseantes a nivel del discurso familiar en la clase media y alta de San José-Costa Rica ¿una estrategia de cortesía? En M. Schrader-Kniffki (Ed.), *La cortesía en el mundo hispánico: Nuevos contextos, nuevos enfoques metodológicos* (pp. 97–116). Madrid: Iberoamericana.

Moser, K. (2010). Las formas de tratamiento verbales-pronominales en Guatemala, El Salvador, Panamá (y Costa Rica): hacia una nueva sistematización en la periferia centroamericana. En M. Hummel, B. Kluge, y M. E. Vázquez Laslop (Eds.), *Formas y fórmulas de tratamiento en el mundo hispánico* (pp. 271–291). México, DF: El Colegio de México: México/Karl-Franzens-Universität Graz: Alemania.

Moyna, M. I., & Rivera-Mills, S. (2016). *Forms of address in the Spanish of the Americas*. Amsterdam and Philadelphia, PA: John Benjamins Publishing Company.

Páez Urdaneta, I. (1981). *Historia y geografía hispanoamericana del voseo*. Caracas: Editorial Arte.

Placencia, M. E. (1998). Pragmatic variation: Ecuadorian Spanish vs. Peninsular Spanish. *Spanish Applied Linguistics, 2,* 71–106.

Quesada Pacheco, M. A. (2010). Formas de tratamiento en Costa Rica y su evolución (1561–2000). En M. Hummel, B. Kluge, y M. E. Vázquez Laslop (Eds.), *Formas y fórmulas de tratamiento en el mundo hispánico* (pp. 649–669). México, DF: El Colegio de México: México/Karl-Franzens-Universität Graz: Alemania.

Quesada Pacheco, M. A. (2013). Aspectos morfosintácticos del español hablado en Belice. En M. A. Quesada Pacheco (Ed.), *El español hablado en América Central* (pp. 23–64). Madrid: Iberoamericana.

Raymond, C. W. (2012). Reallocation of pronouns through contact: In-the-moment identity construction amongst Southern California Salvadorans. *Journal of Sociolinguistics, 16*(5), 669–690.

Sorenson, T. (2016). ¿De dónde sos? Differences between Argentine and Salvadoran *voseo* to *tuteo* accommodation in the United States. En M. I. Myna & S. Rivera-Mills (Eds.), *Forms of address in the Spanish of the Americas* (pp. 171–196). Amsterdam and Philadelphia, PA: John Benjamins Publishing Company.

Torrejón, A. (1986). Acerca del *voseo* culto en Chile. *Hispania, 69,* 677–683.

Torrejón, A. (2010). El voseo en Chile: una aproximación diacrónica. En M. Hummel, B. Kluge, y M. E. Vázquez Laslop (Eds.), *Formas y fórmulas de tratamiento en el mundo hispánico* (pp. 413–427). México, DF: El Colegio de México: México/Karl-Franzens-Universität Graz: Alemania.

Uber, D. (2008). Creo que entiendo el uso de *tú, usted, ustedes* y *vosotros*. Pero, ¿qué hago con *vos*? En J. Ewald & A. Edstrom (Eds.), *El español a través de la lingüística: preguntas y respuestas* (pp. 50–60). Somerville, MA: Cascadilla Press.

Uber, D. (2011). Forms of address: The effect of the context. En M. Díaz-Campos (Ed.), *The handbook of hispanic sociolinguistics* (pp. 244–262). Malden, MA: Wiley-Blackwell.

Vázquez Laslop, M. E., & Orozco, L. (2010). Formas de tratamiento del español en México. En M. Hummel, B. Kluge, y M. E. Vázquez Laslop (Eds.), *Formas y fórmulas de tratamiento en el mundo hispánico* (pp. 247–269). México, DF: El Colegio de México: México/Karl-Franzens-Universität Graz: Alemania.

Yates, A. (2015). *Pragmatic variation in service encounters in Buenos Aires, Argentina*. IU Working Papers in Linguistics, 15. Tomado de www.indiana.edu/~iulcwp/wp/issue/view/25

Aprendizaje, enseñanza y métodos de pragmática

Capítulo 9

Contextos de aprendizaje y enseñanza de la pragmática

Introducción

Aunque el aprendiz viene equipado con un conocimiento pragmático de su primera lengua (p. ej., cómo y cuándo hacer una petición apropiada a un profesor o a un amigo, cómo abrir y cerrar una conversación, las normas de cortesía), también es importante aprender las maneras apropiadas de comunicar significado pragmático según las normas socioculturales de la cultura meta. Este capítulo analiza los contextos de aprendizaje y las maneras efectivas para enseñar la pragmática. Se describen tres contextos: (1) el contexto formal (aprendizaje incidental en el aula de clase), (2) el contexto extranjero y (3) los hablantes de herencia. También se analiza el concepto de la transferencia pragmática; o sea, si al hablar una segunda lengua transferimos características de la lengua materna que coinciden o no en forma y función con la lengua meta. Además, aunque el input pragmático que recibe el estudiante facilita el aprendizaje implícito (libro de texto o la información del instructor), el instructor debería facilitar el aprendizaje de la pragmática mediante la instrucción implícita y explícita. Al final, se presenta un modelo pedagógico para la enseñanza de la pragmática. Consultar la página web para leer más información y completar los ejercicios del capítulo 9: https://pragmatics.indiana.edu/textbook/cap9.html

Reflexión

- Si vas a pedir comida en un restaurante, ¿qué forma utilizarías? *¿Me da/me trae un jugo de naranja? ¿Puedo tener un jugo de naranja? ¿Me puede traer un jugo de naranja?*
- Piensa en la manera de hacer y responder a un cumplido en tu lengua materna y en tu segunda o tercera lengua. ¿Cuál es la manera apropiada de hacer un cumplido en español? ¿y en inglés?

Objetivos

Este capítulo analiza tres contextos de aprendizaje y los conceptos fundamentales para la instrucción de la pragmática. Los temas que estudiaremos son:

- la competencia pragmática
- el input pragmático

- los contextos de aprendizaje
- el aprendizaje de la pragmática en el aula de clase
- el aprendizaje de la pragmática en el extranjero
- los hablantes de herencia
- la instrucción de la pragmática
- aprendizaje y variación

9.1 Competencia pragmática

¿Qué significa desarrollar competencia pragmática en una segunda lengua? Para desarrollar la habilidad de hablar y comprender una segunda (L2) (tercera, cuarta) lengua no es suficiente aprender el vocabulario y la gramática de la lengua meta (sonidos [fonología], palabras [morfología], frases y oraciones [sintaxis] y el significado proposicional/literal [semántica]); sino que el aprendiz también necesita desarrollar un conocimiento de las funciones comunicativas y las expectativas socioculturales de la cultura meta. Mientras que el **significado proposicional** alude al significado literal de las palabras y oraciones, el **significado pragmático** se ocupa del significado del hablante y de la relación entre la lengua y el contexto. Incluye la habilidad de producir e interpretar expresiones deícticas (*yo, tú, esto, ese, ahora, allá* [capítulo 2]), realizar y comprender actos de habla directos e indirectos (capítulo 3), distinguir entre lo que decimos y lo que queremos decir (capítulo 4), abrir, negociar y cerrar una conversación (capítulo 5), el comportamiento (des)cortés (capítulo 6) y las funciones pragmáticas de las formas pronominales de tratamiento (*tú, vos, usted, vosotros*) (capítulo 8). La **competencia pragmática** se define como la habilidad del aprendiz de producir y comprender significado pragmático (el convencional y el significado del hablante). Específicamente, la habilidad de realizar acciones comunicativas en una segunda lengua como disculparse, pedir información, quejarse, hacer cumplidos o expresar acuerdo o desacuerdo.[1]

Para desarrollar competencia pragmática en la L2, el aprendiz debe desarrollar dos tipos de conocimiento pragmático: el pragmalingüístico y el sociopragmático:[2]

- El **conocimiento pragmalingüístico** se refiere al conocimiento de las convenciones de uso y los recursos gramaticales disponibles en cualquier lengua para expresar intención pragmática; o sea, un conocimiento de la gramática para el servicio de la pragmática.
- El **conocimiento sociopragmático** alude a las normas sociales, el comportamiento apropiado o no apropiado, la percepción de la cortesía o descortesía y el grado de familiaridad, distancia y poder social entre los participantes.

Por ejemplo, para solicitar una carta de referencia, el aprendiz debería saber que existen diferentes recursos gramaticales para hacer una petición. Según los ejemplos en (1), una petición en español se puede realizar con el imperativo (1a), de manera indirecta convencional (1b y c), con el imperfecto o condicional (1c–e), con expresión de duda y el condicional (1f) o con el futuro (1g):

(1) Recursos pragmalingüísticos (gramaticales) para solicitar una carta de referencia

    a. *(Tú)* **escríbeme** *una carta de referencia/(Usted)* **escríbame** *una carta de referencia, por favor*
    b. *¿***Me puede(s)** *escribir una carta de referencia?*
    c. *¿***Podría(s)** *escribirme una carta de referencia?*
    d. *Profesor,* **quería preguntarle si podría/podía** *escribirme una carta de referencia.*

    e. *¿**Sería** tan amable de escribirme una carta de referencia?*
    f. *No sé si **podría** escribirme una carta de referencia*
    g. *¿**Tendrá** tiempo de escribirme una carta de referencia?*

Con respecto al conocimiento sociopragmático, el aprendiz debería estar familiarizado con los contextos apropiados en que se emplean esos recursos gramaticales. Dada la relación profesor-estudiante, se emplea un estilo formal usando preguntas indirectas convencionales con el imperfecto o el condicional para expresar cortesía, distancia y respeto. También, el aprendiz puede utilizar la forma pronominal de respeto '*usted*' para dirigirse al profesor. Por lo tanto, las opciones apropiadas para solicitar una carta de referencia incluyen las opciones en (1c–g) con la forma deferencial '*usted*', aunque en ciertos países como en regiones de España los estudiantes universitarios prefieren usar el **tuteo** entre los estudiantes y profesores (1b).

PARA PENSAR MÁS

Con un compañero de clase, describe tu competencia pragmática en L2 o L3. Puedes hacer referencia a tu conocimiento pragmalingüístico y al sociopragmático. En tu opinión, ¿cuál lleva más tiempo de aprender?

9.2 Transferencia pragmática

La transferencia (L1 → L2 o L2 → L1) es un fenómeno frecuente, a veces inevitable al hablar una L2 (L3, L4, etc.). La transferencia puede ocurrir en distintos niveles: transferimos palabras (vocabulario), sonidos (fonética/fonología), significado (semántica), morfemas de las palabras (morfología), estructuras de frases u oraciones (sintaxis) o significado pragmático (p. ej., actos de habla, significado indirecto o normas sociales de la cortesía).

En la adquisición de segundas lenguas, se distinguen tres sistemas lingüísticos del aprendiz:[3]

1. El interlenguaje (el habla del aprendiz).
2. La lengua nativa del aprendiz (la lengua materna).
3. La lengua meta (la lengua que se está aprendiendo).

Estos sistemas se pueden representar en la figura 9.1, tomando como base a un hablante con inglés como lengua nativa (L1) y que aprende español como segunda lengua (L2).

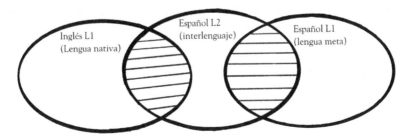

Figura 9.1 Sistema del interlenguaje

Según la figura 9.1, la transferencia puede resultar de la lengua nativa a la lengua meta (L1 → L2) o de la L2 (o L3, L4) a la lengua nativa (L2 → L1). Es decir, el habla del aprendiz puede reflejar influencia de su lengua nativa (inglés L1) o de la lengua meta (español L1) (áreas sombreadas), pero también desarrolla un sistema lingüístico autónomo, su interlenguaje (español L2).

Se distinguen dos tipos de transferencia pragmática, la positiva y la negativa.[4] La **transferencia pragmática positiva** ocurre cuando el aprendiz usa expresiones lingüísticas que son similares a los de su L2. Por ejemplo, en inglés y español se puede solicitar una carta de referencia con las expresiones lingüísticas en el ejemplo (2). El hablante usa la forma deferencial y cortés del condicional de su L1 para hacer la solicitud en español L2. Como en español L1 y en inglés L1 se puede emplear el condicional para hacer una solicitud formal y cortés a un profesor, resulta en un caso de transferencia positiva (2):

(2) Transferencia pragmática positiva

    a. Professor, *could you* write me a letter of recommendation for graduate school?
    b. *Profesor, ¿podría escribirme una carta de referencia para la Escuela Graduada?*

En cambio, la **transferencia pragmática negativa** ocurre cuando el aprendiz utiliza formas lingüísticas o normas sociales que son adecuadas en su L1, pero que no coinciden en forma ni función en L2. Como consecuencia, si el aprendiz no selecciona los recursos pragmalingüísticos o sociopragmáticos apropiados, dará lugar a transferencia negativa o **fallos pragmáticos** (Thomas, 1983). Un **fallo pragmalingüístico** ocurre cuando el aprendiz transfiere estrategias inapropiadas de L1 a L2. Por ejemplo, las peticiones convencionales en inglés generalmente se expresan mediante la fórmula convencional indirecta con orientación hacia el oyente ('Can I have . . .?' [3a]), lo cual puede resultar en un fallo pragmalingüístico en español (3b). En español, se prefiere la orientación hacia el hablante (3c) (# indica fallo pragmático, enunciado no adecuado):

(3) Fallo pragmalingüístico

    a. Can I borrow your car?/Can I have half a kilo of ham?
    b. # *¿Puedo (yo) prestar tu carro?/# ¿Puedo (yo) tener medio kilo de jamón?*
    c. *¿Me prestas tu carro?/Me da/Me pone medio kilo de jamón./Medio kilo de jamón.*

En cambio, un **fallo sociopragmático** ocurre cuando las percepciones sociales que forman parte del contexto sociocultural de la L1 difieren de las de la L2. Este tipo de transferencia es más complejo, ya que requiere de un conocimiento de las expectativas socioculturales de la cultura meta. Por ejemplo, el aprendiz debería saber lo que se considera comportamiento (des)cortés o ser consciente del estilo de conversación directo o indirecto. El ejemplo (4) ilustra un caso de un fallo sociopragmático: una estudiante americana que estudiaba en España y vivía con su familia anfitriona:

(4) Fallo sociopragmático: Respuesta a una oferta de comida entre una estudiante americana y una madre española (oferta-respuesta; insistencia-respuesta).

    1 Madre: *Elisa, ¿quieres un poco más de paella?*
    2 Elisa: *No, gracias*

3 Madre: *Vamos, Elisa, come más que está riquísima y no vas a engordar* (← Insistencia)
4 Elisa: *No, gracias, estoy bien.*
5 Madre: *Anda, que comas un poco más, ¡no te va a hacer mal!* (← Insistencia)
6 Elisa: *No, gracias.*

En la cultura anglosajona (y en otras), una respuesta negativa a un ofrecimiento termina con una respuesta negativa y un agradecimiento (*No, thank you*), generalmente sin una segunda insistencia. En cambio, en varias regiones de España y Latinoamérica (y en otras culturas como la china), la insistencia a un ofrecimiento de comida o a una invitación se considera una expectativa sociocultural y, como consecuencia, un comportamiento apropiado, como se describe en el capítulo 6. En el ejemplo (4), después del ofrecimiento de comida, la estudiante respondió negativamente (líneas 1 y 2), incluso después de las dos insistencias (líneas 3 y 4 y 5 y 6). Esto representa un fallo sociopragmático en espanol L2, pues la percepción de responder negativamente a un ofrecimiento de comida en inglés no coincide con la expectativa sociocultural de la noción de la insistencia frecuente en el mundo hispanohablante.[5] Aunque la persona no quiera comer más, algunas maneras posibles de responder apropiadamente pueden incluir: respuestas atenuadas con justificaciones (*Gracias, pero he comido mucho y creo que no puedo comer más*'), respuestas positivas y aceptaciones ('*Gracias, se ve muy rico, quizá un poquito nada más*'), respuestas indefinidas ('*No sé si tenga mucha hambre ahora*') o maneras de posponer la oferta con justificaciones ('*Gracias, todo se ve delicioso, pero quizá la próxima vez, ahora ya me siento un poco llena*'). En español, la insistencia a un ofrecimiento de comida o a una invitación representa una expectativa sociocultural y un comportamiento cortés.

PARA PENSAR MÁS

Piensa en otros ejemplos de fallos pragmalingüísticos y sociopragmáticos que te hayan ocurrido durante tu aprendizaje del español.

9.3 Contextos de aprendizaje

El **contexto de aprendizaje** influye en el desarrollo de la competencia pragmática. Se distinguen cuatro tipos:

1. Un contexto **formal** (*foreign language context*) en que la L2 tiene un uso limitado fuera del salón de clase (p. ej., estudiantes americanos que aprenden español en la *Universidad de Indiana*, EE.UU.).
2. Un **contexto extranjero** (*study abroad context*) donde la L2 se emplea como la lengua dominante del grupo (p. ej., estudiantes americanos o franceses que estudian español en la Ciudad de México o Buenos Aires).
3. Un **contexto de inmersión** (*immersion context*) en que los aprendices estudian la L2 en su país de origen, pero en un contexto en que la lengua de instrucción y de

comunicación es la L2, como en el Programa de Middlebury en los Estados Unidos (español L2, francés L2, portugués L2 o alemán L2) o en programas de inmersión franceses en Canadá (francés L2) o Europa. En estos programas de inmersión, la instrucción y comunicación durante el periodo de aprendizaje (dentro y fuera de clase) es la lengua meta.

4. El **contexto inmigrante** incluye a los aprendices de lengua de herencia (*heritage language learners*): inmigrantes o hijos de inmigrantes que crecen escuchando su primera lengua con su familia y los miembros de su comunidad, pero reciben educación en la lengua dominante. Por ejemplo, los hijos de mexicanos inmigrantes que hablan español con sus padres en casa, pero reciben instrucción en inglés en el colegio.

Cuando se aprende una L2, el aprendiz recibe información oral y escrita procedente de diversas fuentes. La información a la que se expone el aprendiz sirve como **input** (entrada) para su sistema cognitivo. El input alude a la información oral, auditiva, visual o señales no verbales en la L2. En el aula de clase (contexto formal), el input proviene del instructor, de los libros de texto (información escrita, visual y de audio) o de la retroalimentación (*feedback*) que recibe el estudiante del profesor o de otros estudiantes. El input que se recibe en un contexto extranjero es el más natural, frecuente y variado: conversaciones con amigos y la familia anfitriona, la radio y la televisión, las noticias, situaciones de compraventa, eventos sociales, etc. (En la sección 9.7, se dan ejemplos de input pragmático en el aula de clase).

En este capítulo, nos centramos en el desarrollo de la competencia pragmática en tres contextos de aprendizaje:

a. el contexto formal
b. el contexto extranjero
c. el contexto inmigrante (los hablantes de herencia)

PARA PENSAR MÁS

En tu opinión, ¿cuál de estos contextos de aprendizaje es más efectivo para mejorar la competencia pragmática? ¿Por qué?

9.4 Contexto formal

Esta sección analiza el aprendizaje de la pragmática en un contexto formal, el aula de clase, donde los temas pragmáticos no son el enfoque de la instrucción, pero el estudiante los aprende de manera incidental como resultado del input que recibe del libro de texto o del instructor (figura 9.2). Por ejemplo, si el instructor enseña los adjetivos, el aprendiz los usa para hacer cumplidos (*¡Qué bonito suéter; Es muy chulo!; ¡Qué lindo carro tienes!*) o si se enseña el condicional y el imperfecto, se utilizan para expresar deferencia, respeto y cortesía (*Quería saber si podría escribirme una carta de referencia*).

Figura 9.2 Enseñanza en un contexto formal

Estudios previos han analizado si los aprendices son capaces de producir actos de habla en contextos formales sin recibir instrucción explícita sobre la pragmática. Félix-Brasdefer (2007) analizó tres grupos de aprendices universitarios en tres niveles de proficiencia (45 aprendices, 15 en cada grupo): principiante (segundo semestre), intermedio (sexto semestre) y avanzado (décimo semestre). Los estudiantes participaron en cuatro dramatizaciones abiertas (*role plays*), dos situaciones formales (+ Poder, + Distancia) y dos informales (−Poder, −Distancia). En las formales, los aprendices tenían que hacer una petición a un profesor (hablante nativo de español): pedir una carta de referencia y solicitar una extensión del trabajo final. En las informales, un aprendiz le pide los apuntes de clase a otro aprendiz (compañeros de clase) y otro le pide que limpie el baño del apartamento (compañeros de cuarto). Las peticiones se analizaron según la clasificación de peticiones directas e indirectas, como se describe en el capítulo 7 (cuadro 7.2). Además del análisis de las peticiones directas (*Dame, quiero, necesito*) o indirectas convencionales (*¿Podría escribirme una carta de referencia?*), también se analizó la presencia o ausencia de modificación interna para intensificar la fuerza de la petición, como el uso del condicional o imperfecto para expresar deferencia/cortesía, diminutivos y el uso de 'por favor'. Luego se examinó la perspectiva de la petición: hacia el hablante ('speaker oriented') (*¿Puedo pedir prestados tus apuntes?*) o hacia el oyente ('hearer oriented') (*¿Me prestas tus apuntes?*).

Los resultados con respecto a la frecuencia de uso de las peticiones directas e indirectas se muestran en la figura 9.3:[6]

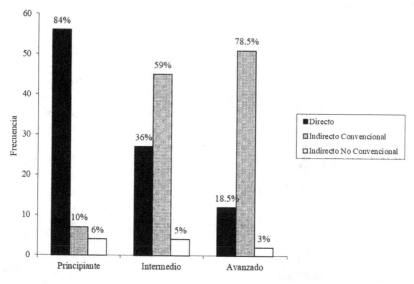

Figura 9.3 Peticiones directas e indirectas en español L2 (contexto formal)

La figura 9.3 muestra que las peticiones directas (en las cuatro situaciones) predominan en el grupo de los principiantes (84%), pero ocurren con baja frecuencia en el grupo intermedio (36%) y en el avanzado (18.5%). En cambio, las peticiones convencionales indirectas fueron más frecuentes en el grupo avanzado (78.5%) y el intermedio (59%). En (5), se presentan ejemplos de peticiones en el grupo principiante (5a), intermedio (5b) y avanzado (5c).

(↑ indica entonación final ascendente; la relación de distancia social (+/− D) o poder social [+/− P] se indica en cada situación):

(5) Peticiones en español L2 en tres niveles de proficiencia

  a. Nivel principiante (español L2)

   • *Por favor escribe un 'letter' para clase* ↑ (+D, +P)
   • *Sí, ah, extensión un* paper (+D, +P)
   • *Por favor, limpiar la baño para mí*↑ (−D, −P)
   • *Yo tengo una pregunta por tú, puedo maquinar tus notes?* (−D, −P)

  b. Nivel intermedio (español L2)

   • *¿Puedo usar sus notas, por favor?* (−D, −P)
   • *Hola, ¿puedes escribir un carta de recomendación para mí?* (+D, +P)

  c. Nivel avanzado (español L2)

   • *¿Sería posible que podía entregarle el proyecto el lunes con quizás una nota reducida?* (+D, +P)
   • *Yo sé que es mi turno de limpiar el baño, pero esta semana no puedo y quería saber si, si tú podías limpiarlo para mí, y yo lo puedo hacer las dos semanas siguientes* (−D, −P).

Las peticiones de los aprendices principiantes (5a) se realizaron de manera directa, con uso del verbo imperativo (*escribe*), enunciados elípticos sin verbo (*extensión un* paper), con la forma infinitiva (*limpiar la baño*) o con la perspectiva hacia el oyente como resultado de interferencia del inglés (*¿puedo maquinar/sacar tus* notes?*). Estas peticiones muestran un conocimiento pragmalingüístico insuficiente para realizar una petición. Además, dada la falta de control de marcas deferenciales en las situaciones formales (uso del pronombre '*usted*', 'formas verbales con la forma formal y títulos como '*profesor*'), los aprendices principiantes muestran una falta de conocimiento sociopragmático. En contraste, los aprendices de los grupos intermedio y avanzado emplearon una variedad de expresiones para realizar peticiones indirectas convencionales con el verbo modal '*poder*' (5b y c). Por ejemplo, los aprendices avanzados (5c) emplearon el condicional y el imperfecto para expresar deferencia y cortesía. También, utilizaron expresiones para suavizar la petición en contextos formales (p. ej., *Sería posible que podía entregarle el proyecto el lunes con quizás una nota reducida?*).

Por último, en el grupo de los avanzados predominó la orientación de la petición hacia el oyente (*Quería saber si tú podías limpiar el baño*), mientras que en el grupo intermedio se observaron las peticiones con orientación hacia al hablante (*¿Puedo [yo] usar sus notas, por favor?*), un caso de interferencia de L1 (inglés). Según estudios previos, las peticiones en español se realizan con orientación hacia el oyente (*¿Me puedes prestar tus apuntes?*), mientras que en inglés se prefiere la orientación hacia el hablante (*Can I have . . .?*).[7]

El aprendizaje incidental de la pragmática sugiere que los aprendices desarrollan más ciertos aspectos de su conocimiento pragmalingüístico (conocimiento gramatical para el servicio de la pragmática) y menos su conocimiento sociopragmático, ya que el aula de clase no ofrece oportunidades suficientes para practicar la comunicación en contextos variados formales e informales. Por ejemplo, se ha analizado la manera en que los aprendices rechazan (directa o indirectamente) invitaciones, ofertas y sugerencias (Félix-Brasdefer, 2004), las peticiones (Pinto, 2005) y la manera en que se dan cumplidos y las respuestas a los cumplidos (Félix-Brasdefer & Hasler-Barker, 2012). Estos estudios demuestran que sin instrucción (explícita) de la pragmática en el aula de clase, los aprendices no muestran evidencia suficiente de su conocimiento pragmático. En este contexto, el aprendizaje incidental de la pragmática lleva tiempo y algunos conceptos pragmáticos no llegan a aprenderse.

9.5 Contexto extranjero

Cada vez aumenta más el número de estudiantes de escuelas secundarias y universitarias que viajan a otro país para estudiar la lengua meta. Los programas de estudio en el extranjero (*Study Abroad Programs*) se definen como estancias temporales preprogramadas y educativas en que se habla la lengua meta en un contexto natural.[8] Estos programas tienen una duración corta (2–8 semanas), un semestre o un año. De estos, los programas de estudio durante el verano son los que gozan de más popularidad.[9] A diferencia del contexto formal en que el input es limitado, en el contexto extranjero se tiene acceso directo al input pragmático en conversaciones con hablantes nativos, interacciones con la familia anfitriona y contacto en contextos formales e informales, como en la figura 9.4.

Figura 9.4 Contexto extranjero: Estudiante estudiando en México

Los siguientes factores pueden influir en el aprendizaje de la pragmática en el extranjero:

- Duración del programa (un verano, un semestre, un año)
- Frecuencia de contacto social
- Intensidad de contacto social
- Nivel de proficiencia al llegar (nivel básico, intermedio, avanzado)
- Diferencias individuales (motivación, ansiedad, personalidad extrovertida o introvertida).

Aunque una duración prolongada de estudiar en el extranjero puede influir en el desarrollo pragmático, la investigación demuestra que la frecuencia y la intensidad del contacto social son los factores principales que más benefician al estudiante. Es decir, el estudiante debería aprovechar cada oportunidad de interactuar con hablantes nativos en situaciones formales e informales como en la escuela, con su familia anfitriona y en encuentros de servicio. En estas situaciones, el estudiante tiene la oportunidad de escuchar y producir una variedad de actos de habla (p. ej., saludos, disculpas, peticiones, cumplidos o invitaciones) y se expone a oportunidades para desarrollar su habilidad conversacional.

Dos estudios investigaron el aprendizaje de la pragmática en el extranjero en regiones hispanohablantes. Shively (2011) analizó el desarrollo pragmático de siete aprendices de español que estudiaron en Toledo (España) durante un semestre. Los estudiantes llevaban grabadoras para grabar sus interacciones en diferentes encuentros de servicio (tiendas, bancos, mercados, centros de información). Los datos se recogieron tres veces durante el semestre. Con el tiempo, las peticiones indirectas de los estudiantes (*¿Puedo comprar . . .?*) cambiaron a peticiones directas de acuerdo a las normas socioculturales de los españoles (*Me da . . ., me pone..*) o elípticas sin verbo (*Cien gramos de salchichón*). En su estudio sobre el aprendizaje de los cumplidos, Félix-Brasdefer y Hasler-Barker (2015) analizaron el desarrollo de los cumplidos durante ocho semanas. Se recogieron datos de tres grupos: un grupo de aprendices que estudió en México por ocho semanas, un grupo de aprendices que estudió español por ocho semanas en una universidad americana y un tercero de estudiantes universitarios mexicanos en la misma universidad donde estudiaban los aprendices. Los resultados mostraron que al final del verano los aprendices en México mejoraron el uso de la forma preferida para dar un cumplido en español: *Qué* + Adjetivo/Adverbio + sustantivo (*¡Qué bonito suéter!*) y el uso de ciertos adjetivos comunes en México (*padre, rico*). Por el contrario, los estudiantes que estudiaron español en los Estados Unidos no mejoraron su producción de cumplidos al final de las ocho semanas.

La investigación pragmática ha demostrado que los estudiantes que estudian en el extranjero mejoran su competencia pragmática más que los estudiantes que no tienen la oportunidad de vivir y estudiar en la cultura meta. Además de mejorar su vocabulario, pronunciación y competencia gramatical, otros beneficios de estudiar en el extranjero incluyen:[10]

- Oportunidades frecuentes de observar las normas locales de interacción.
- Práctica de acciones comunicativas: saludar, pedir información, hacer un cumplido y responder, rechazar una oferta de comida, expresar acuerdo o desacuerdo.
- Retroalimentación (*feedback*) implícita o explícita: corrección directa o indirecta de hablantes nativos sobre la producción del aprendiz.
- Contacto con la familia anfitriona para mejorar el conocimiento sociocultural, conversacional y pragmático (actos de habla en interacción).
- Observación de estilos conversacionales en contextos formales e informales.

El input pragmático que reciben los aprendices en el extranjero es natural, interactivo y contextualizado. El estudiante tiene la oportunidad de practicar la L2 en situaciones de encuentros de servicio (tiendas, mercados, centros de información), instituciones religiosas, servicio voluntario a la comunidad y eventos públicos.

PARA PENSAR MÁS

Si has estudiado español en un país hispanohablante, comparte tu experiencia: ¿dónde viviste?, ¿cuánto tiempo pasaste en el extranjero?, ¿viviste con una familia anfitriona o en un departamento/piso? ¿qué aspectos pragmáticos mejoraste? Comenta sobre tu experiencia de vivir con una familia anfitriona, los temas de conversación con la familia, en qué contextos usaste el tuteo o voseo (hablar de *tú* o de *vos*) y la forma *usted*.

9.6 Contexto inmigrante *(hablantes de herencia)*

Esta sección describe el contexto inmigrante entre aprendices de lengua de herencia, comúnmente llamados **hablantes de herencia** (HH) (*heritage speakers*). Según el censo de los Estados Unidos del 2010,[11] la población hispana representa 16% de la población total (50.5/308.7 millones). En los Estados Unidos, los HH son hijos de inmigrantes procedentes de México, Centroamérica, el Caribe y Suramérica. Las regiones con mayor presencia de inmigrantes hispanos incluyen estados de California, Nuevo México, Texas, Arizona, Illinois, Minnesota, Carolina del Norte, Georgia, Florida, Nueva York y Nueva Jersey, entre otros. De estos, la mayoría son de descendencia mexicana (31.7%), seguido de puertorriqueños, dominicanos, centroamericanos y suramericanos.

A diferencia de los aprendices de español de segundas lenguas (americanos [inglés L1] que aprenden español como L2), los HH son inmigrantes o hijos de inmigrantes que se exponen a la lengua de herencia (p. ej., español) mediante interacciones diarias en su casa con su familia (nuclear y extendida) y su comunidad, pero reciben educación formal en la lengua dominante (figura 9.5). También, se pueden citar los hijos de inmigrantes chinos en el sur de España: hablan chino con sus padres en casa y español en el colegio y en otros contextos formales. Son hablantes bilingües que crecen con dos sistemas lingüísticos: la gramática de la lengua de herencia (lengua materna) y la lengua dominante (inglés/español). Se puede observar transferencia de una lengua a otra en la pronunciación, vocabulario, formación de palabras, estructura de las oraciones o de un aspecto pragmático (p. ej., comunicación directa o indirecta, producción y percepción de actos de habla), pero también desarrollan un sistema autónomo que representa su aprendizaje del español que los caracteriza como HH, diferentes de los hablantes monolingües de español L1 o inglés L1 (ver figura 9.1). Dentro de la población hispana, los aprendices de la lengua de herencia incluyen:[12]

1. Hijos de inmigrantes que llegaron a los Estados Unidos a una edad temprana. Por ejemplo, los padres de Marta (mexicanos) inmigraron a los Estados Unidos cuando ella tenía cinco años. Todavía no termina de aprender español y empieza a aprender el inglés en la escuela en Minneapolis, Minnesota.
2. Hijos de padres inmigrantes nacidos en los Estados Unidos. Por ejemplo, Pedro y Luisa (ecuatorianos) inmigraron a los Estados Unidos, dos años después nació Raquel en Chicago. O un matrimonio inmigrante chino que reside en Sevilla (España), donde nace su hijo.
3. Hijos nativos nacidos de personas nativas de origen inmigrante. Por ejemplo, Juan y Marta nacieron en los Estados Unidos, su hijo Mike también nació en este país. Mike tiene contacto con sus abuelos que llegaron de Cuba a los Estados Unidos a la edad de 20 años.

Según Valdés (2005), las experiencias de estos HH son similares: hablan o escuchan la lengua de herencia con su familia en casa o en su comunidad y reciben instrucción formal en inglés. Como no reciben instrucción formal en su lengua de herencia durante la educación primaria o secundaria, generalmente no desarrollan la habilidad lectora y escrita.

Desde una perspectiva pragmática, los HH se desarrollan en dos contextos socioculturales: el familiar con la lengua de herencia y el formal donde aprenden inglés en la escuela. Se observa una situación de **diglosia** en el uso de estas dos lenguas: se comunican en español en contextos familiares dentro de su comunidad (lengua minoritaria) y en inglés para desempeñar funciones comunicativas formales en la escuela y en el trabajo (lengua dominante).[13] Son hablantes que desarrollan dos (o más) sistemas lingüísticos y culturales de manera

Figura 9.5 Hablantes de herencia

simultánea. En casa (familia nuclear y extendida) y en su comunidad, se exponen a la comunicación coloquial con una variedad de rutinas pragmáticas como los saludos, las peticiones,
las disculpas, las quejas, los cumplidos y los rechazos a invitaciones. Por ejemplo, en comunidades hispanas (p. ej., California, Texas, Nueva York Nuevo México, Miami o Chicago) se
puede comunicar en español en tiendas, supermercados, iglesias y centros de información.
Con respecto al desarrollo pragmático del inglés, socializan con hablantes americanos en la
escuela y actividades de trabajo.

La investigación de la competencia pragmática de los HH es limitada en español, pero
aquí se describen tres estudios que analizaron las peticiones, los rechazos y las disculpas. Pinto
y Raschio (2007) analizaron la realización de las peticiones de aprendices de la lengua de
herencia que estudiaban en una universidad en California. Compararon los resultados con
dos grupos monolingües (mexicanos, español L1; americanos, inglés L1). Los HH reportaron
que hablaban español con sus familias en casa (nuclear y extendida), en sus comunidades y
en contextos laborales. Los datos se recogieron mediante un Cuestionario de Producción
Escrita (ver capítulo 10, sección 10.4.1): respondieron por escrito a situaciones en que tenían
que realizar una petición. Los resultados muestran que la frecuencia de las peticiones indirectas de los HH fue similar a los hablantes nativos de inglés y diferente de los monolingües
de español: los mexicanos (español L1) favorecieron las peticiones directas (*Porfa límpialo
esta semana*) y los HH las peticiones indirectas (*Si podrías limpiar el apartamento por mí, me
ayudarías mucho*). Además, los HH utilizaron la forma epistémica '*es posible que*' (*¿Es posible
que tú puedas limpiar el cuarto esta semana y te prometo limpiarlo todo el siguiente mes?*). Esta

estructura es producto de transferencia negativa del inglés, como ocurre en el habla de los aprendices de español L2 en contextos formales. En cambio, los HH y los hablantes mexicanos (español L1) produjeron una frecuencia menor de expresiones para suavizar la petición (*Quisiera ver si . . .; quería saber si . . .; es posible que . . .*), a diferencia de los americanos (inglés L1), cuya frecuencia fue mayor y más variada.

En su estudio sobre los rechazos a invitaciones, Elías (2015) analizó la producción de los rechazos a invitaciones y a sugerencias entre HH de segunda generación. Todos los estudiantes nacieron en los Estados Unidos y sus padres en México. Los datos se recogieron mediante dramatizaciones orales (rechazando dos invitaciones y dos sugerencias), seguido de reportes verbales para analizar la percepción del conocimiento sociocultural sobre la insistencia a la invitación. Los resultados mostraron que los HH produjeron rechazos predominantemente indirectos mediante razones o justificaciones (*Tengo que terminar de escribir una tarea que tengo para mañana*). A diferencia de los hablantes nativos de español, que consideran la insistencia a una invitación como un comportamiento esperado (capítulo 7 sección 7.5.1), la mayoría de los HH reportaron que no esperaban la insistencia, lo cual refleja un comportamiento similar a los hablantes nativos americanos (inglés L1). Showstack (2016) analizó la producción de las disculpas entre HH de segunda generación (criados en los EE.UU. con padres mexicanos) y dos grupos: uno de aprendices de español L2 de nivel intermedio y otro de hablantes nativos mexicanos (residentes en Kansas, EE.UU.). Los datos se recogieron con un cuestionario de contestación múltiple en que el participante tenía que escribir una disculpa en respuesta a una situación, seguido de un breve diálogo completado por el participante. Los resultados sugieren que los HH se asemejaron a los hablantes nativos mexicanos en sus disculpas con reconocimiento de responsabilidad y consciencia de la gravedad de la ofensa y expresión de vergüenza (*Lo siento, disculpa, perdón* [p. ej., *Espero que puedas perdonarme*]). A diferencia de los aprendices de español L2 cuyas disculpas se orientaron al hablante (*Yo lo siento*) con poco grado de intensificación de la ofensa, los HH y los mexicanos usaron disculpas según la perspectiva del oyente (p. ej., *Perdona, disculpa*), además de mayor variedad y frecuencia al intensificar la ofensa.

Para maximizar la educación de los aprendices de lengua de herencia, cada vez es mayor el número de estados que ofrecen educación bilingüe en ambas lenguas (*Dual Language Schools*) como en California (116), Texas (61), Illinois (32) y Nueva York (28), entre otros estados (Potowski, 2016). Además, es importante que los directores de los programas de HH incluyan un componente pragmático para sensibilizar a estos estudiantes sobre diferencias socioculturales en su lengua de herencia y en la lengua meta: la realización de (des)cortesía y la producción y percepción de actos de habla (p. ej., cómo disculparse, cómo hacer un cumplido o cómo extender una invitación y aceptarla o rechazarla). Los instructores de español deberían incluir actividades de enseñanza en las clases de acuerdo a las necesidades de aprendizaje de los HH, diferente de los aprendices de español L2. Por último, es importante despertar consciencia sobre la variación lingüística regional de su lengua de herencia y el español hablado en los Estados Unidos.

9.7 Instrucción de la pragmática

Esta sección presenta los conceptos centrales del aprendizaje de la pragmática (9.7.1), la distinción entre la enseñanza explícita y la implícita (9.7.2) y dos estudios empíricos que muestran la efectividad de la intervención pedagógica en un contexto formal, el aula de clase (9.7.3).

9.7.1 Conceptos sobre el aprendizaje de la pragmática

La **hipótesis de la captación**[14] (*the noticing hypothesis*) facilita la instrucción y el aprendizaje de la pragmática, junto con los conceptos de atención y consciencia (Schmidt, 1990, 1993, 1995, 2001). Esta hipótesis presenta el concepto de que no se puede aprender algo a lo cual no se ha prestado atención. Para procesar una parte del input pragmático es necesario prestar atención a la forma lingüística, el significado funcional y las características contextuales donde ocurre la situación comunicativa.[15] Antes de que algo en el input se considere *intake*, el aprendiz debe percibirlo. El **intake** es aquella parte del input que el aprendiz percibe o a la que el aprendiz dirige su atención.[16] Bajo este modelo, la **atención** y la **consciencia** son inseparables durante el aprendizaje de segundas lenguas. La *atención* es limitada y selectiva, lo cual puede conducir a la *consciencia* para tener control del uso del vocabulario y la gramática en situaciones comunicativas.[17]

De acuerdo con este modelo, para que la información pragmática se perciba, el aprendiz debe prestar atención a la forma, al significado funcional y a las características del contexto (percepción del grado de familiaridad, poder y distancia social entre los participantes). Según esta hipótesis, es fundamental enfocar la atención a aspectos específicos del input que recibe el aprendiz y hacer la conexión entre la forma lingüística, el significado y las características del contexto donde ocurre el enunciado. La captación (*noticing*) se relaciona con el registro de una ocurrencia en un evento comunicativo. En cambio, la consciencia (*consciousness*) implica el reconocimiento de una regla gramatical, un patrón o un principio.[18] Por ejemplo, si el aprendiz nota el uso de la forma '*usted*' y el vocativo '*profesor*' al dirigirse a su profesor, es un caso de captación o *atención* a la forma. Luego, se llega al nivel de *consciencia* cuando el aprendiz se da cuenta de que la forma '*usted*' se utiliza en contextos formales y asimétricos para expresar deferencia y respeto, mientras que la forma '*tú*' ocurre en contextos informales para expresar solidaridad y camaradería.

Para que el aprendizaje de la pragmática se lleve a cabo, el aprendiz debe cosiderar tres factores:

- Centrar su atención en las formas lingüísticas (información pragmalingüística).
- Asociar el significado funcional (o pragmático) con la forma.
- Prestar atención a las características del contexto como la situación comunicativa, el grado de distancia social y poder que existe entre los interlocutores y el grado de familiaridad entre ellos.

Existen diversas maneras de facilitar el input durante la enseñanza de la pragmática. **El input oral** se puede presentar de las siguientes maneras:

- La negociación del significado en interacción (p. ej., en una conversación)
- Espontáneamente
- Repetición
- Retroalimentación (*feedback*)
- Aclaraciones (*¿verdad?, ¿no crees?, ¿te parece?*)
- La toma de turnos en la conversación

La **discusión metapragmática** consiste en la presentación directa de explicaciones gramaticales (instrucción explícita de las funciones pragmáticas de las expresiones gramaticales) y la explicación del conocimiento sociopragmático de la cultura meta (p. ej. prestar atención a las las normas de cortesía o los conceptos de distancia y poder social).

9.7.2 Instrucción explícita e implícita

La investigación sobre la instrucción de la pragmática ha demostrado que los aprendices que reciben instrucción pragmática difieren de los que no la reciben. Específicamente, sin instrucción pragmática algunos aspectos de la competencia pragmática se desarrollan lentamente (p. ej., los actos de habla indirectos, sugerencias, modificación interna, marcadores del discurso) y otros conceptos no llegan a adquirirse sin intervención pedagógica (figura 9.6).[19]

Figura 9.6 Enseñanza de la pragmática

El aprendizaje de la pragmática se puede desarrollar mendiante la instrucción explicita o la implícita:[20]

- La **instrucción explícita o deductiva** ocurre cuando la información se presenta mediante fuentes externas, instrucción de la gramática por parte del profesor o por medio de materiales que ofrecen información explícita del tema aprendido. El instructor facilita explícitamente las funciones del vocabulario y la gramática para producir y comprender significado pragmático. El input se puede modificar para dirigir la atención del aprendiz a la forma y asociarla con su función (p.e.j., una petición de información o aclaración, una queja o una sugerencia). Por ejemplo, escribir formas en *cursiva*, **negrita**, *subrayado* o a color (p. ej., ¡**Qué** *bonito* collar tienes! ¡Me encanta, es *divino*! ¡Te ves muy *guapa*!). Se puede explicar que la construcción que predomina para dar cumplidos es '*Qué* + adjetivo' y que es común solicitar más cumplidos y no aceptarlos inmediatamente: '¡*En serio*? ¿*crees que se ve bonito mi collar*? ¿*no se me ve un poco largo*?). El instructor explica la forma y la función de las formas pragmalingüísticas y las expectativas socioculturales para dar y recibir acciones comunicativas (p. ej., cumplido-respuesta, invitación-respuesta, disculpas, sugerencia-respuesta, etc.). Esto se hace mediante **instrucción metapragmática** que consiste en la explicación explícita sobre las funciones pragmáticas de los recursos gramaticales (ver cuadro 9.1).

- Si el enfoque es la **instrucción implícita o inductiva**, los aprendices analizan la información pragmática por ellos mismos con el fin de describir las normas sociopragmáticas y las funciones pragmáticas de las expresiones gramaticales. El aprendiz descubre o explora por sí mismo las funciones pragmáticas de la gramática. Por ejemplo, el estudiante lee una invitación y respuesta con el uso del condicional e imperfecto de cortesía, escucha una conversación en que ocurre un cumplido y una respuesta, lee expresiones para suaviar un rechazo (*Desafortunadamente, creo que no podría asistir a tu fiesta*) o lee preguntas de confirmación en un diálogo (*¿No te gustaría asistir a mi fiesta de cumpleaños?, quizá puedas venir un rato más tarde*).

9.7.3 Instrucción de la pragmática: intervención pedagógica

A continuación, se presentan dos estudios que investigan la instrucción de la pragmática en el aula de clase. En este tipo de estudios se seleccionan varios grupos, se prepara un tratamiento y se incluye una práctica comunicativa. Los grupos incluyen un grupo experimental (el que recibe la instrucción explícita o implícita), un grupo control (no recibe instrucción) y uno o dos grupos de hablantes nativos (grupos de comparación). El tratamiento alude al tipo de instrucción (explícita o implícita) que reciben los grupos experimentales. Si la instrucción es explícita, la instrucción metapragmática consiste en instrucción explícita sobre la forma y la función de los recursos gramaticales que se emplean para producir el acto de habla (instrucción metapragmática). Si la instrucción es implícita, los estudiantes leen información de comprensión o producción para que deriven los patrones gramaticales por ellos mismos. Los datos se recogen mediante una **prueba anterior** al tratamiento (*pretest*) e inmediatamente después del tratamiento con una **prueba posterior inmediata** (*immediate posttest*). Algunos estudios recogen datos más tarde mediante una **prueba prolongada** (*delayed posttest*). El objetivo de la prueba anterior al tratamiento es evaluar el conocimiento pragmático sin los efectos de la instrucción. La prueba posterior inmediata al tratamiento consiste en confirmar (o no) los efectos del tratamiento. Y la prueba prolongada determina si hubo retención de la información presentada durante el tratamiento después de un tiempo considerado, un momento después de la prueba posterior inmediata. En el capítulo 10 se describen diferentes métodos de recolección de datos en pragmática: grabaciones electrónicas y anotaciones escritas (datos naturales), cuestionarios escritos, dramatizaciones abiertas (*open role plays*), escalas de valoración y los reportes verbales.

9.7.3.1 Instrucción de la sugerencia y la respuesta (Koike & Pearson, 2005)

Las autoras analizaron los efectos de la instrucción explícita e implícita durante la producción y comprensión de sugerencias y la respuesta a la sugerencia, además de ofrecer retroalimentación (*feedback*) explícita o implícita a aprendices de español como lengua extranjera (nivel intermedio bajo, inglés L1, español L2). Los aprendices que recibieron la información explícita dedujeron la información a partir de explicaciones y reglas gramaticales, mientras que en la instrucción implícita los aprendices indujeron la información mediante observación, intuición y analogía. Hubo cinco grupos divididos de la siguiente manera:

Grupo 1: instrucción explícita + retroalimentación explícita
Grupo 2: instrucción explícita + retroalimentación implícita
Grupo 3: instrucción implícita + retroalimentación explícita
Grupo 4: instrucción implícita + retroalimentación implícita
Grupo 5: grupo control (– instrucción, – retroalimentación)

Los aprendices de los dos grupos que recibieron instrucción explícita (Grupos 1 y 2) vieron ejemplos de sugerencias y respuestas (p. ej., Sugerencia: *¿Por qué no [vas]?, sería mejor si [fueras]; Respuesta: no sé; ¿tú crees?*).

Los cuatro grupos experimentales (Grupos 1–4) vieron y escucharon tres diálogos en tres sesiones distintas (20 minutos cada sesión). Los aprendices contestaron preguntas de opción múltiple que dirigieron su atención al grado de dirección y la fuerza pragmática de las sugerencias. En cada diálogo, los aprendices observaban la manera en que se dan sugerencias y la respuesta a la sugerencia. De los cuatro grupos experimentales (Grupos 1–4; no el grupo control), solo dos recibieron retroalimentación explícita (grupos 1 y 3). A los aprendices que recibieron la retroalimentación explícita se les dio la respuesta correcta y un comentario de por qué esa era la respuesta correcta. En cambio, a los que recibieron la retroalimentación implícita se les informó si la respuesta era correcta (*Sí*, o con una señal no verbal como moviendo la cabeza), o si era incorrecta, se les preguntaba '*¿Cómo?, ¿no entendí?*'. El grupo control no vio los diálogos ni los ejercicios, solo participó en las tres pruebas: la anterior (*pretest*), la posterior inmediata (*immediate posttest*) y la prolongada (*delayed posttest*).

Tratamiento: los aprendices de los cuatro grupos experimentales (Grupos 1–4) vieron un diálogo de varios turnos en una interacción en que se daba una sugerencia y la respuesta. Como se mencionó antes, a los aprendices que recibieron la instrucción explícita (Grupos 1 y 2) se les explicó la manera de dar una sugerencia y de cómo responder (información metapragmática). El tratamiento consistió en dos tareas:

1. Identificación de sugerencias en forma de opción múltiple (tarea de comprensión)
2. Una tarea en la que tenían que generar sugerencias mediante varios turnos en un diálogo (tarea de producción)

Tarea de comprensión: Después de leer y escuchar el diálogo, los aprendices de los grupos experimentales (Grupos 1–4) completaron la tarea de identificación y opción múltiple (*multiple choice and identification tasks*) en la que tenían que seleccionar la mejor opción de dar una sugerencia y responder a la sugerencia (comprensión).

Tarea de producción discursiva. Después de que los grupos estudiaron las formas y funciones pragmáticas de los actos de habla (instrucción explícita, Grupos 1 y 2) y escucharon los diálogos, los aprendices de los cuatro grupos experimentales (Grupos 1–4) produjeron sus propias sugerencias y respuestas en forma de diálogo (producción). Todos los grupos (Grupos 1–5) completaron la tarea previa al tratamiento, una semana después del tratamiento y cuatro semanas después (prueba prolongada).

Los resultados indicaron ventajas para los dos tipos de tratamiento, la instrucción explícita y la implícita. Los aprendices del grupo control no mostraron desarrollo pragmático en ninguna de las pruebas. Con respecto a los efectos inmediatos del tratamiento, los aprendices que recibieron la instrucción explícita + retroalimentación explícita (Grupo 1) fueron los que se beneficiaron más de la instrucción pragmática en la tarea de opción múltiple (comprensión) (prueba anterior [promedio: 30.6]); prueba posterior inmediata [promedio: 45.6]), en comparación con los otros grupos cuyos promedios no fueron significativos con las dos primeras pruebas. Con respecto a la segunda prueba (producción discursiva), los aprendices del grupo de la instrucción implícita (+ retroalimentación implícita) mejoraron en su producción discursiva al producir sugerencias y respuestas (construcción de turnos en un diálogo). En este caso, el promedio de la prueba posterior fue mayor al de la prueba anterior al tratamiento. No se observaron diferencias sobresalientes en los promedios de la prueba posterior en los demás grupos. Con respecto a la prueba prolongada, tampoco se observaron efectos de ningún tipo de instrucción cuatro semanas después del tratamiento. Por lo tanto, ambos tipos de instrucción produjeron un efecto en los aprendices que recibieron la instrucción, pero con diferencia de modalidad: la instrucción explícita (+ retroalimentación explícita) ayudó a mejorar la **comprensión** pragmática, mientras que la implícita (+ retroalimentación implícita) produjo un efecto inmediato en la **producción** durante la co-construcción del diálogo en que los aprendices tenían que generar una sugerencia y la respuesta a través de varios turnos.

9.7.3.2 Instrucción de los cumplidos (Hasler-Barker, 2016)

Hasler-Barker (2016) analizó los efectos de la instrucción en el acto de habla de los cumplidos. La autora empleó cinco grupos: tres grupos de aprendices de cuarto semestre de español (instrucción explícita, implícita y grupo control) y dos grupos de hablantes nativos (inglés L1 y español L1). Los datos se recogieron mediante dramatizaciones con cuatro situaciones en que los aprendices tenían que interactuar dando cumplidos y respondiendo al cumplido. Se incluyó un tratamiento de **instrucción metapragmática** en que se explicaron las funciones pragmáticas de la gramática de los cumplidos (adjetivos, forma 'qué + adjetivo). En la **instrucción implícita** los aprendices leyeron ejemplos de cumplidos y tenían que deducir las funciones pragmáticas de los recursos gramaticales sin ayuda del instructor. Los tres grupos (instrucción explícita, implícita y el control) leyeron y escucharon diálogos en español y en inglés sobre cumplidos y respuestas al cumplido. Los datos se recogieron tres veces: una prueba anterior al tratamiento, una prueba posterior inmediata y una prueba prolongada al final del semestre. Los resultados mostraron que el grupo de la condición explícita mejoró más que el grupo de la condición implícita y más que el grupo control. La instrucción metapragmática (instrucción explícita) resultó más eficaz para reducir la frecuencia de '*me gusta*' (infrecuente en español L1) y aumentar el grado de consciencia sobre las formas y funciones pragmáticas de los cumplidos y respuestas a los cumplidos (¡*Qué* + adjetivo 'frase nominal [¡*Qué rico quedó el guacamole!*]) y variabilidad en las formas de los cumplidos y los adjetivos. Se notó retención del tratamiento (instrucción explícita) en la prueba prolongada al final del semestre.

En ambos estudios, los factores que contribuyeron al desarrollo de la competencia pragmática fueron los siguientes: la instrucción metapragmática de las reglas gramaticales, la variedad del input pragmático (oral y escrito) y la práctica comunicativa después del tratamiento. Los datos se recogieron con instrumentos distintos: cuestionario escrito para medir comprensión y producción (Koike & Pearson) y dramatizaciones orales entre aprendices para medir producción oral (Hasler-Barker).

PARA PENSAR MÁS

Después de leer los dos estudios, compara los efectos de instrucción. ¿Qué diferencias observas en la manera en que se diseñaron ambos estudios? Compara los métodos de recolección de datos en cada estudio (Hasler-Barker, 2016; Koike & Pearson, 2005). Menciona ventajas y desventajas de cada instrumento.

Ejercicio 1 Completa los espacios en blanco con los conceptos de las secciones 9.1–9.7.

input pragmático   interlenguaje
intake   transferencia negativa
competencia pragmática   instrucción metapragmática
conocimiento pragmalingüístico   hipótesis de la captación
contextos de aprendizaje   hablante de herencia

1. Ocurre cuando el aprendiz utiliza formas lingüísticas o normas sociales que son adecuadas en su L1, pero que no coinciden en forma ni función en L2. Un ejemplo puede ser *¿Puedo yo tener más agua?*_____.
2. Información (pragmalingüística y sociopragmática) que el estudiante recibe en clase o en un contexto extranjero sobre la manera de extender y aceptar o rechazar una invitación, de hacer un cumplido o de expresar acuerdo o desacuerdo: _____.
3. Conocimiento sobre las convenciones de uso y los recursos gramaticales disponibles en cualquier lengua para expresar intención pragmática; o sea, un conocimiento de la gramática para el servicio de la pragmática: _____.
4. La presentación directa de explicaciones gramaticales y una explicación de las reglas del conocimiento sociopragmático de la cultura meta: _____.
5. Aquella parte del input que el aprendiz percibe y a la que dirige su atención. Es importante dirigir la atención a información específica del input que recibe el aprendiz y hacer la conexión entre las formas lingüísticas, el significado y las características del contexto: _____.
6. La habilidad que desarrolla el aprendiz para comprender y producir acción comunicativa en situaciones específicas: _____.
7. Un sistema lingüístico autónomo que el aprendiz desarrolla al hablar una segunda lengua, por ejemplo, español L2: _____.
8. Según este modelo, la atención y la consciencia son inseparables durante el aprendizaje de segundas lenguas. La atención es limitada: _____.
9. Un hablante que habla la lengua de herencia en su familia (nuclear y extendida) y en su comunidad, y la lengua dominante en contextos formales como en la escuela y el trabajo: _____.
10. Aprender español L2 en un contexto formal (aula de clase) o en el extranjero: _____.

9.8 Modelo pedagógico para la enseñanza de la pragmática

El modelo pedagógico se basa en estudios previos que analizan los efectos de la instrucción de la pragmática.[21] El modelo comprende cuatro etapas que los instructores de español deberían seguir para enseñar actos de habla y la (des)cortesía en el salón de clase:

1. Despertar consciencia.
2. Input pragmático.
3. Instrucción de la gramática como recurso comunicativo.
4. Práctica comunicativa.

9.8.1 Despertar consciencia

La meta de esta etapa es sensibilizar al aprendiz sobre el concepto de 'acto de habla' y las prácticas corteses y descorteses con ejemplos de su primera y segunda lengua. Con respecto a los actos de habla, el instructor puede aludir a la noción de 'acciones comunicativas' en contextos formales e informales (p. ej., disculparse, quejarse, pedir información, dar un cumplido y responder). Se puede iniciar la discusión sobre las distintas maneras de realizar acciones comunicativas en español y su primera lengua (p. ej., maneras de extender una invitación y responder, diferentes formas de expresar una disculpa o hacer un cumplido y la respuesta). Con respecto a la manifestación de la (des)cortesía, el instructor puede pedirles a los aprendices que identifiquen expresiones que ellos asocian con el comportamiento cortés o descortés (p. ej., *amable, por favor, educado, cortés, respetuoso; grosero, maleducado, descortés, irrespetuoso*). También, el instructor puede pedirles a los aprendices que recuerden situaciones en que ellos presenciaron un evento cortés o descortés, prestando atención a la situación, lo que se dijo y la relación entre los participantes.

9.8.2 Input pragmático

El objetivo de esta sección es proveer al aprendiz de información pragmática necesaria para producir y comprender acción comunicativa, incluyendo input oral y escrito. El propósito es dirigir la atención de los estudiantes a las expresiones lingüísticas para expresar significado pragmático (conocimiento pragmalingüístico) y exponerlos a las normas sociales, discusión de los factores contextuales en situaciones formales e informales (poder y distancia social) y las expectativas socioculturales del comportamiento apropiado en la cultura meta (conocimiento sociopragmático).

Veamos un ejemplo de input pragmático que reciben los estudiantes en el libro de texto. La interacción en (6) se toma del libro de texto de español *Interacciones* para estudiantes que estudian español en el nivel intermedio.[22] Incluye información para mejorar el conocimiento pragmalingüístico y sociopragmático durante una situación entre amigos, el acto de extender a una invitación y aceptar/rechazar la invitación. Además del input pragmático escrito de la interacción, el estudiante puede escuchar la interacción:

(6) Extender una invitación y aceptarla. Arriba del diálogo se muestra una foto con la imagen de una reunión entre amigos y familia.[23]

Figura 9.7 Invitación a una fiesta de cumpleaños

 Audio 🎧. Invitación-respuesta entre dos amigas. Cristina (puertorriqueña) invita a Ana María (guatemalteca) a una fiesta. https://pragmatics.indiana.edu/textbook/cap9.html (audios)

1	Cristina:	*Hola, Ana Maria, ¡qué gusto verte!*
2	Ana María:	*¡Hola! ¡Qué milagro es este!*
3	Cristina:	*ay, así es.*
4		*Mira, aprovecho que te veo para decirte*
5		*que la próxima semana,*
6		*el sábado, vamos a tener una reunión en la casa y quiero que vayas*
7		*con Ramiro. Tú sabes que Juancho estuvo muy enfermo.*
8	Ana María:	*Oh, ¡no me digas! ¡Cuánto lo siento! ¡Yo no sabía nada!*
9	Cristina:	*Sí, fue muy feo. Tuvo un virus y no sabían qué era. Hemos pasado*
10		*unas semanas . . ., pero bueno . . . ahora ya está bien. Por eso queremos*
11		*reunirnos con los amigos. No es nada formal, ni mucho menos,*
12		*si no, solo para estar juntos y pasar un rato agradable, nada más.*
13	Ana María:	*Oye, con mucho gusto. ¿A qué hora quieres que vayamos?*
14	Cristina:	*Como a las siete u ocho, ¿te parece?*
15	Ana María:	*Perfecto. Ahí estaremos.*
16		*Muchas gracias y me alegro mucho*
17		*de que Juancho ya esté bien. Dale un saludo de mi parte.*
18	Cristina:	*Ay sí, francamente . . . Gracias. ¡Estoy muy feliz!*

El input se presenta de distintas maneras: input escrito (texto de la invitación-respuesta), audio del diálogo, input visual para situar el contexto de la situación y una lista con expresiones lingüísticas que se emplean para extender una invitación y rechazarla. Por ejemplo, se presentan expresiones con el condicional y el imperfecto para expresar cortesía y respeto.

En el diálogo en (6), el aprendiz puede observar la manera en que se inicia, desarrolla y termina la interacción a través de turnos múltiples. Se puede observar una variedad de acciones comunicativas por medio de secuencias:

- el saludo (línea 1–3)
- la invitación se presenta en dos segmentos (líneas 4–7 y 9–12)
- la respuesta a la invitación (línea 8)
- aceptación de la invitación (línea 13)
- extensión de la aceptación (líneas 14–17)
- cierre de la interacción (líneas 17 y 18)

El instructor puede pedir que dos estudiantes de la clase lean el diálogo. Luego, el instructor debería dirigir la atención del aprendiz a las expresiones que se emplean para realizar las acciones comunicativas: el saludo, las expresiones para extender una invitación (líneas 4–7) y la manera de aceptar (línea 13, 'Oye, con mucho gusto. ¿A qué hora quieres que vayamos?').

Por último, se puede analizar el siguiente evento de descortesía que le pasó una estudiante que estaba estudiando en Barcelona (7). Este ejemplo muestra su percepción de descortesía por parte del camarero (mesero) en un restaurante. El instructor y los estudiantes pueden comentar sobre la percepción de descortesía que emplea la estudiante:[24]

(7) Evento de descortesía de una estudiante en un restaurante en Barcelona

1   *Cuando visitaba a una amiga en Barcelona, fuimos a cenar una noche.*
2   *Era la última semana que íbamos a pasar en España, así que nos sentíamos*
3   *muy seguras en nuestra habilidad de hablar español con el camarero.*
4   *Cuando el camarero llegó a nuestra mesa la primera vez, nos habló en español.*
5   *Nosotras respondimos en español, y a partir de ese momento nos siguió hablando*
6   *en inglés. Las dos estábamos frustradas porque queríamos practicar nuestro español*
7   *antes de regresar a los Estados Unidos. Como sabíamos que no lo veríamos de nuevo,*
8   *al final de la cena le preguntamos por qué no quería conversar con nosotras en español,*
9   *y su respuesta fue que no le gusta hablar un "español roto" (broken Spanish)*
10 *con los americanos. El tono de su voz durante la cena, sobre todo, su respuesta*
11 *a nuestra pregunta, fue muy condescendiente.*
12 *Tratamos de ser amables durante la cena, incluso después de su respuesta grosera (rude response),*
13 *así que le agradecimos por atendernos y salimos inmediatamente.*
14 *No hicimos nada fuera de lo normal, solo le preguntamos por qué*
15 *no quería hablar español con nosotras.*

El instructor puede dirigir la atención del estudiante hacia la percepción de descortesía (líneas 9 y 10 ('al camarero no le gusta hablar un español roto con los americanos'), las características de la situación (restaurante), el tono de la voz (líneas 10 y 11, tono condescendiente), la relación entre la estudiante y el camarero, la diferencia de sexo (estudiante mujer y mesero), la diferencia de edades y el contexto donde ocurrió la situación (Barcelona). También se puede dirigir la atención del estudiante a las expresiones lingüísticas para expresar descortesía (líneas 12 y 13, respuesta grosera 'rude response'). Luego, los estudiantes pueden comentar sobre las expresiones lingüísticas y no verbales que les ocurrieron a ellos en situaciones personales. La meta de esta actividad es despertar consciencia y sensibilizar al estudiante sobre las formas lingüísticas y su función pragmática en situaciones comunicativas mediante input oral y escrito.

9.8.3 Instrucción de la gramática como recurso comunicativo

Esta sección se centra en la instrucción de la gramática como recurso comunicativo para aprender las funciones pragmáticas. Se siguen las ideas de Widdowson (1992) con respecto a la idea de que la gramática tiene una función regulativa en uso: las palabras adquieren un valor comunicativo al usarse en contexto. El instructor debe implementar conceptos de la enseñanza explícita para dirigir la atención del aprendiz a la forma y a su función pragmática en situaciones comunicativas concretas. En la primera columna del cuadro 9.1 se presentan los recursos gramaticales (pragmalingüísticos) que se pueden emplear al realizar cinco actos de habla: peticiones, consejo/sugerencia, rechazo /desacuerdo, cumplido y solicitar información. La segunda presenta los recursos gramaticales que se usan para realizar los actos de habla. La tercera muestra las funciones pragmáticas que expresan los recursos gramaticales y la última columna presenta ejemplos.

Cuadro 9.1 Enseñanza de la gramática como recurso comunicativo

Acto de Habla	Gramática: Recursos Pragmalingüísticos	Función Pragmática	Ejemplos
Peticiones	Condicional, imperfecto	Cortesía, distancia	*¿**Podrías** ayudarme . . .?* *Quería saber si . . .*
	Adverbios: *quizá, probablemente, no sé si . . .*	Incertidumbre, deferencia	*¿**No sé** si sería posible . . .?* *Quizá llegue tarde.*
	Expresiones epistémicas: *Creo/pienso que . . .,*	Atenuación de efectos negativos	*Creo que podrías llegar un poco tarde a mi fiesta.*
	Coletillas interrogativas: *¿no?, ¿está bien?*	Marca de solidaridad/ afiliación	*Vendrás a mi fiesta, el viernes **¿verdad?***
	Diminutivos, marcas de cortesía	Peticiones directas (imperativos)	*¿Me podrías dar un **vasito** de agua por favor?*
	Mandatos con verbos imperativos		*Préstame 10 Euros, ¿**no?*** *Pasa la sal, ¿quieres?*
Consejo/ sugerencia	Verbos epistémicos + subjuntivo	Duda, incertidumbre	*¿**Crees** que **puedas** llamarme?*
	Negación + pregunta interrogativa	Mitigación, atenuación	*¿**No** crees que sería mejor preguntarle al profesor?*
	Qué tal si + petición	Indirección, atenuación	*¿**Qué tal si** le pides los apuntes de la clase a Juan?*
	Verbos realizativos (*Te aconsejo; Te sugiero*)	Certeza, afiliación	*Sugiero que/te aconsejo que hables con el profesor.*
Rechazos desacuerdos	Condicional	Cortesía	*No podría ir a tu fiesta. Me sería difícil llegar a tiempo.*
	Impersonalizacion	Distancia, deferencia	*No se puede, de verdad. Quizá se pueda hacer un esfuerzo.*
	Imperfecto del subjuntivo	Incertidumbre	*No creo que pudiera llamarte.*
	Adverbios modales	Probabilidad, posibilidad	*Desafortunadamente, tengo planes.*

Acto de Habla	Gramática: Recursos Pragmalingüísticos	Función Pragmática	Ejemplos
Cumplidos	Qué + adjetivo Frase nominal + verbo + adjetivo	Evaluación positiva y marca de afiliación con el interlocutor	*¡**Qué precioso** carro tienes!*; *¡Tu pelo **se ve** lindo/bonito!*
	Verbos: *me encanta/me gusta*	Expresar evaluación positiva	*¡**Me encanta** tu collar de perlas!*; *¡**Me gusta** mucho tu carro!*
	Adverbios calificativos	Intensificación	*¡Tu suéter está **muy guay/tan chulo/chulísimo**!*
	Adjetivos: *bonito, lindo, precioso, rico/a, majo/a, guay (Spain)/padre (México)*	Solidaridad, afiliación	*¡**Qué rica** está la comida!* *¡Tienes un reloj muy guay/ padrísimo!*
Solicitar información	Construcciones impersonales	Distancia	*¿Dónde **se come** bien por aquí?* ***Se dice** que el Restaurante 'La Hacienda' es el mejor.*
	Condicional, imperfecto	Cortesía, respeto, deferencia	*¿**Podría** decirme cómo llegar a la estación de autobuses?*

El instructor debería dirigir la atención de los aprendices tanto a la forma como a su función pragmática. Por ejemplo, el condicional o el imperfecto se emplean para expresar distancia y cortesía en situaciones formales (p.je., *Profesor, quería preguntarle si podría escribirme una carta de referencia para la escuela graduada*). Los verbos epistémicos (p. ej., *Yo creo que . . ., Pienso que . . ., Me parece que . . .*) se emplean para suavizar actos asertivos o impositivos, el subjuntivo y los verbos modales se emplean para expresar duda o probabilidad, las expresiones impersonales para distanciar al hablante de lo dicho (p. ej., *No se puede*) y el diminutivo para reforzar los lazos de solidaridad entre los participantes.

La idea central de esta actividad es despertar consciencia sobre las funciones comunicativas de los recursos gramaticales para el servicio de la pragmática. El instructor también puede sensibilizar al estudiante sobre la variación regional de los actos de habla en distintas regiones del mundo hispanohablante. El instructor y el estudiante pueden consultar el siguiente sitio para analizar ejemplos variación pragmática en variedades de español (variación pragmática): https://pragmatics.indiana.edu/pragmaticvariation/index.html

9.8.4 Práctica comunicativa

El objetivo de esta actividad es practicar la información de las tres secciones anteriores (9.8.1–9.8.3) mediante situaciones que faciliten la práctica comunicativa sobre actos de habla en interacción. El instructor debería recordar a los estudiantes de usar la información del cuadro 9.1 para activar su conocimiento pragmalingüístico y sociopragmático. A continuación, se presentan tres situaciones para practicar los siguientes actos de habla: invitación-rechazo, petición-respuesta, cumplido-respuesta (situaciones 1–3). Los estudiantes pueden visitar la siguiente página que incluye descripciones y ejemplos de estos actos de habla: https://pragmatics.indiana.edu/textbook/cap9.html (9.8.4)

El estudiante selecciona el acto de habla para revisar las estrategias que se emplean para producir estos actos de habla. Los estudiantes practican las siguientes situaciones en pares. El instructor debería motivar a los estudiantes a practicar las situaciones como si ocurrieran en contextos naturales. Los estudiantes adoptan los personajes en cada situación.

PRÁCTICA COMUNICATIVA ENTRE ESTUDIANTES

1. Invitación y rechazo a la invitación

   Tu mejor amigo va a cumplir 21 años y te invita a su fiesta de cumpleaños en su casa el próximo viernes a las 8:00 p.m. Sabes que será una buena oportunidad para ver a todos tus amigos de nuevo y pasar este día especial con él/ella. Desafortunadamente, no puedes ir.

   Estudiante 1: Inicia la interacción, saluda a tu amigo. Luego, lo invitas a tu fiesta de cumpleaños.
   Estudiante 2: Responde a la invitación de tu amigo, desafortunadamente no puedes asistir.

2. Petición de los apuntes de clase y respuesta.

   La semana pasada no asististe a la clase de sociolingüística y necesitas los apuntes para estudiar para el examen la próxima semana. Pídele los apuntes prestados a tu compañero de clase.

   Estudiante 1: Inicia la interacción, lo saludas. Luego, le pides los apuntes de la clase.
   Estudiante 2: Responde, desafortunadamente no puedes prestárselos.

3. Cumplido de tu carro y respuesta

   Tú y tu mejor amigo han tomado clases por dos años. Los dos toman clases juntos y no se han visto por más de dos semanas. Al salir de tu clase, ves que tu amigo acaba de llegar en un carro del año, un Lamborghini. Al verlo, te diriges hacia él/ella y le haces un cumplido.

   Estudiante 1: Inicia la interacción, lo saludas. Luego, le haces un cumplido de su carro y continúas la conversación.
   Estudiante 2: Responde al cumplido. Después de aceptarlo, puedes minimizar el cumplido con el fin de solicitar más cumplidos (*fishing for compliments*).

Después de practicar las situaciones, el instructor les pide a tres grupos de dos estudiantes (uno por situación) que pasen al frente de la clase a practicar las situaciones. Los estudiantes prestan atención a la manera de iniciar y responder en cada situación. Con ayuda del instructor, los estudiantes ofrecen opciones de cómo responder a cada situación usando la información del cuadro 9.1.

Por último, el estudiante puede practicar el acto de habla del cumplido en línea. Lee la información y practica las situaciones del cumplido y la respuesta al cumplido. Práctica comunicativa del cumplido (al final de la página): https://pragmatics.indiana.edu/textbook/cap9.html (sección 9.8.4)

Situation 1: Haces un cumplido al reloj de Pedro.
Situation 2: Haces un cumplido a la comida que preparó tu familia anfitriona.

9.9 Aprendizaje y variación

Dada la variación regional que existe en el mundo hispanohablante, el instructor debería enfatizar aspectos de variación regional dentro de un país. El español se habla en España como una de las cuatro lenguas oficiales: español o castellano, catalán (Cataluña y

regiones de Valencia), vasco (País Vasco) y gallego (Galicia). El instructor debería destacar que existen diferencias de hablar en las regiones centro-norte, sur de España (Andalucía) y en las islas canarias. En Latinoamérica, existen 19 países donde se habla español
como lengua oficial, incluyendo México, el Caribe, Centro y Suramérica. Dada la variación regional en el mundo hispanohablante, el instructor debería destacar las diferentes
maneras de hablar, grados de comunicación directa e indirecta y distintas maneras de
expresar respeto, deferencia, informalidad, cortesía y descortesía, como estudiamos en
los capítulos 6, 7 y 8.

Con base en la información de variación pragmática presentada en el capítulo 7, el
instructor debería destacar las siguientes diferencias regionales del mundo hispanohablante
a partir de un continuo de solidaridad e informalidad y de deferencia y formalidad.[25] Por
ejemplo, los españoles (Madrid, Barcelona) emplean peticiones y rechazos directos, pronombres informales (tuteo) y con menos mitigación en comparación con los ecuatorianos, los
mexicanos (Ciudad de México), los chilenos (Santiago), los peruanos (Lima) y los puertorriqueños (San Juan) que prefieren ser más indirectos, más tentativos y con altos niveles de
formalidad y estilo deferencial (*usted*). En cambio, los argentinos (Buenos Aires), los dominicanos (Santiago) y los venezolanos (Caracas) se encuentran en un nivel intermedio del
continuo entre los españoles y los mexicanos con menor grado de peticiones directas.
Además, se puede mencionar la variación contextual: sensibilizar al estudiante sobre los
factores sociales como la distancia, el poder entre los participantes, el grado de familiaridad
entre ellos y la situación donde ocurre el acto de habla.

Con el fin de despertar consciencia sobre la variación regional, el instructor podría preguntar a los estudiantes que han visitado un país hispano qué diferencias han observado en
esas regiones.

9.10 Resumen

Este capítulo describió los conceptos centrales para el aprendizaje de la pragmática y las
maneras efectivas para la instrucción del componente pragmático en contextos formales y
en el extranjero. Después de definir la competencia pragmática, se describieron dos tipos de
conocimiento pragmático: el pragmalingüístico y el sociopragmático. Luego, se describieron
tres contextos de aprendizaje y la relevancia del input pragmático: el formal, el extranjero
y el inmigrante (hablantes de herencia). La segunda parte presentó los conceptos centrales
sobre la instrucción de la pragmática, seguido de un modelo pedagógico y práctica comunicativa. Por último, se destacó la importancia de sensibilizar al aprendiz sobre la variación
pragmática en regiones del mundo hispanohablante.

LISTA DE CONCEPTOS Y TÉRMINOS CLAVE

diglosia (*diglossia*)
entrada/input (*input*)
fallo pragmalingüístico (*pragmalinguistic failure*)
fallo sociopragmático (*sociopragmatic failure*)
interlenguage (*interlanguage*)
hipótesis de la captación (*noticing hypothesis*)
instrucción metapragmática (*metapragmatic instruction*)
prueba anterior (*pretest*)

prueba inmediata posterior (*immediate posttest*)
prueba prolongada (*delayed posttest*)
transferencia pragmática (*pragmatic transfer*)
tratamiento de instrucción (*instructional treatment*)
transferencia positiva (*positive transfer*)
transferencia negativa (*negative transfer*)

PREGUNTAS DE COMPRENSIÓN

1. Define la competencia pragmática para aprender una segunda (tercera, cuarta) lengua.

2. Explica los dos componentes del conocimiento pragmático y da ejemplos.

3. Explica la distinción entre *input* (entrada) e *intake* y da ejemplos.

4. Explica la importancia de la hipótesis de la captación (*the noticing hypothesis*) para el aprendizaje de la pragmática.

5. Explica los dos tipos de transferencia pragmática, la positiva y la negativa.

6. Da un ejemplo de un fallo pragmalingüístico y un fallo sociopragmático.

7. Explica la diferencia entre la instrucción explícita y la implícita.

8. Describe las características de los hablantes de herencia y el concepto de diglosia.

9. En tu opinión, ¿cuál de los dos componentes pragmáticos es más difícil de adquirir en una segunda lengua, el pragmalingüístico o el sociopragmático? Explica por qué y da ejemplos.

10. Comenta sobre el desarrollo de la competencia pragmática entre aprendices de español como segunda (tercera, cuarta) lengua en un contexto formal (el aula de clase) y entre los aprendices que van a estudiar al extranjero. ¿Qué aspectos de la competencia pragmática (conocimiento pragmalingüístico o sociopragmático) se aprenden más o menos en cada contexto de aprendizaje? Justifica tu respuesta.

PROYECTOS DE INVESTIGACIÓN

A continuación se presenta información para desarrollar un proyecto de investigación. El objetivo es utilizar los conceptos descritos en este capítulo, los actos de habla (capítulo 3) y los conceptos de cortesía o descortesía (capítulo 6). Considera la siguiente información para escribir un trabajo de 3–5 páginas:

- objetivo
- una o dos preguntas de investigación
- conceptos centrales (descripción de 3–4 estudios en pragmática L2 que explican el tema)
- ¿cuál método de recolección de datos vas a emplear? (ver capítulo 10)
- ¿cómo vas a analizar los datos?
- organización de los resultados
- explicación o interpretación de los resultados (tomando en cuenta los 3–4 estudios que incluiste en la sección de conceptos centrales)
- conclusiones

1. **Contexto formal.** Analiza un acto de habla en el discurso de aprendices de español como segunda lengua (las peticiones o las disculpas). Puedes crear situaciones para diseñar un Cuestionario de Producción Oral (ver capítulo 10, sección 10.4.1) u otro método que prefieras:

   - ¿Cómo se realizan las peticiones en tres contextos formales y tres informales?
   - ¿Cómo se realizan las disculpas en tres contextos formales y tres informales?

   Preguntas de investigación:

   _____

   _____

2. **Hablantes de herencia.** Recoge datos de un acto de habla (quejas, cumplidos, invitaciones, ofertas) de aprendices de lengua de herencia:

   - Escribe una o dos preguntas de investigación que te gustaría investigar.
   - Describe la población: dónde nacieron, en qué contextos hablan español e inglés, cuánto tiempo han vivido en los EE.UU. o en otro país.
   - ¿Cuál método emplearías para recoger los datos? (ver capítulo 10)
   - ¿Cómo analizarías los datos? (ver capítulo 7, secciones 7.4, 7.5, 7.6, 7.7)
   - Describe los resultados.

   Preguntas de investigación:

   _____

   _____

NOTAS

1. Véase Kasper y Rose (2002) y Timple Laughlin, Wain, y Schmidgall (2015) para una definición comprensiva de la competencia pragmática.
2. Leech (1983); Thomas (1983).
3. Selinker (1972).
4. Kasper (1992); Kasper y Rose (2002).
5. Para la noción de la insistencia como comportamiento esperado y cortés en español, ver capítulo 7 (sección 7.5.1), Félix-Brasdefer (2008) y García (1992).
6. Figura de Félix-Brasdefer (2007).
7. Véase Márquez Reiter (2000).
8. En este capítulo hacemos referencia a las siguientes investigaciones: Barron (2003); Félix-Brasdefer y Hasler-Barker (2015); Kinginger (2011); Llanes (2011); Taguchi y Roever (2017).
9. *Institute of International Education:* www.iie.org/
10. Tomado de Taguchi (2015); Taguchi and Roever (2017) y Kinginger (2011).
11. Censo 2010 de la población hispana en los Estados Unidos www.census.gov/prod/cen2010/briefs/ c2010br-04.pdf
12. Véase Valdés (2005) y Potowski (2016).
13. Véase Valdés (2005) para una discusión más detallada sobre la diglosia en el habla de los aprendices de herencia.
14. Traducción tomada del Portal de Lingüística Hispánica: http://hispaniclinguistics.com/
15. Schmidt (1993).
16. Schmidt (1990).
17. Existe controversia sobre las maneras en que el *intake* debe registrarse bajo consciencia. Para más información sobre la discusión de input, atención y consciencia, véase Gass (1997) y Schmidt (1990).
18. Schmidt (1993 , pág. 26)

19. Bardovi-Harlig (2001), Félix-Brasdefer (2006); Kasper y Rose (2002); Rose y Kasper (2001).
20. Para la distinción de instrucción explícita e implícita, véase Ishihara y Cohen (2010).
21. Félix-Brasdefer (2006), Félix-Brasdefer y Cohen (2012) y Félix-Brasdefer y Mugford (2017).
22. *Interacciones*, 6ᵗᵃ edición, Spinelli, García, y Galvin Flood (2009). El análisis se adapta de Félix-Brasdefer y Cohen (2012).
23. Spinelli et al. (2009, pág. 105).
24. Datos del autor, tomados de Félix-Brasdefer y Mugford (2017).
25. Para más información, véase Márquez Reiter y Placencia (2005) y García y Placencia (2011).

LECTURAS RECOMENDADAS

Ishihara, N., & Cohen, A. D. (2010). *Teaching and learning pragmatics: Where language and culture meet*. Harlow: Pearson.

Describe los conceptos y teorías centrales para la enseñanza de la pragmática con numerosas actividades que el instructor puede emplear en sus clases. Incluye información para la evaluación de la competencia pragmática.

Kasper, G., & Rose, S. (2002). *Pragmatic development in a second language*. Malden, MA: Blackwell.

Un estudio clásico sobre los conceptos y teorías fundamentales para la adquisición y enseñanza de la pragmática. Incluye temas sobre el desarrollo de la pragmática, contextos de aprendizaje y la instrucción de la pragmática.

Taguchi, N., & Roever, C. (2017). *Second language pragmatics*. Oxford: Oxford University Press.

Ofrece una descripción comprensiva sobre los conceptos centrales de la pragmática de segundas lenguas: modelos teóricos de la adquisición de la pragmática, conceptos centrales, contextos de aprendizaje y maneras para mejorar la instrucción de la pragmática mediante la enseñanza implícita y explícita.

BIBLIOGRAFÍA

Bardovi-Harlig, K. (2001). Evaluating the empirical evidence: Grounds for instruction in pragmatics? En K. R. Rose & G. Kasper (Eds.), *Pragmatics in language teaching* (pp. 13–23). Cambridge: Cambridge University Press.

Barron, A. (2003). *Acquisition in interlanguage pragmatics: How to do things with words in a study abroad context*. Amsterdam: John Benjamins Publishing Company.

Elias, V. (2015). Pragmalinguistic and sociopragmatic variation: Refusing among Spanish heritage speakers. Indiana University, Linguistics Club Working Papers, 1–32. Tomado de. https://www.indiana.edu/~iulcwp/wp/issue/view/25.

Félix-Brasdefer, J. C. (2004). Interlanguage refusals: Linguistic politeness and length of residence in the target community. *Language Learning*, 54, 587–653.

Félix-Brasdefer, J. C. (2006). Teaching the negotiation of multi-turn speech acts. Using conversation-analytic tools to teach pragmatics in the classroom. En K. Bardovi-Harlig, C. Félix-Brasdefer, & A. Omar (Eds.), *Pragmatics and language learning* (Vol. 11, pp. 165–197). Honolulu, HI: National Foreign Language Resource Center, University of Hawai'i at Mānoa.

Félix-Brasdefer, J. C. (2007). Pragmatic development in the Spanish as an FL classroom: A cross-sectional study of learner requests. *Intercultural Pragmatics*, *4*, 253–286.

Félix-Brasdefer, J. C. (2008). Pedagogical intervention and the development of pragmatic competence in learning Spanish as a foreign language. *Issues in Applied Linguistics*, *16*, 47–82.

Félix-Brasdefer, J. C., & Cohen, A. D. (2012). Teaching pragmatics in the foreign language classroom: Grammar as a communicative resource. *Hispania*, *95*, 650–669.

Félix-Brasdefer, J. C., & Hasler-Barker, M. (2012). Compliments and compliment responses: From empirical evidence to pedagogical application. En L. Ruiz de Zarobe & Y. Ruiz de Zarobe (Eds.), *Speech acts and politeness across languages and Cultures* (pp. 241–273). Bern: Peter Lang.

Félix-Brasdefer, J. C., & Hasler-Barker, M. (2015). Complimenting in Spanish in a short-term study abroad context. *System*, *48*, 75–85.

Félix-Brasdefer, J. C., & McKinnon, S. (2017). Perceptions of impolite behavior in study abroad contexts and the teaching of impoliteness in L2 Spanish. *Journal of Spanish Language Teaching*, *3*(2), 99–113.

Félix-Brasdefer, J. C., & Mugford, G. (2017). (Im)politeness: Learning and teaching. En J. Culpeper, M. Haugh, & D. Kádár (Eds.), *The Palgrave handbook of linguistic (im)politeness* (pp. 489–516). London: Palgrave Macmillan.

García, C. (1992). Refusing an invitation: A case study of Peruvian style. *Hispanic Linguistics*, *5*(1–2), 207–243.

García, C., & Placencia, M. E. (Eds.). (2011). *Estudios de variación pragmática en español.* Buenos Aires: Dunken.

Gass, S. (1997). *Input, interaction, and the second language learner.* Mahwah, NJ: Lawrence Erlbaum Associates.

Hasler-Barker, M. (2016). Efects of metapragmatic instruction of compliments and compliment responses. En K. Bardovi-Harlig & J. C. Félix-Brasdefer (Eds.), *Pragmatics and language learning* (Vol. 14, pp. 125–152). Honolulu, HI: Second Language Teaching and Curriculum Center, University of Hawai'i at Mānoa.

Ishihara, N., & Cohen, A. D. (2010). *Teaching and learning pragmatics: Where language and culture meet.* Harlow: Pearson.

Kasper, G. (1992). Pragmatic transfer. *Interlanguage Studies Bulletin (Utrecht)*, *8*, 203–231.

Kasper, G., & Rose, S. (2002). *Pragmatic development in a second language.* Malden, MA: Blackwell.

Kinginger, C. (2011). Enhancing language learning in study abroad. *Annual Review of Applied Linguistics*, *31*, 58–73.

Koike, D. A., & Pearson, L. (2005). The effect of instruction and feedback in the development of pragmatic competence. *System*, *33*, 481–501.Leech, G. (1983). *Principles of pragmatics.* New York, NY: Longman.

Llanes, À. (2011). The many faces of study abroad: An update on the research on L2 gains emerged during a study abroad experience. *International Journal of Multilingualism*, *8*, 189–215.

Márquez Reiter, R. (2000). *Linguistic politeness in Britain and Uruguay: A contrastive analysis of requests and apologies.* Amsterdam and Philadelphia, PA: John Benjamins Publishing Company.

Márquez Reiter, R., & Placencia, M. E. (2005). *Spanish pragmatics*. New York, NY: Palgrave Macmillan.

Pinto, D. (2005). The acquisition of requests by second language learners of Spanish. *Spanish in Context*, *2*, 1–27.

Pinto, D., & Raschio, R. (2007). A comparative study of requests in heritage speaker Spanish, L1 Spanish, and L1 English. *International Journal of Bilingualism*, *11*, 135–155.

Potowski, K. (2016). *Intra-Latino language and identity: MexiRicans in Chicago*. New York, NY: John Benjamins Publishing Company.

Rose, K., & Kasper, G. (Eds.). (2001). *Pragmatics in language teaching*. Cambridge: Cambridge University Press.

Schmidt, R. (1990). The role of consciousness in second language learning. *Applied Linguistics*, *11*(2), 17–46.

Schmidt, R. (1993). Consciousness, learning and interlanguage pragmatics. En G. Kasper & S. Blum-Kulka (Eds.), *Interlanguage pragmatics* (pp. 21–42). Oxford: Oxford University Press.

Schmidt, R. (1995). Consciousness and foreign language learning: A tutorial on the role of attention and awareness in learning. En R. Schmidt (Ed.), *Attention and awareness in foreign language learning* (Technical Report 9, pp. 1–63). Honolulu, HI: Second Language Teaching and Curriculum Center, University of Hawai'i at Mānoa.

Schmidt, R. (2001). Attention. En P. Robinson (Ed.), *Cognition and second language instruction* (pp. 3–32). Cambridge: Cambridge University Press.

Selinker, L. (1972). Interlanguage. *International Review of Applied Linguistics*, *10*, 209–231.

Shively, R. L. (2011). L2 pragmatic development in study abroad: A longitudinal study of Spanish service encounters. *Journal of Pragmatics*, *43*, 1818–1835.

Showstack, R. (2017). La pragmática transcultural de los hablantes de herencia de español: análisis e implicaciones pedagógicas. *Journal of Spanish Language Teaching*, *3*(2), 143–156.

Spinelli, E., García, C., & Galvin Flood, C. E. (2009). *Interacciones* (6th ed.). Boston, MA: Heinle Print.

Taguchi, N. (2015). 'Contextually' speaking: A survey of pragmatic learning abroad, in class, and online. *System*, *48*, 3–20.

Taguchi, N. (2018). Contexts and pragmatics learning: Problems and opportunities of the study abroad research. *Language Teaching*, *54*(1), 124–137.

Taguchi, N., & Roever, C. (2017). *Second language pragmatics*. Oxford: Oxford University Press.

Thomas, J. (1983). Cross-cultural pragmatic failure. *Applied Linguistics*, *4*, 91–112.

Timple Laughlin, V., Wain, J., & Schmidgall, J. (2015). Defining and operationalizing the construct of pragmatic competence: Review and recommendations. *ETS Research Report Series*, *2015*, 1–43. http://www.ets.org/research/policy_research_reports/publications/report/2015/juep.

Valdés, G. (2005). Bilingualism, heritage language learners, and SLA research: Opportunities lost or seized? *The Modern Language Journal*, *89*, 410–426.

Widdowson, H. G. (1992). ELT and EL teachers: Matters arising. *ELT Journal*, *46*, 333–339.

Capítulo 10

Métodos de recolección de datos y el proyecto de investigación

Introducción

En los capítulos 2–9, se analizaron temas pragmáticos que se pueden investigar empíricamente entre hablantes monolingües y bilingües como las expresiones deícticas, los actos de habla, la implicatura conversacional, la estructura del discurso oral y el escrito, la (des)cortesía y las formas de tratamiento en diversas regiones del mundo hispanohablante. Este capítulo analiza los métodos que se emplean para recoger datos orales, escritos y de percepción como los datos auténticos en situaciones naturales (sin intervención del investigador) o mediante datos extraídos (*elicited data*) con intervención del investigador. El método seleccionado dependerá de la pregunta de investigación y de la unidad de análisis como un acto de habla, la selección de *tú*, *vos* o *usted* o un marcador discursivo (p. ej., *bueno, pues, entonces, venga*). Como estudiamos en el capítulo 9, la selección del método depende del tipo de conocimiento pragmático que se quiera analizar: un aspecto del conocimiento pragmalingüístico (expresiones lingüísticas convencionales para expresar significado pragmático) o sociopragmático (uso apropiado y percepción del comportamiento cortés o descortés).

El método seleccionado determina la manera en que se van a interpretar los datos. Por ejemplo, si los datos se recogen en contextos naturales (observaciones espontáneas), los datos tienen un grado de validez o credibilidad alta. Por el contrario, si se recogen datos a través de situaciones simuladas en condiciones experimentales (p. ej., cuestionarios escritos o dramatizaciones abiertas '*open role plays*'), los datos poseen un grado de validez de menor grado, pero tienen la ventaja de ser comparables. La validez se refiere al grado en que un instrumento mide lo que pretende medir. Por ejemplo, recoger datos de cumplidos mediante anotaciones escritas (*field notes*) o con cuestionarios escritos para examinar la estructura del cumplido y los tipos de adjetivos (¡*Me encanta tu reloj!*, ¡*Qué chulo reloj tienes!*, ¡*Tu reloj es precioso!*). En cambio, la confiabilidad alude al grado en que un instrumento (p. ej., un cuestionario escrito o una dramatización) que se administra al mismo participante en distintas ocasiones produce resultados similares.[1] En este capítulo se analizan aspectos de validez y confiabilidad en métodos que se emplean para recoger datos pragmáticos. Consulta la página web para leer más información y completar los ejercicios del capítulo 10: https://pragmatics.indiana.edu/textbook/cap10.html

Reflexión

- Comenta sobre las ventajas y limitaciones de recoger actos de habla en contextos naturales (observados) y experimentales (datos extraídos '*elicited data*').
- Si tuvieras que analizar las expresiones lingüísticas que se emplean para hacer un cumplido y responder al cumplido, ¿qué método utilizarías para recoger los datos?
- Explica en qué consiste un proyecto de investigación y cuál es su estructura.

Objetivos

Este capítulo tiene dos objetivos: (1) analiza los métodos que se emplean comúnmente en pragmática para recoger datos y (2) describe la estructura y contenido del proyecto de investigación. Se analizan los siguientes métodos y consideraciones éticas:

- métodos para recoger datos naturales
- la entrevista estructurada
- la conversación extraída ('*elicited data*')
- dramatizaciones o juegos de rol (*role plays*)
- cuestionarios escritos
- reportes verbales
- consideraciones éticas
- el proyecto de investigación

10.1 Datos naturales

El investigador puede recoger datos pragmáticos en contextos naturales mediante la observación. El primer paso es obtener acceso al lugar donde se van a recoger los datos como una fiesta de cumpleaños, el aula de clase, un restaurante o un supermercado. Los datos se recogen en su contexto natural a través de observaciones naturales en un tiempo concreto o por medio de participación prolongada, como el método etnográfico. En antropología lingüística se emplea el método etnográfico (Duranti, 1997) en el que el investigador establece contacto con los miembros de una comunidad a través de observación continua en contextos formales e informales (figura 10.1). El requisito central de los datos naturales es la observación, o sea, datos observados sin la intervención del investigador.

En la siguiente sección se presentan cuatro maneras de recoger datos en contextos naturales: las anotaciones escritas (*field notes*), las grabaciones electrónicas de sonido o video (*audio/video recordings*), los datos de corpus y los datos en contextos virtuales con el discurso mediado por computadoras.

10.1.1 Anotaciones escritas

Si el objetivo es observar las expresiones que se emplean para expresar actos de habla en interacciones breves, el investigador puede recoger datos que ocurren en su contexto natural mediante anotaciones escritas. Es un método común en antropología para analizar prácticas sociales que utilizan los miembros de una comunidad. Como mencionan otros autores (Duranti, 1997; Kasper, 2000; Tagliamonte, 2012), los datos deben anotarse inmediatamente para registrar con exactitud lo observado, además de incluir información contextual del evento comunicativo

Figura 10.1 Investigador en acción

(p. ej., sexo y edad de los participantes, lugar donde ocurrió el evento o información no verbal como la mirada). El investigador debe anotar la información inmediatamente para evitar olvidar lo observado. Este método se puede utilizar para observar la manera en que se realizan los siguientes actos de habla que ocurren en intercambios verbales breves:

(1) Cumplido y respuesta al cumplido

    A: *¡Tienes un reloj muy guay!*
    B: *¿De verdad te gusta? Me lo regaló mi padre.*
    A: *Es muy chulo y está de moda.*

    A: *¡Qué rica está la sopa!*
    B: *Es la receta de mi abuela. A mí me fascina.*

(2) Disculpas

    Lo siento, disculpa/e, discúlpame, me da pena, le pido perdón, perdóname, ¿me perdonas?, me siento fatal/muy mal.

(3) Peticiones de servicio

    Me da/póngame/deme/quiero un kilo de jamón.

(4) Piropos (de hombres a mujeres)

    Adiós, guapa, ¿no necesitas compañía?
    ¡Tú con tantas curvas y yo sin frenos!

Como el investigador registra información contextual, se puede analizar la realización de actos de habla condicionados por la edad y el sexo del hablante. Este método es efectivo para analizar aspectos pragmalingüísticos de actos de habla en secuencias breves o en uno o dos turnos. Este tipo de datos se ha empleado para analizar cumplidos en inglés (Wolfson, 1989) y peticiones y disculpas en variedades del español (Félix-Brasdefer, 2007; Wagner & Roebuck, 2010). Aunque la validez de estos datos es alta (datos auténticos), se pueden observar las siguientes limitaciones:

- Si el investigador no registra lo observado inmediatamente, no va a recordar la manera exacta en que se produjo el acto de habla.
- Es difícil registrar por escrito actos de habla que ocurren en el nivel del discurso a través de turnos múltiples como una invitación y una respuesta, quejas o desacuerdos.

Por lo tanto, si la meta del estudio es analizar datos en su contexto discursivo, el investigador debería optar por las grabaciones electrónicas (audio o video) o los datos de corpus.

10.1.2 Grabaciones electrónicas

Las grabaciones naturales permiten al investigador observar patrones regulares de acciones comunicativas que ocurren en el nivel del discurso como interacciones cara a cara o conversaciones telefónicas. La idea es registrar el evento comunicativo en su totalidad, ya sea mediante grabaciones orales o en video. Este tipo de datos le permite al investigador analizar una variedad de aspectos discursivos como los actos de habla en secuencia, la toma de turnos, la reparación, la realización del comportamiento (des)cortés y aspectos prosódicos de la entonación (p. ej., volumen, entonación ascendente o descendente, pausas). Además, si el investigador puede videograbar el evento comunicativo, se pueden analizar aspectos no verbales que refuerzan lo dicho en la interacción como la risa, los gestos y los movimientos corporales. Una vez que los datos se han grabado, el investigador puede escuchar la interacción repetidas veces para identificar patrones regulares. Luego, los datos se transcriben usando convenciones de transcripción para observar los solapamientos (*overlaps*), la interrupción, la entonación ascendente (↑) o descendente (↓), el volumen de la voz (p. ej., gritando o en voz baja) y características del contexto como el poder y la distancia social. En el capítulo 5 se presentaron las convenciones de transcripción del discurso oral (cuadro 5.1).

En su estudio sobre los encuentros de servicio, Félix-Brasdefer (2015) grabó 147 horas de transacciones de compraventa entre un proveedor de servicio (vendedor, agente) y la persona que recibe el servicio (cliente) en México y los Estados Unidos con un total de 2,482 interacciones. Los datos se grabaron digitalmente con el fin de captar el evento comunicativo (la compraventa) en su totalidad. El ejemplo (5) muestra una transacción grabada en una tienda mexicana entre dos mujeres (figura 10.2) (↑ indica entonación ascendente y el corchete cuadrado [indica habla simultánea).

(5) Transacción de compraventa en una tienda mexicana (Ciudad de México)
   Escucha el siguiente diálogo en la página web
      🎧 Audio: https://pragmatics.indiana.edu/textbook/cap10.html (audios)

   1 Cliente: *Me das diez pesos de jamón de pierna por favor* ↑
   2 Vendedora: *¿De cuál?*

3   Cliente: *Diez pesos de jamón de pierna.*
4   Vendedora: *Sí.*
5   Cliente: *¿Cuánto vale la cajita de zarzamora?*
6   Vendedora: *De qué* ↑
7   Cliente: *La zarzamora ¿cuánto vale?*
8   Vendedora: *Esta sale a trece y esta a veinticinco*
9   Cliente: *También dame diez pesos de queso*
10   *dame aguacate.*
11 Vendedora: *¿Qué más?*
12 Cliente: *Nada más ¿cuánto va a ser?*
13 Vendedora: *Cuarenta y cinco.*
14 Cliente: *Y ¿esta fruta como se llama?*
15 Vendedora: *Ay, no me recuerdo*
16 Cliente: *Bueno, dame una de esas.*
17   ((señala al producto))
18 Vendedora: *Cuarenta y cinco cincuenta.*
19   ((pago))
20 Cliente: *Gracias.*
21   ((pago))
22 Vendedora: [*Gracias*
23 Cliente: [*Gracias a ti.*

Figura 10.2 Recolección de datos en una tienda mexicana

En la interacción en (5), se pueden observar las diferentes maneras en que el cliente hace la petición (líneas 1, 9 y 10, 16), la petición de servicio y la respuesta (líneas 1–10), la secuencia de pago (líneas 18–21) y el cierre de la interacción (líneas 22 y 23). También se puede registrar información contextual como la secuencia de pago, acciones no verbales (gestos, la mirada, la risa) y la entonación ascendente o descendente.

10.1.3 Datos de corpus

Otra manera de analizar interacciones naturales son los datos de **corpus**. Un corpus consiste en colecciones de textos naturales (computarizados) que sirven de base para análisis lingüístico. La **lingüística de corpus** ofrece la oportunidad para analizar dimensiones cuantitativas y cualitativas en el nivel del discurso como los actos de habla en secuencia (p. ej., invitación-respuesta o expresar acuerdo y desacuerdo). Son datos naturales que provienen de textos escritos y orales como los artículos periodísticos, novelas, los ensayos de estudiantes y transcripciones de datos orales grabados en contextos diversos como la conversación coloquial (p. ej., conversaciones entre amigos o familiares) o el discurso institucional (p. ej., interacciones entre profesor-estudiante, el discurso en la corte o la consulta médica).[2]

Los datos escritos (p. ej., periódicos, novelas) se presentan en formato electrónico. Los datos orales (p. ej., conversaciones, entrevistas sociolingüísticas) se graban digitalmente y luego se transcriben para analizar diferentes aspectos pragmáticos de la interacción. Las interacciones se organizan electrónicamente para facilitar el acceso de los datos. Algunos de los temas pragmáticos que se pueden analizar incluyen: las secuencias de actos de habla (petición-respuesta; invitación-rechazo; cumplido-respuesta, los piropos), la toma de turnos y la interrupción, las funciones pragmáticas y discursivas de los marcadores discursivos (p. ej., *bueno, o sea, entonces, pues, venga*), las formas de tratamiento (*tú, vos, usted, vosotros*), asociaciones de (des)cortesía (p. ej., *cortes, descortés, grosero, amable, bien educado*) o el humor y la ironía mediante la implicatura conversacional.

En la actualidad, un corpus digital está organizado en cada lengua o variedad regional (p. ej., España, México, el Caribe, Centroamérica o Sur América), el sexo de los hablantes y el tema de conversación. Además de incluir las transcripciones electrónicas de las interacciones, algunos de los corpus también permiten escuchar las conversaciones a fin de analizar aspectos prosódicos que producen efectos pragmáticos como la entonación ascendente ($\uparrow$) y descendente ($\downarrow$), el volumen de la voz (fuerte o suave) y la duración.

Tres características de un corpus son la concordancia, la frecuencia y la colocación. La **concordancia** consiste en un formato que muestra la palabra buscada en el centro con información suficiente de cotexto a la izquierda y a la derecha de la palabra. Las diferentes asociaciones muestran los patrones recurrentes en que puede aparecer la palabra. La **frecuencia** indica qué tan usada y frecuente es la palabra en ciertos contextos, lenguas o variedades de una lengua. Y la **colocación** concierne el orden y la manera en que ocurre la palabra o frases dentro del texto (p. ej., *Gracias, muchas gracias, de verdad muchas gracias, mil gracias*). El cuadro 10.1 muestra la concordancia de la palabra *bueno* (discurso oral en México) para ilustrar la distinción entre su función de adjetivo (p.ej., *el libro es bueno*) y sus funciones de marcador discursivo para expresar opinión al inicio de turno o terminar la conversación, entre otras funciones (p.ej., *Bueno, lo que dices no me parece buena idea; Bueno, ya vámonos*). Los ejemplos se toman del Corpus de Referencia del Español Actual (CREA)(www.rae.es/recursos/banco-de-datos/crea). (Al final de la página, seleccionar 'Acceso al Corpus de Referencia del Español Actual,' luego marcar Medio 'oral' y Geográfico 'México.' Pulsar 'Buscar', luego 'Recuperar (concordancia/ Normal')

Cuadro 10.1 Concordancia: Ejemplo de 15 resultados de la palabra *bueno* (corpus CREA)

Concordancia de 452 resultados. Se muestran 15 casos tomados al azar.
1 . Gracias. Y, **bueno**, pues de esta forma vamos ya entrando a la recta final
2 el espacio estará como siempre para ustedes. ¡Qué **bueno**!, pues una felicitación a todo el equipo que
3 Vamos a seguir con la Información General y, **bueno**, pues vamos a comentarles que…
4 a acompañar a Radio Club Satélite, y sobre todo, **bueno**, los que vayan de día podrán…
5 , para cosas de virus de Internet. Y **bueno**, también he recibido…
6 Javier Solana por enviarnos esto vía Internet. Y **bueno**, pues ya pasando ya a la recta final…
7 que se da en nuestro país por medio de la misma. Y **bueno**, pues (…) de esta forma paso a…
8 Si andas buscando un ge-pe-ese, algún invento **bueno** debes tener en mente.
9 hoja electrónica que se encuentra en Internet. Y **bueno**, pues al lado de esto, recuerden que…
10 Pues ya lo tienen ustedes en la mano. Así es que, **bueno**, pues pónganse ya a darle duro,
11 Información General del Boletín del día de hoy, y **bueno**, pues gracias a todos los amigos…
12 Sierra, arroba, supernet, punto com, ele-equis. Y **bueno**, vamos a comentar hoy acerca de…
13 habitamos esta República Mexicana. Así es, qué **bueno** que se han recibido tantas llamadas,
14 sin dolor, y hacía unas dentaduras magníficas, y **bueno**, gran porvenir tenía él…
15 tenndría veintiún años, más o menos, sí no, veintidós, **bueno** más o menos, no sé exactamente.

Al hacer la búsqueda de esta palabra se observa que se usa 452 veces en el discurso oral del corpus mexicano. Al seleccionar 'Recuperar' con la función 'Concordancia', se muestran los patrones recurrentes y las funciones de *'bueno'* como adjetivo y sus funciones pragmáticas. Además de la función de adjetivo (p. ej., líneas 2 y 13 *'qué bueno'* y línea 8 *'algún invento bueno'* '), se observan varias funciones de marcador discursivo,' como en las demás líneas. En su función discursiva, *'bueno'* hace referencia a información que precede o sigue al marcador. Por ejemplo, se emplea para indicar el cierre de la conversación (líneas 1, 6), para continuar el flujo de la conversación o añadir información (líneas 5, 9 y 12) o para rectificar o suavizar la información previa (línea 15). Otros marcadores que se pueden analizar incluyen *'venga'* y *'hombre'* (español de España) o *'pues'*, *'o sea'* ' y *'entonces'* en distintas variedades del español. Analiza las funciones discursivas de uno de estos marcadores usando el corpus CREA. Presta atención a la información que precede o sigue al marcador.

Se pueden consultar los siguientes enlaces con corpus de variedades del español de España y Latinoamérica (cuadro 10.2):

10.1.4 Datos en contextos virtuales

Los datos naturales también se pueden analizar en contextos virtuales. Por ejemplo, se pueden recoger datos para analizar actos de habla en Facebook o Instagram para analizar la estructura y las funciones del cumplido y las respuestas. El acto de habla del acuerdo y desacuerdo se puede observar en interacciones de chat y en intercambios de correo electrónico. El acto de habla de la sugerencia y las respuestas se pueden observar en foros en varios países como *Reddit* (www.reddit.com/) o en *Yahoo Respuestas* (https://es.answers.yahoo.com/). Las secuencias de correo electrónico se pueden analizar con respecto a su estructura discursiva, la manera de abrir y cerrar el mensaje y estructura discursiva de actos de habla en secuencia como petición-respuesta, sugerencia-respuesta, quejas o disculpas. Otros contextos virtuales comunes para analizar temas pragmáticos son Twitter y los foros en YouTube.

Cuadro 10.2 Enlaces de corpus en español

Corpus	Enlace
Corpus de Referencia del Español Actual (CREA) La búsqueda se puede hacer por tipo de discurso y género (libro, periódico, revista o el discurso oral) y por región en España y Latinoamérica.	www.rae.es/recursos/banco-de-datos/crea
Corpus oral del español de México (COEM) Datos con información actual, geográfica y sociolingüística en regiones de México.	http://lef.colmex.mx/index.php/investigaciones/corpus-oral-del-espanol-de-mexico
Valencia Español Coloquial (Val.Es.Co) Contiene conversaciones coloquiales del español de Valencia, España. Se pueden analizar las conversaciones con respecto a su estructura discursiva. Incluye conversaciones completas por tema.	https://www.uv.es/corpusvalesco/
Corpus del español (creado por Mark Davis) Se pueden analizar aspectos diacrónicos (desarrollo histórico) o sincrónicos (en un momento actual). Incluye variación regional de los 21 países hispanohablantes con información de la Internet.	www.corpusdelespanol.org/
Corpus Diacrónico del Español (CORDE) Análisis diacrónico de palabras o expresiones para observar cómo ha evolucionado su significado a través del tiempo.	http://corpus.rae.es/cordenet.html
Proyecto para el Estudio Sociolingüístico del Español de España y América (PRESEEA).[3] Incluye grabaciones y transcripciones. Conversaciones de regiones en España y Latinoamérica para analizar aspectos sociolingüísticos y de pragmática regional.	http://preseea.linguas.net/Corpus.aspx

En los siguientes artículos puedes analizar temas pragmáticos en Reddit, correo electrónico, Yahoo y Facebook:

Félix-Brasdefer, J. C. (2012). E-mail requests to faculty: E-politeness and internal modification. In M. Economidou-Kogetsidis & H. Woodfield (Eds.), *Interlanguage request modification* (pp. 87–118). Amsterdam: John Benjamins Publishing Company.

Glide, M. (2015). *¿Cuáles son sus recomendaciones?:* A Comparative Analysis of Discourse Practices Implemented in the Giving and Seeking of Advice on a Mexican Subreddit in Both Spanish and English. *IU Working Papers*, Indiana University, www.indiana.edu/~iulcwp/wp/issue/view/25

Maíz-Arévalo, C. (2013). 'Just click 'Like'": Computer-mediated responses to Spanish compliments. *Journal of Pragmatics*, *51*, 47–67.

Placencia, M. (2012). Online peer-to-peer advice in Spanish *Yahoo! Respuestas*. In H. Limberg & M. Locher (Eds.), *Advice in discourse* (pp. 281–306). Amsterdam and Philadelphia, PA: John Benjamins Publishing Company

Zahler, S. L. (2015). Pragmalinguistic variation in electronic personal ads from Mexico City and London. *IU Working Papers*, Indiana University, www.indiana.edu/~iulcwp/wp/issue/view/25

Uno de los retos para analizar datos en contextos auténticos es obtener acceso al sitio de investigación. Desde una perspectiva ética, el investigador debe obtener permiso del sitio donde piensa grabar las interacciones, es decir, recibir consentimiento de los participantes de que la interacción será grabada. Se presume que después de un tiempo de grabación, los participantes dejan de prestar atención a la grabación y la interacción se lleva a cabo naturalmente, lo cual aumenta la validez de los datos. O sea, el 'efecto del observador' es temporal y la presencia del equipo de grabación se olvida minutos después de iniciar la interacción (Duranti, 1997). Como los datos naturales a veces no incluyen temas y objetivos específicos que el investigador busca tanto en interacciones entre hablantes nativos y no nativos en diversas situaciones, se recurre a la conversación extraída o la entrevista sociolingüística con la intervención del investigador. En la sección 10.6 se presentan otras consideraciones éticas para la recolección de datos naturales y experimentales.

10.2 Conversación extraída (*elicited conversation*)

Con el objetivo de analizar el uso del lenguaje en su contexto natural, la meta es recoger datos auténticos en interacción social, como estudiamos en la sección 10.1. Labov notó que la meta de la investigación lingüística es averiguar la manera en que las personas de una comunidad usan el lenguaje sin ser observados sistemáticamente, lo que se conoce como la 'Paradoja del observador' (Labov, 1972, pág. 209). Por lo tanto, para analizar un fenómeno lingüístico es necesario observarlo detenidamente y grabar datos, lo que lleva al investigador a utilizar métodos alternativos como la conversación extraída.

Como menciona Kasper (2000), el término 'conversación extraída (o 'elicitada,' *elicited conversation*') alude a cualquier tipo de conversación con cierto grado de intervención del investigador. Se distinguen dos tipos: la tarea conversacional (*conversational task*) y la entrevista sociolingüística (*sociolinguistic inteview*). En la **tarea conversacional,** el investigador no está presente: se les pide a los participantes que hablen sobre un tema asignado por el investigador. Por ejemplo, Félix-Brasdefer y Lavin (2009) les pidieron a aprendices de español que hablaran con un hablante nativo sobre el tema de la eutanasia con referencia a los valores socioculturales de los Estados Unidos y un país hispano. Se les informó que la conversación sería grabada. Después de asignar el tema, el investigador salió del cuarto, los participantes empezaron a conversar libremente con un hablante nativo sobre el tema y la conversación se grabó. Las conversaciones se transcribieron según las anotaciones de conversación (ver capítulo 5, cuadro 5.1) y los datos se analizaron con respecto a la toma de turnos, la interrupción, la estructura secuencial del acto de habla de expresar acuerdo y desacuerdo y aspectos prosódicos (p. ej., entonación ascendente o descendente, volumen de la voz, duración). En cambio, la **entrevista sociolingüística** se organiza mediante una estructura rígida. Es una entrevista estructurada en que el investigador guía la dirección de la conversación con preguntas planeadas. Las respuestas son abiertas con el fin de que el interlocutor describa narrativas sobre su experiencia personal o que cuente historias personales en un formato abierto (p. ej., Entrevistador: *¿Puede recordar un accidente que ocurrió durante su infancia?*).

La diferencia entre los dos tipos de conversación es la presencia o ausencia del investigador. Ambos tipos de conversación extraída se han empleado en pragmática para observar aspectos dinámicos de la conversación como la toma de turnos, la interrupción, la enmienda, los actos de habla en secuencia y los marcadores discursivos (capítulo 5). Como tienen un formato conversacional abierto, el grado de credibilidad de los datos es alto para analizar prácticas conversacionales en interacción social.

PARA PENSAR MÁS

Piensa en algunas maneras efectivas para superar los efectos de la paradoja del observador. ¿Cuáles métodos alternativos se podrían utilizar para observar el uso del lenguaje en contexto? (p. ej., una invitación-respuesta o una queja en un centro de servicio).

10.3 Dramatizaciones orales (*role plays*)

Si la meta es observar aspectos discursivos del habla en situaciones comparables, el investigador recurre a las dramatizaciones para extraer (*elicit*) datos experimentales. Las dramatizaciones, también llamado 'juegos de roles', son encuentros comunicativos que extraen datos orales simulados entre dos participantes que asumen roles bajo condiciones experimentales predefinidas. Durante la interacción, se les pide a los participantes que lean la descripción de una situación y que la interactúen con otro interlocutor. Las dramatizaciones tienen la ventaja de controlar diferentes parámetros contextuales: la situación, la distancia y el poder social entre los participantes, el grado de imposición (p. ej., Pedirle a un amigo que te preste 10 dólares/Euros o 1,000 dólares/Euros), la edad y el sexo de los participantes. También se puede controlar la selección del idioma o la variedad en situaciones comparables (p. ej., hablantes de Medellín, Colombia o Buenos Aires, Argentina).

Las dramatizaciones pueden ser de dos tipos: cerradas y abiertas.[4] En las **dramatizaciones cerradas** el participante responde oralmente a la situación sin respuesta por parte del interlocutor. Es una respuesta en un turno sin interacción verbal. Además de la descripción de la situación, algunos investigadores añaden información contextual. El instrumento puede suministrarse en papel o mediante formatos electrónicos como el powerpoint (con imágenes y audio) o un cuestionario en línea. Inmediatamente después de leer o escuchar la situación, el participante graba su respuesta. En el ejemplo (6) se le pide al participante que lea la situación y que grabe su respuesta oralmente:

(6) Dramatización cerrada:

> Tienes una reunión con tu profesor de lingüística en su oficina a las 4:00 p.m. para repasar el examen final. Tu profesor sale de la oficina a las 5:00 p.m. Desafortunadamente, no tienes teléfono móvil para llamarlo y decirle que llegarás después de las 4:30 p.m. Llegas a las 4:45. Discúlpate con tu profesor.

Las **dramatizaciones abiertas** ofrecen datos que se pueden analizar en el nivel del discurso como las secuencias de actos de habla (invitación-aceptación, sugerencia-respuesta), la toma de turnos, la interrupción, la risa, expresiones para mitigar actos directivos, prácticas (des)corteses o aspectos prosódicos (p. ej., la entonación ascendente [↑] o descendente [↓] o volumen de la voz). Según Kasper (2000), las dramatizaciones orales dependen del grado de involucración y los roles que asumen los hablantes. Por ejemplo, en las **dramatizaciones simultáneas,** los participantes retienen su propia identidad (p. ej., estudiantes, amigos, compañeros de clase). En cambio, en las **dramatizaciones miméticas** los participantes asumen una identidad con roles distintos (p. ej., *Imagínate que eres el director de tu universidad y les pides información a los estudiantes*). Aunque la primera opción extrae datos más creíbles, la segunda permite recoger datos en una variedad de situaciones formales e informales.

Para llevar a cabo la interacción, el investigador les pide a los participantes que lean la situación, que determinen los roles que van a asumir durante la interacción y que la actúen como si fuera una situación real. El ejemplo (7) muestra la descripción de una situación entre dos amigos: (7a) extiende la invitación y (7b) responde a la situación y la rechaza (figura 10.3).

Figura 10.3 Ejemplo de una dramatización grabada (*open role play*)

(7) Dramatización abierta

   a. Invitas a tu amigo a tu fiesta de cumpleaños

     Vas caminando por el campus de tu universidad cuando te encuentras con un(a) amigo(a) a quien no has visto por un mes. Los dos han estado estudiando en el mismo departamento por tres años y han escrito trabajos de clase juntos en el pasado, pero ya no toman clases este semestre. Invita a tu amigo/a a tu fiesta de cumpleaños que será el próximo sábado a las 8:00 p.m. en tu casa. Tienes muchas ganas de verlo/a. Sabes que será una buena oportunidad de ver a otros amigos que también asistirán a la fiesta. Inicia la conversación.

   b. Responde a la conversación de tu amigo

     Vas caminando por el campus de tu universidad cuando te encuentras con un amigo(a) a quien no has visto por un mes. Los dos han estado estudiando en el mismo departamento por tres años y han escrito trabajos de clase juntos en el pasado, pero ya no toman clases este semestre. Tu amigo/a te invita a su fiesta de cumpleaños en casa el próximo viernes. Te dice que un grupo de amigos con quienes salían antes también van a estar ahí. Sabes que será una buena ocasión para ver a todos de nuevo y celebrar esta ocasión especial con tu amigo/a. Desafortunadamente, no puedes ir.

Las dramatizaciones abiertas extraen interacciones completas. Si el objetivo es analizar la estructura pragmalingüística del acto de habla de la invitación y el rechazo, se pueden recoger datos de un grupo de hablantes monolingües o aprendices de segundas lenguas. Debido al grado de comparabilidad, se pueden recoger datos de dos o más grupos de hablantes de diferentes lenguas (p. ej., inglés, español y portugués), de hombres y mujeres y de aprendices en distintos niveles de proficiencia (básico, intermedio, avanzado). La meta es tener un grupo balanceado de hombres y mujeres de edad comparable (o diferentes edades en cada grupo). Las dramatizaciones se graban digitalmente (también pueden ser videograbadas) y luego se transcriben siguiendo anotaciones de transcripción para observar aspectos coloquiales de la interacción (ver capítulo 5, cuadro 5.1). Aquí puedes escuchar ejemplos de dramatizaciones de rechazos a invitaciones y otros actos de habla en español e inglés: https://pragmatics.indiana.edu/textbook/cap10.html (sección 10.3)

Ejercicio 1   Práctica y transcripción de dramatizaciones.
Con un compañero de clase, interactúen las siguientes situaciones. Determinen los roles para cada uno. Luego, graben una interacción y transcríbanla siguiendo las convenciones de transcripción del capítulo 5 (cuadro 5.1).

1. Petición de los apuntes de clase y respuesta.

   La semana pasada no asististe a la clase de sociolingüística y necesitas los apuntes para estudiar para el examen la próxima semana. Pídele los apuntes prestados a tu compañero/a de clase.

   Estudiante 1: Inicia la interacción, lo saludas. Luego, le pides los apuntes de la clase.
   Estudiante 2: Responde, desafortunadamente no puedes prestárselos.

2. Cumplido de tu carro y respuesta.

   Tú y tu mejor amigo/a han tomado clases por dos años y no se han visto por más de dos semanas. Al salir de clase, ves que tu amigo/a llega en un carro del año, un Lamborghini. Al verlo, te diriges hacia él/ella y le haces un cumplido.

   Estudiante 1: Inicia la interacción, lo saludas. Luego, le haces un cumplido de su carro y continúas la conversación.
   Estudiante 2: Responde al cumplido. Después de aceptarlo, puedes minimizar el cumplido con el fin de solicitar más cumplidos (*fishing for compliments*).

Para practicar otros actos de habla en situaciones simuladas, visita esta página: https://pragmatics.indiana.edu/textbook/cap10.html (sección 10.3)

10.4 Cuestionarios escritos

A diferencia de las dramatizaciones abiertas, los cuestionarios escritos extraen información de lo que saben los participantes en situaciones formales e informales (conocimiento pragmalingüístico y sociopragmático). Este método es efectivo para extraer las estrategias que se emplean para realizar una variedad de actos de habla. Se distinguen cuatro tipos: (1) cuestionarios de producción escrita (10.4.1), (2) cuestionarios de opción múltiple (10.4.2), (3) las escalas de valoración (10.4.3) y (4) los eventos de descortesía (10.4.4).[5]

10.4.1 *Cuestionarios de producción escrita* (DCT)

A diferencia de las dramatizaciones que ofrecen datos orales interactivos, los cuestionarios de producción escrita (*Discourse Completion Tests*, DCT) se emplean para recoger datos sobre la producción de actos de habla (invitaciones, peticiones, disculpas, ofertas) bajo condiciones controladas con el fin de medir algún aspecto del conocimiento pragmalingüístico o sociopragmático del hablante. Este instrumento es popular porque puede recoger datos comparables de hablantes de diferentes lenguas (pragmática contrastiva) o entre aprendices de segundas lenguas (pragmática intralingüe), o sea, extrae información de lo que *saben los* participantes y no la manera en que *usan* su habilidad para interactuar. Este instrumento recibió popularidad a partir de la publicación del estudio de Blum-Kulka, House, and Kasper (1989), en el cual se analizó la realización pragmalingüística y sociopragmática (variación situacional) de dos actos de habla (las peticiones y las disculpas) en cinco lenguas (*Cross-Cultural Speech Act Realization Project*, CCSARP).

Existen varios formatos, pero los más comunes incluyen una descripción en forma de diálogo (8)[6] o una descripción de una situación seguida de un turno imaginario. Este último puede concluir con una respuesta por parte del interlocutor (*rejoinder*) (9a)[7] o no (9b):

(8)   Conductor y policía

   Policía: *¿Es ese su carro que está allá?*
   Conductor: *Sí, lo dejé ahí por unos minutos.*
   Policía: _____?
   Conductor: *Oh, disculpe. Lo muevo ahora mismo.*

(9) a.   En la universidad
        Ana faltó a una clase ayer y le gustaría pedirle los apuntes a Judith.

     Ana: _____.
     Judith: *Seguro, pero me los regresas antes de la clase la próxima semana.*

   b.   En el despacho de tu profesor
        Vas al despacho de tu profesor para pedirle una extensión del trabajo final.
        La fecha de entrega se estipuló en el programa de clase desde el principio del semestre, pero necesitas más tiempo para completar tu trabajo. ¿Qué le dices?

        _____

        _____

Para recoger los datos, se le pide al participante que lea cada situación y que se imagine lo que diría en una situación real. Luego, responde por escrito (en papel o formato electrónico) lo que diría en una situación similar. Al igual que las dramatizaciones, este instrumento es popular en pragmática transcultural (*Cross-cultural Pragmatics*) y en pragmática de segundas lenguas para recoger actos de habla iniciativos (invitaciones o cumplidos) y reactivos (p. ej., rechazo a una invitación o respuesta a un cumplido). Además, como se puede controlar el número de situaciones en contextos formales (profesor-estudiante, jefe-empleado, vendedor-comprador) e informales (amigos, compañeros de clase), los datos sirven para evaluar la habilidad sociopragmática. En general, aunque los datos son simulados, este instrumento tiene el potencial de analizar diferentes aspectos de la competencia pragmática (ver capítulo 9, sección 9.1) bajo condiciones controladas (p. ej., distancia y poder social entre los participantes, el sexo de los participantes, el tipo de acto de habla, la región y el registro formal o informal como una entrevista de trabajo o a una fiesta de cumpleaños).

Para practicar otros actos de habla en situaciones simuladas, visita esta página: https://pragmatics.indiana.edu/textbook/cap10.html (sección 10.4.1)

10.4.2 Cuestionarios de opción múltiple

Los cuestionarios de opción múltiple (*Multiple Choice Questionnaires*) sirven para medir distintos aspectos del conocimiento pragmático en el nivel de producción (pragmalingüístico) y comprensión (sociopragmático). En este tipo de cuestionario se describe una situación y diferentes opciones para que el informante seleccione la más apropiada. En (10) se da un ejemplo para elegir la petición más apropiada al dirigirse al profesor y en (11) se muestra un ejemplo de una implicatura (ver capítulo 4) (* indica la respuesta correcta):

(10) Vas a la oficina de tu profesor para pedirle una carta de referencia para la Escuela Graduada.

    a. *Profesor, necesito una carta de referencia para la Escuela Graduada esta semana.*

    b. *Profesor, voy a solicitar a la Escuela Graduada y quiero que me escribas una carta de referencia.*

    *c. *Profesor, tomé dos clases con usted sobre fonología y quería preguntarle si tendría tiempo de escribirme una carta de referencia para la Escuela Graduada.*

    d. *Profesor, ¿me puede escribir una carta de referencia para la Escuela Graduada? La necesito mañana.*

(11) Evaluación de conocimiento pragmático en segunda lengua[8]

Juan habla con su compañera de cuarto, Sara, sobre otro compañero, Paco.

Juan: *¿Sabes dónde está Paco, Sara?*
Sara: *Bueno, escuché música en su habitación hace un momento.*

    ¿Qué quiere decir Sara?

    a. *A Paco se le olvidó apagar la luz.*

    b. *El ruido de la música de Paco le molesta a Sara.*

    *c. *Paco probablemente está en su habitación.*

    d. *Sara no tiene idea dónde puede estar Paco.*

El instrumento representa una manera indirecta de evaluar el conocimiento pragmalingüístico y sociopragmático. Para diseñar este instrumento, es importante que las alternativas en cada situación sean consistentes, con base en estudios previos o contextos naturales para garantizar el grado de confiabilidad y la validez de las respuestas.

10.4.3 Escalas de valoración

Además de medir aspectos de producción pragmalingüística de un acto de habla, también nos interesa saber cómo percibimos los actos de habla (des)corteses según el grado de imposición, la severidad de la ofensa y la relación de poder y distancia social que existe entre los participantes. En las escalas de valoración, se le pide al hablante que asigne un valor (generalmente numérico) sobre el objeto evaluado, el atributo. Se pueden observar grados de percepción de una variable mediante una escala numérica de 1–9, 1–7 o 1–5 (p. ej., 1 = muy formal, 7 = muy informal). También se pueden evaluar las percepciones en términos de un comportamiento apropiado o inapropiado (1 = apropiado, 5 = inapropiado).

Las escalas de valoración generalmente se emplean con otro método de producción para obtener evaluaciones metapragmáticas (percepciones) del informante en reacción a algún factor contextual de la situación. Por ejemplo, el investigador diseña una situación en que un estudiante le pide el carro prestado a su amigo (12). Este instrumento tiene el potencial de analizar la habilidad pragmalingüística de la forma apropiada de hacer una petición (13) y la sociopragmática para medir el grado de percepción de la imposición (14):[9]

(12) Decides pedirle prestado su carro nuevo a tu compañero.

> Tu mejor amigo viene a visitarte este fin de semana y tienes planeado darle un recorrido por la ciudad. Desafortunadamente, tu carro se descompuso y no tienes dinero ni tiempo para llevarlo al taller. Por suerte, te acuerdas de que uno de tus compañeros de clase que vive cerca de tu casa se acaba de comprar un carro nuevo. Decides preguntarle a tu compañero si te puede prestar su carro por el fin de semana. ¿Qué le dices?

(13) Habilidad pragmalingüística. Según la situación en (12), el participante selecciona un valor numérico de lo que considera apropiado:

   a. *¿Me puedes prestar tu carro este fin de semana? El mío se descompuso. Te lo devuelvo con el tanque lleno.*

   Apropiado ←————→ No apropiado
            1 2 3 4 5

   b. *Quería preguntarte si podrías prestarme tu carro este fin de semana. El mío se descompuso. Te lo devuelvo con el tanque lleno.*

   Apropiado ←————→ No apropiado
            1 2 3 4 5

   c. *Préstame tu carro este fin de semana. El mío se descompuso. Te lo devuelvo con el tanque lleno.*

   Apropiado ←————→ No apropiado
            1 2 3 4 5

(14) Habilidad sociopragmática. Según la situación en (12), el participante selecciona la opción que considera apropiada.

   a. ¿Crees que es tu derecho hacer la petición a tu compañero en esta situación?

   Definitivamente ←————→ No en lo absoluto
                 1 2 3 4 5

   b. ¿Crees que tu compañero está obligado a prestarte su carro en esta situación?

   Definitivamente ←————→ No en lo absoluto
                 1 2 3 4 5

   c. ¿Cuál es la posibilidad de que tu amigo te preste su carro este fin de semana?

   Muy probable ←————→ Muy improbable
              1 2 3 4 5

Para diseñar este tipo de instrumento, el investigador tiene que considerar el grado de percepción de los factores contextuales de la situación. Aunque las respuestas que genera este método dependen de las evaluaciones que producen los informantes de cada situación (medida indirecta del conocimiento pragmático), los datos se consideran válidos en cierto grado siempre y cuando el instrumento se pilotee antes de recoger los datos para asegurar consistencia en las respuestas.

10.4.4 Eventos de descortesía

Los eventos de descortesía se emplean para obtener evaluaciones metapragmáticas sobre el grado de ofensa que percibe el hablante en una interacción descortés. Este método se emplea en pragmática para analizar las percepciones que los hablantes tienen en situaciones comunicativas. Por ejemplo, para investigar las evaluaciones de descortesía (Culpeper, 2011), se les pide a los participantes que describan situaciones descorteses que percibieron como groseras, insultantes o agresivas. Para ayudarle al participante a recordar el evento, las instrucciones describen lo siguiente: qué se dijo o implicó durante la interacción, qué fue lo que se dijo o implicó, quién lo dijo, dónde ocurrió el evento, qué palabras ofensivas se emplearon.

En (15) se presenta un evento descortés cuando una estudiante americana vivía en un país hispanohablante:

(15) Evento descortés percibido por una estudiante americana en un país hispano

> Cuando vivía en (país hispano), después de unos meses subí de peso por todo el pan tostado que comí. Estaba en la sala conversando con mi familia anfitriona. Les dije que tenía que comprar unos pantalones y la señora dijo: "¡Mary, estás muy gorda!" ((risas)), Yo: "Ay, gracias tía, ya sé, no me lo tienes que decir." Luego, la señora dijo: "Estás comiendo mucho pan. Mañana vamos a la tienda para que compres los pantalones." Aunque había humor en la conversación, me sentí avergonzada por haber subido de peso. Además, como toda la familia estaba en la sala, se reían mucho, y yo me sentía más avergonzada en frente de todos.

Después de que el participante describe el evento que percibió como descortés, se le pide que conteste preguntas con una escala de valoración:

En una escala de 1 (no muy mal) a 5 (muy mal), ¿cómo te hizo sentir el comportamiento en la conversación que describiste?

No muy mal ⬌ Muy mal
1 2 3 4 5

En una escala de 1 (no intencional) a 5 (intencional), indica si piensas que la persona que te ofendió lo hizo intencionalmente:

No intencional ⬌ Intencional
1 2 3 4 5

Una desventaja de este método es que el informante no pueda recordar información específica del momento cuando ocurrió el evento. En general, los eventos descorteses recogen datos para analizar las evaluaciones metapragmáticas sobre las percepciones del hablante con respecto a la severidad de la ofensa, la percepción del comportamiento insultante o descortés y la intencionalidad del hablante.

10.5 Reportes verbales

A diferencia de las dramatizaciones y los cuestionarios que recogen datos de producción, los reportes verbales representan un tipo de introspección verbal que sirven como medida indirecta para analizar los procesos cognitivos durante la planeación y realización de actos de habla. Según investigaciones previas (Cohen, 2012; Mackey & Gass, 2005), la introspección consiste en la recolección de reportes verbales cuando se le pregunta al informante lo que pasa por su mente durante la resolución o ejecución de una tarea como las dramatizaciones o los cuestionarios de producción. Este tipo de verbalizaciones tiene su origen en la psicología con el fin de que la información que se almacena en la memoria a corto plazo se pueda acceder (o *accesar*, del inglés 'to access') inmediatamente para verbalizarla.[10]

En la literatura, se distinguen dos tipos de reportes verbales, las verbalizaciones al pensar en voz alta (*think-aloud protocols*) y los reportes retrospectivos ('retrospective verbal reports') (Cohen, 2012; Kasper, 2000). En el primer tipo se le pide al informante que piense en voz alta para verbalizar sus pensamientos durante la ejecución de una tarea. Por ejemplo, mientras el participante responde por escrito cómo disculparse con un desconocido (Cuestionario de Producción Escrita), verbaliza lo que piensa al momento de completar la situación. Las verbalizaciones se graban y luego se comparan con las respuestas escritas.

En cambio, los reportes retrospectivos consisten en verbalizaciones que el participante reporta inmediatamente después de completar una tarea (p. ej., dramatizaciones). Por ejemplo, en su estudio sobre los rechazos a las invitaciones, Félix-Brasdefer (2008) utilizó un grupo de 20 estudiantes universitarios mexicanos que participaron en dramatizaciones abiertas con un jefe y con un amigo (invitación a una fiesta de cumpleaños y rechazo de la invitación). Inmediatamente después de que los participantes completaron la dramatización oral, el autor les preguntó sobre la percepción de la insistencia después de rechazar la invitación de un amigo (16) y de un jefe (17):

(16) Reporte retrospectivo: Percepción de la insistencia después de rechazar la invitación de un amigo

No me molestó que me insistiera, es algo cotidiano. Sí esperaba la insistencia viniendo de mi amigo, la siento un tanto cortés, la sentí como un halago. A lo mejor él sabe que le voy a decir que 'no', pero pues insiste. La insistencia significa sinceridad, que le gustaría mucho que lo acompañara. Se insiste para que a lo mejor la relación siga manteniéndose porque la insistencia en esta situación es lo apropiado.

(17) Reporte retrospectivo: Percepción de la insistencia después de rechazar la invitación del jefe

No me molestó la insistencia, sí esperaba la insistencia. Cuando me insistió, me sentí halagado porque sentía que para mi jefe sí era importante que fuera yo, y a la vez me sentía mal que no podía yo ir. Con una segunda insistencia, le hubiera dicho: 'no, pues trataré.'

Tanto las verbalizaciones en voz alta como las retrospectivas sirven para complementar los datos de otro instrumento como las dramatizaciones o los cuestionarios escritos. Estas verbalizaciones representan evaluaciones metapragmáticas que incrementan la validez de los datos del método de producción y, por lo tanto, maximizan la credibilidad de los datos. Sobre todo, los reportes retrospectivos proveen información sobre las percepciones socioculturales de los hablantes monolingües y los aprendices de segundas (terceras, cuartas) lenguas durante la planeación y realización de actos de habla.

Ejercicio 2 Según la información presentada en las secciones 10.1–10.5, contesta la siguiente información.

Método	Características	¿Qué temas se pueden analizar en pragmática?	¿Qué tipo de datos se pueden analizar? ¿En qué variedad de español?	¿Qué nivel de análisis podrías analizar? (ver capítulo 7, cuadro 7.1)
Datos auténticos (conversación grabada [auditiva o videograbada])				
Anotaciones escritas				
Datos de la Internet (Facebook, correo-e, chat, Reddit, Twitter)				
La entrevista sociolingüística				
Dramatizaciones abiertas				
Cuestionarios de producción escrita				
Cuestionarios de opción múltiple				
Escalas de valoración (p. ej., *Likert scale*)				
Reportes verbales				
Datos de corpus				

10.6 Consideraciones éticas

El investigador tiene que tomar en cuenta consideraciones éticas para proteger los derechos de los sujetos humanos (*Human Subjects*) que participan en una investigación. En las universidades de los Estados Unidos (y probablemente en otros países también), el investigador tiene que obtener permiso de su institución para iniciar el proceso de la recolección de datos. Una vez aprobado, el investigador debe pedir consentimiento de los participantes (y/o del sitio donde se recogen los datos) para usar la información recogida con fines académicos. Por ejemplo, si los datos son de tipo experimental (dramatizaciones orales, cuestionarios, entrevistas) o mediante entrevistas, el participante debe dar su consentimiento de que acepta participar en el estudio. En cambio, si los datos se recogen en sitios públicos (p. ej., tiendas, supermercados, centros de información), se debería obtener permiso del dueño del lugar. En algunos casos, es aconsejable poner un anuncio informando a los participantes en un sitio público de que su conversación está siendo grabada y que tienen el derecho de que su conversación no se incluya en la investigación.[11] El dueño del sitio es quien toma la decisión final y el investigador debería respetar la decisión a fin de proteger los derechos de los participantes con información anónima. Si los sujetos son menores o adultos en la cárcel, el investigador debería cumplir con los requisitos estipulados en su institución para recoger datos de estos grupos de participantes. En el siguiente enlace puedes ver la información que piede *Indiana University* para iniciar el trámite de usar participantes para un proyecto de investigación: https://pragmatics.indiana.edu/textbook/cap10.html (sección 10.6)

Con el fin de elevar el grado de credibilidad de los datos, el investigador debería triangular, es decir, emplear un método adicional para recoger datos que complementen el instrumento principal. Por ejemplo, se pueden recoger datos de producción (conversaciones auténticas, entrevistas, dramatizaciones orales o cuestionarios) con métodos que extraen datos de percepción como las escalas de valoración (ver secciones 10.4.3 y 10.4.4). Los eventos de descortesía que extraen datos de narrativas descorteses, seguido de una escala de valoración para analizar las evaluaciones metapragmáticas sobre las percepciones del grado de gravedad de la ofensa y la intencionalidad del interlocutor que causó la ofensa. Por último, antes de recoger los datos, es importante pilotear el instrumento para garantizar la confiabilidad, es decir, un instrumento que recoge datos consistentemente.

10.7 El proyecto de investigación

10.7.1 El artículo académico

En esta sección se explica la estructura y los pasos a seguir para escribir un proyecto de investigación con base en los temas que estudiamos en los capítulos 2–9. Al final de cada capítulo se presentan ideas de proyectos relacionados con los actos de habla, la deíxis, la implicatura conversacional, el discurso, la cortesía o descortesía, la variación de los actos de habla, la variación de las formas de tratamiento o sobre el aprendizaje y la enseñanza de la pragmática. Un **proyecto de investigación** consiste en recoger información de diversas fuentes sobre un tema que te interese investigar. El tema tiene que ser relevante y actual. A diferencia de un artículo no académico que se escribe para una audiencia general con un registro informal (una noticia, un comentario periodístico), el **artículo académico** tiene las siguientes características (18):

(18) Características de un artículo académico.

- Se escribe para una audiencia especializada.
- Se redacta con un **registro formal** siguiendo la terminología de la disciplina seleccionada (p. ej., lingüística [fonología, morfología, sintaxis, semántica, pragmática, análisis del discurso], sociología, física, ciencias políticas, literatura, etc.).
- Se puede incluir una **hipótesis** mediante una afirmación que comunica lo que quieres probar o refutar en tu estudio.
- Se empieza con una **pregunta de investigación** que te gustaría analizar del tema.
- Incluye citas de referencias dentro del texto (*in-text citations*);
- Se pueden incluir citas directas o indirectas que representan las ideas del autor.
- Se usan datos experimentales para demostrar un fenómeno lingüístico.

- Los datos se pueden recoger mediante el método etnográfico (datos naturales) o con métodos experimentales que extraen datos para propósitos de investigación (ver secciones 10.1–10.5).
- Se debe seguir un formato consistente para la estructura del trabajo y las referencias (ver sección 10.7.2).

Es importante recordar que el proyecto de investigación es un **proceso** que lleva tiempo para conceptualizar y desarrollar el tema que nos interesa investigar. Las preguntas de investigación se escriben y se revisan durante el proceso de redacción del proyecto. Debe ser un tema de interés personal, pero también relevante y que aporte algo nuevo. Cuando estés desarrollando tu proyecto, hazte las siguientes preguntas: ¿cuál es la contribución de mi estudio? ¿Qué información nueva aporta a lo que ya sabemos en estudios previos?

10.7.2 Formato y estructura del proyecto de investigación

El estudiante, en consulta con su instructor, debería decidir el formato que se va a utilizar para la estructura y las referencias. Por ejemplo, se puede utilizar el *American Psychological Association* (APA), el *Chicago Manual of Style* u otro formato sugerido por tu instructor. Si el estudiante decide seguir el formato del APA, puede consultar la información en el siguiente https://owl.purdue.edu/owl/research_and_citation/apa_style/apa_style_introduction.html

Si decides usar el formato APA, considera la siguiente información:

- Título y nombre del autor.
- Numeración de páginas.
- Encabezados (*headings*) en cada nivel (o se puede ajustar con secciones numeradas).
- Ser consistente en las citas dentro del texto (*in-text citations*).
- Formatear la sección de referencias según la fuente: libro, artículo en una revista académica (*journal article*), artículo como parte de un libro editado o un artículo de la Internet. Dependiendo del formato que decidas usar, puedes incluir notas al pie de página (*footnotes*) o al final del trabajo (*endnotes*). Por ejemplo, si decides usar el formato APA, se usan notas al pie de página.

En lingüística, un artículo de investigación generalmente incluye las siguientes secciones, aunque cada instructor puede modificar la estructura según su preferencia. El cuadro 10.3 presenta los componentes de un trabajo de investigación y el cuadro 10.4 muestra la estructura para empezar a diseñar un tema de investigación. Consulta con tu profesor para decidir cuánta información debes incluir en cada sección.

10.7.3 La propuesta de investigación

Puedes empezar a planear tu proyecto de investigación con la información del cuadro 10.4. Piensa en los temas que se discutieron en los capítulos 2–9. Recuerda que al final de estos capítulos se dan sugerencias para temas de investigación. Según la información presentada en este capítulo, contesta la información del cuadro 10.4 para planear tu proyecto de investigación.

Cuadro 10.3 Estructura y características de un trabajo de investigación

Estructura del trabajo de investigación	Descripción
Título	Debe reflejar los contenidos del tema de investigación.
Resumen (*abstract*)	Un resumen con el objetivo y una descripción del contenido del proyecto. Sugerencia: 150–200 palabras.
Introducción	En uno o dos párrafos se describe el fondo del tema, es decir, una introducción con los conceptos fundamentales del tema de investigación. ¿Cuál es el área de investigación? ¿Cuál es la motivación? Asegúrate de incluir el objetivo, la justificación y fondo general del tema que vas a investigar. Puedes incluir dos o tres referencias centrales que respalden la idea central de tu tema.
Marco teórico	Incluye información de estudios previos que se relacionan (directa o indirectamente) con el tema de investigación. Ofrece un resumen de estudios previos que justifiquen el problema de investigación y destaca los puntos fuertes y débiles. Es importante resumir, comparar y contrastar puntos centrales de los estudios. ¿Qué se sabe sobre lo que se ha escrito del tema seleccionado? ¿Por qué se necesita tu investigación? ¿Cuál modelo teórico o metodológico vas a emplear? Termina esta sección con una evaluación (un párrafo) para enfatizar los puntos centrales que describiste en esta sección y la manera en que se relaciona con tu tema de investigación. Sugerencia: Dividir en subsecciones.
La pregunta de investigación	Una o dos preguntas de investigación relacionadas a tu tema. Ejemplos: • ¿Cuáles estrategias lingüísticas emplean los mexicanos (Ciudad de México) y los madrileños para rechazar una invitación? • ¿Cómo afecta el sexo del hablante y del interlocutor durante la realización de disculpas entre hablantes costarricenses y bonaerenses? • En el contexto de compraventa en tiendas en San José, Costa Rica, ¿cuáles formas pronominales (*tú, usted, vos*) predominan durante la negociación de servicio? ¿Cómo afecta el sexo del cliente y el vendedor en la selección de estas formas?
Método	Descripción del método que vas a emplear para recoger y analizar los datos. Puedes consultar las secciones 10.1–10.6 para seleccionar el método apropiado para recoger datos naturales o datos experimentales (extraídos), ¿cuántos participantes vas a incluir?, ¿cómo se van a analizar los datos? Sugerencia: Dividir en secciones.
Resultados	Puedes escribir dos secciones por separado, una sección de resultados y otra de discusión, o una combinada (resultados y discusión). Consulta con tu instructor. Si decides escribir una sección de resultados, considera la siguiente información: organiza la sección para cada pregunta de investigación, divide los resultados centrales en subsecciones y da ejemplos.
Discusión	Se explica cómo se interpretan los resultados principales con base en la literatura previa discutida en el marco teórico. ¿Son consistentes tus resultados con los de otros estudios? ¿Cómo difieren? ¿Qué es lo nuevo que aporta tu estudio? Al final, puedes mencionar algunas limitaciones y direcciones futuras.
Conclusiones	Resumen y evaluación de los resultados del estudio (un párrafo). Puedes incluir limitaciones y direcciones futuras.
Apéndices	Opcional. Se incluye al final del estudio.
Referencias	Citar solo las referencias que se mencionan en tu trabajo. Sé consistente con el formato que vas a usar (p. ej., *American Psychological Association* o *el Chicago Style*).

Luego, escribe un reporte de 3–4 páginas para describir la propuesta del tema que quieres investigar. Puedes seguir la siguiente estructura en tu reporte:

- Titulo
- Introducción
- Marco teórico
- Una o dos preguntas de investigación
- Explica cómo piensas recoger los datos. Datos naturales o experimentales (consulta este capítulo, secciones 10.2–10.6).
- Conclusiones preliminares
- Puedes presentar un esquema (*outline*) sobre la estructura de tu proyecto y el contenido preliminar de cada sección.

Cuadro 10.4 Planeación del proyecto de investigación

Secciones	Planeación
¿Qué tema de pragmática me interesa investigar? (un acto de habla, un aspecto de deíxis, la implicatura, la cortesía o descortesía, un marcador discursivo, variación pragmática, uso de formas pronominales (*tú, vos, usted*), etc.)	
Objetivo y justificación	
Marco teórico: Menciona tres o cuatro estudios relacionados al tema. En tu propuesta, puedes resumir las ideas principales. También puedes comparar y contrastar puntos relevantes.	
Una o dos preguntas de investigación	
Método(s): instrumento, participantes y procedimiento de recolección de los datos. Leer capítulo 10, 'Métodos de recolección de datos' (secciones 10.1-10.5).	Instrumento(s): Participantes: Datos:

Consulta con tu instructor sobre el número de páginas y el tiempo que necesitas para completar la propuesta. Una vez que tu instructor la apruebe, puedes continuar con el desarrollo del proyecto de investigación (cuadro 10.3). Para una clase de pregrado, se sugiere un proyecto de investigación de 10–15 páginas espaciado doble (con toda la información del cuadro 10.3). Para estudiantes graduados se sugiere un trabajo de 25–35 páginas. No te olvides de consultar con tu instructor, quien debe aprobar el número de páginas, la estructura de tu trabajo y el formato que debes emplear (p. ej., *APA o Chicago Style*). Por último, con base en la sección 10.6, recuerda que si vas a recoger datos que piensas publicar o presentar en conferencias, debes tramitar el permiso de los sujetos humanos (*Human Subjects*) en tu universidad. Si solo se recogen datos como parte de un ejercicio de clase (no para presentar en conferencias o con fines de publicación), no es necesario tramitar el permiso. Habla con tu instructor para aclarar el propósito de tu proyecto de investigación. Consulta con tu instructor o busca información en la página de tu universidad (*Human Subjects Office* o el *Institutional Review Board* [IRB]) u otro centro que se encargue de supervisar la protección de los derechos de los sujetos humanos (consultar sección 10.6).

10.8 Resumen

Este capítulo revisó los métodos que se emplean comúnmente para recoger datos en pragmática. Se presentaron las características del método etnográfico para observar datos naturales mediante grabaciones auditivas o en video y las anotaciones escritas. Luego se describieron las características de métodos de producción oral (dramatizaciones orales) o escrita (cuestionarios de producción escrita [DCTs]) y de percepción como los cuestionarios de opción múltiple, las escalas de valoración y los reportes verbales. Estos métodos se analizaron con respecto a los conceptos de validez y confiabilidad. Luego, se presentaron consideraciones éticas para la recolección y análisis de datos. Por último, se explicó en qué consiste un proyecto de investigación y sugerencias para diseñarlo.

LISTA DE CONCEPTOS Y TÉRMINOS CLAVE

anotaciones escritas (*field notes*)
confiabilidad (*reliability*)
cuestionario de producción escrita (*Discourse Completion Test* [DCT])
cuestionario de opción múltiple (*multiple choice questionnaire*)
dramatizaciones (*role plays*)
  abiertas (*open*)
  cerradas (*closed*)
escalas de valoración (*Likert-scales*)
eventos descorteses (*impoliteness events*)
paradoja del observador (*the observer's paradox*)
reportes verbales (*verbal reports*)
  retrospectivos (*retrospective*)
  en voz alta (*think-aloud*)
validez (*validity*)

PREGUNTAS DE COMPRENSIÓN

1. Explica en qué consiste la 'paradoja del observador' (*the observer's paradox*) y algunas alternativas para recoger datos auténticos.

2. Explica los conceptos de confiabilidad (*reliability*) y validez (*validity*) y su importancia en la recolección de datos en pragmática.

3. Explica algunas ventajas y desventajas de recoger datos naturales de actos de habla con los siguientes métodos: grabaciones electrónicas, anotaciones escritas y la conversación extraída (*elicited conversation*).

4. Si tuvieras que analizar la percepción del acto de habla de las disculpas o las peticiones, ¿qué método emplearías? Opciones: Escalas de valoración o cuestionario de opción múltiple. Justifica tu respuesta.

5. Explica las consideraciones éticas que se deben tomar en cuenta antes de recoger datos auténticos (método natural), conversación extraída o la tarea conversacional ('elicited' o 'conversational task') y métodos experimentales (cuestionarios escritos, dramatizaciones abiertas, escalas de valoración y reportes verbales retrospectivos).

NOTAS

1 Véase Brown (1996), Cohen (2012) y Kasper (2000) para una explicación detallada sobre los conceptos de validez y confiabilidad para distintos métodos de recolección de datos.
2 Véase Mahlberg (2014) y Weisser (2017).
3 PRESEEA: *Corpus del Proyecto para el estudio sociolingüístico del español de España y de América*. Alcalá de Henares: Universidad de Alcalá. [http://preseea.linguas.net].Consultado 21 de marzo, 2018.
4 Kasper and Dahl (1991).
5 Ver Kasper (2000) para una descripción comprensiva sobre los métodos de recolección de datos en pragmática.
6 Ejemplo tomado de Blum-Kulka (1982, pág. 56).
7 Tomado de Blum-Kulka et al. (1989).
8 Adaptado de (Roever, 2006, pág. 238).
9 Ejemplos adaptados del estudio de Shimamura (1993).
10 Véase Ericsson and Simon (1993) para una descripción detallada de los reportes verbales desde una perspectiva psicológica.
11 Ver Félix-Brasdefer (2015, capítulo 9).

LECTURAS RECOMENDADAS

Cohen, A. (2012). Research methods for describing variation in intercultural pragmatics for cultures in contact and conflict. En J. César Félix-Brasdefer & D. A. Koike (Eds.), *Pragmatic variation in first and second language contexts* (pp. 271–294). Amsterdam and Philadelphia, PA: John Benjamins Publishing Company.

Presenta una descripción comprensiva sobre los métodos experimentales para recoger datos de comprensión como los reportes verbales retrospectivos y las dramatizaciones. Concluye con una discusión sobre consideraciones éticas para la recolección de datos de actos de habla.

Félix-Brasdefer, J. C., & Hasler-Barker, M. (2017). Elicited data. En A. Barron (Ed.), *The Routledge Handbook of Pragmatics* (pp. 27–40). Germany: Mouton de Gruyter.

Incluye una descripción sobre los métodos tradicionales en pragmática para extraer datos (*elicited data*). Se ofrece un análisis detallado sobre las ventajas para analizar actos de habla mediante dramatizaciones abiertas (*open role plays*) y reportes verbales retrospectivos. También se describen otros métodos experimentales como las medidas psicológicas que se analizan con el movimiento de la vista (*eye-tracking*) y con estimulación de ciertas áreas del cerebro (*=funcional magnetic resonance imaging*, MRI').

Kasper, G. (2000). Data collection in pragmatics research. En H. Spencer-Oatey (Ed.), *Culturally speaking: Managing rapport through talk across cultures* (pp. 316–341). London: Continuum.

Ofrece una descripción comprensiva sobre los métodos naturales y experimentales que se emplean frecuentemente en pragmática. Incluye un cuadro con las características importantes de cada método, destacando las ventajas y limitaciones con respecto a los datos de producción y percepción. Cada método incluye justificación sobre los conceptos de confiabilidad y validez.

BIBLIOGRAFÍA

Blum-Kulka, S. (1982). Learning to say what you mean in a second language: A study of the speech act performance of learners of Hebrew as a second language. *Applied Linguistics, 3*, 29–59.

Blum-Kulka, S., House, J., & Kasper, K. (1989). *Cross-cultural pragmatics: Requests and apologies*. Norwood, NJ: Ablex.

Brown, J. D. (1996). *Testing in language programs*. Upper Saddle River, NJ: Prentice Hall Regents.

Cohen, A. (2012). Research methods for describing variation in intercultural pragmatics for cultures in contact and conflict. En J. César Félix-Brasdefer & D. A. Koike (Eds.), *Pragmatic variation in first and second language contexts* (pp. 271–294). Amsterdam and Philadelphia, PA: John Benjamins Publishing Company.

Culpeper, J. (2011). *Impoliteness: Using language to cause offence*. Cambridge: Cambridge University Press.

Duranti, A. (1997). *Linguistic anthropology*. Cambridge: Cambridge University Press.

Ericsson, K. A., & Simon, H. A. (1993). *Protocol analysis: Verbal reports as data*. Cambridge, MA: MIT Press. Original edition, Cambridge, MA: MIT Press, 1984.

Félix-Brasdefer, J. C. (2007). Natural speech vs. elicited data: A comparison of natural and role play requests in Mexican Spanish. *Spanish in Context, 4*, 159–185.

Félix-Brasdefer, J. C. (2008). *Politeness in Mexico and the United States: A contrastive study of the realization and perception of refusals*. Amsterdam and Philadelphia, PA: John Benjamins Publishing Company.

Félix-Brasdefer, J. C. (2012). E-mail requests to faculty: E-politeness and internal modification. In M. Economidou-Kogetsidis & H. Woodfield (Eds.), *Interlanguage request modification* (pp. 87–118). Amsterdam: John Benjamins Publishing Company.

Félix-Brasdefer, J. C. (2015). *The language of service encounters: A pragmatic-discursive approach*. Cambridge: Cambridge University Press.

Félix-Brasdefer, J. C., & Hasler-Barker, M. (2017). Elicited data. En A. Barron (Ed.), *The Routledge handbook of pragmatics* (pp. 27–40). Germany: Mouton de Gruyter.

Félix-Brasdefer, J. C. (2018). Role plays. In A. Jucker, K. Schneider, & W. Wolfram (eds.), *Methods in Pragmatics. De Gruyter Handbook of Pragmatics*.

Félix-Brasdefer, J. C., & Lavin, E. (2009). Grammar and turn expansion in second language conversations. In J. Collentine, M. García, B. Lafford, & F. Marcos Marín (Eds.), *Selected proceedings of the 11th Hispanic Linguistics Symposium* (pp. 53–67). Somerville, MA: Cascadilla Proceedings Project.

Glide, M. (2015). *¿Cuáles son sus recomendaciones?: A comparative analysis of discourse practices implemented in the giving and seeking of advice on a Mexican subreddit in both Spanish and English*. IU Working Papers, Indiana University. Retrieved from www.indiana.edu/~iulcwp/wp/issue/view/25

Kasper, G. (2000). Data collection in pragmatics research. En H. Spencer-Oatey (Ed.), *Culturally speaking: Managing rapport through talk across cultures* (pp. 316–341). London: Continuum.

Kasper, G., & Dahl, M. (1991). Research methods in interlanguage pragmatics. *Studies in Second Language Acquisition, 13*, 215–247.

Labov, W. (1972). *Sociolinguistic patterns*. Philadelphia, PA: University of Pennsylvania Press.

Mackey, A., & Gass, S. (2005). *Second language research: Methodology and design*. Mahwah, NJ: Lawrence Erlbaum Associates.

Mahlberg, M. (2014). Corpus linguistics and discourse analysis. In K. Schneider & A. Barron (Eds.), *Pragmatics of discourse* (pp. 215–238). Germany: Mouton de Gruyter.

Maíz-Arévalo, C. (2013). 'Just click "like"': Computer-mediated responses to Spanish compliments. *Journal of Pragmatics, 51*, 47–67.

Placencia, M. (2012). Online peer-to-peer advice in Spanish *Yahoo! Respuestas*. In H. Limberg & M. Locher (Eds.), *Advice in discourse* (pp. 281–306). Amsterdam and Philadelphia, PA: John Benjamins Publishing Company.

Real Academia Española: Banco de datos (CREA) [en línea]. Corpus de referencia del español

actual. http://www.rae.es

Roever, C. (2006). Validation of a web-based test of ESL pragmalinguistics. *Language Testing, 23*, 229–256.

Shimamura, K. (1993). *Judgment of request strategies and contextual factors by American and Japanese EFL learners* (Occasional Paper No. 25). Honolulu, HU: Department of English as a Second Language, University of Hawai'i at Mānoa.

Tagliamonte, S. (2012). *Variationist sociolinguistics: Change, observation, interpretation.* Oxford: Oxford University Press.

Wagner, L. C., & Roebuck, R. (2010). Apologizing in Cuernavaca, Mexico and Panama City, Panama. *Spanish in Context, 7*, 254–278.

Weisser, M. (2017). Corpora. In A. Barron, Y. Gu, & G. Steen (Eds)., *The Routledge handbook of pragmatics* (pp. 41–52). London and New York, NY: Routledge.

Wolfson, N (1989). *Perspectives: Sociolinguistics and TESOL.* Rowley, MA: Newbury House.

Zahler, S. L. (2015). *Pragmalinguistic variation in electronic personal ads from Mexico City and London.* IU Working Papers, Indiana University. Retrieved from www.indiana.edu/~iulcwp/wp/issue/view/25

Glosario bilingüe

acción que amenaza la imagen pública (AAIP, *Face-threatening act* [FTA]). Concepto propuesto por Brown y Levinson (1987). Acciones que amenazan o desprestigian la imagen pública del interlocutor (positiva o negativa), p.ej., una petición, un rechazo o una sugerencia no solicitada.

actividades de imagen (*facework*). Acciones que adoptan los participantes en un intercambio comunicativo con el fin de lograr el acuerdo común, p.ej., las expresiones que usamos para saludar, disculparse, quejarse, pedir información o expresar desacuerdo. Concepto propuesto por Goffman (1967).

actividad relacional (*relational work*). Incluye distintos tipos de comportamientos: el político (o apropiado), el cortés y el descortés. La actividad relacional incluye actividades corteses y descorteses que se deben interpretar a partir de un continuo que va desde el comportamiento político hasta un comportamiento no-político (o inapropiado). Concepto propuesto por Locher & Watts (2005).

acto asertivo (*assertive act*). El hablante afirma o niega algo. Cree (en cierto grado) que un hecho o comentario se refiere a la realidad. Es decir, al usar actos asertivos (p. ej., negar, afirmar, admitir o concluir) el hablante se compromete con la veracidad o falsedad del contenido proposicional de las palabras usadas en un enunciado.

acto compromisorio (*commisive act*). Al enunciar un acto compromisorio (o comisivo) el hablante se compromete a realizar una acción futura. Es decir, estos actos obligan al hablante a hacer algo, p.ej., prometer, ofrecer o jurar.

acto declarativo (*declarative act*). Expresa una declaración que cambia el mundo del hablante o del oyente mediante la enunciación de las palabras bajo las circunstancias adecuadas. Se incluyen los verbos realizativos con el punto ilocutivo de prometer, bautizar, declarar o despedir (p. ej., *Yo prometo, Te bautizo, Los declaro marido y mujer, Queda despedido*). Son acciones que se realizan al momento en que el hablante produce su enunciación.

acto de habla (*speech act*). Acciones comunicativas producidas (intencionalmente) por un hablante e inferidas por un oyente, p. ej., pedir un préstamo, rechazar una invitación, disculparse o hacer y responder a un cumplido. La teoría de los actos de habla fue postulada por Austin (1962) y desarrollada por Searle (1969, 2010).

acto de habla indirecto (*indirect speech act*). En los actos de habla indirectos la fuerza ilocutiva y el tipo de oración no coinciden. Por ejemplo, en el enunciado *¿Puedes pasar la sal?* se obtiene un acto de habla indirecto porque no se da una relación directa entre la fuerza ilocutiva (la acción de pasar la sal, una petición) y el tipo de oración (pregunta interrogativa afirmativa o negativa). Los actos de habla indirectos se realizan con expresiones convencionales o rituales que se interpretan como una petición de acción o de información y no como una pregunta interrogativa (*¿Puedes . . .? ¿No te importaría . . .? ¿Por qué no . . .?*). A diferencia de los actos de habla directos, en los indirectos se observa una modificación o manera indirecta en que se presenta el acto. Véase Searle (1975).

acto directivo (*directive act*). El hablante influye en el comportamiento del oyente; es decir, que el oyente haga algo para beneficio del hablante, como las peticiones, las preguntas o las sugerencias.

acto expresivo (*expressive act*). Expresa un estado psicológico sobre un evento presupuesto (sentimiento, emoción, gustos y disgustos), p. ej., agradecer, felicitar o disculparse.

acto ilocutivo (*illocutionary act*). La fuerza ilocutiva (intencional) que expresa el enunciado bajo las circunstancias adecuadas. Término propuesto por Austin (1962) y desarrollado por Searle (1969).

acto locutivo (*locutionary act*). La emisión literal de los sonidos y las palabras que componen la oración para expresar la referencia del significado proposicional. Término propuesto por Austin (1962).

acto perlocutivo (*perlocutionary act*). Alude al efecto que la fuerza comunicativa del enunciado crea en las emociones o sentimientos del interlocutor. Término propuesto por Austin (1962).

acto principal (*head act*). El enunciado base o central que expresa un acto de habla. Es la parte del enunciado que sirve para expresar el acto de habla. Puede incluir información que precede o sigue al acto principal, p. ej., *Buenas tardes, ¿podría decirme cómo llegar a la estación de autobuses? Muchas gracias*. Ver **elementos de apoyo**.

asignación de referencia (*reference assignment*). Es un tipo de explicatura que infiere el hablante a partir del significado comunicado en la proposición. Su significado no se determina por el significado de la palabra, sino por un valor contextual adecuado que se asigna a la expresión referencial para inferir lo comunicado explícitamente. En el siguiente ejemplo, después de que B toca el timbre, A pregunta: A: '¿Quién es?' B: 'Yo, pasa,' el hablante extrae la referencia al asociar el tono de la voz con el interlocutor (referente). En este ejemplo, la explicatura se deduce mediante la descodificación del pronombre 'yo' y la referencia a la voz del amigo que Marta reconoce. Por lo tanto, la explicatura es '*Soy yo, Juan*'. Ver **explicatura**.

aspecto (*aspect*). Indica la manera en que se ve un evento de modo completo o suspendido sin indicar un principio ni un fin preciso. P. ej., *Cuando entré a la casa, todos estaban viendo la peli de la Guerra de las Galaxias*. La forma en imperfecto '*estaban viendo*' indica un tiempo pasado que se realiza de manera continua sin especificación de un principio ni un final. En cambio, el pretérito se ve como un evento perfecto que indica un inicio y un final. Ver **tiempo lingüístico**.

C

centro deíctico (*deictic center*). La deíxis se organiza de manera egocéntrica, con el hablante en el centro de las coordenadas deícticas: tiempo, lugar, discurso y características sociales. Se usan las palabras para señalar al hablante (*yo*) y a otras personas (*tú, él, vosotros*), para aludir al tiempo (*ahora, hoy, mañana*) y al lugar donde se produce el enunciado (*este, ese, aquel, aquí*), para referirnos a una porción del discurso anterior o posterior (*por lo tanto, finalmente, no creo esa mentira*) o para marcar el estatus social y afectivo que existe entre los participantes (*tú, vos o usted, Pedrito, gordito*). Véase **deíxis**.

competencia pragmática (*pragmatic competence*). La habilidad comunicativa del aprendiz para producir y comprender significado pragmático (el convencional y el significado del hablante). Por ejemplo, la habilidad de producir y comprender acción comunicativa en una segunda lengua como disculparse, pedir información, quejarse, expresar acuerdo o desacuerdo o hacer y responder a cumplidos.

comportamiento político (*politic behavior*). Comportamiento lingüístico y no lingüístico que los participantes consideran como apropiado, como el comportamiento (des)cortés o la manera de iniciar, desarrollar y completar la interacción. Se realiza según las normas socioculturales y las expectativas de los participantes previo, durante y después de la interacción.

condición de sinceridad (*sincerity conditions*). Se satisface si el acto de habla se realiza sinceramente por parte del hablante. Ver **condiciones de adecuación**.

condiciones de adecuación (*felicity conditions*). El término 'felicidad' (*felicity*) significa que algo se lleve a buen término, o sea, que sea adecuado o apropiado de acuerdo a las circunstancias. Son las condiciones que definen los actos de habla cuando las palabras se emplean adecuadamente para realizar acciones, como la acción de 'declarar' o 'jurar'. Searle propone cuatro condiciones para todos los actos de habla: contenido proposicional, condición preparatoria, condición de sinceridad y condición esencial. Término propuesto por Austin (1962) y desarrollado por Searle (1969).

condición esencial (*essential condition*). La condición que precisa la realización del acto de habla mediante las expresiones utilizadas que determinan la intención del hablante. Con las palabras empleadas el enunciado cuenta como tal, p. ej., una petición, una disculpa. Ver **condiciones de adecuación**.

condiciones preparatorias(*preparatory conditions*). Aluden a los requisitos necesarios previos a la ejecución del acto de habla. Ver **condiciones de adecuación**.

conocimiento pragmalingüístico (*pragmalinguistic knowledge*). Recursos lingüísticos empleados para comunicar acción comunicativa (significado pragmático). Entre los recursos lingüísticos se pueden mencionar las estrategias directas e indirectas convencionales para realizar actos de habla y los recursos léxico-gramaticales empleados para suavizar o intensificar un acto de habla. Por ejemplo, para solicitar una carta de referencia, el estudiante puede emplear los siguientes recursos: *Profesor, quería preguntarle si podría escribir una carta de referencia para la Escuela Graduada*.

conocimiento sociopragmático (*sociopragmatic knowledge*). Alude a las percepciones sociales de los participantes sobre lo que se considera comportamiento apropiado o no apropiado en situaciones concretas. Por ejemplo, existe variación entre culturas y dentro de una misma cultura sobre la percepción del poder y distancia social, el grado de imposición, los derechos y obligaciones y el grado de severidad de una ofensa.

contenido proposicional (*propositional content*). Alude al significado literal del enunciado y a su función referencial. Ver **condiciones de adecuación**.

contexto (*context*). Conjunto de creencias, asunciones, presuposiciones, opiniones o conocimientos compartidos por el emisor y el interlocutor en situaciones comunicativas concretas. Ver **cotexto**.

contexto cognitivo (*cognitive context*). Incluye las representaciones mentales (*mental schema*), proposiciones, asunciones contextuales. Es un tipo de contexto que alude a los procesos inferenciales de razonamiento.

contexto lingüístico (*linguistic context*). Se refiere a la información lingüística que precede o sigue a un enunciado, p. ej., Pedro: '*¿Quién llegó tarde a la clase?*' Sonia: '*Luis.*' Lo que dijo

Pedro en el discurso anterior juega un papel importante para entender la construcción elíptica usada por Sonia. También llamado **cotexto**.

contexto situacional (*situational context*). Hace referencia a las características del entorno físico donde ocurre la situación. Alude a lo que los hablantes saben y pueden ver a su alrededor donde ocurre la interacción, es decir, la información accesible a los participantes de una interacción en el contexto físico.

contexto sociocultural (*sociocultural context*). Toma en cuenta el conocimiento de fondo de lo que saben los hablantes de ellos mismos, la información que procede de las normas socioculturales y la información compartida del mundo (las experiencias pasadas) dentro de un contexto cognitivo.

cortesía (*politeness*). Un comportamiento social que está condicionado por factores cognitivos, discursivos y las expectativas socioculturales reguladas por los miembros de una sociedad con el fin de proteger la imagen social del otro. Tiene un carácter evaluativo: toma en cuenta las normas sociales y la variación de lo que se entiende por comportamiento (des)cortés en regiones del mundo hispanohablante. Ver **cortesía expresiva, clasificatoria y metapragmática**. Se percibe como comportamiento favorable. Véase **Cortesía$_1$** y **Cortesía$_2$**.

cortesía negativa (*negative politeness*). Destaca la distancia, el respeto y minimiza la imposición para evitar una acción que amenaza la imagen pública (AAIP). Predomina la indirección convencional y las expresiones lingüísticas para suavizar acciones impositivas.

cortesía positiva (*positive politeness*). Destaca la confianza, la intimidad, la cercanía, la reciprocidad y el acuerdo común. La meta es la aprobación de los deseos del hablante por parte del interlocutor.

cortesía$_1$ clasificatoria (*classificatory politeness$_1$*). Se emplean las opiniones para juzgar a las personas con un comportamiento (des)cortés, p. ej., *Juan fue muy grosero en su respuesta con sus amigos o ¡mi profesor de español es muy amable y respetuoso!*

cortesia$_1$ expresiva (*expressive politeness$_1$*). Se codifica en las expresiones lingüísticas para producir un efecto cortés o descortés, p. ej., *por favor, disculpe, gracias, ¿serías tan amable de prestarme tu carro?, ¡eres un idiota, estúpido!*

cortesía$_1$ metapragmática (*metapragmatic politeness$_1$*). La manera en que la gente habla sobre el concepto '(des)cortesía' y la forma en que las personas perciben un evento como cortés o descortés.

cortesía$_2$ (*politeness$_2$*): El estudio científico de la (des)cortesía.

D

deíxis (*deixis*). estudia la relación entre la estructura de una lengua y el contexto de uso. La deíxis es un fenómeno lingüístico que consiste en la manera en que las lenguas codifican léxica o gramaticalmente las características del contexto donde se produce el enunciado. Incluye la identificación del hablante, el oyente, el lugar, el tiempo, el discurso y las características del estatus social entre los participantes (*usted, señor, jefe*). Ejemplos de expresiones deícticas: *yo, tú, este, ese, aquel, ahora, ayer, por último, entonces*. Se distinguen cinco categorías deícticas: personal, espacial, temporal, social y discursiva.

deíxis discursiva (*discourse deixis*). Se ocupa del uso de las expresiones lingüísticas que hacen referencia a una parte anterior o posterior del discurso, tomando como el centro deíctico el lugar donde se encuentra el hablante o escritor. Hace referencia a porciones del discurso que se pueden recuperar dentro del enunciado (cotexto) o en el discurso de la situación, p. ej., en '*Y eso fue lo que pasó en mi entrevista*' 'eso' alude a lo que ocurrió en el pasado.

deíxis espacial (*space deixis*). Alude a puntos temporales (*hoy, mañana, ya, ahora, después*) en relación al momento en que se produce el enunciado y al tiempo en que se recibe. Se realiza mediante la codificación de expresiones temporales y su relación con los índices deícticos a partir de la ubicación del hablante (véase centro deíctico en el capítulo 2, figura 2.1).

deíxis gestual (*gestural deixis*). El uso gestual de las expresiones deícticas se interpreta con referencia a los aspectos auditivos, visuales y tangibles. Se hace referencia a un movimiento que llame la atención sobre un aspecto físico, perceptible o algo que se pueda tocar, p. ej., '*Este libro es mío, no tuyo.*'

deíxis personal (*person deixis*). Alude a la identificación de los participantes y el papel que juega cada uno de ellos en una situación comunicativa. Se manifiesta mediante la codificación de las formas pronominales y vocativos: expresiones que se usan para dirigirse al interlocutor, p. ej., *señora, doctor, profesor, Juan, tío, compadre.*

deíxis simbólica (*symbolic deixis*). El uso simbólico de las expresiones deícticas hace referencia al conocimiento de los parámetros espacio-temporales, p. ej., *Esta semana fui a correr.* Como se conoce el parámetro temporal de 'esta mañana,' el hablante no tiene que enfatizar ni señalar gestualmente para referirse a 'esta mañana.'

deíxis temporal (*time deixis*). Alude a la identificación del lugar en un espacio en relación con los índices deícticos. Se refiere al lugar donde se encuentra el hablante durante el momento de la producción (*coding time*) y recepción del enunciado, p. ej., '*Juan llegará mañana,*' '*Ayer llegó Juan,*' '*La próxima semana tendremos el examen final.*' (véase centro deíctico en el capítulo 2, figura 2.1).

desambiguación léxica (*lexical desambiguación*). Uno tipo de inferencia que se extrae por explicatura en la teoría de la relevancia (véase el capítulo 4). El hablante selecciona el significado más apropiado (de varios posibles) que expresa el ítem lingüístico. La explicatura completa el significado que expresa explícitamente lo dicho en el enunciado. Por ejemplo, en '*Juan fue al banco a depositar su sueldo*' la palabra 'banco' puede significar 'institución financiera' o 'lugar médico donde se depositan órganos.' La explicatura es 'Juan fue a la institución financiera para hacer su depósito mensual.' Véase **explicatura**.

descortesía (*impoliteness*). Un comportamiento social que está condicionado por factores cognitivos, discursivos y las expectativas socioculturales reguladas por los miembros de una sociedad con el fin de desprestigiar o dañar la imagen social del otro. Se percibe como un comportamiento ofensivo o inapropiado.

diglosia (*diglossia*). Uso de dos lenguas o variedades de la misma lengua con propósitos comunicativos específicos. Por ejemplo, los hablantes de herencia en los Estados Unidos se comunican en español en contextos familiares dentro de su comunidad (lengua minoritaria) y en inglés para desempeñar funciones comunicativas formales en la escuela y en el trabajo (lengua dominante).

dirección de ajuste (*direction of fit*). La dirección de ajuste entre las palabras y el mundo. Es decir, si es el hablante quien se ajusta al mundo como describir algo que ya existe (p. ej., *Afirmar algo*); o bien, si es el mundo el que se ajusta a los deseos del hablante, o sea, existe un deseo y luego se expresa con palabras (p. ej., *Dar una orden a alguien*). Véase **acto ilocutivo** y Searle (1969).

distancia social (*social distance*). Hace referencia al grado de familiaridad que existe entre los participantes (p. ej., una relación cercana, muy cercana, distante o muy distante).

Una relación distante (+D) indica que el hablante y el interlocutor no se conocen bien o que la relación expresa formalidad. Por el contrario, entre dos amigos existe un grado de familiaridad cercana (−D). Una relación +D se puede observar entre dos desconocidos que se conocen por la primera vez en la parada del autobús o entre dos jefes que tienen el mismo nivel de poder, pero con trato deferencial (+D).

E

efecto contextual (*contextual effect*). Una inferencia que se saca a partir de la evidencia presentada en el contexto de la situación. Es un tipo de inferencia o implicación pragmática que se deduce cuando la información existente interactúa con la información anterior o nueva. Véase la teoría de la relevancia (capítulo 4, sección 4.5).

elementos de apoyo (*supportive moves*). Información que precede o sigue al acto principal (*head act*). Por ejemplo, '*Hola, Juan, ¿me puedes prestar los apuntes de la clase de sociolingüística? Tuve un problema con mi carro y no pude asistir a clase.*' La parte subrayada que precede o sigue a la petición se refiere a los elementos de apoyo.

enfoque cognitivo-filosófico (*cognitive-philosophical approach*). Una de las dos escuelas de pensamiento que adopta una perspectiva cognitiva que sitúa a la pragmática como un componente de la gramática mental similar al componente fonético/fonológico, morfológico, sintáctico y semántico. Se define como "el estudio sistemático del significado en virtud, o dependiente, del uso del lenguaje" (Huang, 2014, pág. 341).

enfoque interactivo-sociocultural (*sociocultural-interactive approach*). Una de las dos escuelas de pensamiento que adopta una perspectiva funcional que incluye diferentes áreas de la lingüística. Considera el contexto sociocultural y discursivo para analizar la negociación de significado en situaciones comunicativas específicas.

enriquecimiento pragmático (*pragmatic enrichment*). Para interpretar el significado comunicado explícitamente, el hablante tiene que derivar una inferencia pragmática a partir de la descodificación e inferencia de las expresiones lingüísticas, p. ej., '*Los ladrones se robaron todo* (explicatura = de valor'). Ver **explicatura**.

entrada (*input*). La información a la que se expone el aprendiz sirve como *input* (entrada) para su sistema cognitivo. Se realiza mediante la información oral, auditiva, visual o señales no verbales. Por ejemplo, en el aula de clase (contexto formal), el *input* proviene del instructor, de los libros de texto (información escrita, visual y de audio) o de la retroalimentación (*feedback*) que recibe el estudiante del profesor o de otros estudiantes.

enunciado (*utterance*). La unidad mínima de comunicación que depende de un contexto para su interpretación. Se puede realizar como una intervención en la conversación (p. ej., *claro, de acuerdo, ajá, sí*) o un turno en un intercambio comunicativo (A: *¡Te ves guapísima!*, B: *Gracias*). Se define como la 'una unidad de producción lingüística (hablada o escrita) que está inherentemente contextualizada' (Schiffrin 1994, pág. 41).

enunciado constatativo (*constatative utterance*). Crea aserciones o afirmaciones que se describen en términos de sus valores de verdad o falsedad. Reportan información del mundo, p. ej., *La tierra es redonda, John Searle fue discípulo de John Austin*.

enunciados realizativos (*performative utterances*). Se emplean para realizar acciones con las palabras, p. ej. Sacerdote: *Los declaro marido y mujer*; Gerente → empleado: *Queda despedido*. Pueden ser afortunados o desafortunados. Se pueden emplear verbos realizativos para realizar la acción, p. ej., *ordenar, disculparse, te bautizo, los declaro, juro*, etc. Véase Austin (1962).

explicatura (*explicature*). El significado comunicado explícitamente o la asunción explícita comunicada por el enunciado, p. ej., *No hay nada que ver en la tele* (explicatura = no hay nada bueno). Se derivan a partir de cuatro procesos inferenciales: la desambiguación léxica, la asignación de referencia, la saturación y el enriquecimiento pragmático.

F

fallo pragmalingüístico (*pragmalinguistic failure*). Ocurre cuando el aprendiz transfiere estrategias inapropiadas de L1 a L2, p. ej., *¿Puedo tener un vaso de agua?* en vez de '*¿Me puede dar un vaso de agua?*

fuerza ilocutiva (*illocutionary force*). Se refiere a la fuerza comunicativa que expresa intencionalmente el hablante bajo las circunstancias apropiadas y con las personas apropiadas. P. ej., un enunciado puede cumplir la función de una afirmación o utilizarse como pregunta. Los indicadores de fuerza ilocutiva (*Illocutionary Force Indicating Devices*) se realizan con verbos realizativos (p. ej., *agradecer, pedir, invitar*), el orden de palabras (p. ej., *Juan* dijo la verdad frente a *La verdad la dijo Juan*), acento de intensidad para indicar un tono contrastivo (p. ej., '*Prefiero que lo hagas TÚ y no ELLA*') o entonación ascendente (↑) o descendente (↓). Término propuesto en la teoría de los actos de habla (Searle, 1969).

función conativa (*connative function*). Se refiere a la interpretación que hace el receptor de los enunciados. Por ejemplo, el enunciado '*¿Necesitas un aventón a casa?*' se puede interpretar como una pregunta de información o una oferta. Involucra al receptor (o interlocutor) mediante vocativos y la forma imperativa, p. ej., *¡Juan, deja de hablar y empieza a comer!*

función emotiva (*emotive function*). Alude a la manera en que el hablante usa el lenguaje para expresar sus emociones. Se trata de la función expresiva del hablante (p. ej., *Lo siento mucho por tu problema; ¡Qué guapa estás!*).

función fática (*phatic function*). Fomenta las relaciones interpersonales (contacto) entre los participantes (saludar, hablar del tiempo), p. ej., hablar del tiempo al esperar el autobús (*¡Qué lindo día!, ¿no cree?*)

función metalingüística (*metalinguistic function*). Hace referencia a la relación entre el código y la situación, como, '*¿Cual es la diferencia entre 'cazar' y 'casar?*'

función poética (*poetic function*). Enfatiza la manera en que se usa el código para expresar diferentes sentidos del enunciado. Por ejemplo, para expresar ciertos efectos en un poema, en el mensaje del eslogan para publicidad y propaganda. P. ej., '*A Diamond is Forever*'; *Siente el Sabor* o en proverbios (p. ej., *Dime con quién andas y te diré quién eres*).

función referencial (*referential function*). Alude a la transmisión factual de la información, p. ej., '*¿Me puede decir dónde queda la biblioteca de la ciudad?*

función relacional (*relational function*). Concierne la dimensión social o interpersonal del lenguaje. Iniciar o terminar una interacción de acuerdo a las normas sociales de cada cultura, p. ej., saludar, despedirse, bromear o establecer conversación breve (*small talk*).

función transaccional (*transactional function*). Se centra en la transmisión de la información, p. ej., los hechos que el hablante transmite en su mensaje, como solicitar una carta de referencia o dar información.

G

grado de imposición (*degree of imposition*). Tiene que ver con los derechos y obligaciones que ejercen los participantes en una conversación. P.ej., en ciertas culturas, como la anglosajona, se considera una imposición que un estudiante pida una carta de recomendación a un profesor al día siguiente; o sea, imponer sobre los derechos del interlocutor con poco tiempo de anticipación. La percepción del grado de imposición puede variar culturalmente. Término propuesto por Brown y Levinson (1987) en su modelo universal de la cortesía lingüística.

gramaticalización (*grammaticalization*). Un fenómeno lingüístico que consiste en la pérdida del significado original y la creación de nuevos significados o la manera en que las palabras adquieren nuevos significados a través del tiempo. P.ej., se dice que el diminutivo 'amiguito', que originalmente expresa significado de pequeño (p. ej., *El amiguito de mi hijo de 5 años*), ha adquirido otros significados como el de expresar sarcasmo o desprecio, p. ej., *No quiero que vuelvas a invitar a tus <u>amiguitos</u> a la casa* (dicho enfáticamente por una madre a su hijo de 20 años).

H

hipótesis de la captación (*noticing hypothesis*). Hipótesis propuesta por Schmidt (1990). Presenta el concepto de que no se puede aprender algo a lo cual no se ha prestado atención o no se ha notado. Para aprender algo, se tiene que fijar la atención en la forma y aprender su función. Véase **entrada (input)** e *intake*.

I

imagen pública (*face*). Los seres humanos ponemos atención a nuestra imagen pública, imagen social o reputación con el fin de protegerla (*saving face*) o desprestigiarla (*losing face*). Concepto propuesto por el sociólogo Ervin Goffman (1967) y luego desarrollado por Penelope Brown and Stephen Levinson (1987) en su modelo de la Cortesía Lingüística Universal.

implicatura (*implicature*). Término acuñado por Paul H. Grice (1975). Un significado adicional comunicado por el hablante e inferido por el oyente. Es un significado implícito que interpreta el oyente a partir de un enunciado intencional producido por el hablante.

implicatura convencional (*conventional implicature*). Este tipo de implicatura no se deriva de los valores de verdad o falsedad de las palabras; más bien, se genera a partir de las características convencionales que se adhieren a las palabras o construcciones lingüísticas. Su significado no se puede separar de lo dicho en las palabras, p. ej., '<u>Hasta</u> el profesor llegó tarde a clase' frente a '<u>También</u> el profesor llegó tarde a clase'. Las palabras 'hasta' y 'también' generan significados distintos: solo 'hasta' expresa sorpresa o algo inesperado.

implicatura conversacional (*conversational implicature*). Uno de los dos tipos de implicatura propuesto por Paul H. Grice (1975). Alude a un significado implicado o sugerido por un hablante e inferido por el oyente. Sigue el principio de cooperación y las máximas conversacionales de Grice. Va más allá de lo que se dice: es un significado extra que el oyente interpreta a partir del significado del hablante. El enunciado '*Hay un restaurante mexicano cerca*' puede implicar, en el contexto apropiado, que sirven tamales o enchiladas mexicanas. Se pueden distinguir dos tipos, la generalizada y la particularizada. En la *generalizada* la implicatura se puede calcular a partir de lo que se implica con las palabras,

p. ej., '*Este viernes voy a cenar con* _una mujer_' implica conversacionalmente que es cualquier mujer, menos mi esposa, mi madre o mi hermana. En cambio, la *particularizada* depende de las características contextuales de la situación. Para calcular el significado adicional de las implicaturas particularizadas es necesario considerar las circunstancias del contexto específico (asunciones y expectativas) y el conocimiento compartido entre participantes.

indicios de contextualización (*contextualization cues*). Son pistas que el oyente interpreta a partir de un significado intencional del hablante. Aluden al conocimiento de fondo compartido por los interlocutores con el fin de inferir significado de la situación. P.ej., señales no verbales (un guiño, la mirada, la risa), el cambio de códigos entre hablantes bilingües, la selección de formas de tratamiento como el uso de *tú* o *usted* para comunicar solidaridad o deferencia. O bien, el uso de elementos prosódicos como las pausas, el acento de intensidad, o la entonación ascendente (↑) o descendente (↓). Término propuesto por Gumperz (1982).

inferencia (*inference*). Un proceso deductivo que sacamos a partir de los supuestos y la información de fondo compartidos. Es un proceso mediante el cual deducimos algo, o algo que sacamos como conclusión de otro supuesto.

instrucción metapragmática (*metapragmatic instruction*). Explicación explícita de las reglas gramaticales y sus funciones comunicativas para expresar significado pragmático. P.ej., el imperfecto y el condicional se emplean para expresar distancia y cortesía como en '*Profesor, _quería_ preguntarle si _podría_ escribirme una carta de referencia para la Escuela Graduada.*'

intake. Aquella parte del input que el aprendiz percibe o a la que el aprendiz dirige su atención (Schmidt, 1990). Véase la **hipótesis de la captación**.

M

marco de referencia (*frame*). Incluye un conjunto de expectativas socioculturales, conocimiento compartido por los participantes, sus experiencias pasadas, lo que saben de la situación concreta y el significado implícito inferido por el interlocutor. Por ejemplo, un enunciado que, en circunstancias apropiadas, se interpreta como una broma, un insulto, una queja o sarcasmo. Término propuesto por Bateson (1972).

máxima de cantidad (*quantity maxim*). Sea lo suficientemente informativo. Propuesta por Paul H. Grice (1975) como parte del principio de cooperación.

máxima de cualidad (*quality maxim*). Diga la verdad. Propuesta por Paul H. Grice (1975) como parte del principio de cooperación.

máxima de manera (*manner maxim*). Sea claro y ordenado. Se relaciona con la manera en que se dicen las cosas (expresarse con claridad). Propuesta por Paul H. Grice (1975) como parte del principio de cooperación.

máxima de relación (*relation maxim*): Sea pertinente o relevante. Propuesta por Paul H. Grice (1975) como parte del principio de cooperación.

modelo de la codificación (*code model*). La comunicación se lleva a cabo mediante la codificación y descodificación de mensajes; es decir, el hablante codifica su mensaje en una señal, la cual se descodifica a su vez por el interlocutor.

modelo inferencial (*inferential model*). El hablante muestra evidencia o señales de su intención para transmitir un mensaje (p. ej., enunciados, la mirada, movimientos corporales, entonación alta o baja) y el interlocutor calcula o interpreta la información con base en la evidencia presentada.

modificación externa(*external modification*). Las estrategias que preceden o siguen **al acto principal** para realizar un acto de habla, p. ej., <u>*Buenas tardes, Profesor*</u>, *¿podría escribirme una carta de referencia para la Escuela Graduada?* <u>*Muchas gracias*</u>. El acto principal (la petición) se modifica externamente por elementos de apoyo que ocurren antes o después de la petición. Ver **elementos de apoyo**.

modo (*mood*). La manera en que el hablante presenta la información como objetiva en un mundo real (presente o pasado) o irreal (subjuntivo). P.ej., el modo indicativo ('*Nieva en Indiana, EE.UU.*') y el subjuntivo (*Ojalá que nieve más*).

O

oración (*sentence*). La unidad mínima que predica algo con sentido completo. Se entiende desde una perspectiva gramatical (o sintáctica) que establece una relación de un sujeto con un predicado (p. ej., *Juan lee el periódico*).

P

par adyacente (*adjacency pair*). Una secuencia (p. ej., saludos, despedidas) que consta de tres componentes: dos turnos (la primera parte del par y la segunda parte), dos hablantes diferentes y dos enunciados contiguos, p. ej., A: *Hola-hola; ¡Qué chulo suéter tienes!*, B: *Gracias*.

piropo (*cat call*). Un tipo de cumplido. Instancias de machos, hombres (anónimos) que están en la calle y se dirigen a una mujer para piropearla con expresiones que insultan la apariencia física de la mujer, frecuentemente con connotaciones sexuales, p. ej., *¡Adiós, mamacita, estás muy guapa para caminar sola!*

poder social (*power*). Alude a una relación asimétrica que existe entre los interlocutores, uno que ejerce poder y el otro no. La variable poder (+P) indica que el hablante tiene un rango superior, un título y una posición social más alta que la del subordinado y está en control de la situación (p. ej., un jefe, un doctor, un profesor). Por el contrario, la ausencia de poder (−P) indica que el hablante no ejerce autoridad y no muestra control de la situación.

pragmática intercultural (*intercultural pragmatics*). Uso de la comunicación entre hablantes que no comparten la misma lengua. Se distinguen dos tipos: el primero describe la comunicación entre un hablante nativo y uno no nativo: se habla la lengua nativa de uno de los interlocutores y la lengua extranjera del otro (p. ej., un americano de los EE.UU. habla español con un argentino). El segundo describe la comunicación de lengua franca: ninguno de los interlocutores comparte la lengua nativa del otro ni es hablante nativo de la lengua que se habla, p. ej., un mexicano y un francés se comunican en inglés.

pragmática intralingüe (*intralingual pragmatics*). Compara aspectos pragmáticos de dos o más variedades de una lengua. Se distinguen dos tipos: la variación regional y la subregional. La *variación regional* compara y contrasta aspectos pragmáticos o discursivos de dos o más variedades de una misma lengua en el nivel nacional, p. ej., se contrastan dos o más variedades del español de distintos países (Montevideo y Honduras o La República Dominicana y Cuba). La *variación subregional* contrasta dos o más variedades de una misma lengua en un mismo país (México: Mérida, Yucatán y la Ciudad de México; Ecuador: Quito y Manta; España: Madrid y Valencia; Colombia: Cali y Bucaramanga).

pragmática transcultural (*cross-cultural pragmatics*). Contrasta aspectos pragmalingüísticos o sociopragmáticos con datos independientes de dos o más lenguas, p. ej., compara la manera en que los mexicanos (Ciudad de Tlaxcala) y los americanos (Minnesota, EE.UU.) extienden una invitación y cómo la rechazan.

presuposición (*presupposition*). Un tipo de implicación lógica cuyo significado depende de la expresión lingüística y del valor de verdad de la oración (significado semántico), p. ej., *Pedro dejó de gritarme/Pedro no me grita más*, presupone que antes me gritaba.

principio cognitivo de relevancia (*cognitive principle of relevance*). Uno de los dos principios propuesto por los autores de la teoría de la relevancia, Sperber & Wilson (1995). Es un principio inferencial que afirma que la cognición humana está orientada hacia la maximización de la relevancia. Véase el **principio comunicativo de la relevancia**. La información es ostensiva por parte del hablante al decir algo intencional dirigido a un interlocutor.

principio comunicativo de relevancia (*communicative principle of relevance*). Uno de los dos principios propuesto por los autores de la teoría de la relevancia, Sperber & Wilson (1995). Afirma que todo enunciado (o estímulo ostensivo) transmite la presunción de su propia relevancia óptima. La comunicación es inferencial ya que al comunicar algo el hablante pone de manifiesto de que lo que comunica con su enunciado crea un estímulo intencional, el cual debe ser reconocido por el interlocutor. Véase **principio cognitivo de la relevancia.**

principio de cooperación (*principle of cooperation*). Propuesto por Grice (1975) en su teoría de la implicatura conversacional. Un acuerdo implícito que existe entre los interlocutores para seguir las reglas apropiadas de la comunicación: "Haga que su contribución a la conversación sea, en cada momento, la requerida por el propósito acordado o la dirección del intercambio comunicativo en el que está usted involucrado." Según Grice, este principio se complementa por nueve máximas que se clasifican en cuatro categorías: cantidad, cualidad, relación y manera

punto ilocutivo (*illocutionary point*): Indica el tipo de acto de habla expresado, o sea, si se trata de una petición, una orden o una sugerencia.

R

referencia anafórica (*anaphoric reference*). El referente se recupera en relación al elemento previamente mencionado. P.ej., *Pedro*$_i$ *dice que (él*$_i$*) se irá de vacaciones a Costa Rica.* La expresión *Pedro* se refiere al pronombre *él*. *Pedro* funciona como el antecedente y *él* como el pronombre anafórico; es decir, *Pedro* y *él* son co-referenciales porque la referencia del pronombre se recupera en el discurso previo con su antecedente.

referencia catafórica (*cataphoric reference*). El referente se recupera en el discurso siguiente. P.ej., *Dado que ella*$_i$ *llegó tarde a clase, María*$_i$ *no podrá tomar el examen.* El pronombre *ella* y *María* son co-referenciales porque hacen referencia al mismo referente, *María*. La referencia de *ella* se recupera en el discurso siguiente con el referente *María*.

reglas constitutivas (*constitutive rules*). Las reglas o prerrequisitos que constituyen o crean una actividad. Una regla constitutiva del ajedrez es mover la torre de manera vertical y horizontal o el alfil diagonalmente; estas reglas constituyen o crean el juego del ajedrez y no se pueden cambiar. Según Searle (1969), el lenguaje está gobernado por reglas, o sea, los requisitos que crean los actos de habla. Por ejemplo, si le advierto a mi hijo que si llega a casa después de las 10:00 p.m. no podrá conducir más su carro, cuenta como la condición previa de que no le conviene llegar tarde.

reglas regulativas (*regulative rules*). Regulan el comportamiento del hablante al realizar la acción, pero no forman parte de las reglas del juego: no saludar al jugador oponente al inicio del partido de ajedrez se puede percibir como descortés, pero no forma parte de las reglas que constituyen la estructura de un partido de ajedrez.

relevancia (*relevance*). Forma parte de la teoría de la relevancia o pertinencia (*Relevance Theory*) propuesta por Sperber & Wilson (1995). El concepto alude al hecho de que los seres humanos se comunican porque quieren ganar algo del mundo, información. El termino pertinencia no se entiende de manera absoluta, sino que es un concepto relativo que se puede medir como algo más o menos relevante dadas las circunstancias de la situación comunicativa. Esto se conceptualiza a partir de dos factores: Relevancia = (1) efectos contextuales y (2) esfuerzo de procesamiento.

S

saturación (*saturation*). Un proceso pragmático mediante el cual un espacio o posición, derivado de la forma lingüística descodificada, debe completarse o llenarse contextualmente. P. ej., en '*No tengo nada que ponerme*' la explicatura es '[que sea apropiado para la entrevista de trabajo].' Ver **explicatura**.

secuencia (*sequence*). Comprende acciones que se realizan a través del habla. Una secuencia comprende al menos dos turnos en forma de un par adyacente y cada par se combina para formar secuencias mayores, p. ej., saludos, despedidas, invitación-aceptación.

significado conceptual (*conceptual meaning*). Contribuye conceptos (*gata, escritorio, correr, rojo, feliz*) que aportan a la interpretación de las oraciones. Estas palabras forman parte de las clases abiertas como los sustantivos, los verbos y los adjetivos. P. ej., el ítem *gata* tiene los siguientes rasgos semánticos que expresan representaciones conceptuales: sustantivo, femenino, animado y singular.

significado convencional (*conventional meaning*): son convencionales los enunciados que se utilizan para expresar funciones comunicativas normalmente entendidas así por los hablantes y no requieren de un contexto específico para entender la fuerza ilocutiva expresada en el enunciado. Son convenciones establecidas y aceptadas por los miembros de una comunidad.

significado no convencional (*non-conventional meaning*). Significado comunicado por el hablante e inferido por el oyente en situaciones concretas, como el caso de la comunicación indirecta. Véase **implicatura**.

significado procedimental (*procedural meaning*). No contribuye al significado de las condiciones de valor de verdad del enunciado. Las expresiones con significado procedimental dan instrucciones o indicaciones de cómo procesar el significado que expresa la palabra, p. ej., las marcas evidenciales (*evidentemente, obviamente, dizque*) y las partículas o marcadores discursivos (*y, pero, o sea, entonces, bueno, por lo tanto*).

supuestos (*assumptions*). Se refiere a algo que se considera como verdadero o falso a partir de la información de fondo que se obtiene durante un intercambio comunicativo. Incluyen representaciones del mundo que se consideran como reales para el hablante y el interlocutor, como las creencias, las opiniones personales, los deseos o los pensamientos

T

tiempo lingüístico (*linguistic tense*). Realización lingüística que tienen los verbos para marcar morfológicamente el tiempo presente, pasado o futuro (*estudia/estudió/estudiaba/estudiará*).